코레일 한국철도공사

코레일 3개년 기출 + NCS + 최종점검 모의고사 5회

고졸채용

SD에듀
(주)시대고시기획

2024 최신판 SD에듀 All-New 코레일 한국철도공사 고졸채용 NCS+최종점검 모의고사 5회+무료코레일특강

Always **with you**

사람의 인연은 길에서 우연하게 만나거나 함께 살아가는 것만을 의미하지는 않습니다.
책을 펴내는 출판사와 그 책을 읽는 독자의 만남도 소중한 인연입니다.
SD에듀는 항상 독자의 마음을 헤아리기 위해 노력하고 있습니다. 늘 독자와 함께하겠습니다.

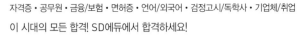

머리말

국민 모두를 위한 보편적 대중교통 서비스를 제공하며 안전하고 편리하게 열차를 이용할 수 있도록 노력하는 코레일 한국철도공사는 2024년에 고졸 신입사원을 채용할 예정이다. 코레일 한국철도공사 고졸채용은 「입사지원서 접수 ➡ 서류검증 ➡ 필기(실기)시험 ➡ 면접시험 · 인성검사 ➡ 적성 · 신체검사 ➡ 최종 합격자 발표」 순서로 이루어진다. 필기시험은 의사소통능력, 수리능력, 문제해결능력 총 3개의 영역을 평가하며, 2023년에는 PSAT형으로 진행되었다. 필기시험 고득점자 순으로 최종선발 인원의 2배수 이내로 합격자가 결정되므로 고득점을 받기 위해 다양한 유형에 대한 폭넓은 학습과 문제풀이능력을 높이는 등 철저한 준비가 필요하다.

코레일 한국철도공사 고졸채용 합격을 위해 SD에듀에서는 기업별 NCS 시리즈 누적 판매량 1위의 출간경험을 토대로 다음과 같은 특징을 가진 도서를 출간하였다.

도서의 특징

❶ 기출복원문제를 통한 출제 유형 확인!
- 2023년 주요 공기업 NCS 기출복원문제를 수록하여 공기업별 NCS 필기시험의 경향을 파악할 수 있도록 하였다.
- 2023~2022년 코레일 샘플문제를 수록하여 코레일 필기시험 출제 유형을 확인할 수 있도록 하였다.
- 2023~2021년 코레일 3개년 기출문제를 복원하여 실제 시험 문제 및 출제경향을 파악할 수 있도록 하였다.

❷ 코레일 한국철도공사 고졸채용 필기시험 출제 영역 맞춤 문제를 통한 실력 상승!
- NCS 직업기초능력평가 출제유형분석&실전예제를 수록하여 유형별로 꼼꼼히 대비할 수 있도록 하였다.

❸ 최종점검 모의고사를 통한 완벽한 실전 대비!
- 철저한 분석을 통해 실제 유형과 유사한 최종점검 모의고사를 수록하여 자신의 실력을 점검할 수 있도록 하였다.

❹ 다양한 콘텐츠로 최종 합격까지!
- 코레일 한국철도공사 채용 가이드와 면접 기출질문을 수록하여 채용을 준비하는 데 부족함이 없도록 하였다.
- 온라인 모의고사 응시 쿠폰을 무료로 제공하여 필기시험에 대비할 수 있도록 하였다.

끝으로 본 도서를 통해 코레일 한국철도공사 고졸채용을 준비하는 모든 수험생 여러분이 합격의 기쁨을 누리기를 진심으로 기원한다.

SDC(Sidae Data Center) 씀

○ 미션

사람 · 세상 · 미래를 잇는 대한민국 철도

○ 비전

새로 여는 미래교통 함께하는 한국철도

○ 핵심가치

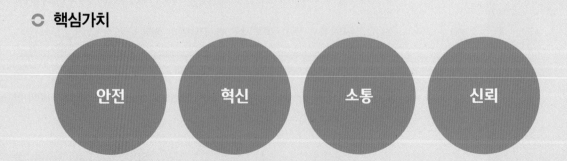

안전   혁신   소통   신뢰

경영목표 & 전략과제

경영목표	전략과제		
디지털기반 안전관리 고도화	디지털통합 안전관리	중대재해 예방 및 안전 문화 확산	유지보수 과학화
자립경영을 위한 재무건전성 제고	운송수익 극대화	신성장사업 경쟁력 확보	자원운용 최적화
국민이 체감하는 모빌리티 혁신	디지털 서비스 혁신	미래융합교통 플랫폼 구축	국민소통 홍보강화
미래지향 조직문화 구축	ESG 책임경영 내재화	스마트 근무환경 및 상호존중 문화 조성	융복합 전문 인재양성 및 첨단기술 확보

인재상

사람지향 소통인 ▶ 사람중심의 사고와 행동을 하는 인성, 열린 마인드로 주변과 소통하고 협력하는 인재

고객지향 전문인 ▶ 고객만족을 위해 지속적으로 학습하고 노력하는 인재

미래지향 혁신인 ▶ 한국철도의 글로벌 경쟁력을 높이고 미래의 발전을 끊임없이 추구하는 인재

신입 채용 안내 INFORMATION

지원자격

❶ 학력
- 최종학력이 '고등학교 졸업'인 자
- 선발예정 직무와 관련된 학과가 설치된 특성화 · 마이스터 고등학교 또는 실업과정이 설치된 종합 고등학교의 학교장이 추천한 자

❷ 성별, 어학, 연령, 병역 : 제한 없음
  ※ 임용예정일 기준 만 18세 미만자는 지원 불가
  ※ 현재 군 복무중인 자는 전역일이 면접 합격자 발표일 이전이며, 각 시험일에 참석 가능한 경우 지원 가능

❸ 기타
- 철도 현장 업무수행이 가능한 자
- 공사 채용 결격사유에 해당되지 않는 자
- 면접 합격자 발표일 이후부터 근무가 가능한 자
- 외국인의 경우 거주(F-2), 재외동포(F-4), 영주권자(F-5)인 자

필기시험

시험과목	출제범위	문항 수	시험 시간
직업기초능력평가 (NCS)	의사소통능력, 수리능력, 문제해결능력	50문항	60분

※ 필기시험 이후 자격증 우대사항에 대한 증빙서류 제출 시 가점 적용
※ 필기시험 결과 만점(100점)의 40점 이상 득점자 중에서 필기시험 점수와 가점을 합한 고득점자 순으로 최종선발 인원의 2배수 이내 선발(만점 중 40점 미만 득점 시 우대사항 미적용)

면접시험 및 인성검사

구분	평가내용
면접시험	신입사원의 자세, 열정 및 마인드, 직무능력 등 종합평가
인성검사	인성, 성격적 특성에 대한 검사로 적격 · 부적격 판정

※ 인성검사 부적격 판정자는 면접시험 결과와 상관없이 불합격 처리(채점 제외)

❖ 위 채용 안내는 2023년 하반기 채용공고를 기준으로 작성하였으므로 세부내용은 반드시 확정된 채용공고를 확인하기 바랍니다.

총평

코레일 한국철도공사 고졸채용의 필기시험은 의사소통능력, 수리능력, 문제해결능력 3과목을 평가한다. 시험은 5지선다의 PSAT형으로 진행되었으며, 난이도는 평이하다는 의견이 많았다. 다만, 문제에서 제시하는 지문의 길이가 길고, 계산 및 논리력을 평가하는 문제가 다수 출제되었고, 60분 안에 50문제를 풀어야 하므로 시험 시간이 부족하였다. 따라서 제시된 문제의 지문 및 자료를 빠르게 파악하는 능력이 중요하므로, 필기시험 시간관리를 통해 문제를 빠르게 푸는 방법을 연습한다면 충분히 고득점을 받을 수 있을 것이다.

의사소통능력

출제 특징	• 철도 관련 지문이 출제됨 • 긴 지문을 읽고 이해하는 문제가 출제됨
출제 키워드	• 열차 CCTV, 열차 내 시설 등

수리능력

출제 특징	• 자료 해석 문제가 다수 출제됨 • 표, 그래프 등의 자료를 계산하거나, 조건에 맞춰 바르게 계산하는 문제가 출제됨
출제 키워드	• 성과급, 비용 계산 등

문제해결능력

출제 특징	• 자료를 바탕으로 논리적 추론을 통해 도출하는 문제가 출제됨
출제 키워드	• 회의실 선정, 업체 선정 등

NCS 문제 유형 소개 NCS TYPES

PSAT형

※ 다음은 K공단의 국내 출장비 지급 기준에 대한 자료이다. 이어지는 질문에 답하시오. [15~16]

〈국내 출장비 지급 기준〉

① 근무지로부터 편도 100km 미만의 출장은 공단 차량 이용을 원칙으로 하며, 다음 각호에 따라 "별표 1"에 해당하는 여비를 지급한다.
　㉠ 일비
　　ⓐ 근무시간 4시간 이상 : 전액
　　ⓑ 근무시간 4시간 미만 : 1일분의 2분의 1
　㉡ 식비 : 명령권자가 근무시간이 모두 소요되는 1일 출장으로 인정한 경우에는 1일분의 3분의 1 범위 내에서 지급
　㉢ 숙박비 : 편도 50km 이상의 출장 중 출장일수가 2일 이상으로 숙박이 필요할 경우, 증빙자료 제출 시 숙박비 지급
② 제1항에도 불구하고 공단 차량을 이용할 수 없어 개인 소유 차량으로 업무를 수행한 경우에는 일비를 지급하지 않고 이사장이 따로 정하는 바에 따라 교통비를 지급한다.
③ 근무지로부터 100km 이상의 출장은 "별표 1"에 따라 교통비 및 일비는 전액을, 식비는 1일분의 3분의 2 해당액을 지급한다. 다만, 업무 형편상 숙박이 필요하다고 인정할 경우에는 출장기간에 대하여 숙박비, 일비, 식비 전액을 지급할 수 있다.

〈별표 1〉

구분	교통비				일비 (1일)	숙박비 (1박)	식비 (1일)
	철도임	선임	항공임	자동차임			
임원 및 본부장	1등급	1등급	실비	실비	30,000원	실비	45,000원
1, 2급 부서장	1등급	2등급	실비	실비	25,000원	실비	35,000원
2, 3, 4급 부장	1등급	2등급	실비	실비	20,000원	실비	30,000원
4급 이하 팀원	2등급	2등급	실비	실비	20,000원	실비	30,000원

1. 교통비는 실비를 기준으로 하되, 실비 정산은 국토해양부장관 또는 특별시장·광역시장·도지사·특별자치도지사 등이 인허한 요금을 기준으로 한다.
2. 선임 구분표 중 1등급 해당자는 특등, 2등급 해당자는 1등을 적용한다.
3. 철도임 구분표 중 1등급은 고속철도 특실, 2등급은 고속철도 일반실을 적용한다.
4. 임원 및 본부장의 식비가 위 정액을 초과하였을 경우 실비를 지급할 수 있다.
5. 운임 및 숙박비의 할인이 가능한 경우에는 할인 요금으로 지급한다.
6. 자동차임 실비 지급은 연료비와 실제 통행료를 지급한다.
　(연료비)=[여행거리(km)]×(유가)÷(연비)
7. 임원 및 본부장을 제외한 직원의 숙박비는 70,000원을 한도로 실비를 정산할 수 있다.

특징
▶ 대부분 의사소통능력, 수리능력, 문제해결능력을 중심으로 출제(일부 기업의 경우 자원관리능력, 조직이해능력을 출제)
▶ 자료에 대한 추론 및 해석 능력을 요구

대행사
▶ 엑스퍼트컨설팅, 커리어넷, 태드솔루션, 한국행동과학연구소(행과연), 휴노 등

모듈형

| 대인관계능력

60 다음 자료는 갈등해결을 위한 6단계 프로세스이다. 3단계에 해당하는 대화의 예로 가장 적절한 것은?

① 그럼 A씨의 생각대로 진행해 보시죠.

특징
▶ 이론 및 개념을 활용하여 푸는 유형
▶ 채용 기업 및 직무에 따라 NCS 직업기초능력평가 10개 영역 중 선발하여 출제
▶ 기업의 특성을 고려한 직무 관련 문제를 출제
▶ 주어진 상황에 대한 판단 및 이론 적용을 요구

대행사
▶ 인트로맨, 휴스테이션, ORP연구소 등

피듈형(PSAT형 + 모듈형)

| 문제해결능력

60 P회사는 직원 20명에게 나눠 줄 추석 선물 품목을 조사하였다. 다음은 유통업체별 품목 가격과 직원들의 품목 선호도를 나타낸 자료이다. 이를 참고하여 P회사에서 구매하는 물품과 업체를 바르게 연결한 것은?

〈업체별 품목 금액〉

구분		1세트당 가격	혜택
A업체	돼지고기	37,000원	10세트 이상 주문 시 배송 무료
	건어물	25,000원	
B업체	소고기	62,000원	20세트 주문 시 10% 할인
	참치	31,000원	
C업체	스팸	47,000원	50만 원 이상 주문 시 배송 무료
	김	15,000원	

〈구성원 품목 선호도〉

특징
▶ 기초 및 응용 모듈을 구분하여 푸는 유형
▶ 기초인지모듈과 응용업무모듈로 구분하여 출제
▶ PSAT형보다 난도가 낮은 편
▶ 유형이 정형화되어 있고, 유사한 유형의 문제를 세트로 출제

대행사
▶ 사람인, 스카우트, 인크루트, 커리어케어, 트리피, 한국사회능력개발원 등

주장과 근거 ▶ 유형

25 제시문이 근거가 될 수 있는 가장 적절한 주장은?

> 중세 유럽은 철저히 기독교적인 사회였다. 성경을 부정하거나 신을 부정하는 일은 상상조차 할 수 없는 시대였다. 그러나 코페르니쿠스, 갈릴레오 등이 '지구는 우주의 중심이 아니다.'라는 과학적 명제를 밝혀냄으로써 사람들의 가치관은 흔들리기 시작했다. 이후 다윈의 '종의 기원' 등을 통하여 사람들의 마음속에 더는 성경이 진리가 아닐 수도 있다는 생각을 심어주게 되었고 이는 '신이 존재하지 않을 수도 있다.'라는 결론을 도출하게 되었다. 몇 세기 전만 해도 유럽 사회에서 신에 대한 부정은 매우 불경스러운 행위였다. 사형에 처하게 될 수도 있을 만큼 도덕적으로 옳지 않은 행위로 간주되었던 것이다. 그러나 현대 유럽 사회에서 자신을 무신론자라고 드러내는 것은 어떠한 문제도 되지 않는다.

① 새롭게 밝혀지는 과학 지식으로 인해 사람들의 가치관이 변할 수 있다.
② 종교는 무지의 산물이며 현대인이 극복해내야 할 과거의 산물이다.
③ 기독교는 과학과 양립할 수 없다.
④ 유럽 문명의 근간에는 기독교적 가치관이 깔려 있다.
⑤ 현대 사회는 과거의 가치를 부정하는 과정을 통해 성립되었다.

업체 선정 ▶ 유형

05 K공사에서 근무하는 B사원은 새로 도입되는 교통 관련 정책 홍보자료를 만들어서 배포하려고 한다. 인쇄업체별 비용 견적을 참고할 때, 다음 중 가장 저렴한 비용으로 인쇄할 수 있는 업체는?

〈인쇄업체별 비용 견적〉

(단위 : 원)

업체명	페이지당 비용	표지 가격		권당 제본비용	할인
		유광	무광		
A인쇄소	50	500	400	1,500	–
B인쇄소	70	300	250	1,300	
C인쇄소	70	500	450	1,000	100부 초과 시 초과 부수만 총비용에서 5% 할인
D인쇄소	60	300	200	1,000	–
E인쇄소	100	200	150	1,000	총 인쇄 페이지 5,000페이지 초과 시 총비용에서 20% 할인

※ 홍보자료는 관내 20개 지점에 배포하고, 지점마다 10부씩 배포한다.
※ 홍보자료는 30페이지 분량으로 제본하며, 표지는 유광표지로 한다.

① A인쇄소
② B인쇄소
③ C인쇄소
④ D인쇄소
⑤ E인쇄소

코레일 한국철도공사 사무직

이산화탄소 ▶ 키워드

13 다음은 온실가스 총 배출량에 대한 자료이다. 이에 대한 설명으로 옳지 않은 것은?

<온실가스 총 배출량>

(단위 : CO_2 eq.)

구분	2016년	2017년	2018년	2019년	2020년	2021년	2022년
총 배출량	592.1	596.5	681.8	685.9	695.2	689.1	690.2
에너지	505.3	512.2	593.4	596.1	605.1	597.7	601.0
산업공정	50.1	47.2	51.7	52.6	52.8	55.2	52.2
농업	21.2	21.7	21.2	21.5	21.4	20.8	20.6
폐기물	15.5	15.4	15.5	15.7	15.9	15.4	16.4
LULUCF	−57.3	−54.5	−48.5	−44.7	−42.7	−42.4	−44.4
순 배출량	534.8	542.0	633.3	641.2	652.5	646.7	645.8
총 배출량 증감률(%)	2.3	0.7	14.3	0.6	1.4	−0.9	0.2

※ CO_2 eq. : 이산화탄소 등가를 뜻하는 단위로, 온실가스 종류별 지구온난화 기여도를 수치로 표현한 지구온난화지수(GWP; Global Warming Potential)를 곱한 이산화탄소 환산량
※ LULUCF(Land Use, Land Use Change, Forestry) : 인간이 토지 이용에 따라 변화하게 되는 온실가스의 증감
※ (순 배출량)=(총 배출량)+(LULUCF)

① 온실가스 순 배출량은 2020년까지 지속해서 증가하다가 2021년부터 감소한다.
② 2022년 농업 온실가스 배출량은 2016년 대비 3%p 이상 감소하였다.

글의 제목 ▶ 유형

24 다음 글의 제목으로 가장 적절한 것은?

'5060세대', 몇 년 전까지만 해도 그들은 사회로부터 '지는 해' 취급을 받았다. '오륙도'라는 꼬리표를 달아 일터에서 밀어내고, 기업은 젊은 고객만 왕처럼 대우했다. 젊은 층의 지갑을 노려야 돈을 벌 수 있다는 것이 기업의 마케팅 전략이었기 때문이다.

그러나 최근 들어 상황이 달라졌다. 5060세대가 새로운 소비 군단으로 주목되기 시작한 가장 큰 이유는 고령화 사회로 접어들면서 시니어(Senior) 마켓 시장이 급속도로 커지고 있는 데다 이들이 돈과 시간을 가장 넉넉하게 가진 세대이기 때문이다. 한 경제연구원에 따르면 50대 이상 인구 비중이 30%에 이르면서 50대 이상을 겨냥한 시장 규모가 100조 원대까지 성장할 예정이다.

통계청이 집계한 가구주 나이별 가계수지 자료를 보면, 한국 사회에서는 50대 가구주의 소득이 가장 높다. 월평균 361만 500원으로 40대의 소득보다도 높은 것으로 집계됐다. 가구주 나이가 40대인 가구의 가계수지를 보면, 소득은 50대보다 적으면서도 교육 관련 지출(45만 6,400원)이 압도적으로 높아 소비 여력이 낮은 편이다. 그러나 50대 가구주의 경우 소득이 높으면서 소비 여력 또한 충분하다. 50대 가구주의 처분가능소득은 288만 7,500원으로 전 연령층에서 가장 높다.

이들이 신흥 소비군단으로 떠오르면서 '애플(APPLE)족'이라는 마케팅 용어까지 등장했다. 활동적이고(Active) 자부심이 강하며(Pride) 안정적으로(Peace) 고급문화(Luxury)를 즐기는 경제력(Economy) 있는 50대 이후 세대를 뜻하는 말이다. 통계청은 여행과 레저를 즐기는 5060세대를 '주목해야 할 블루슈머[7]' 가운데 하나로 선정했다. 과거 5060세대는 자식을 보험으로 여기며 자식에게 의존하면서 살아가는 전통적인 노인이었다. 그러나 애플족은 자녀로부터 독립해 자기만의 새로운 인생을 추구한다. '통크족(TONK; Two Only, No Kids)'이라는 별칭이 붙는 이유다. 통크족이나 애플족은 젊은 층의 전유물로 여겨졌던 자기중심적이고 감각 지향적인 소비도 주저하지 않는다. 후반전 인생만은 자기가 원하는 일을 하며 멋지게 살아야

주요 공기업 적중 문제 TEST CHECK

코레일 한국철도공사 기술직

글의 제목 ▶ 유형

02 K일보에 근무 중인 A기자는 나들이가 많은 요즘 자동차 사고를 예방하고자 다음과 같은 기사를 작성하였다. 기사의 제목으로 가장 적절한 것은?

예전에 비해 많은 사람이 안전띠를 착용하지만, 우리나라의 안전띠 착용률은 여전히 매우 낮다. 2013년 일본과 독일에서 조사한 승용차 앞좌석 안전띠 착용률은 각각 98%와 97%를 기록했다. 하지만 같은 해 우리나라는 84.4%에 머물렀다. 특히 뒷좌석 안전띠 착용률은 19.4%로 OECD 국가 중 최하위에 머물렀다.

지난 4월 13일, 자동차안전연구원에서 '부적절한 안전띠 착용 위험성 실차 충돌시험'을 실시했다. 국내에서 처음 시행한 이번 시험은 안전띠 착용 상태에서 안전띠를 느슨하게 풀어주는 장치 사용(성인, 운전석), 안전띠 미착용 상태에서 안전띠를 느슨하게 풀어주는 장치 사용(성인, 운전석), 뒷좌석에 놀이방 매트 설치 및 안전띠와 카시트 모두 미착용(어린이, 뒷좌석) 총 세 가지 상황으로 실시했다.

성인 인체모형 2조와 3세 어린이 인체모형 1조를 활용해 승용 자동차가 시속 56km로 고정 벽에 정면충돌하도록 했다. 충돌시험 결과 놀랍게도 안전띠의 부적절한 사용은 중상 가능성이 최대 99.9%로 안전띠를 제대로 착용했을 때보다 최대 9배 높게 나타났다.

세 가지 상황별로 살펴 보자. 먼저 안전띠를 느슨하게 풀어주는 장치를 사용할 경우이다. 중상 가능성은 49.7%로, 올바른 안전띠 착용보다 약 5배 높게 나타났다. 느슨해진 안전띠로 인해 차량 충돌 시 탑승객을 효과적으로 구속하지 못하기 때문이다. 그리고 안전띠 경고음 차단 클립을 사용한 경우에는 중상 가능성이 80.3%로 더욱 높아졌다. 에어백이 충격 일부를 흡수하기는 하지만 머리는 앞면 창유리에, 가슴은 크래시 패드에 심하게 부딪친 결과이다. 마지막으로 뒷좌석 놀이방 매트 위에 있던 3세 어린이 인체 모형은 중상 가능성이 99.9%로, 생명에 치명적 위험을 초래하는 것으로 나타났다. 어린이 인체모형은 자동차 충격 때문에 튕겨 나가 앞좌석 등받이와 심하게 부딪쳤고, 안전띠와 카시트를 착용한 경우보다 머리 중상 가능성이 99.9%, 가슴 중상 가능성이 93.9% 이상 높았다.

도급 ▶ 키워드

01 K공사는 부대시설 건축을 위해 A건축회사와 계약을 맺었다. 다음의 계약서를 보고 건축시설처의 L대리가 파악할 수 있는 내용으로 가장 적절한 것은?

〈공사 도급 계약서〉

상세시공도면 작성(제10조)
① '을'은 건축법 제19조 제4항에 따라 공사감리자로부터 상세시공도면의 작성을 요청받은 경우에는 상세시공도면을 작성하여 공사감리자의 확인을 받아야 하며, 이에 따라 공사를 하여야 한다.
② '갑'은 상세시공도면의 작성범위에 관한 사항을 설계자 및 공사감리자의 의견과 공사의 특성을 감안하여 계약서상의 시방에 명시하고, 상세시공도면의 작성비용을 공사비에 반영한다.

안전관리 및 재해보상(제11조)
① '을'은 산업재해를 예방하기 위하여 안전시설의 설치 및 보험의 가입 등 적정한 조치를 하여야 한다. 이때 '갑'은 계약금액의 안전관리비 및 보험료 상당액을 계상하여야 한다.
② 공사현장에서 발생한 산업재해에 대한 책임은 '을'에게 있다. 다만, 설계상의 하자 또는 '갑'의 요구에 의한 작업으로 인한 재해에 대하여는 그러하지 아니하다.

응급조치(제12조)
① '을'은 재해방지를 위하여 특히 필요하다고 인정될 때에는 미리 긴급조치를 취하고 즉시 이를 '갑'에게 통지하여야 한다.
② '갑'은 재해방지 및 기타 공사의 시공상 긴급·부득이하다고 인정할 때에는 '을'에게 긴급조치를 요구할 수 있다.
③ 제1항 및 제2항의 응급조치에 소요된 경비에 대하여는 제16조 제2항의 규정을 준용한다.

LH 한국토지주택공사

주택 청약 ▶ 키워드

19 LH 한국토지주택공사에서 국민임대 예비입주자 신청을 받고 있다. 다음의 청약 가점을 적용할 때 〈보기〉의 신청자 중 청약 가점이 가장 높은 사람은?(단, 신청자 중 제조업 종사 시 임원은 없다)

〈LH 국민임대 예비입주자 청약 가점〉

가점항목	가점 구분	배점(점)	가점상한
1. 세대주(신청자) 나이	50세 이상	3	
	40세 이상	2	
	30세 이상	1	
2. 부양가족 수	3인 이상	3	
	2인	2	
	1인	1	
3. 당해 주택건설지역 거주기간	5년 이상	3	
	3년 이상 5년 미만	2	
	1년 이상 3년 미만	1	
4. 만 65세 이상 직계존속 포함	1년 이상 부양자	3	24점
5. 미성년 자녀수(태아 포함)	자녀 3명 이상	3	
	자녀 2명	2	
6. 청약저축 납입횟수	60회 이상	3	
	48회 이상 60회 미만	2	
	36회 이상 48회 미만	1	

K-water 한국수자원공사

출장비 ▶ 키워드

01 다음은 임직원 출장여비 지급규정과 K차장의 출장비 지출 내역이다. K차장이 받을 수 있는 여비는?

〈임직원 출장여비 지급규정〉

• 출장여비는 일비, 숙박비, 식비, 교통비로 구성된다.
• 일비는 출장일 수에 따라 매일 10만 원씩 지급한다.
• 숙박비는 숙박일 수에 따라 실비 지급한다. 다만, 항공 또는 선박 여행 시 항공기 내 또는 선박 내에서의 숙박은 숙박비를 지급하지 아니한다.
• 식비는 일수에 따라 식사 여부에 상관없이 1일 3식으로 지급하며, 1식당 1만 원씩 지급한다. 단, 항공 또는 선박 여행 시에는 기내식이 포함되지 않을 경우만 지급한다.
• 교통비는 교통편의 운임 혹은 유류비 산출액을 실비 지급한다.

〈K차장의 출장비 지출 내역〉

3월 8일	3월 9일	3월 10일
• 인천 - 일본 항공편 84,000원 (아침 기내식은 포함되지 않음.)	• 아침 식사 8,300원	• 아침 식사 5,000원
• 점심 식사 7,500원	• 호텔 - 거래처 택시비 16,300원	• 일본 - 인천 항공편 89,000원 (점심 기내식 포함)
• 일본 J공항 - B호텔 택시비 10,000원	• 점심 식사 10,000원	
• 저녁 식사 12,000원	• 거래처 - 호텔 택시비 17,000원	
	• B호텔 숙박비 250,000원	

도서 200% 활용하기 STRUCTURES

1 기출복원문제로 출제경향 파악

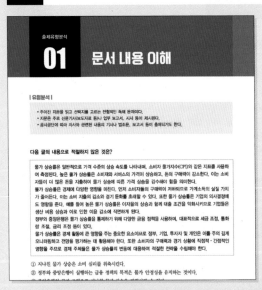

▸ 2023년 주요 공기업 NCS 기출복원문제를 수록하여 공기업별 NCS 필기시험의 경향을 파악할 수 있도록 하였다.

▸ 2023~2022년 코레일 샘플문제를 수록하여 코레일 출제경향을 확인할 수 있도록 하였다.

▸ 2023~2021년 코레일 3개년 기출문제를 복원하여 코레일 필기 유형을 파악할 수 있도록 하였다.

2 출제유형분석 + 유형별 실전예제로 필기시험 완벽 대비

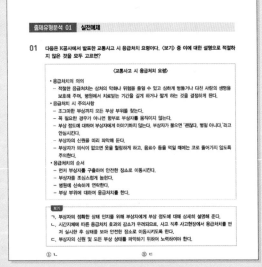

▸ NCS 출제 영역에 대한 출제유형분석과 유형별 실전예제를 수록하여 NCS 문제에 대한 접근 전략을 익히고 연습할 수 있도록 하였다.

3 최종점검 모의고사 + OMR을 활용한 실전 연습

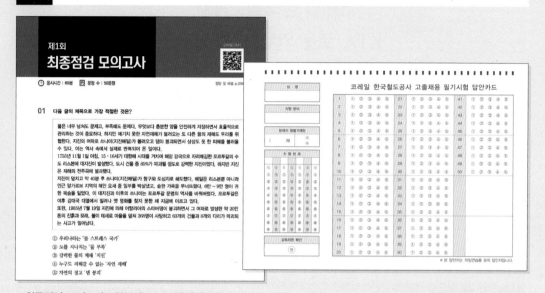

▶ 최종점검 모의고사 2회분과 OMR 답안카드를 수록하여 실제로 시험을 보는 것처럼 최종 마무리 연습을 할 수 있도록 하였다.

▶ 모바일 OMR 답안채점/성적분석 서비스를 통해 필기시험에 대비할 수 있도록 하였다.

4 인성검사부터 면접까지 한 권으로 최종 마무리

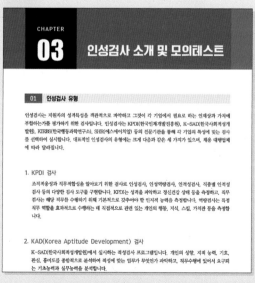

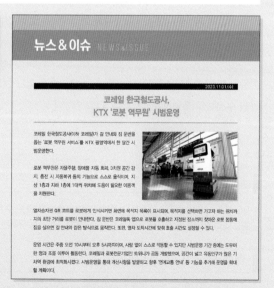

▶ 인성검사 소개 및 모의테스트를 수록하여 인성검사 유형 및 문항을 확인할 수 있도록 하였다.

▶ 코레일 한국철도공사의 면접 예상&기출질문을 수록하여 면접에서 나오는 질문을 미리 파악하여 실제 면접에 대비할 수 있도록 하였다.

2023.11.01.(수)

코레일 한국철도공사,
KTX '로봇 역무원' 시범운영

코레일 한국철도공사(이하 코레일)가 길 안내와 짐 운반을 돕는 '로봇 역무원 서비스'를 KTX 광명역에서 한 달간 시범운영한다.

로봇 역무원은 자율주행, 장애물 자동 회피, 3차원 공간 감지, 충전 시 자동복귀 등의 기능으로 스스로 움직이며, 지상 1층과 지하 1층에 1대씩 위치해 도움이 필요한 이용객을 지원한다.

열차승차권 QR 코드를 로봇에게 인식시키면 화면에 목적지 목록이 표시되며, 목적지를 선택하면 가고자 하는 위치까지의 최단 거리를 로봇이 안내한다. 짐 운반은 코레일톡 앱으로 로봇을 호출하고 지정된 장소까지 찾아온 로봇 몸통에 짐을 실으면 길 안내와 같은 방식으로 움직인다. 또한, 열차 도착시간에 맞춰 호출 시간도 설정할 수 있다.

운영 시간은 주중 오전 10시부터 오후 5시까지이며, 사람 없이 스스로 작동할 수 있지만 시범운영 기간 중에는 도우미 한 명과 조를 이루어 활동한다. 코레일과 로봇전문기업인 트위니가 공동 개발했으며, 공간이 넓고 유동인구가 많은 기차역 환경에 최적화시켰다. 시범운영을 통해 개선사항을 발굴하고 향후 '연계교통 안내' 등 기능을 추가해 운영을 확대할 계획이다.

한문희 코레일 사장은 "인공지능 등 첨단 IT기술을 철도 현장에 과감히 도입하고 교통약자도 보편적 철도서비스를 이용할 수 있는 기술혁신에 힘쓰겠다."라고 밝혔다.

Keyword

▸ QR 코드 : 'Quick Response'의 약자로, 많은 정보를 담을 수 있는 격자무늬의 2차원 코드이다. 접근성이 높아 다양한 분야에서 활용되고 있으며, 판매자와 소비자가 모두 정보를 얻을 수 있다는 점이 특징이다.

예상 면접 질문

▸ 기술의 발전이 철도산업에 주는 영향에 대해 말해 보시오.
▸ 코레일의 미래 발전 방향에 대해 말해 보시오.

2023.09.11.(월)

코레일 한국철도공사,
국제철도연맹 아태지역 회원국 초청 연수 마쳐

코레일 한국철도공사(이하 코레일)가 국제철도연맹(UIC) 아시아·태평양 지역 회원국을 대상으로 '2023년 UIC-코레일 지식공유 초청 연수'를 진행했다.

이번 연수는 지난 4일부터 8일까지 호주, 인도, 일본, 중국 등 11개국의 회원기관 대표와 해외 전문가 25명이 참여해 'IT기술 기반 철도 여객서비스'를 주제로 진행됐다. 연수 기간 동안 코레일은 스마트 예·발매 시스템, 디지털 중심 서비스를 통한 고객 만족도 향상, 지능형 운송 시스템, 최신 IT운영 시스템 등에 대해 소개했다. 각국 대표들이 IT기술 기반 여객 서비스 우수사례를 소개하고, 유럽철도 전문가의 'AI 로봇 활용 역 접객 서비스'에 대한 강의를 진행했다. 철도 여객 서비스 발전 방향에 대해 논의하는 시간도 가졌다. 또한, 수료식에서는 호주 대표가 22명의 연수생을 대표해 15년간 초청 연수를 통해 지식공유의 장을 마련해 준 코레일에 감사를 표하는 공동 발표문을 낭독하기도 했다.

한편, 코레일은 2007년 국내에 UIC 공인 아태지역 국제철도연수센터(IRaTCA)가 설립된 이후에는 56개국에서 1,500명 이상의 연수생을 배출하고 있으며, 앞서 4월에도 '스마트기술 기반 철도안전'을 주제로 연수를 진행한 바 있다.

한문희 코레일 사장은 "디지털 중심의 고객서비스 혁신은 철도산업 경쟁력 강화를 위해 운영 기관이 나아갈 방향이다."라며, "꾸준히 이어지는 지식공유 연수가 아시아·태평양 지역 철도산업의 협력과 발전을 위한 촉매제가 되기를 기대한다."라고 밝혔다.

▌Keyword

▶ 국제철도연맹(UIC) : 1922년 유럽의 철도 사업자들을 중심으로 결성된 국제기구로, 철도에 대한 표준화, 국제 열차 운행 추진, 철도 운영에 대한 각종 지원과 기술공유 등을 수행한다.

▌예상 면접 질문

▶ 코레일의 국제적 협력 활동의 기대 효과에 대해 말해 보시오.
▶ 국제적 철도 사업을 진행할 때 가장 중요하게 고려해야 하는 점에 대해 말해 보시오.

2023.09.04.(월)

코레일 한국철도공사, 방글라데시 '기관차 유지관리 기술이전 사업' 수주

코레일 한국철도공사(이하 코레일)는 방글라데시 '기관차 유지관리 기술이전 사업'을 수주했다고 밝혔다.

이는 48억 원 규모의 공적개발원조(ODA) 연계 사업으로, 코레일은 방글라데시 다카~치타공 간 운행하는 한국산 디젤기관차 관련 정비 기술을 전수하게 된다.

코레일은 국내 철도차량 유지보수 중소기업과 컨소시엄을 구성해 2026년까지 3년간 방글라데시 철도청에 기관차 정비 기술을 이전하고 컨설팅하게 된다.

주요 컨설팅 내용은 차량 조직·인력 운영 자문, 대차 세척 설비 등 기관차 유지보수 장비 공여, 유지보수 기준 체계화, 정비 전문가 양성 교육 등이다.

또한, 코레일은 방글라데시 철도청과 협업해 기술력 향상을 지원하고, 앞으로 추진되는 '객차 유지관리 고도화 사업'과 '철도차량 정비기지 개량 사업' 수주에도 힘을 기울일 방침이다.

한문희 코레일 사장은 "그동안 쌓아온 철도차량 정비 기술력과 노하우를 바탕으로 해외 진출과 미래 성장동력 확보에 힘을 쏟겠다."라며 "철도산업의 맏형으로서 중소기업의 동반성장 지원에도 앞장설 것이다."라고 밝혔다.

Keyword

▸ 공적개발원조(ODA) : 공공기반원조 또는 정부개발원조라고도 하며, 선진국의 정부 또는 공공기관이 개도국의 발전과 복지증진을 주목적으로 하여 공여하는 원조이다. 주로 증여, 차관, 기술 원조 등의 형태로 제공된다.

예상 면접 질문

▸ 코레일의 국제 사업 중 가장 인상 깊었던 사업내용에 대해 말해 보시오.
▸ 코레일의 철도기술에 대해 아는 대로 말해 보시오.

2023.07.26.(수)

코레일 한국철도공사,
공공기관 최초 '올해의 녹색상품' 12년 연속 수상

코레일 한국철도공사(이하 코레일)가 공공기관 최초로 소비자가 뽑은 '2023 대한민국 올해의 녹색상품'을 12년 연속 수상했다.

올해의 녹색상품은 36개 환경단체와 600여 명의 소비자 평가단 등이 제품의 친환경성과 상품성 등을 평가하는 상이며, 코레일은 공공기관으로는 유일하게 2012년부터 12년 연속 상을 받았다. 특히, 11년 이상 수상한 기업에 수여되는 최고의 영예 '녹색 마스터피스상'을 2년 연속 수상했다.

코레일은 신규 개통 노선 및 열차 종별로 매년 수상기관에 이름을 올리며 명실상부 저탄소 · 친환경 대표 교통기관으로 인정받았다. 이번 심사에서는 특히 동해선 KTX가 친환경성, 상품성, 안전성과 편리성, 고객 접근성 등에서 우수한 평가를 받았다.

2015년 개통한 동해선 KTX는 서울에서 출발해 포항으로 연결되는 노선으로, 전국 반나절 생활권을 동남권까지 확대했다. 동해선 KTX 개통으로 운행시간이 눈에 띄게 줄었으며, 시간 절약에 따른 이산화탄소 배출량 감소도 돋보였다. 승용차에 비해 이산화탄소 배출량은 1/6, 에너지 소모량은 1/9로 줄었으며, 2050 탄소중립 정책과 친환경 사회적 책임을 실천하는 기관으로 다시 한번 인정받았다.

한문희 코레일 사장은 "국민의 관심과 성원이 12년 연속 수상이라는 영광으로 이어졌다."라며 "친환경 열차를 확대하고 에너지 절약에 힘써 탄소중립에 앞장서는 기업이 되겠다."라고 밝혔다.

▌ Keyword

▸ **녹색상품** : 환경 보호를 목적으로 쓰레기가 적게 나오도록 만든 상품으로, 상대적으로 환경 친화적인 상품이나 환경적합성이 큰 제품을 말한다.
▸ **2050 탄소중립** : 정부가 2020년에 발표한 환경 관련 방안으로, 2030년까지는 이산화탄소배출량을 2010년 대비 최소 45% 이상 감축하고 2050년경에는 탄소중립을 달성하여야 한다는 시간적 목표를 말한다.

▌ 예상 면접 질문

▸ 코레일의 환경 관련 사업 중 가장 인상 깊었던 사업내용에 대해 말해 보시오.
▸ 환경 보호를 위해서 코레일은 어떤 노력을 할 수 있을지 말해 보시오.

이 책의 차례 CONTENTS

Add+

특별부록

※ 다음 글을 읽고 이어지는 질문에 답하시오. [1~2]

척추는 신체를 지탱하고, 뇌로부터 이어지는 중추신경인 척수를 보호하는 중요한 뼈 구조물이다. 보통 사람들은 허리에 심한 통증이 느껴지면 허리디스크(추간판탈출증)를 떠올리는데, 디스크 이외에도 통증을 유발하는 척추 질환은 다양하다. 특히 노인 인구가 증가하면서 척추관협착증(요추관협착증)의 발병 또한 늘어나고 있다. 허리디스크와 척추관협착증은 사람들이 혼동하기 쉬운 척추 질환으로, 발병 원인과 치료법이 다르기 때문에 두 질환의 차이를 이해하고 통증 발생 시 질환에 맞춰 적절하게 대응할 필요가 있다.

허리디스크는 척추 뼈 사이에 쿠션처럼 완충 역할을 해주는 디스크(추간판)에 문제가 생겨 발생한다. 디스크는 찐득찐득한 수핵과 이를 둘러싸는 섬유륜으로 구성되는데, 나이가 들어 탄력이 떨어지거나, 젊은 나이에도 급격한 충격에 의해서 섬유륜에 균열이 생기면 속의 수핵이 빠져나오면서 주변 신경을 압박하거나 염증을 유발한다. 허리디스크가 발병하면 초기에는 허리 통증으로 시작되어 점차 허벅지에서 발까지 찌릿하게 저리는 방사통을 유발하고, 디스크에서 수핵이 흘러나오는 상황이기 때문에 허리를 굽히거나 앉아 있으면 디스크에 가해지는 압력이 높아져 통증이 더욱 심해진다. 허리디스크는 통증이 심한 질환이지만, 흘러나온 수핵은 대부분 대식세포에 의해 제거되고, 자연치유가 가능하기 때문에 병원에서는 주로 통증을 줄이고, 안정을 취하는 방법으로 보존치료를 진행한다. 하지만 염증이 심해져 중앙 척수를 건드리게 되면 하반신 마비 등의 증세가 나타날 수 있는데, 이러한 경우에는 탈출된 디스크 조각을 물리적으로 제거하는 수술이 필요하다.

반면, 척추관협착증은 대표적인 척추 퇴행성 질환으로 주변 인대(황색 인대)가 척추관을 압박하여 발생한다. 척추관은 척추 가운데 신경 다발이 지나갈 수 있도록 속이 빈 공간인데, 나이가 들면서 척추가 흔들리게 되면 흔들리는 척추를 붙들기 위해 인대가 점차 두꺼워지고, 척추 뼈에 변형이 생겨 결과적으로 척추관이 좁아지게 된다. 이렇게 오랜 기간 동안 변형된 척추 뼈와 인대가 척추관 속의 신경을 눌러 발생하는 것이 척추관협착증이다. 척추관 속의 신경이 눌리게 되면 통증과 함께 저리거나 당기게 되어 보행이 힘들어지며, 지속적으로 압박받을 경우 척추 신경이 경색되어 하반신 마비 증세로 악화될 수 있다. 일반적으로 서 있을 경우보다 허리를 구부렸을 때 척추관이 더 넓어지므로 허리디스크 환자와 달리 앉아 있을 때 통증이 완화된다. 척추관협착증은 자연치유가 되지 않고 척추관이 다시 넓어지지 않으므로 발병 초기를 제외하면 일반적으로 변형된 부분을 제거하는 수술을 하게 된다.

이와 같이 허리디스크와 척추관협착증은 똑같이 허리 통증을 유발하지만 원인과 증상, 치료법이 서로 상이하다. 비교적 고령인 60대 이상의 사람이 만성적으로 서 있을 때 통증이 나타난다면 ___㉠___을/를 의심해야 하며, 비교적 젊은 20~50대의 사람이 앉아 있을 때 통증이 급작스럽게 나타날 때는 ___㉡___을/를 의심해야 한다. 척추는 우리의 몸을 지탱하는 중요한 골격이며, 신경계와 밀접한 관련이 있으므로 통증이 발생한다면 자신의 몸 상태를 잘 파악하고, 초기에 치료를 받는 것이 중요하다.

01 다음 중 윗글의 내용으로 적절하지 않은 것은?

① 일반적으로 허리디스크는 척추관협착증에 비해 급작스럽게 증상이 나타난다.

② 허리디스크는 서 있을 때 통증이 더 심해진다.

③ 허리디스크에 비해 척추관협착증은 외과적 수술 빈도가 높다.

④ 허리디스크와 척추관협착증 모두 증세가 심해지면 하반신 마비의 가능성이 있다.

02 다음 중 빈칸 ㉠과 ㉡에 들어갈 단어가 바르게 연결된 것은?

	㉠	㉡
①	허리디스크	추간판탈출증
②	허리디스크	척추관협착증
③	척추관협착증	요추관협착증
④	척추관협착증	허리디스크

03 다음 문단을 논리적 순서대로 바르게 나열한 것은?

> (가) 주장애관리는 장애정도가 심한 장애인이 의원뿐만 아니라 병원 및 종합병원급에서 장애 유형별 전문의에게 전문적인 장애관리를 받을 수 있는 서비스이다. 이전에는 대상 관리 유형이 지체장애, 시각장애, 뇌병변장애로 제한되어 있었으나, 3단계부터는 지적장애, 정신장애, 자폐성 장애까지 확대되어 더 많은 중증장애인들이 장애관리를 받을 수 있게 되었다.
>
> (나) 이와 같이 3단계 장애인 건강주치의 시범사업은 기존 1·2단계 시범사업보다 더욱 확대되어 많은 중증장애인들의 참여를 예상하고 있다. 장애인 건강주치의 시범사업에 신청하기 위해서는 국민건강보험공단 홈페이지의 건강IN에서 장애인 건강주치의 의료기관을 찾은 후 해당 의료기관에 방문하여 장애인 건강주치의 이용 신청사실 통지서를 작성하면 신청할 수 있다.
>
> (다) 장애인 건강주치의 제도가 제공하는 서비스는 일반건강관리, 주(主)장애관리, 통합관리로 나누어진다. 일반건강관리 서비스는 모든 유형의 중증장애인이 만성질환 등 전반적인 건강관리를 받을 수 있는 서비스로, 의원급에서 원하는 의사를 선택하여 참여할 수 있다. 1·2단계까지의 사업에서는 만성질환관리를 위해 장애인 본인이 검사비용의 30%를 부담해야 했지만, 3단계부터는 본인부담금 없이 질환별 검사바우처로 제공한다.
>
> (라) 마지막으로 통합관리는 일반건강관리와 주장애관리를 동시에 받을 수 있는 서비스로, 동네에 있는 의원급 의료기관에 속한 지체·뇌병변·시각·지적·정신·자폐성 장애를 진단하는 전문의가 주장애관리와 만성질환관리를 모두 제공한다. 이 3가지 서비스들은 거동이 불편한 환자를 위해 의사나 간호사가 직접 집으로 방문하는 방문 서비스를 제공하고 있으며 기존까지는 연 12회였으나, 3단계 시범사업부터 연 18회로 증대되었다.
>
> (마) 보건복지부와 국민건강보험공단은 2021년 9월부터 3단계 장애인 건강주치의 시범사업을 진행하였다. 장애인 건강주치의 제도는 중증장애인이 인근 지역에서 주치의로 등록 신청한 의사 중 원하는 의사를 선택하여 장애로 인한 건강문제, 만성질환 등 건강상태를 포괄적이고 지속적으로 관리받을 수 있는 제도로, 2018년 5월 1단계 시범사업을 시작으로 2단계 시범사업까지 완료되었다.

① (다) - (마) - (가) - (나) - (라)
② (다) - (가) - (라) - (마) - (나)
③ (마) - (가) - (라) - (나) - (다)
④ (마) - (다) - (가) - (라) - (나)

04 다음은 K지역의 연도별 건강보험금 부과액 및 징수액에 대한 자료이다. 직장가입자 건강보험금 징수율이 가장 높은 해와 지역가입자의 건강보험금 징수율이 가장 높은 해를 바르게 짝지은 것은?

〈건강보험금 부과액 및 징수액〉

(단위 : 백만 원)

구분		2019년	2020년	2021년	2022년
직장가입자	부과액	6,706,712	5,087,163	7,763,135	8,376,138
	징수액	6,698,187	4,898,775	7,536,187	8,368,972
지역가입자	부과액	923,663	1,003,637	1,256,137	1,178,572
	징수액	886,396	973,681	1,138,763	1,058,943

※ [징수율(%)] = $\dfrac{(징수액)}{(부과액)} \times 100$

      직장가입자   지역가입자
①   2022년   2020년
②   2022년   2019년
③   2021년   2020년
④   2021년   2019년

05 다음은 K병원의 하루 평균 이뇨제, 지사제, 진통제 사용량에 대한 자료이다. 이에 대한 설명으로 옳지 않은 것은?

〈하루 평균 이뇨제, 지사제, 진통제 사용량〉

구분	2018년	2019년	2020년	2021년	2022년	1인 1일 투여량
이뇨제	3,000mL	3,480mL	3,360mL	4,200mL	3,720mL	60mL/일
지사제	30정	42정	48정	40정	44정	2정/일
진통제	6,720mg	6,960mg	6,840mg	7,200mg	7,080mg	60mg/일

※ 모든 의약품은 1인 1일 투여량을 준수하여 투여했다.

① 전년 대비 2022년 사용량 감소율이 가장 큰 의약품은 이뇨제이다.
② 5년 동안 지사제를 투여한 환자 수의 평균은 18명 이상이다.
③ 이뇨제 사용량은 증가와 감소를 반복하였다.
④ 매년 진통제를 투여한 환자 수는 이뇨제를 투여한 환자 수의 2배 이하이다.

06 다음은 분기별 상급병원, 종합병원, 요양병원의 보건인력 현황에 대한 자료이다. 분기별 전체 보건인력 중 전체 사회복지사 인력의 비율로 옳지 않은 것은?

〈상급병원, 종합병원, 요양병원의 보건인력 현황〉

(단위 : 명)

구분		2022년 3분기	2022년 4분기	2023년 1분기	2023년 2분기
상급병원	의사	20,002	21,073	22,735	24,871
	약사	2,351	2,468	2,526	2,280
	사회복지사	391	385	370	375
종합병원	의사	32,765	33,084	34,778	33,071
	약사	1,941	1,988	2,001	2,006
	사회복지사	670	695	700	720
요양병원	의사	19,382	19,503	19,761	19,982
	약사	1,439	1,484	1,501	1,540
	사회복지사	1,887	1,902	1,864	1,862
합계		80,828	82,582	86,236	86,707

※ 보건인력은 의사, 약사, 사회복지사 인력 모두를 포함한다.

① 2022년 3분기 : 약 3.65%
② 2022년 4분기 : 약 3.61%
③ 2023년 1분기 : 약 3.88%
④ 2023년 2분기 : 약 3.41%

07 다음은 건강생활실천지원금제에 대한 자료이다. 〈보기〉의 신청자 중 예방형과 관리형에 해당하는 사람을 바르게 분류한 것은?

〈건강생활실천지원금제〉

• 사업설명 : 참여자 스스로 실천한 건강생활 노력 및 건강개선 결과에 따라 지원금을 지급하는 제도
• 시범지역

지역	예방형	관리형
서울	노원구	중랑구
경기·인천	안산시, 부천시	인천 부평구, 남양주시, 고양 일산(동구, 서구)
충청권	대전 대덕구, 충주시, 충남 청양군(부여군)	대전 동구
전라권	광주 광산구, 전남 완도군, 전주시(완주군)	광주 서구, 순천시
경상권	부산 중구, 대구 남구, 김해시, 대구 달성군	대구 동구, 부산 북구
강원·제주권	원주시, 제주시	원주시

• 참여대상 : 주민등록상 주소지가 시범지역에 해당되는 사람 중 아래에 해당하는 사람

구분	조건
예방형	만 20 ~ 64세인 건강보험 가입자(피부양자 포함) 중 국민건강보험공단에서 주관하는 일반건강검진 결과 건강관리가 필요한 사람*
관리형	고혈압·당뇨병 환자

*건강관리가 필요한 사람 : 다음에 모두 해당하거나 ①, ② 또는 ①, ③에 해당하는 사람

① 체질량지수(BMI) 25kg/m^2 이상
② 수축기 혈압 120mmHg 이상 또는 이완기 혈압 80mmHg 이상
③ 공복혈당 100mg/dL 이상

보기

신청자	주민등록상 주소지	체질량지수	수축기 혈압 / 이완기 혈압	공복혈당	기저질환
A	서울 강북구	22kg/m^2	117mmHg / 78mmHg	128mg/dL	−
B	서울 중랑구	28kg/m^2	125mmHg / 85mmHg	95mg/dL	−
C	경기 안산시	26kg/m^2	142mmHg / 92mmHg	99mg/dL	고혈압
D	인천 부평구	23kg/m^2	145mmHg / 95mmHg	107mg/dL	고혈압
E	광주 광산구	28kg/m^2	119mmHg / 78mmHg	135mg/dL	당뇨병
F	광주 북구	26kg/m^2	116mmHg / 89mmHg	144mg/dL	당뇨병
G	부산 북구	27kg/m^2	118mmHg / 75mmHg	132mg/dL	당뇨병
H	강원 철원군	28kg/m^2	143mmHg / 96mmHg	115mg/dL	고혈압
I	제주 제주시	24kg/m^2	129mmHg / 83mmHg	108mg/dL	−

※ 단, 모든 신청자는 만 20 ~ 64세이며, 건강보험에 가입하였다.

	예방형	관리형		예방형	관리형
①	A, E	C, D	②	B, E	F, I
③	C, E	D, G	④	F, I	C, H

08 K동에서는 임신한 주민에게 출산장려금을 지원하고자 한다. 출산장려금 지급 기준 및 K동에 거주하는 임산부에 대한 정보가 다음과 같을 때, 출산장려금을 가장 먼저 받을 수 있는 사람은?

〈K동 출산장려금 지급 기준〉

- 출산장려금 지급액은 모두 같으나, 지급 시기는 모두 다르다.
- 지급 순서 기준은 임신일, 자녀 수, 소득 수준 순서이다.
- 임신일이 길수록, 자녀가 많을수록, 소득 수준이 낮을수록 먼저 받는다(단, 자녀는 만 19세 미만의 아동 및 청소년으로 제한한다).
- 임신일, 자녀 수, 소득 수준이 모두 같으면 같은 날에 지급한다.

〈K동 거주 임산부 정보〉

임산부	임신일	자녀	소득 수준
A	150일	만 1세	하
B	200일	만 3세	상
C	100일	만 10세, 만 6세, 만 5세, 만 4세	상
D	200일	만 7세, 만 5세, 만 3세	중
E	200일	만 20세, 만 16세, 만 14세, 만 10세	상

---

① A임산부   ② B임산부

③ D임산부   ④ E임산부

09 다음 글의 주제로 가장 적절한 것은?

> 현재 우리나라의 진료비 지불제도 중 가장 주도적으로 시행되는 지불제도는 행위별수가제이다. 행위별수가제는 의료기관에서 의료인이 제공한 의료서비스(행위, 약제, 치료 재료 등)에 대해 서비스별로 가격(수가)을 정하여 사용량과 가격에 의해 진료비를 지불하는 제도로, 의료보험 도입 당시부터 채택하고 있는 지불제도이다. 그러나 최근 관련 전문가들로부터 이러한 지불제도를 개선해야 한다는 목소리가 많이 나오고 있다.
>
> 조사에 의하면 우리나라의 국민의료비를 증대시키는 주요 원인은 고령화로 인한 진료비 증가와 행위별수가제로 인한 비용의 무한 증식이다. 현재 우리나라의 국민의료비는 OECD 회원국 중 최상위를 기록하고 있으며 앞으로 더욱 심화될 것으로 예측된다. 특히 행위별수가제는 의료행위를 할수록 지불되는 진료비가 증가하므로 CT, MRI 등 영상검사를 중심으로 의료 남용이나 과다 이용 문제가 발생하고 있고, 병원의 이익 증대를 위하여 환자에게는 의료비 부담을, 의사에게는 업무 부담을, 건강보험에는 재정 부담을 증대시키고 있다.
>
> 이러한 행위별수가제의 문제점을 개선하기 위해 일부 질병군에서는 환자가 입원해서 퇴원할 때까지 발생하는 진료에 대하여 질병마다 미리 정해진 금액을 내는 제도인 포괄수가제를 시행 중이며, 요양병원, 보건기관에서는 입원 환자의 질병, 기능 상태에 따라 입원 1일당 정액수가를 적용하는 정액수가제를 병행하여 실시하고 있지만 비용 산정의 경직성, 의사 비용과 병원 비용의 비분리 등 여러 가지 문제점이 있어 현실적으로 효과를 내지 못하고 있다는 지적이 나오고 있다.
>
> 기획재정부와 보건복지부는 시간이 지날수록 건강보험 적자가 계속 증대되어 머지않아 고갈될 위기에 있다고 발표하였다. 당장 행위별수가제를 전면적으로 폐지할 수는 없으므로 기존의 다른 수가제의 문제점을 개선하여 확대하는 등 의료비 지불방식의 다변화가 구조적으로 진행되어야 할 것이다.

① 신포괄수가제의 정의
② 행위별수가제의 한계점
③ 의료비 지불제도의 역할
④ 건강보험의 재정 상황
⑤ 다양한 의료비 지불제도 소개

10 다음 중 제시된 단어와 그 뜻이 바르게 연결되지 않은 것은?

① 당위(當爲) : 마땅히 그렇게 하거나 되어야 하는 것

② 구상(求償) : 자연적인 재해나 사회적인 피해를 당하여 어려운 처지에 있는 사람을 도와줌

③ 명문(明文) : 글로 명백히 기록된 문구 또는 그런 조문

④ 유기(遺棄) : 어떤 사람이 종래의 보호를 거부하여 그를 보호받지 못하는 상태에 두는 일

⑤ 추계(推計) : 일부를 가지고 전체를 미루어 계산함

11 질량이 2kg인 공을 지표면으로부터 높이가 50cm인 지점에서 지표면을 향해 수직으로 4m/s의 속력으로 던져 공이 튀어 올랐다. 다음 〈조건〉을 보고 가장 높은 지점에서 공의 위치에너지를 구하면?(단, 에너지 손실은 없으며, 중력가속도는 $10m/s^2$으로 가정한다)

> **조건**
> - (운동에너지)$=\left[\dfrac{1}{2} \times (질량) \times (속력)^2\right]$J
> - (위치에너지)$=[(질량) \times (중력가속도) \times (높이)]$J
> - (역학적 에너지)$=[(운동에너지)+(위치에너지)]$J
> - 에너지 손실이 없다면 역학적 에너지는 어떠한 경우에도 변하지 않는다.
> - 공이 지표면에 도달할 때 위치에너지는 0이고, 운동에너지는 역학적 에너지와 같다.
> - 공이 튀어 오른 후 가장 높은 지점에서 운동에너지는 0이고, 위치에너지는 역학적 에너지와 같다.
> - 운동에너지와 위치에너지를 구하는 식에 대입하는 질량의 단위는 kg, 속력의 단위는 m/s, 중력가속도의 단위는 m/s^2, 높이의 단위는 m이다.

① 26J

② 28J

③ 30J

④ 32J

⑤ 34J

12 A부장이 시속 200km의 속력으로 달리는 기차로 1시간 30분 걸리는 출장지에 자가용을 타고 출장을 갔다. 시속 60km의 속력으로 가고 있는데, 속력을 유지한 채 가면 약속시간보다 1시간 늦게 도착할 수 있어 도중에 시속 90km의 속력으로 달려 약속시간보다 30분 일찍 도착하였다. A부장이 시속 90km의 속력으로 달린 거리는?(단, 달리는 동안 속력은 시속 60km로 달리는 도중에 시속 90km로 바뀌는 경우를 제외하고는 그 속력을 유지하는 것으로 가정한다)

① 180km

② 210km

③ 240km

④ 270km

⑤ 300km

13 S공장은 어떤 상품을 원가에 23%의 이익을 남겨 판매하였으나, 잘 팔리지 않아 판매가에서 1,300원 할인하여 판매하였다. 이때 얻은 이익이 원가의 10%일 때, 상품의 원가는?

① 10,000원

② 11,500원

③ 13,000원

④ 14,500원

⑤ 16,000원

14 A ~ G 7명은 일렬로 배치된 의자에 다음 〈조건〉과 같이 앉는다. 이때 가능한 경우의 수는?

조건
- A는 양 끝에 앉지 않는다.
- G는 가운데에 앉는다.
- B는 G의 바로 옆에 앉는다.

① 60가지

② 72가지

③ 144가지

④ 288가지

⑤ 366가지

15 S유치원에 다니는 아이 11명의 평균 키는 113cm이다. 키가 107cm인 원생이 유치원을 나가게 되어 원생이 10명이 되었을 때, 남은 유치원생 10명의 평균 키는?

① 113cm

② 113.6cm

③ 114.2cm

④ 114.8cm

⑤ 115.4cm

16 다음 글과 같이 한자어 및 외래어를 순화한 내용으로 적절하지 않은 것은?

> 열차를 타다 보면 한 번쯤은 다음과 같은 안내방송을 들어 봤을 것이다.
> "○○역 인근 '공중사상사고' 발생으로 KTX 열차가 지연되고 있습니다."
> 이때 들리는 안내방송 중 한자어인 '공중사상사고'를 한 번에 알아듣기란 일반적으로 쉽지 않다. 실제로 S교통공사 관계자는 승객들로부터 안내방송 문구가 적절하지 않다는 지적을 받아 왔다고 밝혔으며, 이에 S교통공사는 국토교통부와 협의를 거쳐 보다 이해하기 쉬운 안내방송을 전달하기 위해 문구를 바꾸는 작업에 착수하기로 결정하였다고 전했다.
> 우선 가장 먼저 수정하기로 한 것은 한자어 및 외래어로 표기된 철도 용어이다. 그중 대표적인 것이 '공중사상사고'이다. S교통공사 관계자는 이를 '일반인의 사상사고'나 '열차 운행 중 인명사고' 등과 같이 이해하기 쉬운 말로 바꿀 예정이라고 밝혔다. 이 외에도 열차 지연 예상 시간, 사고복구 현황 등 열차 내 안내방송을 승객에게 좀 더 알기 쉽고 상세하게 전달할 것이라고 전했다.

① 열차시격 → 배차간격

② 전차선 단전 → 선로 전기 공급 중단

③ 우회수송 → 우측 선로로 변경

④ 핸드레일(Handrail) → 안전손잡이

⑤ 키스 앤 라이드(Kiss and Ride) → 환승정차구역

17 다음 글에서 언급되지 않은 내용은?

전 세계적인 과제로 탄소중립이 대두되자 친환경적 운송 수단인 철도가 주목받고 있다. 특히 국제에 너지기구는 철도를 에너지 효율이 가장 높은 운송 수단으로 꼽으며, 철도 수송을 확대하면 세계 수송 부문에서 온실가스 배출량이 그렇지 않을 때보다 약 6억 톤이 줄어들 수 있다고 하였다.

특히 철도의 에너지 소비량은 도로의 22분의 1이고, 온실가스 배출량은 9분의 1에 불과해, 탄소 배출이 높은 도로 운행의 수요를 친환경 수단인 철도로 전환한다면 수송 부문 총배출량이 획기적으로 감소될 것이라 전망하고 있다.

이에 발맞춰 우리나라의 S철도공단도 '녹색교통'인 철도 중심 교통체계를 구축하기 위해 박차를 가하고 있으며, 정부 역시 '2050 탄소중립 실현' 목표에 발맞춰 저탄소 철도 인프라 건설·관리로 탄소를 지속적으로 감축하고자 노력하고 있다.

S철도공단은 철도 인프라 생애주기 관점에서 탄소를 감축하기 위해 먼저 철도 건설 단계에서부터 친환경·저탄소 자재를 적용해 탄소 배출을 줄이고 있다. 실제로 중앙선 안동 ~ 영천 간 궤도 설계 당시 철근 대신에 저탄소 자재인 유리섬유 보강근을 콘크리트 궤도에 적용했으며, 이를 통한 탄소 감축효과는 약 6,000톤으로 추정된다. 이 밖에도 저탄소 철도 건축물 구축을 위해 2025년부터 모든 철도건축물을 에너지 자립률 60% 이상(3등급)으로 설계하기로 결정했으며, 도심의 철도 용지는 지자체와 협업을 통해 도심 속 철길 숲 등 탄소 흡수원이자 지역민의 휴식처로 철도부지 특성에 맞게 조성되고 있다.

S철도공단은 이와 같은 철도로의 수송 전환으로 약 20%의 탄소 감축 목표를 내세웠으며, 이를 위해서는 정부의 노력도 필요하다고 강조하였다. 특히 수송 수단 간 공정한 가격 경쟁이 이루어질 수 있도록 도로 차량에 집중된 보조금 제도를 화물차의 탄소배출을 줄이기 위한 철도 전환교통 보조금으로 확대하는 등 실질적인 방안의 필요성을 제기하고 있다.

① 녹색교통으로 철도 수송이 대두된 배경
② 철도 수송 확대를 통해 기대할 수 있는 효과
③ 국내의 탄소 감축 방안이 적용된 설계 사례
④ 정부의 철도 중심 교통체계 구축을 위해 시행된 조치
⑤ S철도공단의 철도 중심 교통체계 구축을 위한 방안

18 다음 글의 주제로 가장 적절한 것은?

지난 5월 아이슬란드에 각종 파이프와 열교환기, 화학물질 저장탱크, 압축기로 이루어져 있는 '조지
올라 재생가능 메탄올 공장'이 등장했다. 이곳은 이산화탄소로 메탄올을 만드는 첨단 시설로, 과거
2011년 아이슬란드 기업 '카본리사이클링인터내셔널(CRI)'이 탄소 포집·활용(CCU) 기술의 실험
을 위해서 지은 곳이다.

이곳에서는 인근 지열발전소에서 발생하는 적은 양의 이산화탄소(CO_2)를 포집한 뒤 물을 분해해
조달한 수소(H_2)와 결합시켜 재생 메탄올(CH_3OH)을 제조하였으며, 이때 필요한 열과 냉각수 역시
지열발전소의 부산물을 이용했다. 이렇게 만들어진 메탄올은 자동차, 선박, 항공 연료는 물론 플라
스틱 제조 원료로 활용되는 등 여러 곳에서 활용되었다.

하지만 이렇게 메탄올을 만드는 것이 미래 원료 문제의 근본적인 해결책이 될 수는 없었다. 왜냐하
면 메탄올이 만드는 에너지보다 메탄올을 만드는 데 들어가는 에너지가 더 필요하다는 문제점에 더
하여 액화천연가스(LNG)를 메탄올로 변환할 경우 이전보다 오히려 탄소배출량이 증가하고, 탄소배
출량을 감소시키기 위해서는 태양광과 에너지 저장장치를 활용해 메탄올 제조에 필요한 에너지를
모두 조달해야만 하기 때문이다.

또한 탄소를 포집해 지하에 영구 저장하는 탄소포집 저장방식과 달리, 탄소를 포집해 만든 연료나
제품은 사용 중에 탄소를 다시 배출할 가능성이 있어 이에 대한 논의가 분분한 상황이다.

① 탄소 재활용의 득과 실
② 재생 에너지 메탄올의 다양한 활용
③ 지열발전소에서 탄생한 재활용 원료
④ 탄소 재활용을 통한 미래 원료의 개발
⑤ 미래의 에너지 원료로 주목받는 재활용 원료, 메탄올

19 다음은 A ~ C철도사의 연도별 차량 수 및 승차인원에 대한 자료이다. 이에 대한 설명으로 옳지 않은 것은?

⟨철도사별 차량 수 및 승차인원⟩

구분	2020년			2021년			2022년		
	A	B	C	A	B	C	A	B	C
차량 수(량)	2,751	103	185	2,731	111	185	2,710	113	185
승차인원 (천 명/년)	775,386	26,350	35,650	768,776	24,746	33,130	755,376	23,686	34,179

① C철도사가 운영하는 차량 수는 변동이 없다.

② 3년간 전체 승차인원 중 A철도사 철도를 이용하는 승차인원의 비율이 가장 높다.

③ A ~ C철도사의 철도를 이용하는 연간 전체 승차인원 수는 매년 감소하였다.

④ 3년간 차량 1량당 연간 평균 승차인원 수는 B철도사가 가장 적다.

⑤ C철도사의 차량 1량당 연간 승차인원 수는 200천 명 미만이다.

20 총무부에 근무하는 A사원은 각 부서에 필요한 사무용품을 조사한 결과, 볼펜 30자루, 수정테이프 8개, 연필 20자루, 지우개 5개가 필요하다고 한다. 다음 ⟨조건⟩에 따라 비품을 구매할 때, 지불할 수 있는 가장 저렴한 금액은?(단, 필요한 비품 수를 초과하여 구매할 수 있고, 지불하는 금액은 배송료를 포함한다)

조건
• 볼펜, 수정테이프, 연필, 지우개의 판매 금액은 다음과 같다(단, 모든 품목은 낱개로 판매한다).

품목	가격(원/1EA)	비고
볼펜	1,000	20자루 이상 구매 시 개당 200원 할인
수정테이프	2,500	10개 이상 구매 시 개당 1,000원 할인
연필	400	12자루 이상 구매 시 연필 전체 가격의 25% 할인
지우개	300	10개 이상 구매 시 개당 100원 할인

• 품목당 할인을 적용한 금액의 합이 3만 원을 초과할 경우, 전체 금액의 10% 할인이 추가로 적용된다.
• 전체 금액의 10% 할인 적용 전 금액이 5만 원 초과 시 배송료는 무료이다.
• 전체 금액의 10% 할인 적용 전 금액이 5만 원 이하 시 배송료 5,000원이 별도로 적용된다.

① 51,500원　　　　　　　② 51,350원

③ 46,350원　　　　　　　④ 45,090원

⑤ 42,370원

21 다음은 A ~ H국의 연도별 석유 생산량에 대한 자료이다. 이에 대한 설명으로 옳은 것은?

〈연도별 석유 생산량〉

(단위 : bbl/day)

국가	2018년	2019년	2020년	2021년	2022년
A	10,356,185	10,387,665	10,430,235	10,487,336	10,556,259
B	8,251,052	8,297,702	8,310,856	8,356,337	8,567,173
C	4,102,396	4,123,963	4,137,857	4,156,121	4,025,936
D	5,321,753	5,370,256	5,393,104	5,386,239	5,422,103
E	258,963	273,819	298,351	303,875	335,371
F	2,874,632	2,633,087	2,601,813	2,538,776	2,480,221
G	1,312,561	1,335,089	1,305,176	1,325,182	1,336,597
H	100,731	101,586	102,856	103,756	104,902

① 석유 생산량이 매년 증가한 국가의 수는 6개이다.

② 2018년 대비 2022년에 석유 생산량 증가량이 가장 많은 국가는 A이다.

③ 매년 E국가의 석유 생산량은 H국가 석유 생산량의 3배 미만이다.

④ 연도별 석유 생산량 상위 2개 국가의 생산량 차이는 매년 감소한다.

⑤ 2018년 대비 2022년에 석유 생산량 감소율이 가장 큰 국가는 F이다.

22 A씨는 최근 승진한 공무원 친구에게 선물로 개당 12만 원인 수석을 보내고자 한다. 다음 부정청탁 및 금품 등 수수의 금지에 관한 법률에 따라 선물을 보낼 때, 최대한 많이 보낼 수 있는 수석의 수는?(단, A씨는 공무원인 친구와 직무 연관성이 없는 일반인이며, 선물은 한 번만 보낸다)

금품 등의 수수 금지(부정청탁 및 금품 등 수수의 금지에 관한 법률 제8조 제1항)
공직자 등은 직무 관련 여부 및 기부·후원·증여 등 그 명목에 관계없이 동일인으로부터 1회에 100만 원 또는 매 회계연도에 300만 원을 초과하는 금품 등을 받거나 요구 또는 약속해서는 아니 된다.

① 7개

② 8개

③ 9개

④ 10개

⑤ 11개

23 S대리는 업무 진행을 위해 본사에서 거래처로 외근을 가고자 한다. 본사에서 거래처까지 가는 길이 다음과 같을 때, 본사에서 출발하여 C와 G를 거쳐 거래처로 간다면 S대리의 최소 이동거리는?(단, 어떤 곳을 먼저 가도 무관하다)

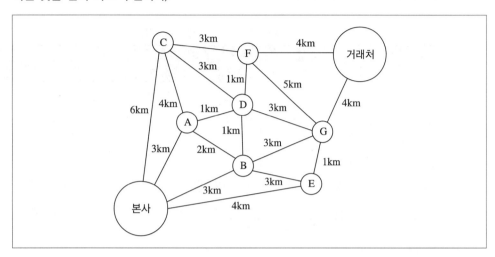

① 8km

② 9km

③ 13km

④ 16km

⑤ 18km

24 S사는 개발 상품 매출 순이익에 기여한 직원에게 성과급을 지급하고자 한다. 기여도에 따른 성과급 지급 기준과 〈보기〉를 참고하여 성과급을 차등지급할 때, 가장 많은 성과급을 지급받는 직원은? (단, 팀장에게 지급하는 성과급은 기준 금액의 1.2배이다)

〈기여도에 따른 성과급 지급 기준〉

매출 순이익	개발 기여도			
	1% 이상 5% 미만	5% 이상 10% 미만	10% 이상 20% 미만	20% 이상
1천만 원 미만	–	–	매출 순이익의 1%	매출 순이익의 2%
1천만 원 이상 3천만 원 미만	5만 원	매출 순이익의 1%	매출 순이익의 2%	매출 순이익의 5%
3천만 원 이상 5천만 원 미만	매출 순이익의 1%	매출 순이익의 2%	매출 순이익의 3%	매출 순이익의 5%
5천만 원 이상 1억 원 미만	매출 순이익의 1%	매출 순이익의 3%	매출 순이익의 5%	매출 순이익의 7.5%
1억 원 이상	매출 순이익의 1%	매출 순이익의 3%	매출 순이익의 5%	매출 순이익의 10%

보기

직원	직책	매출 순이익	개발 기여도
A	팀장	4,000만 원	25%
B	팀장	2,500만 원	12%
C	팀원	1억 2,500만 원	3%
D	팀원	7,500만 원	7%
E	팀원	800만 원	6%

① A
② B
③ C
④ D
⑤ E

25 다음은 올바른 경청방법에 대한 내용이다. 다음 중 옳지 않은 것은?

① 상대를 정면으로 마주하는 자세는 상대방이 자칫 위축되거나 부담스러워할 수 있으므로 지양한다.

② 손이나 다리를 꼬지 않는 개방적인 자세는 상대에게 마음을 열어놓고 있음을 알려주는 신호이다.

③ 우호적인 눈의 접촉(Eye-contact)은 자신이 상대방에게 관심을 가지고 있음을 알려준다.

④ 비교적 편안한 자세는 전문가다운 자신만만함과 아울러 편안한 마음을 상대방에게 전할 수 있다.

26 다음 밑줄 친 단어의 표기가 적절하지 않은 것은?

① 철수는 지금까지 해왔던 일에 <u>싫증</u>이 났다.

② 매년 10만여 명의 <u>뇌졸중</u> 환자가 발생하고 있다.

③ 수영이가 하는 변명이 조금 <u>꺼림직했으나</u> 우선 믿기로 했다.

④ 그는 일을 하는 <u>틈틈히</u> 공부를 했다.

27 다음의 K사장이 저지른 오류에 대한 설명으로 옳은 것은?

> A건설의 K사장은 새 리조트 건설을 위해 적합한 지역을 물색하던 중, 비무장지대 인근 지역이 지가 (地價) 부담이 적어 리조트 건설에 최적지라는 보고를 받았다. K사장은 검토 후, 그 지역이 적지라 고 판단하여 리조트 건설지역으로 결정하였다. 그러나 환경보호단체 등 시민단체에서 환경영향평가 등의 자료를 근거로 많은 비판을 하였고, A건설에 대한 여론 역시 악화되었다.

① 타인의 평가에 자신의 감정이나 경향을 투사시키고 있다.

② 부분적 정보만을 받아들여 전체에 대한 판단을 내렸다.

③ 한 사람에 대한 평가가 다른 사람에 대한 평가에 영향을 주고 있다.

④ 소속 집단에 대한 고정관념을 가지고 있다.

28 원가가 2,000원인 A4용지 묶음에 $a\%$의 이익을 더해서 정가를 정했다. 그러나 판매가 저조하여 $a\%$의 절반만큼을 할인율로 정해 할인 판매하였더니 개당 이익이 240원이었다. 이때 a의 값은?

① 30

② 32

③ 36

④ 40

29 A씨는 마당에 원통형 스탠드 식탁을 만들어 페인트칠을 하려고 한다. 페인트칠 비용이 넓이 $1m^2$당 1만 원일 때, 윗면과 옆면에 페인트칠을 하는 데 들어가는 총비용은 얼마인가?[단, 원주율(π)은 3으로 계산한다]

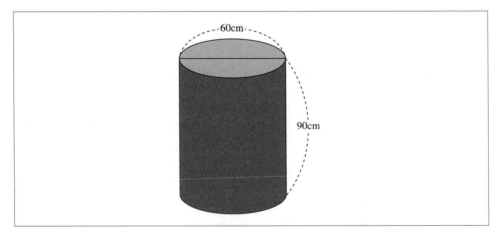

① 17,700원

② 17,900원

③ 18,200원

④ 18,900원

30 K공사에서 근무하는 A ~ G 7명은 다음 주 당직근무 순서를 정하기 위해 모였다. 〈조건〉에 따를 때, D가 근무하는 전날과 다음날 당직근무자는 누구인가?(단, 한 주의 시작은 월요일이다)

> **조건**
>
> • A가 가장 먼저 근무한다.
> • G는 A 다음 날에 근무한다.
> • C가 B보다 먼저 근무한다.
> • F는 E보다 먼저 근무한다.
> • F가 근무하고 3일 뒤에 C가 근무한다.
> • E는 목요일에 근무한다.

① C, F

② E, C

③ F, B

④ A, G

31 다음 중 마이클 포터(Michael E. Porter)의 본원적 경쟁전략에 대한 설명으로 가장 적절하지 않은 것은?

① 본원적 경쟁전략은 해당 사업에서 경쟁우위를 확보하기 위한 전략이다.

② 원가우위 전략은 새로운 생산기술의 개발 대신 대량생산을 통해 단위 원가를 낮춰야 한다고 본다.

③ 차별화 전략은 연구개발이나 광고를 통하여 기술, 품질, 서비스 등을 개선할 필요가 있다고 본다.

④ 집중화 전략은 산업 전체가 아닌 특정 시장을 대상으로 한다.

32 다음 〈보기〉의 맥킨지 7S 모델을 소프트웨어적 요소와 하드웨어적 요소로 바르게 구분한 것은?

> **보기**
>
> ㉠ 스타일(Style)
> ㉢ 전략(Strategy)
> ㉥ 구조(Structure)
> ㉣ 시스템(Systems)
> ㉡ 구성원(Staff)
> ㉤ 스킬(Skills)
> ㉦ 공유가치(Shared Values)

	소프트웨어	하드웨어
①	㉠, ㉡, ㉢, ㉦	㉣, ㉥, ㉤
②	㉠, ㉡, ㉣, ㉦	㉢, ㉥, ㉤
③	㉡, ㉢, ㉦, ㉤	㉠, ㉣, ㉥
④	㉡, ㉣, ㉥, ㉤	㉠, ㉢, ㉦

33 다음은 S시의 학교폭력 상담 및 신고 건수에 대한 자료이다. 이에 대한 설명으로 옳지 않은 것은?

〈학교폭력 상담 및 신고 건수〉

(단위 : 건)

구분	2022년 7월	2022년 8월	2022년 9월	2022년 10월	2022년 11월	2022년 12월
상담	977	805	3,009	2,526	1,007	871
상담 누계	977	1,782	4,791	7,317	8,324	9,195
신고	486	443	1,501	804	506	496
신고 누계	486	929	2,430	3,234	3,740	4,236
구분	2023년 1월	2023년 2월	2023년 3월	2023년 4월	2023년 5월	2023년 6월
상담	( )	( )	4,370	3,620	1,004	905
상담 누계	9,652	10,109	14,479	18,099	19,103	20,008
신고	305	208	2,781	1,183	557	601
신고 누계	4,541	4,749	7,530	( )	( )	( )

① 2023년 1월과 2023년 2월의 학교폭력 상담 건수는 같다.

② 학교폭력 상담 건수와 신고 건수 모두 2023년 3월에 가장 많다.

③ 전월 대비 학교폭력 상담 건수가 가장 크게 감소한 월과 학교폭력 신고 건수가 가장 크게 감소한 월은 다르다.

④ 전월 대비 학교폭력 상담 건수가 증가한 월은 학교폭력 신고 건수도 같이 증가하였다.

⑤ 2023년 6월까지의 학교폭력 신고 누계 건수는 10,000건 이상이다.

34 다음은 5년 동안 발전원별 발전량 추이에 대한 자료이다. 이에 대한 설명으로 옳지 않은 것은?

⟨2018 ~ 2022년 발전원별 발전량 추이⟩

(단위 : GWh)

발전원	2018년	2019년	2020년	2021년	2022년
원자력	127,004	138,795	140,806	155,360	179,216
석탄	247,670	226,571	221,730	200,165	198,367
가스	135,072	126,789	138,387	144,976	160,787
신재생	36,905	38,774	44,031	47,831	50,356
유류·양수	6,605	6,371	5,872	5,568	5,232
합계	553,256	537,300	550,826	553,900	593,958

① 매년 원자력 자원 발전량과 신재생 자원 발전량의 증감 추이는 같다.

② 석탄 자원 발전량의 전년 대비 감소폭이 가장 큰 해는 2021년이다.

③ 신재생 자원 발전량 대비 가스 자원 발전량이 가장 큰 해는 2018년이다.

④ 매년 유류·양수 자원 발전량은 전체 발전량의 1% 이상을 차지한다.

⑤ 전체 발전량의 전년 대비 증가폭이 가장 큰 해는 2022년이다.

35 A ~ G 7명은 주말 여행지를 고르기 위해 투표를 진행하였다. 다음 〈조건〉과 같이 투표를 진행하였을 때, 투표를 하지 않은 사람을 모두 고르면?

> **조건**
> • D나 G 중 적어도 한 명이 투표하지 않으면, F는 투표한다.
> • F가 투표하면, E는 투표하지 않는다.
> • B나 E 중 적어도 한 명이 투표하지 않으면, A는 투표하지 않는다.
> • A를 포함하여 투표한 사람은 모두 5명이다.

① B, E   ② B, F

③ C, D   ④ C, F

⑤ F, G

36 다음 중 〈보기〉에 해당하는 문제해결방법이 바르게 연결된 것은?

> **보기**
> ㉠ 중립적인 위치에서 그룹이 나아갈 방향과 주제에 대한 공감을 이룰 수 있도록 도와주어 깊이 있는 커뮤니케이션을 통해 문제점을 이해하고 창조적으로 해결하도록 지원하는 방법이다.
> ㉡ 상이한 문화적 토양을 가진 구성원이 사실과 원칙에 근거한 토론을 바탕으로 서로의 생각을 직설적인 논쟁이나 협상을 통해 의견을 조정하는 방법이다.
> ㉢ 구성원이 같은 문화적 토양을 가지고 서로를 이해하는 상황에서 권위나 공감에 의지하여 의견을 중재하고, 타협과 조정을 통해 해결을 도모하는 방법이다.

	㉠	㉡	㉢
①	하드 어프로치	퍼실리테이션	소프트 어프로치
②	퍼실리테이션	하드 어프로치	소프트 어프로치
③	소프트 어프로치	하드 어프로치	퍼실리테이션
④	퍼실리테이션	소프트 어프로치	하드 어프로치
⑤	하드 어프로치	소프트 어프로치	퍼실리테이션

37 다음과 같이 G마트에서 파는 물건을 상품코드와 크기에 따라 엑셀 프로그램으로 정리하였다. 상품 코드가 S3310897이고, 크기가 '중'인 물건의 가격을 구하는 함수로 옳은 것은?

▲	A	B	C	D	E	F
1						
2		상품코드	소	중	대	
3		S3001287	18,000	20,000	25,000	
4		S3001289	15,000	18,000	20,000	
5		S3001320	20,000	22,000	25,000	
6		S3310887	12,000	16,000	20,000	
7		S3310897	20,000	23,000	25,000	
8		S3311097	10,000	15,000	20,000	
9						

① $=$ HLOOKUP(S3310897,\$B\$2:\$E\$8,6,0)

② $=$ HLOOKUP("S3310897",\$B\$2:\$E\$8,6,0)

③ $=$ VLOOKUP("S3310897",\$B\$2:\$E\$8,2,0)

④ $=$ VLOOKUP("S3310897",\$B\$2:\$E\$8,6,0)

⑤ $=$ VLOOKUP("S3310897",\$B\$2:\$E\$8,3,0)

38 다음 중 Windows Game Bar 녹화 기능에 대한 설명으로 옳지 않은 것은?

① ⟨Windows 로고 키⟩＋⟨Alt⟩＋⟨G⟩를 통해 백그라운드 녹화 기능을 사용할 수 있다.

② 백그라운드 녹화 시간은 변경할 수 있다.

③ 녹화한 영상의 저장 위치는 변경할 수 없다.

④ 각 메뉴의 단축키는 본인이 원하는 키 조합에 맞추어 변경할 수 있다.

⑤ 게임 성능에 영향을 줄 수 있다.

※ 다음 글을 읽고 이어지는 질문에 답하시오. [39~41]

우리나라에서 500MW 규모 이상의 발전설비를 보유한 발전사업자(공급의무자)는 신재생에너지 공급의무화제도(RPS; Renewable Portfolio Standard)에 의해 의무적으로 일정 비율 이상을 기존의 화석연료를 변환시켜 이용하거나 햇빛・물・지열・강수・생물유기체 등 재생 가능한 에너지를 변환시켜 이용하는 에너지인 신재생에너지로 발전해야 한다. 이에 따라 공급의무자는 매년 정해진 의무공급비율에 따라 신재생에너지를 사용하여 전기를 공급해야 하는데 의무공급비율은 매년 확대되고 있으므로 여기에 맞춰 태양광, 풍력 등 신재생에너지 발전설비를 추가로 건설하기에는 여러 가지 한계점이 있다. ___㉠___ 공급의무자는 의무공급비율을 외부 조달을 통해 충당하게 되는데 이를 인증하는 것이 신재생에너지 공급인증서(REC; Renewable Energy Certificates)이다. 공급의무자는 신재생에너지 발전사에서 판매하는 REC를 구매하는 것으로 의무공급비율을 달성하게 되며, 이를 이행하지 못할 경우 미이행 의무량만큼 해당 연도 평균 REC 거래가격의 1.5배 이내에서 과징금이 부과된다.

신재생에너지 공급자가 공급의무자에게 REC를 판매하기 위해서는 먼저 「신에너지 및 재생에너지 개발・이용・보급 촉진법(신재생에너지법)」 제12조의7에 따라 공급인증기관(에너지관리공단 신재생에너지센터, 한국전력거래소 등)으로부터 공급 사실을 증명하는 공급인증서를 신청해야 한다. 인증 신청을 받은 공급인증기관은 신재생에너지 공급자, 신재생에너지 종류별 공급량 및 공급기간, 인증서 유효기간을 명시한 공급인증서를 발급해 주는데, 여기서 공급인증서의 유효기간은 발급받은 날로부터 3년이며, 공급량은 발전방식에 따라 실제 공급량에 가중치를 곱해 표기한다. 이렇게 발급받은 REC는 공급인증기관이 개설한 거래시장인 한국전력거래소에서 거래할 수 있으며, 거래시장에서 공급의무자가 구매하여 의무공급량에 충당한 공급인증서는 효력을 상실하여 폐기하게 된다.

RPS 제도를 통한 REC 거래는 최근 더욱 확대되고 있다. 시행 초기에는 전력거래소에서 신재생에너지 공급자와 공급의무자 간 REC를 거래하였으나, 2021년 8월 이후 에너지관리공단에서 운영하는 REC 거래시장을 통해 한국형 RE100에 동참하는 일반기업들도 신재생에너지 공급자로부터 REC를 구매할 수 있게 되었고 여기서 구매한 REC는 기업의 온실가스 감축실적으로 인정되어 인센티브 등 다양한 혜택을 받을 수 있게 된다.

| 한국남동발전 / 의사소통능력

39 다음 중 윗글의 내용으로 적절하지 않은 것은?

① 공급의무자는 의무공급비율 달성을 위해 반드시 신재생에너지 발전설비를 건설해야 한다.
② REC 거래를 위해서는 먼저 공급인증기관으로부터 인증서를 받아야 한다.
③ 일반기업도 REC 구매를 통해 온실가스 감축실적을 인정받을 수 있다.
④ REC에 명시된 공급량은 실제 공급량과 다를 수 있다.

40 다음 중 빈칸 ㉠에 들어갈 접속부사로 가장 적절한 것은?

① 한편 ② 그러나

③ 그러므로 ④ 예컨대

41 다음 자료를 토대로 신재생에너지법상 바르게 거래된 것은?

<REC 거래내역>

(거래일 : 2023년 10월 12일)

설비명	에너지원	인증서 발급일	판매처	거래시장 운영소
A발전소	풍력	2020.10.06	E기업	에너지관리공단
B발전소	천연가스	2022.10.12	F발전	한국전력거래소
C발전소	태양광	2020.10.24	G발전	한국전력거래소
D발전소	수력	2021.04.20	H기업	한국전력거래소

① A발전소 ② B발전소

③ C발전소 ④ D발전소

※ 다음 기사를 읽고 이어지는 질문에 답하시오. [42~43]

N전력공사가 밝힌 에너지 공급비중을 살펴보면 2022년 우리나라의 발전비중 중 가장 높은 것은 석탄 (32.51%)이고, 두 번째는 액화천연가스(27.52%) 즉 LNG 발전이다. LNG의 경우 석탄에 비해 탄소 배출량 이 적어 화석연료와 신재생에너지의 전환단계인 교량 에너지로서 최근 크게 비중이 늘었지만, 여전히 많은 양의 탄소를 배출한다는 문제점이 있다. 지구 온난화 완화를 위해 어떻게든 탄소 배출량을 줄여야 하는 상황 에서 이에 대한 현실적인 대안으로 수소혼소 발전이 주목받고 있다. _____ (가) _____

수소혼소 발전이란 기존의 화석연료인 LNG와 친환경에너지인 수소를 혼합 연소하여 발전하는 방식이다. 수소는 지구에서 9번째로 풍부하여 고갈될 염려가 없고, 연소 시 탄소를 배출하지 않는 친환경에너지이다. 발열량 또한 1kg당 142MJ로, 다른 에너지원에 비해 월등이 높아 같은 양으로 훨씬 많은 에너지를 생산할 수 있다. _____ (나) _____

그러나 수소를 발전 연료로서 그대로 사용하기에는 여러 가지 문제점이 있다. 수소는 LNG에 비해 7 ~ 8배 빠르게 연소되므로 제어에 실패하면 가스 터빈에서 급격하게 발생한 화염이 역화하여 폭발할 가능성이 있 다. 또한 높은 온도로 연소되므로 그만큼 공기 중의 질소와 반응하여 많은 질소산화물(NOx)을 발생시키는 데, 이는 미세먼지와 함께 대기오염의 주요 원인이 된다. 마지막으로 연료로 사용할 만큼 정제된 수소를 얻 기 위해서는 물을 전기분해해야 하는데, 여기에는 많은 전력이 들어가므로 수소 생산 단가가 높아진다는 단 점이 있다. _____ (다) _____

이러한 수소의 문제점을 해결하기 위한 대안이 바로 수소혼소 발전이다. 인프라적인 측면에서 기존의 LNG 발전설비를 활용할 수 있기 때문에 수소혼소 발전은 친환경에너지로 전환하는 사회적·경제적 충격을 완화 할 수 있다. 또한 수소를 혼입하는 비율이 많아질수록 그만큼 LNG를 대체하게 되므로 기술발전으로 인해 혼입하는 수소의 비중이 높아질수록 발전으로 인한 탄소의 발생을 줄일 수 있다. 아직 많은 기술적·경제적 문제점이 남아있지만, 세계의 많은 나라들은 탄소 배출량 저감을 위해 수소혼소 발전 기술에 적극적으로 뛰 어들고 있다. 우리나라 또한 2024년 세종시에 수소혼소 발전이 가능한 열병합발전소가 들어설 예정이며, 한화, 포스코 등 많은 기업들이 수소혼소 발전 실현을 위해 사업을 추진하고 있다. _____ (라) _____

42 다음 중 윗글의 내용으로 적절하지 않은 것은?

① 수소혼소 발전은 기존 LNG 발전설비를 활용할 수 있다.

② 수소를 연소할 때에도 공해물질은 발생한다.

③ 수소혼소 발전은 탄소를 배출하지 않는 발전 기술이다.

④ 수소혼소 발전에서 수소를 더 많이 혼입할수록 탄소 배출량은 줄어든다.

43 다음 중 〈보기〉의 문장이 들어갈 위치로 가장 적절한 곳은?

> **보기**
>
> 따라서 수소는 우리나라의 2050 탄소중립을 실현하기 위한 최적의 에너지원이라 할 수 있다.

① (가)   ② (나)

③ (다)   ④ (라)

44 다음은 N사의 비품 구매 신청 기준이다. 부서별로 비품 수량 현황과 기준을 참고하여 비품을 신청해야 할 때, 비품 신청 수량이 바르게 연결되지 않은 부서는?

〈비품 구매 신청 기준〉

비품	연필	지우개	볼펜	수정액	테이프
최소 수량	30자루	45개	60자루	30개	20개

- 팀별 비품 보유 수량이 비품 구매 신청 기준 이하일 때, 해당 비품을 신청할 수 있다.
- 각 비품의 신청 가능한 개수는 최소 수량에서 부족한 수량 이상 최소 보유 수량의 2배 이하이다.
- 예 연필 20자루, 지우개 50개, 볼펜 50자루, 수정액 40개, 테이프 30개가 있다면 지우개, 수정액, 테이프는 신청할 수 없고, 연필은 10자루 이상 60자루 이하, 볼펜은 10자루 이상 120자루 이하를 신청할 수 있다.

〈N사 부서별 비품 수량 현황〉

팀＼비품	연필	지우개	볼펜	수정액	테이프
총무팀	15자루	30개	20자루	15개	40개
연구개발팀	45자루	60개	50자루	20개	30개
마케팅홍보팀	40자루	40개	15자루	5개	10개
인사팀	25자루	50개	80자루	50개	5개

	팀	연필	지우개	볼펜	수정액	테이프
①	총무팀	15자루	15개	40자루	15개	0개
②	연구개발팀	0자루	0개	100자루	20개	0개
③	마케팅홍보팀	20자루	10개	50자루	50개	40개
④	인사팀	45자루	0개	0자루	0개	30개

※ 다음은 N사 인근의 지하철 노선도 및 관련 정보이다. 이어지는 질문에 답하시오. [45~47]

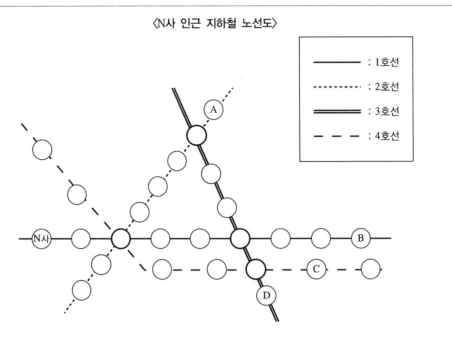

〈N사 인근 지하철 노선도〉

〈N사 인근 지하철 관련 정보〉

• 역 간 거리 및 부과요금은 다음과 같다.

지하철 노선	역 간 거리	기본요금	거리비례 추가요금
1호선	900m	1,200원	5km 초과 시 500m마다 50원 추가
2호선	950m	1,500원	5km 초과 시 1km마다 100원 추가
3호선	1,000m	1,800원	5km 초과 시 500m마다 100원 추가
4호선	1,300m	2,000원	5km 초과 시 1.5km마다 150원 추가

• 모든 노선에서 다음 역으로 이동하는 데 걸리는 시간은 2분이다.
• 모든 노선에서 환승하는 데 걸리는 시간은 3분이다.
• 기본요금이 더 비싼 열차로 환승할 때에는 부족한 기본요금을 추가로 부과하며, 기본요금이 더 저렴한 열차로 환승할 때에는 요금을 추가로 부과하거나 공제하지 않는다.
• 1회 이상 환승할 때의 거리비례 추가요금은 이용한 열차 중 기본요금이 가장 비싼 열차를 기준으로 적용한다.
  예 1호선으로 3,600m 이동 후 3호선으로 환승하여 3,000m 더 이동했다면, 기본요금 및 거리비례 추가요금은 3호선 기준이 적용되어 1,800+300=2,100원이다.

45 다음 중 N사로부터 이동거리가 가장 짧은 지점은?

① A지점   ② B지점

③ C지점   ④ D지점

46 다음 중 N사와 A지점을 왕복하는 데 걸리는 최소 이동시간은?

① 28분   ② 34분

③ 40분   ④ 46분

47 다음 중 N사에서 이동하는 데 드는 비용이 가장 적은 지점은?

① A지점   ② B지점

③ C지점   ④ D지점

SF 영화나 드라마에서만 나오던 3D 푸드 프린터를 통해 음식을 인쇄하여 소비하는 모습은 더 이상 먼 미래의 모습이 아니게 되었다. 2023년 3월 21일 미국의 컬럼비아 대학교에서는 3D 푸드 프린터와 땅콩버터, 누텔라, 딸기잼 등 7가지의 반죽형 식용 카트리지로 7겹 치즈케이크를 만들었다고 국제학술지 'NPJ 식품과학'에 소개하였다. (가) 특히 이 치즈케이크는 베이킹 기능이 있는 레이저와 식물성 원료를 사용한 비건식 식용 카트리지를 통해 만들어졌다. ㉠ 그래서 이번 발표는 대체육과 같은 다른 관련 산업에서도 많은 주목을 받게 되었다.

3D 푸드 프린터는 산업 현장에서 사용되는 일반적인 3D 프린터가 사용자가 원하는 대로 3차원의 물체를 만드는 것처럼 사람이 섭취가 가능한 페이스트, 반죽, 분말 등을 카트리지로 사용하여 사용자가 원하는 디자인으로 압출·성형하여 음식을 만들어 내는 것이다. (나) 현재 3D 푸드 프린터는 산업용 3D 프린터처럼 페이스트를 층층이 쌓아서 만드는 FDM(Fused Deposition Modeling) 방식, 분말형태로 된 재료를 접착제로 굳혀 찍어내는 PBF(Powder Bed Fusion), 레이저로 굳혀 찍어내는 SLS(Selective Laser Sintering) 방식이 주로 사용된다.

(다) 3D 푸드 프린터는 아직 대중화되지 않았지만, 많은 장점을 가지고 있어 미래에 활용가치가 아주 높을 것으로 예상되고 있다. ㉡ 예를 들어 증가하는 노령인구에 맞춰 씹고 삼키는 것이 어려운 사람을 위해 질감과 맛을 조정하거나, 개인별로 필요한 영양소를 첨가하는 등 사용자의 건강관리를 수월하게 해 준다. ㉢ 또한 우주 등 음식을 조리하기 어려운 곳에서 평소 먹던 음식을 섭취할 수 있게 하는 등 활용도는 무궁무진하다. 특히 대체육 부분에서 주목받고 있는데, 3D 푸드 프린터로 육류를 제작하게 된다면 동물을 키우고 도살하여 고기를 얻는 것보다 환경오염을 줄일 수 있다. (라) 대체육은 식물성 원료를 소재로 하는 것이므로 일반적인 고기보다는 맛은 떨어지게 된다. 실제로 대체육 전문 기업인 리디파인 미트(Redefine Meat)에서는 대체육이 축산업에서 발생하는 일반 고기보다 환경오염을 95% 줄일 수 있다고 밝히고 있다.

㉣ 따라서 3D 푸드 프린터는 개발 초기 단계이므로 아직 개선해야 할 점이 많다. 가장 중요한 것은 맛이다. 3D 푸드 프린터에 들어가는 식용 카트리지의 주원료는 식물성 재료이므로 실제 음식의 맛을 내기까지는 아직 많은 노력이 필요하다. (마) 디자인의 영역도 간과할 수 없는데, 길쭉한 필라멘트(3D 프린터에 사용되는 플라스틱 줄) 모양으로 성형된 음식이 '인쇄'라는 인식과 함께 음식을 섭취하는 데 심리적인 거부감을 주는 것도 해결해야 하는 문제이다. ㉤ 게다가 현재 주로 사용하는 방식은 페이스트, 분말을 레이저나 압출로 성형하는 것이므로 만들 수 있는 요리의 종류가 매우 제한적이며, 전력 소모 또한 많다는 것도 해결해야 하는 문제이다.

48 윗글의 내용에 대한 추론으로 적절하지 않은 것은?

① 설탕케이크 장식 제작은 SLS 방식의 3D 푸드 프린터가 적절하다.

② 3D 푸드 프린터는 식감 등으로 발생하는 편식을 줄일 수 있다.

③ 3D 푸드 프린터는 사용자 맞춤 식단을 제공할 수 있다.

④ 현재 3D 푸드 프린터로 제작된 음식은 거부감을 일으킬 수 있다.

⑤ 컬럼비아 대학교에서 만들어 낸 치즈케이크는 PBF 방식으로 제작되었다.

49 윗글의 (가) ~ (마) 중 삭제해야 할 문장으로 가장 적절한 것은?

① (가)　　　　　　　　　　② (나)

③ (다)　　　　　　　　　　④ (라)

⑤ (마)

50 윗글의 접속부사 ㉠ ~ ㉤ 중 문맥상 적절하지 않은 것은?

① ㉠　　　　　　　　　　② ㉡

③ ㉢　　　　　　　　　　④ ㉣

⑤ ㉤

01 　2023년

※ 한국철도공사 R직원은 윤리실천주간에 대한 기사를 살펴보고 있다. 이어지는 질문에 답하시오. [1~2]

한국철도공사는 '기업윤리의 날'을 맞아 5월 30일부터 6월 5일까지 전 직원이 참여하는 '윤리실천주간'을 운영한다고 밝혔다. ㉠ 한국철도공사의 윤리실천주간은 윤리경영에 대한 임직원의 이해와 공감을 끌어내 조직 내에 윤리문화를 정착시키기 위해 마련되었다. 이 기간 동안 한국철도공사는 직원 윤리의식 진단, 윤리 골든벨, CEO의 윤리편지, 윤리실천다짐, 윤리특강, 인권존중 대국민 캠페인, 윤리ㆍ인권경영 사내 워크숍으로 총 7가지 프로그램을 해당 기간 동안 차례대로 진행할 예정이다.

한국철도공사는 먼저 임직원 설문조사를 통해 윤리의식을 진단하고, 윤리상식을 확인하는 골든벨 행사를 갖는다. 또한, 윤리경영 추진 의지와 당부 사항을 담은 CEO 편지도 직원 개개인에게 발송할 예정이다. ㉡ 윤리 골든벨은 임직원의 행동강령 및 기타 청렴업무 관련 문항으로 구성되어 있고, 사내 포털에서 문항을 확인한 후에 정답을 담당자 사내메일로 회신하면 참여가 가능하다. 우수 정답자에게는 포상금 지급 및 청렴 마일리지를 부과할 계획이다. 그 이후에는 이해충돌방지법 시행 등의 변화에 맞춰 개정한 윤리헌장으로 '윤리실천다짐' 결의를 갖고, 기업윤리 실천 방안을 주제로 전문 강사의 특강을 진행한다. ㉢ 덧붙여 한국철도공사는 국민을 대상으로 하는 인권존중 캠페인을 진행한다. 또한, 공사 내 준법ㆍ윤리경영 체계를 세우고 인권경영 지원을 위한 정책 공유와 토론의 시간을 갖는 사내 워크숍도 진행한다. ㉣ 마지막으로 반부패 청렴문화 확산을 위해 대국민 슬로건 공모전을 추진하며 '윤리실천주간'을 마무리할 예정이다.

한국철도공사 윤리경영처장은 "윤리에 대해 쉽고 재미있게 풀어내기 위해 전 직원이 참여하는 '윤리실천주간'을 운영한다."라며 "임직원 모두가 윤리문화를 체득할 수 있도록 노력하겠다."라고 말했다. 한국철도공사 사장은 "이해충돌방지법 시행으로 공공기관의 사회적 책임과 공직자 윤리가 더욱 중요해졌다."라며 "윤리경영을 통해 도덕적이고 신뢰받는 공공기관으로 거듭날 수 있도록 힘쓰겠다."라고 밝혔다. ㉤ 한편, 한국철도공사는 20년 9월부터 윤리경영 전담조직인 윤리경영처를 신설해 윤리경영체계 확립, 마스터플랜 수립, 3無(부패행위, 갑질ㆍ괴롭힘, 성비위) 근절 운동 추진 등 윤리적인 조직문화 개선을 위해 노력해왔다. 지난해 12월에는 ○○부 산하 공공기관 최초로 준법경영시스템 국제인증을 획득하기도 하였다.

01 다음 중 R직원이 윗글을 이해한 내용으로 적절하지 않은 것은?

① '윤리실천주간'은 1주일 동안 진행된다.

② 전문 강사의 특강은 개정된 윤리헌장을 주제로 기업윤리 실천 방안에 대해 다룬다.

③ 공공기관의 사회적 책임과 공직자 윤리는 이해충돌방지법 시행으로 더욱 중요해졌다.

④ 윤리·인권경영 워크숍에는 인권경영 지원을 위한 정책 공유와 토론 시간을 갖는다.

⑤ 한국철도공사는 ○○부 산하 공공기관 최초로 준법경영시스템 국제인증을 획득하였다.

02 윗글의 맥락을 고려했을 때, 밑줄 친 ㉠∼㉤ 중 적절하지 않은 것은?

① ㉠   ② ㉡

③ ㉢   ④ ㉣

⑤ ㉤

※ 한국철도공사 A직원은 환경지표에 대한 통계자료를 열람하고 있다. 이어지는 질문에 답하시오. [3~4]

〈녹색제품 구매 현황〉

(단위 : 백만 원)

구분	총구매액(A)	녹색제품 구매액(B)	비율
2020년	1,800	1,700	94%
2021년	3,100	2,900	㉠%
2022년	3,000	2,400	80%

※ 지속가능한 소비를 촉진하고 친환경경영 실천을 강화하기 위해 환경표지인증 제품 등의 녹색제품 구매를 적극 실천한다.

※ 비율은 (B/A)×100으로 계산하며, 소수점 첫째 자리에서 반올림한다.

〈온실가스 감축〉

구분	2020년	2021년	2022년
온실가스 배출량(tCO_2eq)	1,604,000	1,546,000	1,542,000
에너지 사용량(TJ)	30,000	29,000	30,000

※ 온실가스 및 에너지 감축을 위한 전사 온실가스 및 에너지 관리 체계를 구축하여 운영하고 있다.

〈수질관리〉

(단위 : m^3)

구분	2020년	2021년	2022년
오수처리량(객차)	70,000	61,000	27,000
폐수처리량	208,000	204,000	207,000

※ 철도차량 등의 수선, 세차, 세척과정에서 발생되는 폐수와 열차 화장실에서 발생되는 오수, 차량검수시설과 역 운영시설 등에서 발생되는 생활하수로 구분되며, 모든 오염원은 처리시설을 통해 기준 이내로 관리한다.

03 다음 중 A직원이 자료를 이해한 내용으로 옳지 않은 것은?

① ㉠에 들어갈 수치는 94이다.

② 온실가스 배출량은 2020년부터 매년 줄어들었다.

③ 폐수처리량이 가장 적었던 연도에 오수처리량도 가장 적었다.

④ 2020 ~ 2022년 동안 녹색제품 구매액의 평균은 약 23억 3,300만 원이다.

⑤ 에너지 사용량의 전년 대비 증감률의 절댓값은 2021년보다 2022년이 더 크다.

04 다음 〈조건〉은 환경지표점수 산출 기준이다. 가장 점수가 높은 연도와 그 점수를 바르게 짝지은 것은?

> **조건**
>
> • 녹색제품 구매액 : 20억 원 미만이면 5점, 20억 원 이상이면 10점
> • 에너지 사용량 : 30,000TJ 이상이면 5점, 30,000TJ 미만이면 10점
> • 폐수처리량 : 205,000m³ 초과이면 5점, 205,000m³ 이하이면 10점

① 2020년 : 25점   ② 2021년 : 20점

③ 2021년 : 30점   ④ 2022년 : 25점

⑤ 2022년 : 30점

※ 한국철도공사 Y직원은 철도차량 중정비에 대한 자료를 살펴보고 있다. 이어지는 질문에 답하시오.
[5~6]

<〈철도차량 중정비〉>

▶ 중정비 정의 및 개요
- 철도차량 전반의 주요 시스템과 부품을 차량으로부터 분리하여 점검하고 교체·검사하는 것으로, 철도 차량 정비장에 입장하여 시행하는 검수이다.
- 철도차량 분리와 장치 탈거, 부품 분해, 부품 교체, 시험 검사 및 측정, 시험 운전 등 전 과정을 시행한다.
- 3 ~ 4년 주기로 실시하며, 약 한 달간의 기간이 소요된다.
- 이 기간 중 차량 운행은 불가능하다.

▶ 필요성
- 철도차량의 사용기간이 경과됨에 따라 차량을 구성하고 있는 각 부품의 상태와 성능이 점차 저하되고 있다. 따라서 일정 사용기간이 경과하면 이에 대한 검수가 반드시 필요하다.

분해 및 부품 교체	시험 검사 및 측정
• 부품 취거 • 배유 및 분해 • 각 부품 정비 • 검사 • 부품 조립	• 절연저항 시험 • 논리회로 분석기 • 고저온 시험기 • 열화상 카메라 • 제동거리 측정기

※ 고저온 시험기와 열화상 카메라는 온도를 사용하는 기기이다.

▶ 절차

구분	내용
1단계	기능 및 상태 확인
2단계	정비개소 유지보수 시행 및 보고
3단계	기능시험 및 출장검사
4단계	본선 시운전
5단계	보완사항 점검 조치
6단계	최종 확인 및 결제
7단계	운용 소속 인계

▶ 최근 유지보수 시스템
- RAMS 기술을 활용한 RAM 기반 철도차량 유지보수 모니터링 시스템을 활용한다.
- 디지털 트윈 기술을 활용해 철도차량 운행상태를 수집하여 3차원 디지털 정보로 시각화한다.
- 데이터에 기반한 사전 혹은 실시간 유지보수가 가능하다.

▶ 중정비 정기 점검 기준

운행 연차	정기 점검 산정 방식
5년 초과	(열차 등급별 정기 점검 산정 횟수)×5
3년 이상 5년 이하	(열차 등급별 정기 점검 산정 횟수)×3
3년 미만	(열차 등급별 정기 점검 산정 횟수)×2

※ 열차 등급별 정기 점검 산정 횟수 : A등급의 경우 1회/년, B등급의 경우 2회/년, C등급의 경우 3회/년

05 다음 중 Y직원이 자료를 이해한 내용으로 적절하지 않은 것은?

① 중정비 중인 열차는 운행할 수 없다.

② 온도와 관련된 기기를 사용하여 시험 검사 및 측정을 실시한다.

③ 중정비 절차는 총 7단계로, 기능시험 및 출장검사는 3단계이다.

④ 중정비는 철도차량 전체의 주요 시스템과 부품을 점검하는 작업이다.

⑤ 철도차량 운행상태를 3차원 디지털 정보로 시각화하는 기술은 RAMS 기술이다.

06 C등급의 열차가 4년째 운행 중일 때, 다음 중 해당 열차가 1년 동안 받아야 할 정기 점검 산정 횟수로 옳은 것은?

① 1회   ② 3회

③ 5회   ④ 9회

⑤ 12회

| 수리능력

01 다음은 주요 대도시 환경소음도를 나타낸 자료이다. 이에 대한 설명으로 옳지 않은 것은?

〈주요 대도시 주거지역(도로) 소음도〉

(단위 : dB)

구분	2017년		2018년		2019년		2020년		2021년	
	낮	밤	낮	밤	낮	밤	낮	밤	낮	밤
서울	68	65	68	66	69	66	68	66	68	66
부산	67	62	67	62	67	62	67	62	68	62
대구	68	63	67	63	67	62	65	61	67	61
인천	66	62	66	62	66	62	66	62	66	61
광주	64	59	63	58	63	57	63	57	62	57
대전	60	54	60	55	60	56	60	54	61	55

※ 소음환경기준 : 사람의 건강을 보호하고 쾌적한 환경을 조성하기 위한 환경정책의 목표치로, 생활소음 줄이기 종합대책을 수립 및 추진하는 데 활용하고 있다. 소음도가 낮을수록 쾌적한 환경임을 의미한다.
※ 주거지역(도로) 소음환경기준 : 낮(06:00 ~ 22:00) 65dB 이하, 밤(22:00 ~ 06:00) 55dB 이하

① 광주와 대전만이 조사기간 중 매해 낮 시간대 소음환경기준을 만족했다.

② 2020년도에 밤 시간대 소음도가 소음환경기준을 만족한 도시는 대전뿐이다.

③ 2019 ~ 2021년 동안 모든 주요 대도시의 낮 시간대 소음도의 증감 폭은 1dB 이하이다.

④ 조사기간 중 밤 시간대 평균 소음도가 가장 높았던 해는 2018년이며, 이때 소음환경기준보다 6dB 더 높았다.

⑤ 조사기간 중 낮 시간대 주거지역 소음의 평균이 가장 높은 대도시는 서울이며, 밤에도 낮 시간대 소음환경기준 이상의 소음이 발생했다.

02 K씨는 주기적으로 그림의 종류와 위치를 바꾸고, 유리창의 커튼을 바꿔 응접실 인테리어를 교체하고 있다. 응접실의 구조와 현재 보유한 그림과 커튼의 수가 다음 〈조건〉과 같을 때, 가능한 인테리어는 모두 몇 가지인가?

> **조건**
> - 보유하고 있는 커튼은 총 3종, 그림은 총 7종이다.
> - 응접실 네 면 중 한 면은 전체가 유리창으로 되어 있고 커튼만 달 수 있으며, 나머지 세 면은 콘크리트 벽으로 되어 있고 그림을 1개만 걸 수 있다.
> - 콘크리트 벽 세 면에는 서로 다른 그림을 걸어야 한다.
> - 같은 그림이라도 그림을 거는 콘크리트 면이 바뀌면 인테리어가 교체된 것으로 간주한다.

① 10가지   ② 36가지
③ 105가지   ④ 210가지
⑤ 630가지

03 다음 글의 문맥상 빈칸에 들어갈 단어로 가장 적절한 것은?

> 서울은 물길이 많은 도시이다. 도심 한가운데 청계천이 흐른다. 도성의 북쪽 백악산, 인왕산과 남쪽 목멱산에서 흘러내린 냇물이 청계천과 합류한다. 냇물은 자연스럽게 동네와 동네의 경계를 이뤘다. 물길을 따라 만들어진 길은 도시와 어울리며 서울의 옛길이 됐다. 서울의 옛길은 20세기 초반까지 _____됐다. 하지만 일제강점기를 거치며 큰 변화가 일어났다. 일제가 도심 내 냇물 복개를 진행하면서 옛길도 사라졌다. 최근 100년 동안의 산업화와 도시화로 서울은 많은 변화를 겪었다.

① 유래(由來)   ② 전파(傳播)
③ 유지(維持)   ④ 전래(傳來)
⑤ 답지(遝至)

04 다음 글에서 알 수 있는 내용으로 적절하지 않은 것은?

인공 지능이 일자리에 미칠 영향에 대한 논의는 2013년 영국 옥스퍼드 대학의 경제학자 프레이 교수와 인공 지능 전문가 오스본 교수의 연구 이후 본격화되었다. 이들의 연구는 데이비드 오토 등이 선구적으로 연구한 정형화·비정형화 업무의 분석들을 이용하되, 여기에서 한걸음 더 나아갔다. 인공 지능의 발전으로 대부분의 비정형화된 업무도 컴퓨터로 대체될 수 있다고 본 것이 핵심적인 관점의 변화이다. 이들은 10 ~ 20년 후에도 인공 지능이 대체하기 힘든 업무를 '창의적 지능', '사회적 지능', '감지 및 조작' 등 3가지 병목 업무로 국한하고, 이를 미국 직업 정보시스템에서 조사하는 9개 직능 변수를 이용해 정량화했다. 직업별로 3가지 병목 업무의 비율에 따라 인공 지능에 의한 대체 정도가 달라진다고 본 것이다. 프레이와 오스본의 분석에 따르면, 미국 일자리의 47%가 향후 10 ~ 20년 후에 인공 지능에 의해 자동화될 가능성이 높은 고위험군으로 나타났다.

프레이와 오스본의 연구는 전 세계 연구자들 사이에서 반론과 재반론을 불러일으키며 논쟁의 중심에 섰다. OECD는 인공 지능이 직업 자체를 대체하기보다는 직업을 구성하는 과업의 일부를 대체할 것이라며, 프레이와 오스본의 연구가 자동화 위험을 과대 추정하고 있다고 비판했다. OECD의 분석에 따르면, 미국의 경우 9%의 일자리만이 고위험군에 해당한다. 데이비드 오토는 각 직업에 포함된 개별적인 직업을 기술적으로 분리하여 자동화할 수 있더라도 대면 서비스를 더 선호하는 소비자로 인해 완전히 자동화되는 일자리 수는 제한적일 것이라고 주장했다.

컨설팅 회사 PwC는 OECD의 방법론이 오히려 자동화 위험을 과소평가하고 있다고 주장하고, OECD의 연구 방법을 수정하여 다시 분석하였다. 그 결과 미국의 고위험 일자리 비율이 OECD에서 분석한 9% 수준에서 38%로 다시 높아졌다. 같은 방법으로 영국, 독일, 일본의 고위험군 비율을 계산한 결과도 OECD의 연구에 비해서 최소 14%p 이상 높은 것으로 나타났다.

매킨지는 직업별로 필요한 업무 활동에 투입되는 시간을 기준으로 자동화 위험을 분석하였다. 그결과 모든 업무 활동이 완전히 자동화될 수 있는 일자리의 비율은 미국의 경우 5% 이하에 불과하지만, 근로자들이 업무에 쓰는 시간의 평균 46%가 자동화될 가능성이 있는 것으로 나타났다. 우리나라의 경우 52%의 업무 활동 시간이 자동화 위험에 노출될 것으로 나타났는데, 이는 독일(59%)과 일본(56%)보다는 낮고, 미국(46%)과 영국(43%)보다는 높은 수준이다.

---

① 인공 지능이 일자리에 미칠 영향에 대한 논의가 본격화된 것은 2010년대에 들어와서였다.

② 프레이와 오스본의 연구가 선구적인 연구와 다른 점은 인공 지능의 발전으로 정형화된 업무뿐만 아니라 비정형화된 업무도 모두 컴퓨터로 대체될 수 있다고 본 것이다.

③ OECD에서는 인공 지능이 직업 자체보다는 직업을 구성하는 과업의 일부를 대체할 것이라고 하며, 미국의 경우 10% 미만의 일자리가 고위험군에 속한다고 주장하였다.

④ PwC가 OECD의 주장을 반박하며 연구 방법을 수정하여 재분석한 결과, 미국의 고위험 일자리 비율은 OECD의 결과보다 4배 이상 높았고 다른 나라도 최소 14%p 이상 높게 나타났다.

⑤ 매킨지는 접근 방법을 달리하여 자동화에 의해 직업별로 필요한 업무 활동에 투입되는 시간이 어떻게 달라지는지 분석하였고, 그 결과 분석 대상인 국가들의 업무 활동 시간이 약 40 ~ 60% 정도 자동화 위험에 노출될 것으로 나타났다.

05 K씨는 병원 진료를 위해 메디컬빌딩을 찾았다. 다음 〈조건〉을 토대로 바르게 추론한 것은?

> **조건**
> • 메디컬빌딩은 5층 건물이고, 1층에는 약국과 편의점만 있다.
> • K씨는 이비인후과와 치과를 가야 한다.
> • 메디컬빌딩에는 내과, 산부인과, 소아과, 안과, 이비인후과, 정형외과, 치과, 피부과가 있다.
> • 소아과와 피부과 바로 위층에는 정형외과가 있다.
> • 이비인후과가 있는 층에는 진료 과가 2개 더 있다.
> • 산부인과는 약국 바로 위층에 있으며, 내과 바로 아래층에 있다.
> • 산부인과와 정형외과는 각각 1개 층을 모두 사용하고 있다.
> • 안과와 치과는 같은 층에 있으며, 피부과보다 높은 층에 있다.

① 산부인과는 3층에 있다.

② 안과와 이비인후과는 같은 층에 있다.

③ 피부과가 있는 층은 진료 과가 2개이다.

④ 이비인후과는 산부인과 바로 위층에 있다.

⑤ K씨가 진료를 위해 찾아야 하는 곳은 4층이다.

06 A ~ D 4명은 동일 제품을 수리받기 위해 같은 날 수리전문점 3군데를 방문했다. 4명의 사례가 〈조건〉과 같을 때, 다음 중 반드시 참인 것은?

> **조건**
> ㄱ. A는 신도림점을 방문하였으며 수리를 받지 못했다.
> ㄴ. B는 세 지점을 모두 방문하였으며 수리를 받았다.
> ㄷ. C는 영등포점과 여의도점을 방문하였으며 수리를 받지 못했다.
> ㄹ. D는 신도림점과 여의도점을 방문하였으며 수리를 받았다.

① ㄱ, ㄴ의 경우만 고려한다면, 이날 수리할 수 있었던 지점은 여의도점뿐이다.

② ㄱ, ㄹ의 경우만 고려한다면, 이날 영등포점과 여의도점은 해당 제품을 수리할 수 있었다.

③ ㄴ, ㄷ의 경우만 고려한다면, 이날 수리할 수 있었던 지점은 신도림점뿐이다.

④ ㄴ, ㄹ의 경우만 고려한다면, 이날 세 지점 모두 수리가 가능한 지점이었다.

⑤ ㄷ, ㄹ의 경우만 고려한다면, 이날 신도림점의 수리 가능 여부는 알 수 없다.

01 다음 글에서 궁극적으로 전달하고자 하는 바로 가장 적절한 것은?

과학이 무신론이고 윤리와는 거리가 멀다는 견해는 스페인의 철학자 오르테가 이 가세트가 말하는 '문화인'들 사이에서 과학에 대한 반감을 더욱 부채질하곤 했다. 사실 과학자도 신의 존재를 믿을 수 있고, 더 나아가 신의 존재에 대한 과학적 증거를 찾으려 할 수도 있다. 무신론자들에게는 이것이 지루한 과학과 극단적 기독교의 만남 정도로 보일지도 모른다. 그러나 어느 누구도 제임스 클러크 맥스웰 같이 저명한 과학자가 분자 구조를 이용해서 신의 존재를 증명하려 했던 것을 비웃을 수는 없다.

물론 과학자들 중에는 무신론자도 많이 있다. 동물학자인 리처드 도킨스는 모든 종교가 무한히 복제되는 정신적 바이러스일지도 모른다는 의심을 품고 있었다. 그러나 확고한 유신론자들의 관점에서는 이 모든 과학적 발견 역시 신에 의해 계획된 것을 발견한 것이므로 종교적 지식이라고 할 수도 있다. 따라서 과학의 본질을 무조건 비종교적이라고 간주할 수는 없을 것이다.

오히려 과학이나 종교학자가 모두 진리를 찾으려고 한다는 점에서 과학과 신학은 동일한 목적을 추구한다고도 할 수 있다. 과학이 물리적 우주에 대한 진리를 찾는 것이라면, 신학은 신에 대한 진리를 찾는 것이다. 그러나 신학자들이나 어느 정도 신학적인 관점을 가진 사람들은 신이 우주를 창조했다고 믿고 우주를 통해 신과 만날 수 있다고 믿기 때문에 신과 우주가 근본적으로는 뚜렷이 구분되는 대상이 절대 아니라고 생각한다.

사실 많은 과학자들이 과학과 종교는 서로 대립하는 개념이라고 주장하기도 한다. 신경 심리학자인 리처드 그레고리는 '과학이 전통적인 믿음을 받아들이기보다는 모든 것에 질문을 던지기 때문에 과학과 종교는 근본적으로 다른 반대의 자세를 가지고 있다.'고 주장한 바가 있다. 그러나 이것은 종교가 가지고 있는 변화의 능력을 과소평가한 것이다. 유럽에서 일어난 모든 종교 개혁 운동은 전통적 믿음을 받아들이지 않으려는 시도였다.

과학은 증거에 의존하는 반면, 종교는 계시된 사실에 의존한다는 점에서 이들 간 극복할 수 없는 차이점이 존재한다는 반론을 제기할 수도 있다. 그러나 종교인들에게는 계시된 사실이 바로 증거이다. 지속적으로 신에 대한 증거들에 대해 회의하고 재해석하려고 한다는 점에서 신학을 과학이라고 간주하더라도 결코 모순은 아니다. 사실 그것을 신학이라고 부르기 때문에 신의 존재를 전제하는 것처럼 보인다. 그러나 우리가 본 바와 같이 과학적 연구가 몇몇 과학자를 신에게 인도했던 것처럼, 신학 연구가 그 신학자를 무신론자로 만들지 않을 이유는 없다.

① 과학이 종교와 양립할 수 없다는 의견은 타당하지 않다.
② 과학자와 종교학자는 진리 탐구라는 공통 목적을 추구한다.
③ 과학은 존재하는 모든 것에 대해 회의적 질문을 던지는 학문이다.
④ 신학은 신에 대한 증거들을 의심하고 재해석하고자 하는 학문이다.
⑤ 신학은 신의 존재를 입증하기 위해 과학과는 다른 방법론을 적용한다.

02 다음 밑줄 친 ㉠∼㉤ 중 맥락상 쓰임이 적절하지 않은 것은?

> 코레일은 위치정보 기반 IT 기술을 활용해 부정 승차의 ㉠ 소지를 없애고 승차권 반환 위약금을 줄여 고객의 이익을 보호할 수 있는 '열차 출발 후 코레일톡 승차권 직접 변환' 서비스를 시범 ㉡ 운영한다. 그동안 코레일은 열차 안에서 승무원의 검표를 받고 나서 승차권을 반환하는 얌체족들의 부정 승차를 막기 위해 열차가 출발하고 나면 역 창구에서만 반환 접수를 하였다. 그러나 반환 기간이 경과함에 따라 고객의 위약금이 늘어나 ㉢ 부수적인 피해가 발생하기도 했다. 이를 개선하기 위해 코레일은 열차에 설치된 내비게이션의 실시간 위치정보와 이용자의 스마트폰 GPS 정보를 비교하는 기술을 ㉣ 개발했다. 이용자의 위치가 열차 안이 아닐 경우에만 '출발 후 반환' 서비스를 제공하는 방법으로 문제를 해결한 것이다. 열차 출발 후 '코레일톡'으로 승차권을 반환하려면 먼저 스마트폰의 GPS 기능을 켜고 코레일톡 앱의 위치정보 접근을 ㉤ 준용해야 한다.

① ㉠   ② ㉡
③ ㉢   ④ ㉣
⑤ ㉤

03 A씨는 집에서 회사로 가던 도중 중요한 서류를 두고 온 것을 깨닫고 집으로 돌아가게 되었다. 다음 〈조건〉에 따라 A씨가 회사에 제시간에 도착하려면 승용차를 최소 몇 km/h로 운전해야 하는가? (단, 모든 운송수단은 각각 일정한 속도로 이동하고, 동일한 경로로 이동한다)

> **조건**
> • 집에서 버스를 타고 60km/h의 속도로 15분 동안 이동하였다. 버스를 타고 이동한 거리는 집에서 회사까지 거리의 절반이었다.
> • 버스에서 내리자마자 서류를 가져오기 위해 집에 택시를 타고 75km/h의 속도로 이동하였다. 택시를 탔을 때의 시각은 8시 20분이었다.
> • 집에서 서류를 챙겨서 자신의 승용차를 타기까지 3분의 시간이 걸렸다. 승용차를 타자마자 회사를 향해 운전하였으며, 회사에 도착해야 하는 시각은 9시이다.

① 68km/h   ② 69km/h
③ 70km/h   ④ 71km/h
⑤ 72km/h

04 K기업에 새로 채용된 직원 9명은 각각 기획조정부, 홍보부, 인사부로 발령받는다. 이들은 자신이 발령받고 싶은 부서를 1지망, 2지망, 3지망으로 지원해야 한다. 각 부서에 대한 직원 9명의 지원 현황이 다음 〈조건〉과 같을 때, 적절하지 않은 것은?

조건

- 인사부를 3지망으로 지원한 직원은 없다.
- 인사부보다 홍보부로 발령받고 싶어하는 직원은 2명이다.
- 2지망으로 기획조정부를 지원한 직원이 2지망으로 홍보부를 지원한 직원보다 2명 더 많다.
- 인사부보다 기획조정부로 발령받고 싶어하는 직원은 3명이다.

---

① 인사부를 1지망으로 지원한 직원은 4명이다.

② 홍보부를 1지망으로 지원한 직원이 가장 적다.

③ 홍보부를 3지망으로 지원한 직원이 가장 많다.

④ 기획조정부를 3지망으로 지원한 직원은 6명이다.

⑤ 홍보부를 2지망으로 지원한 직원과 3지망으로 지원한 직원의 수는 다르다.

PART 1

코레일 최신기출문제

| 의사소통능력

01 다음 글을 읽고 보인 반응으로 적절하지 않은 것은?

> 열차 내에서의 범죄가 급격하게 증가함에 따라 한국철도공사는 열차 내에서의 범죄 예방과 안전 확보를 위해 2023년까지 현재 운행하고 있는 열차의 모든 객실에 CCTV를 설치하고, 모든 열차 승무원에게 바디 캠을 지급하겠다고 밝혔다.
>
> CCTV는 열차 종류에 따라 운전실에서 비상시 실시간으로 상황을 파악할 수 있는 '네트워크 방식'과 각 객실에서의 영상을 저장하는 '개별 독립 방식'이라는 2가지 방식으로 사용 및 설치가 진행될 예정이며, 객실에는 사각지대를 없애기 위해 4대가량의 CCTV가 설치된다. 이 중 2대는 휴대 물품 도난 방지 등을 위해 휴대 물품 보관대 주변에 위치하게 된다.
>
> 이에 따라 한국철도공사는 CCTV 제품 품평회를 가져 제품의 형태와 색상, 재질 등에 대한 의견을 나누고 각 제품이 실제로 열차 운행 시 진동과 충격 등에 적합한지 시험을 거친 후 도입할 예정이다.

① 현재는 모든 열차에 CCTV가 설치되어 있진 않을 것이다.

② 과거에 비해 승무원에 대한 승객의 범죄행위 증거 취득이 유리해질 것이다.

③ CCTV의 설치를 통해 인적 피해와 물적 피해 모두 예방할 수 있을 것이다.

④ CCTV의 설치를 통해 실시간으로 모든 객실을 모니터링할 수 있을 것이다.

⑤ CCTV의 내구성뿐만 아니라 외적인 디자인도 제품 선택에 영향을 줄 수 있을 것이다.

02 다음 중 빈칸 (가) ~ (다)에 들어갈 접속어를 순서대로 바르게 나열한 것은?

무더운 여름 기차나 지하철을 타면 "실내가 춥다는 민원이 있어 냉방을 줄인다."라는 안내방송을 손쉽게 들을 수 있을 정도로 우리는 쾌적한 기차와 지하철을 이용할 수 있는 시대에 살고 있다. _____(가)_____ 이러한 쾌적한 환경을 누리기 시작하게 된 것은 그리 오래되지 않은 일이다. 1825년 세계 최초로 영국의 증기기관차가 시속 16km로 첫 주행을 시작하였고, 이 당시까지만 해도 열차 내의 유일한 냉방 수단은 창문뿐이었다. 열차에 에어컨이 설치되기 시작된 것은 100년이 더 지난 1930년대 초반 미국에서였고, 우리나라는 이보다 훨씬 후인 1969년에 지금의 새마을호라 불리는 '관광호'에서였다. 이는 국내에 최초로 철도가 개통된 1899년 이후 70년 만으로, '관광호' 이후 국내에 도입된 특급열차들은 대부분 전기 냉난방시설을 갖추게 되었다.
_____(나)_____ 지하철의 에어컨 도입은 열차보다 훨씬 늦었는데, 이는 우리나라뿐만 아니라 해외도 마찬가지였으며, 실제로 영국의 경우 아직도 지하철에 에어컨이 없다.
우리나라는 1974년 서울 지하철이 개통되었는데, 이 당시 객실에는 천장의 달린 선풍기가 전부였기 때문에 한여름에는 땀 냄새가 가득한 찜통 지하철이 되었다. _____(다)_____ 1983년이 되어서야 에어컨이 설치된 지하철이 등장하기 시작하였고, 기존에 에어컨이 설치되지 않았던 지하철들은 1989년이 되어서야 선풍기를 떼어 내고 에어컨으로 교체하기 시작하였다.

	(가)	(나)	(다)
①	따라서	그래서	마침내
②	하지만	반면	마침내
③	하지만	왜냐하면	그래서
④	왜냐하면	반면	마침내
⑤	반면	왜냐하면	그래서

PART 1

03 다음 글의 내용으로 가장 적절한 것은?

한국철도공사는 철도시설물 점검 자동화에 '스마트글라스'를 활용하겠다고 밝혔다. 스마트글라스란 안경처럼 착용하는 스마트 기기로, 검사와 판독, 데이터 송수신과 보고서 작성까지 모든 동작이 음성인식을 바탕으로 작동한다. 이를 활용하여 작업자는 스마트글라스 액정에 표시된 내용에 따라 철도시설물을 점검하고, 음성 명령을 통해 시설물의 사진을 촬영한 후 해당 정보와 검사 결과를 전송해 보고서로 작성한다.

작업자들은 스마트글라스의 사용으로 직접 자료를 조사하고 측정한 내용을 바탕으로 시스템 속에서 여러 단계에 거쳐 수기 입력하던 기존 방식으로부터 벗어날 수 있게 되었고, 이 일련의 과정들을 중앙 서버를 통해 한 번에 처리할 수 있게 되었다.

이와 같이 스마트 기기의 도입은 중앙 서버의 효율적 종합 관리를 가능하게 할 뿐만 아니라 작업자의 안전도 향상에도 크게 기여하였다. 이는 작업자들이 음성인식이 가능한 스마트글라스를 사용함으로써 두 손이 자유로워져 추락 사고를 방지할 수 있게 되었기 때문이며, 또 스마트글라스 내부 센서가 충격과 기울기를 감지할 수 있어 작업자에게 위험한 상황이 발생하면 지정된 컴퓨터로 바로 통보되는 시스템을 갖추었기 때문이다.

한국철도공사는 주요 거점 현장을 시작으로 스마트글라스를 보급하여 성과 분석을 거치고 내년부터는 보급 현장을 확대하겠다고 밝혔으며, 국내 철도 환경에 맞춰 스마트글라스 시스템을 개선하기 위해 현장 검증을 진행하고 스마트글라스를 통해 측정된 데이터를 총괄 제어할 수 있도록 안전점검 플랫폼 망도 마련할 예정이다.

더불어 스마트글라스를 통해 기존의 인력 중심 시설 점검을 간소화시켜 효율성과 안전성을 향상시키고 나아가 철도에 맞춤형 스마트 기술을 도입시켜 시설물 점검뿐만 아니라 유지보수 작업도 가능하도록 철도기술 고도화에 힘쓰겠다고 전했다.

① 작업자의 음성인식을 통해 철도시설물의 점검 및 보수 작업이 가능해졌다.
② 스마트글라스의 도입으로 철도시설물 점검의 무인작업이 가능해졌다.
③ 스마트글라스의 도입으로 철도시설물 점검 작업 안전사고 발생 횟수가 감소하였다.
④ 스마트글라스의 도입으로 철도시설물 작업 시간 및 인력이 감소하고 있다.
⑤ 스마트글라스의 도입으로 작업자의 안전사고 발생을 바로 파악할 수 있게 되었다.

04 다음 글에 대한 설명으로 적절하지 않은 것은?

2016년 4월 27일 오전 7시 20분경 임실역에서 익산으로 향하던 열차가 전기 공급 중단으로 멈추는 사고가 발생해 약 50여 분간 열차 운행이 중단되었다. 원인은 바로 전차선에 지은 까치집 때문이었는데, 까치가 집을 지을 때 사용하는 젖은 나뭇가지나 철사 등이 전선과 닿거나 차로에 떨어져 합선과 단전을 일으키게 된 것이다.

비록 이번 사고는 단전에서 끝났지만, 고압 전류가 흐르는 전차선인 만큼 철사와 젖은 나뭇가지만으로도 자칫하면 폭발사고로 이어질 우려가 있다. 지난 5년간 까치집으로 인한 단전사고는 한 해 평균 3~4건이 발생하고 있으며, 한국철도공사는 사고 방지를 위해 까치집 방지 설비를 설치하고 설비가 없는 구간은 작업자가 육안으로 까치집 생성 여부를 확인해 제거하고 있는데, 이렇게 제거해 온 까치집 수가 연평균 8,000개에 달하고 있다. 하지만 까치집은 빠르면 불과 4시간 만에 완성되어 작업자들에게 큰 곤욕을 주고 있다.

이에 한국철도공사는 전차선로 주변 까치집 제거의 효율성과 신속성을 높이기 위해 인공지능(AI)과 사물인터넷(IoT) 등 첨단 기술을 활용하기에 이르렀다. 열차 운전실에 영상 장비를 설치해 달리는 열차에서 전차선을 촬영한 화상 정보를 인공지능으로 분석해 까치집 등의 위험 요인을 찾아 해당 위치와 현장 이미지를 작업자에게 실시간으로 전송하는 '실시간 까치집 자동 검출 시스템'을 개발한 것이다. 하지만 시속 150km로 빠르게 달리는 열차에서 까치집 등의 위험 요인을 실시간으로 판단해 전송하는 것이다 보니 그 정확도는 65%에 불과했다.

이에 한국철도공사는 전차선과 까치집을 정확하게 식별하기 위해 인공지능이 스스로 학습하는 '딥러닝' 방식을 도입했고, 전차선을 구성하는 복잡한 구조 및 까치집과 유사한 형태를 빅데이터로 분석해 이미지를 구분하는 학습을 실시한 결과 까치집 검출 정확도는 95%까지 상승했다. 또한 해당 이미지를 실시간 문자메시지로 작업자에게 전송해 위험 요소와 위치를 인지시켜 현장에 적용할 수 있다는 사실도 확인했다. 현재는 이와 더불어 정기열차가 운행하지 않거나 작업자가 접근하기 쉽지 않은 차량 정비 시설 등에 드론을 띄워 전차선의 까치집을 발견 및 제거하는 기술도 시범 운영하고 있다.

① 인공지능도 학습을 통해 그 정확도를 향상시킬 수 있다.
② 빠른 속도에서 인공지능의 사물 식별 정확도는 낮아진다.
③ 사람의 접근이 불가능한 곳에 위치한 까치집의 제거도 가능해졌다.
④ 까치집 자동 검출 시스템을 통해 실시간으로 까치집 제거가 가능해졌다.
⑤ 인공지능 등의 스마트 기술 도입으로 까치집 생성의 감소를 기대할 수 있다.

〈2023년 한국의 국립공원 기념주화 예약 접수〉

• 우리나라 자연환경의 아름다움과 생태 보전의 중요성을 널리 알리기 위해 K공사는 한국의 국립공원 기념주화 3종(설악산, 치악산, 월출산)을 발행할 예정임
• 예약 접수일 : 3월 2일(목) ~ 3월 17일(금)
• 배부 시기 : 2023년 4월 28일(금)부터 예약자가 신청한 방법으로 배부
• 기념주화 상세

화종	앞면	뒷면
은화Ⅰ - 설악산		
은화Ⅱ - 치악산		
은화Ⅲ - 월출산		

• 발행량 : 화종별 10,000장씩 총 30,000장
• 신청 수량 : 단품 및 3종 세트로 구분되며 단품과 세트에 중복 신청 가능
 – 단품 : 1인당 화종별 최대 3장
 – 3종 세트 : 1인당 최대 3세트
• 판매 가격 : 액면금액에 판매 부대비용(케이스, 포장비, 위탁판매수수료 등)을 부가한 가격
 – 단품 : 각 63,000원(액면가 50,000원+케이스 등 부대비용 13,000원)
 – 3종 세트 : 186,000원(액면가 150,000원+케이스 등 부대비용 36,000원)
• 접수 기관 : 우리은행, 농협은행, K공사
• 예약 방법 : 창구 및 인터넷 접수
 – 창구 접수
  신분증[주민등록증, 운전면허증, 여권(내국인), 외국인등록증(외국인)]을 지참하고 우리·농협은행 영업점을 방문하여 신청
 – 인터넷 접수
  ① 우리·농협은행의 계좌를 보유한 고객은 개시일 9시부터 마감일 23시까지 홈페이지에서 신청
  ② K공사 온라인 쇼핑몰에서는 가상계좌 방식으로 개시일 9시부터 마감일 23시까지 신청
• 구입 시 유의사항
 – 수령자 및 수령지 등 접수 정보가 중복될 경우 단품별 10장, 3종 세트 10세트만 추첨 명단에 등록
 – 비정상적인 경로나 방법으로 접수할 경우 당첨을 취소하거나 배송을 제한

05 다음 중 한국의 국립공원 기념주화 발행 사업의 내용으로 옳은 것은?

① 국민들을 대상으로 예약 판매를 실시하며, 외국인에게는 판매하지 않는다.
② 1인당 구매 가능한 최대 주화 수는 10장이다.
③ 기념주화를 구입하기 위해서는 우리·농협은행 계좌를 사전에 개설해 두어야 한다.
④ 사전예약을 받은 뒤, 예약 주문량에 맞추어 제한된 수량만 생산한다.
⑤ K공사를 통한 예약 접수는 온라인에서만 가능하다.

06 외국인 A씨는 이번에 발행되는 기념주화를 예약 주문하려고 한다. 다음 상황을 참고하여 A씨가 기념주화 구매 예약을 할 수 있는 방법으로 옳은 것은?

〈외국인 A씨의 상황〉

• A씨는 국내 거주 외국인으로 등록된 사람이다.
• A씨의 명의로 국내은행에 개설된 계좌는 총 2개로, 신한은행과 한국씨티은행에 1개씩이다.
• A씨는 우리은행이나 농협은행과는 거래이력이 없다.

① 여권을 지참하고 우리은행이나 농협은행 지점을 방문한다.
② K공사 온라인 쇼핑몰에서 신용카드를 사용한다.
③ 계좌를 보유한 신한은행이나 한국씨티은행의 홈페이지를 통해 신청한다.
④ 외국인등록증을 지참하고 우리은행이나 농협은행 지점을 방문한다.
⑤ 우리은행이나 농협은행의 홈페이지에서 신청한다.

07 다음은 기념주화를 예약한 5명의 신청내역이다. 이 중 가장 많은 금액을 지불한 사람의 구매 금액은?

(단위 : 세트, 장)

구매자	3종 세트	단품		
		은화Ⅰ - 설악산	은화Ⅱ - 치악산	은화Ⅲ - 월출산
A	2	1	-	-
B	-	2	3	3
C	2	1	1	-
D	3	-	-	-
E	1	-	2	2

① 558,000원
② 561,000원
③ 563,000원
④ 564,000원
⑤ 567,000원

08 다음 자료에 대한 설명으로 가장 적절한 것은?

- KTX 마일리지 적립
  - KTX 이용 시 결제금액의 5%가 기본 마일리지로 적립됩니다.
  - 더블적립(×2) 열차로 지정한 열차는 추가로 5%가 적립(결제금액의 총 10%)됩니다.
    ※ 더블적립 열차는 홈페이지 및 코레일톡 애플리케이션에서만 승차권 구매 가능
  - 선불형 교통카드 Rail+(레일플러스)로 승차권을 결제하는 경우 1% 보너스 적립도 제공되어 최대 11% 적립이 가능합니다.
  - 마일리지를 적립받고자 하는 회원은 승차권을 발급받기 전에 코레일 멤버십 카드 제시 또는 회원번호 및 비밀번호 등을 입력해야 합니다.
  - 해당열차 출발 후에는 마일리지를 적립받을 수 없습니다.
- 회원 등급 구분

구분	등급 조건	제공 혜택
VVIP	• 반기별 승차권 구입 시 적립하는 마일리지가 8만 점 이상 고객 또는 기준일부터 1년간 16만 점 이상 고객 중 매년 반기 익월 선정	• 비즈니스 회원 혜택 기본 제공 • KTX 특실 무료 업그레이드 쿠폰 6매 제공 • 승차권 나중에 결제하기 서비스 (열차 출발 3시간 전까지)
VIP	• 반기별 승차권 구입 시 적립하는 마일리지가 4만 점 이상 고객 또는 기준일부터 1년간 8만 점 이상 고객 중 매년 반기 익월 선정	• 비즈니스 회원 혜택 기본 제공 • KTX 특실 무료 업그레이드 쿠폰 2매 제공
비즈니스	• 철도 회원으로 가입한 고객 중 최근 1년간 온라인에서 로그인한 기록이 있거나, 회원으로 구매실적이 있는 고객	• 마일리지 적립 및 사용 가능 • 회원 전용 프로모션 참가 가능 • 열차 할인상품 이용 등 기본서비스와 멤버십 제휴서비스 등 부가서비스 이용
패밀리	• 철도 회원으로 가입한 고객 중 최근 1년간 온라인에서 로그인한 기록이 없거나, 회원으로 구매실적이 없는 고객	• 멤버십 제휴서비스 및 코레일 멤버십 라운지 이용 등의 부가서비스 이용 제한 • 휴면 회원으로 분류 시 별도 관리하며, 본인 인증 절차로 비즈니스 회원으로 전환 가능

  - 마일리지는 열차 승차 다음 날 적립되며, 지연료를 마일리지로 적립하신 실적은 등급 산정에 포함되지 않습니다.
  - KTX 특실 무료 업그레이드 쿠폰 유효기간은 6개월이며, 반기별 익월 10일 이내에 지급됩니다.
  - 실적의 연간 적립 기준일은 7월 지급의 경우 전년도 7월 1일부터 당해 연도 6월 30일까지 실적이며, 1월 지급은 전년도 1월 1일부터 전년도 12월 31일까지의 실적입니다.
  - 코레일에서 지정한 추석 및 설 명절 특별수송 기간의 승차권은 실적 적립 대상에서 제외됩니다.
  - 회원 등급 조건 및 제공 혜택은 사전 공지 없이 변경될 수 있습니다.
  - 승차권 나중에 결제하기 서비스는 총 편도 2건 이내에서 제공되며, 3회 자동 취소 발생(열차 출발 전 3시간 내 미결제) 시 서비스가 중지됩니다. 리무진+승차권 결합 발권은 2건으로 간주되며, 정기권, 특가상품 등은 나중에 결제하기 서비스 대상에서 제외됩니다.

---

① 코레일에서 운행하는 모든 열차는 이용할 때마다 결제금액의 최소 5%가 KTX 마일리지로 적립된다.
② 회원 등급이 높아져도 열차 탑승 시 적립되는 마일리지는 동일하다.
③ 비즈니스 등급은 기업회원을 구분하는 명칭이다.
④ 6개월간 마일리지 4만 점을 적립하더라도 VIP 등급을 부여받지 못할 수 있다.
⑤ 회원 등급이 높아도 승차권을 정가보다 저렴하게 구매할 수 있는 방법은 없다.

09 작년 K대학교에 재학 중인 학생 수는 6,800명이고 남학생과 여학생의 비는 8 : 9였다. 올해 남학생과 여학생의 비가 12 : 13만큼 줄어들어 7 : 8이 되었다고 할 때, 올해 K대학교의 전체 재학생 수는?

① 4,440명   ② 4,560명

③ 4,680명   ④ 4,800명

⑤ 4,920명

10 다음은 철도운임의 공공할인 제도에 대한 내용이다. 장애의 정도가 심하지 않은 A씨가 보호자 1명과 함께 열차를 이용하여 주말여행을 다녀왔다. 두 사람은 왕복 운임의 몇 %를 할인받았는가?(단, 열차의 종류와 노선 길이가 동일한 경우 요일에 따른 요금 차이는 없다고 가정한다)

• A씨와 보호자의 여행 일정
– 2023년 3월 11일(토) 서울 → 부산 : KTX
– 2023년 3월 13일(월) 부산 → 서울 : KTX
• 장애인 공공할인 제도(장애의 정도가 심한 장애인은 보호자 포함)

구분	KTX	새마을호	무궁화호 이하
장애의 정도가 심한 장애인	50%	50%	50%
장애의 정도가 심하지 않은 장애인	30% (토·일·공휴일 제외)	30% (토·일·공휴일 제외)	

① 7.5%   ② 12.5%

③ 15%   ④ 25%

⑤ 30%

┃ 의사소통능력

01 다음 글의 주제로 가장 적절한 것은?

> 이제 2023년 6월부터 민법과 행정 분야에서 나이를 따질 때 기존 계산하는 방식에 따라 1 ~ 2살까지 차이가 났던 우리나라 특유의 나이 계산법이 국제적으로 통용되는 '만 나이'로 일원화된다. 이는 태어난 해를 0살로 보고 정확하게 1년이 지날 때마다 한 살씩 더하는 방식을 말한다.
>
> 이에 대해 여론은 대체적으로 긍정적이나, 일각에서는 모두에게 익숙한 관습을 벗어나 새로운 방식에 적응해야 한다는 점을 우려하고 있다. 특히 지금 받고 있는 행정서비스에 급격한 변화가 일어나 혹시라도 손해를 보거나 미리 따져 봐야 할 부분이 있는 건 아닌지, 또 다른 혼선이 야기되는 건 아닌지 하는 것들이 이에 해당한다.
>
> 한국의 나이 기준은 우리가 관습적으로 쓰는 '세는 나이'와 민법 등에서 법적으로 규정한 '만 나이', 일부 법령이 적용하고 있는 '연 나이' 등 세 가지로 되어 있다. 이처럼 국회가 법적 나이 규정을 만 나이로 정비한 이유는 한 사람의 나이가 계산 방식에 따라 최대 2살이 달라져 '나이 불일치'로 인한 각종 행정서비스 이용과 계약체결 과정에서 혼선과 법적 다툼이 발생했기 때문이다.
>
> 더군다나 법적 나이를 규정한 민법에서조차 표현상으로 만 나이와 일반 나이가 혼재되어 있어 문구를 통일해야 한다는 지적이 나왔다. 표현상 '만 ○○세'로 돼 있지 않아도 기본적으로 만 나이로 보는 게 관례이지만, 법적 분쟁 발생 시 이는 해석의 여지를 줄 수 있기 때문이다. 다른 법에서 특별히 나이의 기준을 따로 두지 않았다면 민법의 나이 규정을 따르도록 되어 있는데, 실상은 민법도 명확하지 않았던 것이다.
>
> 정부는 내년부터 개정된 법이 시행되면 우선 그동안 문제로 지적됐던 법적·사회적 분쟁이 크게 줄어들 것으로 기대하고 있지만, 국민 전체가 일상적으로 체감하는 변화는 크지 않을 것으로 보고 있다. 이번 법 개정의 취지 자체가 나이 계산법 혼용에 따른 분쟁을 해소하는 데 맞춰져 있고, 오랜 세월 확립된 나이에 대한 사회적 인식이 법 개정으로 단번에 바뀔 수 있는 건 아니기 때문이다.
>
> 또한 여야와 정부는 연 나이를 채택해 또래 집단과 동일한 기준을 적용하는 것이 오히려 혼선을 막을 수 있고 법 집행의 효율성이 담보된다고 합의한 병역법, 청소년보호법, 민방위기본법 등 52개 법령에 대해서는 연 나이 규정의 필요성이 크다면 굳이 만 나이 적용을 하지 않겠다고 밝혔다.

① 연 나이 계산법 유지의 필요성

② 우리나라 나이 계산법의 문제점

③ 기존 나이 계산법 개정의 필요성

④ 나이 계산법 혼용에 따른 분쟁 해소 방안

⑤ 나이 계산법의 변화로 달라지는 행정서비스

02 다음 글의 내용으로 가장 적절한 것은?

미디어 플랫폼의 다변화로 콘텐츠 이용에 대한 선택권이 다양해졌지만, 장애인은 OTT로 콘텐츠 하나 보기가 어려운 현실이다.

지난 장애인 미디어 접근 콘퍼런스에서 한국시각장애인연합회 정책팀장은 "올해 한 기사를 보니 한 시각장애인 분이 OTT는 넷플릭스나 유튜브로 보고 있다고 돼 있었는데, 두 가지가 다 외국 플랫폼이었다는 것이 마음이 아팠다. 외국과 우리나라에서 장애인을 바라보는 시각의 차이가 바로 이런 것이구나 생각했다."며 "장애인을 소비자로 보느냐 시혜대상으로 보느냐, 사업자가 어떤 생각을 갖고 있느냐에 따라 콘텐츠를 어떻게 제작할 것인가의 차이가 있다고 본다."고 말했다.

실제 시각장애인은 OTT의 기본 기능도 이용하기 어렵다. 국내 OTT에서는 동영상 재생 버튼을 설명하는 대체 텍스트(문구)가 제공되지 않아 시각장애인들이 재생 버튼을 선택할 수 없었으며, 동영상 시청 중에는 일시 정지할 수 있는 버튼, 음량 조정 버튼, 설정 버튼 등이 화면에서 사라졌다. 재생 버튼에 대한 설명이 제공되는 넷플릭스도 영상 재생 시점을 10초 앞으로 또는 뒤로 이동하는 버튼은 이용하기 어렵다.

이에 국내 OTT 업계의 경우 장애인 이용을 위한 기술을 개발 및 확대한다는 계획을 밝히며 정부 지원이 필요하다고 덧붙였다. 정부도 규제와 의무보다는 사업자의 자율적인 부분을 인정해 주고 사업자 노력을 드라이브 걸 수 있는 지원책을 마련하여야 한다. 이는 OTT 시장이 철저한 자본에 의한 경쟁시장이며, 자본이 있는 만큼 서비스가 고도화되고 그 고도화를 통해 이용자 편의성을 높일 수 있기 때문이다.

① 외국 OTT 플랫폼은 장애인을 위한 서비스를 활발히 제공하고 있다.
② 국내 OTT 플랫폼은 장애인을 위한 서비스를 제공하고 있지 않다.
③ 외국 OTT 플랫폼은 국내 플랫폼보다 장애인을 시혜대상으로 바라보고 있다.
④ 우리나라 장애인의 경우 외국 장애인보다 상대적으로 OTT 플랫폼의 이용이 어렵다.
⑤ 정부는 OTT 플랫폼에 장애인 편의 기능을 마련할 것을 촉구했지만 지원책은 미비했다.

03 다음 글의 빈칸 ㉠ ～ ㉤에 들어갈 내용으로 가장 적절한 것은?

> 추석 연휴 첫날이던 지난 9일은 장기 기증의 날이었다. 한 명의 장기 기증으로 9명의 생명을 살릴
> 수 있다는 의미로, 사랑의장기기증운동본부가 매년 9월 9일을 기념하고 있다. 하지만 장기 기증의
> 필요성에 비해 제도적 지원은 여전히 미흡한 실정이다. 특히 국내 장기 기증의 상당수를 차지하는
> ____㉠____ 공여자에 대한 지원이 절실하다는 지적이 나온다.
> 2020년 질병관리청이 공개한 연구 결과에 따르면 신장이나 간을 기증한 공여자에게서 만성 신·간
> 부전의 위험이 확인됐다. 그러나 관련 지원은 여전히 부족한 실정이다. 기증 후 1년간 정기 검진
> 진료비를 지원하는 제도가 있긴 하지만, ____㉡____이/가 있는데다 가족 등에 의한 기증은 여기에서
> 도 제외된다. 아무 조건 없이 ____㉢____에게 기증하는 '순수 기증'만 해당되는데, 정작 국내 순수
> 기증은 2019년 1건을 마지막으로 맥이 끊긴 상태이다.
> 장기를 이식받은 환자와 공여자를 아우르는 통합적 정신건강 관리가 필요하다는 목소리도 꾸준히
> 나온다. 기증 전 단계의 고민은 물론이고 막상 기증한 뒤에 ____㉣____와/과 관계가 소원해지거나
> 우울감에 빠질 수 있기 때문이다.
> 공여자들은 해마다 늘어가는 장기 이식 대기 문제를 해결하기 위해선 제도적 개선이 필요하다고 입
> 을 모은다. 뇌사·사후 기증만으로는 당장 ____㉤____을/를 감당할 수 없다는 것이다. 한국장기조직
> 기증원이 뇌사 기증을 전담 관리하듯 생체 공여도 별도 기관을 통해 심도 있게 관리 및 지원해야
> 한다는 목소리도 나온다.

① ㉠ : 사체 ② ㉡ : 하한액
③ ㉢ : 특정인 ④ ㉣ : 수혜자
⑤ ㉤ : 공급

04 다음 글을 읽고 밑줄 친 부분에 해당하는 내용으로 적절하지 않은 것은?

우리나라가 양성평등의 사회로 접어든 후 과거에 비해 여성의 지위가 많이 향상되고 여성이 경제활동에 참여하는 비율은 꾸준히 높아졌지만, 여전히 노동 현장에서 여성은 사회적으로 불평등의 대상이 되고 있다.

여성 노동자가 노동 시장에서 남성에 비해 차별받는 원인은 갈등론적 측면에서 볼 때, 남성 노동자들이 자신이 누리고 있던 자원의 독점과 기득권을 빼앗기지 않기 위해 여성에게 경제적 자원을 나누어 주지 않으려는 기존 기득권층의 횡포에 의한 것이라고 할 수 있다.

또한 여성 노동자에 대한 편견으로 인해서도 차별의 원인이 나타난다. 여성 노동자가 제대로 일하지 못한다거나 결혼과 출산, 임신을 한 여성 노동자는 조직 전체에 부정적인 영향을 준다고 인식하는 경향이 강한데, 이러한 편견들이 여성 노동자에 대한 차별로 이어지게 된 것이다.

여성 노동자를 차별한 결과 여성들은 남성 노동자들보다 저임금을 받아야 하고 비교적 질이 좋지 않은 일자리에서 일해야 하며 고위직으로 올라가는 것 역시 힘들고 임금 차별이 나타나게 된다. 여성 노동자가 많이 근무하는 서비스업 등의 직업군의 경우 임금 자체가 상당히 낮게 책정되어 있어 남성에 비하여 많은 임금을 받지 못하는 구조로 되어 있는 것이다.

또한 여성 노동자들을 노동자 그 자체로 보기보다는 여성으로 바라보는 남성들의 잘못된 시선으로 인해 여성 노동자는 신성한 노동의 현장에서 성희롱을 당하고 있으며, 취업과 승진 등 모든 인적자원관리 측면에서 불이익을 경험하는 경우가 많다. 특히 여성들이 임신과 출산을 경험하는 경우, 같은 직장의 노동자들에게 따가운 시선을 받는 것을 감수해야 한다.

이와 같은 여성 노동자가 경험하는 차별 문제를 해결하기 위해서는 여성 노동자 역시 남성 노동자와 마찬가지의 권리를 가지고 있다는 점을 사회 전반에 인식할 수 있도록 해야 하고, 여성이라는 이유만으로 취업과 승진 등에 불이익을 받지 않도록 <u>인식과 정책을 개선</u>해야 한다.

① 결혼과 출산, 임신과 같은 가족 계획을 지지하는 환경을 만들어야 한다.

② 여성 노동자가 주로 종사하는 직종의 임금체계를 합리적으로 변화시켜야 한다.

③ 여성들이 종사하는 다양한 직업군에서 양질의 정규직 일자리를 만들어야 한다.

④ 임신으로 인한 공백 문제 등이 발생하지 않도록 공백 기간에 대한 법을 개정 및 규제하여야 한다.

⑤ 여성 노동자들을 여성이 아닌 정당하게 노동력을 제공하고 그에 맞는 임금을 받을 권리를 가진 노동자로 바라보아야 한다.

05 다음 문단을 논리적 순서대로 바르게 나열한 것은?

(가) 물론 이전과 달리 노동 시장에서 여성이라서 채용하지 않는 식의 직접적 차별은 많이 감소했지만, 실질적으로 고학력 여성들이 면접 과정에서 많이 탈락하거나 회사에 들어간 후에도 승진을 잘 하지 못하고 있다. 이는 여성이 육아 휴직 등을 사용하는 경우가 많아 회사가 여성을 육아와 가사를 신경 써야 하는 존재로 간주해 여성의 생산성을 낮다고 판단하고 있기 때문이다.

(나) 한국은 직종(Occupation), 직무(Job)와 사업장(Establishment)이 같은 남녀 사이의 임금 격차 또한 다른 국가들에 비해 큰 것으로 나타났는데, 영국의 한 보고서의 따르면 한국은 조사국 14개국 중 직종, 직무, 사업장별 남녀 임금 격차에서 상위권에 속했다. 즉, 한국의 경우 같은 직종에 종사하며 같은 직장에 다니면서 같은 업무를 수행하더라도 성별에 따른 임금 격차가 다른 국가들에 비해 상대적으로 높다는 이야기다.

(다) OECD가 공개한 '성별 간 임금 격차(Gender Wage Gap)'에 따르면 지난해 기준 OECD 38개 회원국들의 평균 성별 임금 격차는 12%였다. 이 중 한국의 성별 임금 격차는 31.1%로 조사국들 중 가장 컸으며, 이는 남녀 근로자를 각각 연봉 순으로 줄 세울 때 정중앙인 중위 임금을 받는 남성이 여성보다 31.1%를 더 받았다는 뜻에 해당한다. 한국은 1996년 OECD 가입 이래 26년 동안 줄곧 회원국들 중 성별 임금 격차 1위를 차지해 왔다.

(라) 이처럼 한국의 남녀 간 성별 임금 격차가 크게 유지되는 이유로 노동계와 여성계는 연공서열제와 여성 경력 단절을 꼽고 있다. 이에 대해 A교수는 노동 시장 문화에는 여성 경력 단절이 일어나도록 하는 여성 차별이 있어 여성이 중간에 떨어져 나가거나 승진을 못하는 것이 너무나 자연스러운 일처럼 보인다고 말했다.

이에 정부는 여성 차별적 노동 문화의 체질을 바꾸기 위해서는 정책적으로 여성에게만 혜택을 더 주는 것으로 보이는 시혜적 정책은 지양하되, 여성 정책이 여성한테 무언가를 해주기보다는 남녀 간 평등을 촉진하는 방향으로 나아갈 수 있도록 해야 할 것이다.

① (나) – (다) – (가) – (라)
② (나) – (다) – (라) – (가)
③ (나) – (가) – (다) – (라)
④ (다) – (나) – (가) – (라)
⑤ (다) – (나) – (라) – (가)

06 다음 글의 빈칸에 들어갈 내용으로 가장 적절한 것은?

> 제주 한라산 천연보호구역에 있는 한 조립식 건물에서 불이 나 3명의 사상자가 발생했다. 이 건물은
> 무속 신을 모시는 신당으로 수십 년 동안 운영된 곳이었으나, 실상은 허가 없이 지은 불법 건축물에
> 해당되었다. 특히 해당 건물은 조립식 샌드위치 패널로 지어져 있어 이번 화재는 자칫 대형 산불로
> 이어져 한라산까지 타버릴 아찔한 사고였으나 행정당국은 불이 난 뒤에야 이 건축물의 존재를 파악
> 했다. 해당 건물에서의 화재는 30여 분 만에 빠르게 진화되었지만, 건물 안에 있던 40대 남성이
> 숨지고, 60대 여성 2명이 화상을 입어 병원으로 이송되었다. 이는 해당 건물이 _____
> 불이 삽시간에 번져 나갔기 때문이었다.
> 행정당국은 서귀포시는 산림이 울창하고 인적이 드문 곳이어서 관련 신고가 접수되지 않는 등 단속
> 에 한계가 있다고 밝히며 행정의 손이 미치지 않는 취약한 지역, 산지나 으슥한 지역은 관련 부서와
> 협의를 거쳐 점검할 필요가 있다고 말했다.

① 화재에 취약한 구조로 지어져 있어
② 산지에 위치해 기후가 건조했기 때문에
③ 안정성을 검증받지 못한 가건물에 해당되어
④ 소방시설과 거리가 있는 곳에 위치하고 있어
⑤ 인적이 드문 지역에 위치하여 발견이 쉽지 않아

07 세현이의 몸무게는 체지방량과 근육량을 합하여 65kg이었다. 세현이는 운동을 하여 체지방량을
20% 줄이고, 근육량은 25% 늘려서 전체적으로 몸무게를 4kg 줄였다. 이때, 체지방량과 근육량을
각각 구하면?

① 36kg, 25kg   ② 34kg, 25kg
③ 36kg, 23kg   ④ 32kg, 25kg
⑤ 36kg, 22kg

08 가로의 길이가 140m, 세로의 길이가 100m인 직사각형 모양의 공터 둘레에 일정한 간격으로 꽃을
심기로 했다. 네 모퉁이에 반드시 꽃을 심고 심는 꽃의 수를 최소로 하고자 할 때, 꽃은 몇 송이를
심어야 하는가?

① 21송이   ② 22송이
③ 23송이   ④ 24송이
⑤ 25송이

09 K공장에서 생산되는 제품은 50개 중 1개의 불량품이 발생한다고 한다. 이 공장에서 생산되는 제품 중 2개를 고른다고 할 때, 2개 모두 불량품일 확률은?

① $\dfrac{1}{25}$

② $\dfrac{1}{50}$

③ $\dfrac{1}{250}$

④ $\dfrac{1}{1,250}$

⑤ $\dfrac{1}{2,500}$

10 두 비커 A, B에는 각각 농도가 6%, 8%인 소금물 300g씩이 들어 있다. A비커에서 소금물 100g을 퍼서 B비커에 옮겨 담고, 다시 B비커에서 소금물 80g을 퍼서 A비커에 옮겨 담았다. 이때, A비커에 들어 있는 소금물의 농도는?(단, 소수점 둘째 자리에서 반올림한다)

① 5.2%

② 5.6%

③ 6.1%

④ 6.4%

⑤ 7.2%

11 1~5의 숫자가 각각 적힌 5장의 카드에서 3장을 뽑아 세 자리 정수를 만들 때, 216보다 큰 정수는 모두 몇 가지인가?

① 41가지

② 42가지

③ 43가지

④ 44가지

⑤ 45가지

12 손난로 생산 공장에서 생산한 20개의 제품 중 2개의 제품이 불량품이라고 한다. 20개의 제품 중 3개를 꺼낼 때, 적어도 1개가 불량품일 확률은?

① $\dfrac{24}{95}$

② $\dfrac{27}{95}$

③ $\dfrac{11}{111}$

④ $\dfrac{113}{141}$

⑤ $\dfrac{49}{121}$

| 의사소통능력

01 다음 〈보기〉를 참고할 때, 문법적 형태소가 가장 많이 포함된 문장은?

> 보기
>
> 문법형태소(文法形態素) 또는 형식형태소(形式形態素)는 문법적 의미가 있는 형태소로, 어휘형태소와 함께 쓰여 그들 사이의 관계를 나타내는 기능을 하는 형태소를 말한다. 한국어에서는 조사와 어미가 이에 해당한다. 의미가 없고 문장의 형식 구성을 보조한다는 의미에서 형식형태소(形式形態素)라고도 한다.

① 동생이 나 몰래 사탕을 먹었다.
② 우리 오빠는 키가 작았다.
③ 봄이 오니 산과 들에 꽃이 피었다.
④ 나는 가게에서 김밥과 돼지고기를 샀다.
⑤ 지천에 감자꽃이 가득 피었다.

| 의사소통능력

02 다음 중 밑줄 친 단어가 문맥상 적절하지 않은 것은?

① 효율적인 회사 운영을 위해 회의를 <u>정례화(定例化)</u>해야 한다는 주장이 나왔다.
② 그 계획은 아무래도 <u>중장기적(中長期的)</u>으로 봐야 할 필요가 있다.
③ 그 문제를 해결하기 위해서는 표면적이 아닌 <u>피상적(皮相的)</u>인 이해가 필요하다.
④ 환경을 고려한 신제품을 출시하는 기업들의 <u>친환경(親環境)</u> 마케팅이 유행이다.
⑤ 인생의 중대사를 정할 때는 충분한 <u>숙려(熟慮)</u>가 필요하다.

| 의사소통능력

03 다음 문장 중 어법상 옳은 것은?

① 오늘은 날씨가 추우니 옷의 지퍼를 잘 잠거라.
② 우리 집은 매년 김치를 직접 담궈 먹는다.
③ 그는 다른 사람의 만류에도 서슴지 않고 악행을 저질렀다.
④ 염치 불구하고 이렇게 부탁드리겠습니다.
⑤ 우리집 뒷뜰에 개나리가 예쁘게 피었다.

04 다음 문단을 논리적 순서대로 바르게 나열한 것은?

(가) 천일염 안전성 증대 방안 5가지가 '2022 K - 농산어촌 한마당'에서 소개됐다. 첫째, 함수(농축한 바닷물)의 청결도를 높이기 위해 필터링(여과)을 철저히 하고, 둘째, 천일염전에 생긴 이끼 제거를 위해 염전의 증발지를 목제 도구로 완전히 뒤집는 것이다. 그리고 셋째, 염전의 밀대ㆍ운반 도구 등을 식품 용기에 사용할 수 있는 소재로 만들고, 넷째, 염전 수로 재료로 녹 방지 기능이 있는 천연 목재를 사용하는 것이다. 마지막으로 다섯째, 염전 결정지의 바닥재로 장판 대신 타일(타일염)이나 친환경 바닥재를 쓰는 것이다.

(나) 한편, 천일염과 찰떡궁합인 김치도 주목을 받았다. 김치를 담글 때 천일염을 사용하면 김치의 싱싱한 맛이 오래 가고 식감이 아삭아삭해지는 등 음식궁합이 좋다. 세계김치연구소는 '발효과학의 중심, 김치'를 주제로 관람객을 맞았다. 세계김치연구소 이창현 박사는 "김치는 중국ㆍ일본 등 다른 나라의 채소 절임 식품과 채소를 절이는 단계 외엔 유사성이 전혀 없는 매우 독특한 식품이자 음식 문화"라고 설명했다.

(다) K - 농산어촌 한마당은 헬스경향ㆍK농수산식품유통공사에서 공동 주최한 박람회이다. 해양수산부 소속 국립수산물품질관리원은 천일염 부스를 운영했다. 대회장을 맡은 국회 농림축산식품해양수산위원회 소속 서삼석 의원은 "갯벌 명품 천일염 생산지인 전남 신안을 비롯해 우리나라의 천일염 경쟁력은 세계 최고 수준"이라며 "이번 한마당을 통해 국산 천일염의 우수성이 더 많이 알려지기를 기대한다."라고 말했다.

① (가) - (나) - (다)
② (가) - (다) - (나)
③ (나) - (다) - (가)
④ (다) - (가) - (나)
⑤ (다) - (나) - (가)

05 다음 기사의 내용으로 미루어 볼 때, 청년 고용시장에 대한 〈보기〉의 정부 관계자들의 태도로 가장 적절한 것은?

> 정부가 향후 3 ~ 4년을 청년실업 위기로 판단한 것은 에코세대(1991 ~ 1996년생·베이비부머의 자녀세대)의 노동시장 진입 때문이었다. 에코세대가 본격적으로 취업전선에 뛰어들면서 일시적으로 청년실업 상황이 더 악화될 것이라고 생각했다.
>
> 2021년을 기점으로 청년인구가 감소하기 시작하면 청년실업 문제가 일부 해소될 것이라는 정부의 전망도 이런 맥락에서 나왔다. 고용노동부 임서정 고용정책실장은 "2021년 이후 인구문제와 맞물리면 청년 고용시장 여건은 좀 더 나아질 것이라 생각한다."라고 말했다.
>
> 그러나 청년인구 감소가 청년실업 문제 완화로 이어질 것이란 생각은 지나치게 낙관적이라는 지적도 나오고 있다. 한국노동연구원 김유빈 부연구위원은 "지금의 대기업과 중소기업, 정규직과 비정규직 간 일자리 질의 격차를 해소하지 않는 한 청년실업 문제는 더 심각해질 수 있다."라고 우려했다. 일자리 격차가 메워지지 않는 한 질 좋은 직장을 구하기 위해 자발적 실업상황조차 감내하는 현 청년들의 상황이 개선되지 않을 것이기 때문이다.
>
> 한국보다 먼저 청년실업 사태를 경험한 일본을 비교 대상으로 거론하는 것도 적절하지 않다는 지적이 나온다. 일본의 경우 청년인구가 줄면서 청년실업 문제는 상당 부분 해결됐다. 하지만 이는 '단카이 세대(1947 ~ 1949년에 태어난 일본의 베이비부머)'가 노동시장에서 빠져나오는 시점과 맞물렸기 때문에 가능했다. 베이비부머가 1 ~ 2차에 걸쳐 넓게 포진된 한국과는 상황이 다르다는 것이다. 김 부연구위원은 "일본에서도 (일자리) 질적 문제는 나타나고 있다."며 "일자리 격차가 큰 한국에선 문제가 더 심각하게 나타날 수 있어 중장기적 대책이 필요하다."고 말했다.

보기

- 기재부 1차관 : '구구팔팔(국내 사업체 중 중소기업 숫자가 99%, 중기 종사자가 88%란 뜻)'이란 말이 있다. 중소기업을 새로운 성장 동력으로 만들어야 한다. 취업에서 중소기업 선호도는 높지 않다. 여러 가지 이유 중 임금 격차도 있다. 청년에게 중소기업에 취업하고자 하는 유인을 줄 수 있는 수단이 없다. 그 격차를 메워 의사 결정의 패턴을 바꾸자는 것이다. 앞으로 에코세대의 노동시장 진입하는 4년 정도가 중요한 시기이다.
- 고용노동부 고용정책실장 : 올해부터 3 ~ 4년은 인구 문제가 크고, 그로 인한 수요·공급 문제가 있다. 개선되는 방향으로 가더라도 '에코세대' 대응까지 맞추기 쉽지 않다. 때문에 집중투자를 해야 한다. 3 ~ 4년 후에는 격차를 줄여가기 위한 대책도 병행하겠다. 이후부터는 청년의 공급이 줄어들기 때문에 인구 측면에서 노동시장에 유리한 조건이 된다.

① 올해를 가장 좋지 않은 시기로 평가하고 있다.
② 현재 회복국면에 있다고 판단하고 있다.
③ 실제 전망은 어둡지만, 밝은 면을 강조하여 말하고 있다.
④ 에코세대의 노동시장 진입을 통해 청년실업 위기가 해소될 것으로 기대하고 있다.
⑤ 한국의 상황이 일본보다 낫다고 평가하고 있다.

06 다음 중 제시된 보도자료의 내용으로 가장 적절한 것은?

이용자도 보행자도 안전하게, 전동킥보드 관련 규정 강화

개인형 이동장치 관련 강화된 도로교통법 시행
무면허 운전 10만 원, 안전모 미착용 2만 원, 2인 이상 탑승 4만 원 범칙금 부과
안전한 이용 문화 정착 위해 캠페인·교육 등 집중홍보 및 단속 실시

국무조정실, 국토부, 행안부, 교육부, 경찰청은 전동킥보드 등 개인형 이동장치 운전자의 안전을 강화한 도로교통법개정안이 시행됨에 따라, 개인형 이동장치의 안전한 이용문화 정착을 위해 범정부적으로 안전단속 및 홍보활동 등을 강화해 나간다고 밝혔습니다.

정부는 개인형 이동장치(PM; Personal Mobility)가 최근 새로운 교통수단으로 이용자가 증가함에 따라 안전한 운행을 유도하기 위해 지난해부터 안전기준을 충족한 개인형 이동장치에 한해 자전거 도로통행을 허용했고, 그에 맞춰 자전거와 동일한 통행방법과 운전자 주의의무 등을 적용해 왔습니다. 다만, 청소년들의 개인형 이동장치 이용 증가에 대한 우려와 운전자 주의의무 위반에 대한 제재가 없어 실효성이 없다는 문제 제기가 있었고, 지난해 강화된 도로교통법이 국회를 통과하였습니다. 이번에 시행되는 개인형 이동장치와 관련된 법률의 세부 내용은 다음과 같습니다.

- (운전 자격 강화) 원동기 면허 이상 소지한 운전자에 대해서만 개인형 이동장치를 운전할 수 있도록 하고, 무면허 운전 시 10만 원의 범칙금을 부과합니다.
- (처벌 규정 신설) 인명 보호 장구 미착용(범칙금 2만 원), 승차정원 초과 탑승(범칙금 4만 원) 및 어린이(13세 미만) 운전 시 보호자(과태료 10만 원)에게 범칙금·과태료를 부과함으로써 개인형 이동장치 운전자 주의의무에 대한 이행력을 강화하였습니다.

정부는 강화된 법률의 시행을 계기로 안전한 개인형 이동장치 이용문화가 정착될 수 있도록 단속 및 캠페인 등 대국민 홍보를 강화해 나갈 계획입니다. 관계부처 – 지자체 – 유관기관 등과 함께 개인형 이동장치 이용이 많은 지하철 주변, 대학교, 공원 등을 중심으로 안전 캠페인을 실시하고, 경찰청을 중심으로 보도 통행 금지, 인명 보호 장구 미착용, 승차정원 초과 등 주요 법규 위반 행위에 대해 단속과 계도를 병행함과 동시에 홍보 활동을 진행할 예정입니다. 그리고 초·중·고 학생을 대상으로 '찾아가는 맞춤형 교육'을 실시하고, 학부모 대상 안내문을 발송하는 등 학생들이 강화된 도로교통법을 준수할 수 있도록 학교·가정에서 교육을 강화해 나갈 계획입니다. 또한, 공유 개인형 이동장치 어플 내에 안전수칙 팝업 공지, 주·정차 안내 등 개인형 이동장치 민·관 협의체와의 협력을 강화해 나갈 예정입니다. 아울러, 개인형 이동장치 안전 공익광고 영상을 TV·라디오 등에 송출하고, 카드뉴스·웹툰 등 온라인 홍보물을 제작하여 유튜브·SNS 등을 통해 확산해 나가는 한편, KTX·SRT역, 전광판, 아파트 승강기 모니터 등 국민 생활 접점 매체를 활용한 홍보도 추진해 나갈 예정입니다.

정부 관계자는 새로운 교통수단으로 개인형 이동장치의 이용객이 증가함에 따라 관련 사고*도 지속적으로 증가하는 만큼 반드시 안전수칙을 준수할 것을 당부하였습니다. 특히, 개인형 이동장치는 친환경적이고 편리한 교통수단으로, 앞으로도 지속해서 이용자가 증가할 것으로 전망되는 만큼 개인형 이동장치의 안전한 이용문화 확립이 무엇보다 중요하며, 올바른 문화가 정착할 수 있도록 국민들의 많은 관심과 참여를 강조하였습니다.

*최근 3년 PM 관련 사고(사망) 건수 : 2018년 : 225건(4명) → 2019년 : 447건(8명) → 2020년 : 897건(10명)

① 산업부는 지난해부터 안전기준을 충족한 개인형 이동장치의 자전거도로 주행을 허용하였다.

② 개인형 이동장치 중 전동킥보드는 제약 없이 자전거도로를 자유롭게 이용할 수 있다.

③ 개인형 이동장치로 인한 사망사고는 점차 감소하고 있다.

④ 13세 이상인 사람은 모두 개인형 이동장치를 운전할 수 있다.

⑤ 일반인을 대상으로 한 전동킥보드 운행 규정 관련 홍보를 진행할 예정이다.

07 K교수는 실험 수업을 진행하기 위해 화학과 학생들을 실험실에 배정하려고 한다. 실험실 한 곳에 20명씩 입실시키면 30명이 들어가지 못하고, 25명씩 입실시키면 실험실 2개가 남는다. 이를 만족하기 위한 최소한의 실험실은 몇 개인가?(단, 실험실의 개수는 홀수이다)

① 11개

② 13개

③ 15개

④ 17개

⑤ 19개

08 2022년 새해를 맞아 K공사에서는 직사각형의 사원증을 새롭게 제작하려고 한다. 기존의 사원증은 개당 제작비가 2,800원이고 가로와 세로의 비율이 1 : 2이다. 기존의 디자인에서 크기를 변경할 경우, 가로의 길이가 0.1cm 증감할 때마다 제작비용은 12원이 증감하고, 세로의 길이가 0.1cm 증감할 때마다 제작비용은 22원이 증감한다. 새로운 사원증의 길이가 가로 6cm, 세로 9cm이고, 제작비용은 2,420원일 때, 디자인을 변경하기 전인 기존 사원증의 둘레는 얼마인가?

① 30cm

② 31cm

③ 32cm

④ 33cm

⑤ 34cm

09 K사는 동일한 제품을 A공장과 B공장에서 생산한다. A공장에서는 시간당 1,000개의 제품을 생산하고, B공장에서는 시간당 1,500개의 제품을 생산하며, 이 중 불량품은 A공장과 B공장에서 매시간 45개씩 발생한다. 지난 한 주간 A공장에서는 45시간, B공장에서는 20시간 동안 이 제품을 생산하였을 때, 생산된 제품 중 불량품의 비율은 얼마인가?

① 3.7%

② 3.8%

③ 3.9%

④ 4.0%

⑤ 4.1%

10 K강사는 월요일부터 금요일까지 매일 4시간 동안 수업을 진행한다. 다음 〈조건〉에 따라 주간 NCS 강의 시간표를 짤 때, 가능한 경우의 수는 모두 몇 가지인가?(단, 4교시 수업과 다음날 1교시 수업은 연속된 수업으로 보지 않는다)

> **조건**
>
> • 문제해결능력 수업은 4시간 연속교육으로 진행해야 하며, 주간 총 교육시간은 4시간이다.
> • 수리능력 수업은 3시간 연속교육으로 진행해야 하며, 주간 총 교육시간은 9시간이다.
> • 자원관리능력 수업은 2시간 연속교육으로 진행해야 하며, 주간 총 교육시간은 4시간이다.
> • 의사소통능력 수업은 1시간 교육으로 진행해야 하며, 주간 총 교육시간은 3시간이다.

① 40가지   ② 80가지
③ 120가지   ④ 160가지
⑤ 200가지

11 어느 공연장은 1층 200석, 2층 100석으로 이루어져 있으며, 이 공연장의 주말 매표 가격은 평일 매표 가격의 1.5배로 판매되고 있다. 지난 일주일간 진행된 공연에서 1층 주말 매표 가격은 6만 원으로 책정되었으며, 모든 좌석이 매진되어 총 매표 수익만 8,800만 원에 달하였다고 할 때, 지난 주 2층 평일 매표 가격은 얼마인가?

① 2만 원   ② 3만 원
③ 4만 원   ④ 4만 5천 원
⑤ 6만 원

12 K사는 본사 A팀의 직원 9명 중 동일한 성별의 2명을 뽑아 지사로 출장을 보내기로 하였다. A팀의 남자 직원이 여자 직원의 두 배라고 할 때, 가능한 경우의 수는 모두 몇 가지인가?

① 18가지   ② 36가지
③ 45가지   ④ 72가지
⑤ 180가지

13 다음 〈조건〉에 따를 때, K사 채용공고 지원자 120명 중 회계부서 지원자는 몇 명인가?

> **조건**
> - K사는 기획, 영업, 회계부서에서 채용모집을 공고하였으며, 전체 지원자 중 신입직은 경력직의 2배였다.
> - 신입직 중 기획부서에 지원한 사람은 30%이다.
> - 신입직 중 영업부서와 회계부서에 지원한 사람의 비율은 3:1이다.
> - 기획부서에 지원한 경력직은 전체의 5%이다.
> - 전체 지원자 중 50%는 영업부서에 지원하였다.

① 14명
③ 28명
⑤ 34명

② 16명
④ 30명

14 강원도에서 시작된 장마전선이 시속 32km의 속도로 304km 떨어진 인천을 향해 이동하고 있다. 이때, 인천에 장마전선이 도달한 시간이 오후 9시 5분이라면 강원도에서 장마전선이 시작된 시간은 언제인가?(단, 장마전선은 강원도에서 시작과 동시에 이동하였다)

① 오전 10시 35분
③ 오전 11시 35분
⑤ 오후 12시 35분

② 오전 11시
④ 오후 12시

15 어느 물놀이 용품 제조공장에서 기계 A와 기계 B를 가동하여 튜브를 생산하고 있는데, 기계 A는 하루 최대 200개를 생산할 수 있고 불량률은 3%이며, 기계 B는 하루 최대 300개를 생산할 수 있고 불량률은 x%이다. 기계 A와 B를 동시에 가동하여 총 1,000개의 튜브를 만들었을 때 발생한 불량품이 39개라면, 기계 B의 불량률은 얼마인가?(단, 기계 A와 기계 B는 계속하여 가동하였다)

① 0.9%
③ 4.8%
⑤ 11%

② 4.5%
④ 5.25%

16 어느 강의실에 벤치형 의자를 배치하려고 하는데, 7인용 의자를 배치할 경우 4명이 착석하지 못하고, 10인용 의자를 배치할 경우 의자 2개가 남는다. 이때, 가능한 최대 인원과 최소 인원의 차이는 얼마인가?(단, 7인용 의자에는 각 의자 모두 7인이 앉아있으며, 10인용 의자 중 한 개의 의자에는 10인 미만의 인원이 앉아있고, 2개의 의자는 비어있다)

① 7명
② 14명
③ 21명
④ 28명
⑤ 70명

17 갑은 월요일부터 목요일 동안 1시부터 6시까지 학생들의 과외를 다음 〈조건〉에 따라 진행하려고 한다. 이때, 가능한 경우의 수는 모두 몇 가지인가?

조건
• 매 수업은 정각에 시작하며, 첫 수업은 1시에 시작하고, 모든 수업은 6시 이전에 종료한다.
• 모든 학생은 주 1회 수업을 한다.
• 초등학생은 1시간, 중학생은 2시간, 고등학생은 3시간을 연속하여 수업을 진행한다.
• 갑이 담당하는 학생은 초등학생 3명, 중학생 3명, 고등학생 2명이다.
• 각 학년의 수업과 수업 사이에는 1시간의 휴게시간을 가지며, 휴게시간은 연속하여 가질 수 없다.

① 48가지
② 864가지
③ 1,728가지
④ 3,456가지
⑤ 10,368가지

| 의사소통능력

01 다음 글의 핵심 내용으로 가장 적절한 것은?

BMO 금속 및 광업 관련 리서치 보고서에 따르면 최근 가격 강세를 지속해 온 알루미늄, 구리, 니켈 등 산업금속들이 4분기 중 공급부족 심화와 가격 상승세가 전망된다. 산업금속이란 산업에 필수적으로 사용되는 금속들을 말하는데, 앞서 제시한 알루미늄, 구리, 니켈뿐만 아니라 비교적 단단한 금속에 속하는 은이나 금 등도 모두 산업에 많이 사용될 수 있는 금속이므로 산업금속의 카테고리에 속한다고 할 수 있다. 이러한 산업금속은 물품을 생산하는 기계의 부품으로서 필요하기도 하고, 전자제품 등의 소재로 쓰이기도 하기 때문에 특정 분야의 산업이 활성화되면 특정 금속의 가격이 뛰거나 심각한 공급난을 겪기도 한다.

지난 4일 금융투자업계에 따르면 최근 전세계적인 경제 회복 조짐과 함께 탈 탄소 트렌드, 즉 '그린 열풍'에 따른 수요 증가로 산업금속 가격이 초강세이다. 런던금속거래소에서 발표한 자료에 따르면 올해 들어 지난달까지 알루미늄은 20.7%, 구리는 47.8%, 니켈은 15.9% 정도로 가격이 상승했다. 자료에서도 알 수 있듯이 구리 수요를 필두로 알루미늄, 니켈 등 전반적인 산업금속 섹터의 수요량이 증가하였다. 이는 전기자동차 산업의 확충과 관련이 있다. 전기자동차의 핵심적인 부품인 배터리를 만드는 데 구리와 니켈이 사용되기 때문이다. 이때, 배터리 소재 중 니켈의 비중을 높이면 배터리의 용량을 키울 수 있으나 배터리의 안정성이 저하된다. 기존의 전기자동차 배터리는 니켈의 사용량이 높았기 때문에 더욱 안정성 문제가 제기되어 왔다. 그래서 연구 끝에 적정량의 구리를 배합하는 것이 배터리 성능과 안정성을 모두 향상시키기 위해서 중요하다는 것을 밝혀냈다. 구리가 전기자동차 산업의 핵심 금속인 셈이다.

이처럼 전기자동차와 배터리 등 친환경 산업에 필수적인 금속들의 수요가 증가하는 반면, 세계 각국의 환경 규제 강화로 인해 금속의 생산은 오히려 감소하고 있기 때문에 산업금속에 대한 공급난과 가격 인상이 우려되고 있다.

① 전기자동차의 배터리 성능을 향상하는 기술
② 세계적인 '그린 열풍' 현상 발생의 원인
③ 필수적인 산업금속 공급난으로 인한 문제
④ 전기자동차 확충에 따른 구리 수요의 증가 상황
⑤ 탈 탄소 산업의 대표 주자인 전기자동차 산업

02 다음 글의 논지를 강화하기 위한 내용으로 적절하지 않은 것은?

뉴턴은 이렇게 말했다. "플라톤은 내 친구이다. 아리스토텔레스는 내 친구이다. 하지만 진리야말로 누구보다 소중한 내 친구이다." 케임브리지에서 뉴턴에게 새로운 전환점을 준 사람이 있다. 수학자이며 당대 최고의 교수였던 아이작 바로우(Isaac Barrow)였다. 바로우는 뉴턴에게 수학과 기하학을 가르치고 그의 탁월함을 발견하여 후원자가 됐다. 이처럼 뉴턴은 타고난 천재가 아니라, 자신의 피나는 노력과 위대한 스승들의 도움을 통해 후천적으로 키워진 것이다.

뉴턴이 시대를 관통하는 천재로 여겨진 것은 "사과는 왜 땅에 수직으로 떨어질까?"라는 질문에서 시작했다. 이 질문을 던진 지 20여 년이 지나고 마침내 모든 물체가 땅으로 떨어지는 것은 지구 중력에 의한 만유인력이라는 개념을 발견한 것이 계기가 되었다. 사과가 떨어지는 것을 관찰하여 온갖 질문을 던지고, 새로운 가설을 만든 후에 그것을 증명하기 위해 오랜 시간 연구하고 실험을 한 결과가 위대한 발견으로 이어진 것이다. 위대한 발명이나 발견은 어느 한 순간 섬광처럼 오는 것이 아니다. 시작 단계의 작은 아이디어가 질문과 논쟁을 통해 점차 다른 아이디어들과 충돌하고 합쳐지면서 숙성의 시간을 갖고, 그런 후에야 세상에 유익한 발명이나 발견이 나오는 것이다.

이전부터 천재가 선천적인 것인지, 후천적인 것인지에 대한 논란은 계속되어 왔다. 과거에는 천재가 신적인 영감을 받아 선천적으로 탄생한다는 주장이 힘을 얻었다. 플라톤의 저서 『이온』에도 음유시인이 기술이나 지식이 아닌 신적인 힘과 영감을 받는 존재임이 언급된다. 그러나 아리스토텔레스의 『시학』은 『이온』과 조금 다른 관점을 취하고 있다. 기본적으로 시가 모방미학이라는 입장은 같지만, 아리스토텔레스는 이것이 신적인 힘을 모방한 것이 아닌 인간의 모방이라고 믿었다.

최근 연구에 의하면 천재라 불리는 모든 사람들이 선천적으로 타고난 것이 아니고 후천적인 학습을 통해 수준을 점차 더 높은 단계로 발전시켰다고 한다. 선천적 재능과 후천적 학습을 모두 거친 절충적 천재가 각광받는 것이다. 이것이 우리에게 주는 시사점은 비록 지금은 창의적이지 않더라도 꾸준히 포기하지 말고 창의성을 개발하고 실현하는 방법을 배워서 실천한다면 모두가 창의적인 사람이 될 수 있다는 교훈이다. 타고난 천재가 아니고 훈련과 노력으로 새롭게 태어나는 창재(창의적인 인재)로 거듭나야 한다.

① 칸트는 천재가 선천적인 것이라고 하였다.
② 세계적인 발레리나 강수진은 고된 연습으로 발이 기형적으로 변해버렸다.
③ 1만 시간의 법칙은 한 분야에서 전문가가 되기 위해서는 최소 1만 시간의 훈련이 필요하다는 것이다.
④ 뉴턴뿐만 아니라 아인슈타인 역시 끊임없는 연구와 노력을 통해 천재로 인정받았다.
⑤ 신적인 것보다 연습이 영감을 가져다주는 경우가 있다.

03 다음 글의 빈칸 (가) ~ (마)에 들어갈 내용으로 적절하지 않은 것은?

"언론의 잘못된 보도나 마음에 들지 않는 논조조차도 그것이 토론되는 과정에서 옳은 방향으로 흘러 가게끔 하는 것이 옳은 방향이다." 문재인 대통령이 야당 정치인이었던 2014년, 서울외신기자클럽 (SFCC) 토론회에 나와 마이크에 대고 밝힌 공개 입장이다. 언론은 ____(가)____ 해야 한다. 이것이 지역 신문이라 할지라도 언론이 표준어를 사용하는 이유이다.

2021년 8월 25일, 언론중재법 개정안이 국회 본회의를 통과할 것이 확실시된다. 정부 침묵으로 일 관해 왔다. 청와대 핵심 관계자들은 이 개정안에 대한 입장을 묻는 국내 일부 매체에 영어 표현인 "None of My Business"라는 답을 내놨다고 한다.

그사이 이 개정안에 대한 국제 사회의 ____(나)____ 은/는 높아지고 있다. 이 개정안이 시대착오적 이며 대권의 오남용이고 더 나아가 아이들에게 좋지 않은 영향을 줄 수 있다는 것이 논란의 요지이 다. SFCC는 지난 20일 이사회 전체 명의로 성명을 냈다. 그 내용을 그대로 옮기자면 다음과 같다. "____(다)____ 내용을 담은 언론중재법 개정안을 국회에서 강행 처리하려는 움직임에 깊은 우려를 표한다."며 "이 법안이 국회에서 전광석화로 처리되기보다 '돌다리도 두들겨 보고 건너라.'는 한국 속담처럼 심사숙고하며 ____(라)____ 을/를 기대한다."고 밝혔다.

다만, 언론이 우리 사회에서 발생하는 다양한 전투만을 중계하는 것으로 기능하는 건 ____(마)____ 우리나라뿐만 아니라 일본 헌법, 독일 헌법 등에서 공통적으로 말하는 것처럼 언론이 자유를 가지고 대중에게 생각할 거리를 끊임없이 던져주어야 한다. 이러한 언론의 기능을 잘 수행하기 위해서는 언론의 힘과 언론에 가해지는 규제의 정도가 항상 적절하도록 절제하는 법칙이 필요하다.

① (가) : 모두가 읽기 쉽고 편향된 어조를 사용하는 것을 지양

② (나) : 규탄의 목소리

③ (다) : 언론의 자유를 심각하게 위축시킬 수 있는

④ (라) : 보편화된 언어 사용

⑤ (마) : 바람직하지 않다.

04 다음 글에서 공공재·공공자원의 실패에 대한 해결책으로 적절하지 않은 것은?

재화와 서비스는 소비를 막을 수 있는지에 따라 배제성이 있는 재화와 배제성이 없는 재화로 분류한다. 또 어떤 사람이 소비하면 다른 사람이 소비할 기회가 줄어드는지에 따라 경합성이 있는 재화와 경합성이 없는 재화로 구분한다. 공공재는 배제성과 경합성이 없는 재화이며, 공공자원은 배제성이 없으면서 경합성이 있는 재화이다.

공공재는 수많은 사람에게 일정한 혜택을 주는 것으로, 사회적으로 반드시 생산돼야 하는 재화이다. 하지만 공공재는 '무임 승차자' 문제를 낳는다. 무임 승차자 문제란 사람들이 어떤 재화와 서비스의 소비로 일정한 혜택을 보지만, 어떤 비용도 지불하지 않는 것을 말한다. 이런 공공재가 가진 무임 승차자 문제 때문에 공공재는 사회 전체가 필요로 하는 수준보다 부족하게 생산되거나 아예 생산되지 않을 수 있다. 어떤 사람이 막대한 비용을 들여 누구나 공짜로 소비할 수 있는 국방 서비스, 치안 서비스 같은 공공재를 제공하려고 하겠는가.

공공재와 마찬가지로 공공자원 역시 원하는 사람이면 누구나 공짜로 사용할 수 있다. 그러나 어떤 사람이 공공자원을 사용하면 다른 사람은 사용에 제한을 받는다. 배제성은 없으나 재화의 경합성만이 존재하는 이러한 특성 때문에 공공자원은 '공공자원의 비극'이라는 새로운 형태의 문제를 낳는다. 공공자원의 비극이란 모두가 함께 사용할 수 있는 공공자원을 아무도 아껴 쓰려고 노력하지 않기 때문에 머지않아 황폐해지고 마는 현상이다.

바닷속의 물고기는 어느 특정한 사람의 소유가 아니기 때문에 누구나 잡을 수 있다. 먼저 잡는 사람이 임자인 셈이다. 하지만 물고기의 수량이 한정돼 있다면 나중에 잡는 사람은 잡을 물고기가 없을 수도 있다. 이런 생각에 너도 나도 앞다투어 물고기를 잡게 되면 얼마 가지 않아 물고기는 사라지고 말 것이다. 이른바 공공자원의 비극이 발생하는 것이다. 공공자원은 사회 전체가 필요로 하는 수준보다 지나치게 많이 자원을 낭비하는 결과를 초래한다.

이와 같은 공공재와 공공자원이 가지는 문제를 해결하는 방안은 무엇일까? 공공재는 사회적으로 매우 필요한 재화와 서비스인데도 시장에서 생산되지 않는다. 정부는 공공재의 특성을 가지는 재화와 서비스를 직접 생산해 공급한다. 예를 들어 정부는 국방, 치안 서비스 등을 비롯해 철도, 도로, 항만, 댐 등 원활한 경제 활동을 간접적으로 뒷받침해 주는 사회간접자본을 생산한다. 이때 사회간접자본의 생산량은 일반적인 상품의 생산량보다 예측이 까다로울 수 있는데, 이용하는 사람이 국민 전체이기 때문에 그 수가 절대적으로 많을 뿐만 아니라 배제성과 경합성이 없는 공공재로서의 성격을 띠기 때문에 그러한 면도 있다. 이러한 문제를 해결하기 위해서 국가는 공공투자사업 전 사회적 편익과 비용을 분석하여 적절한 사업의 투자 규모 및 진행 여부를 결정한다.

공공자원은 어느 누구의 소유도 아니다. 너도 나도 공공자원을 사용하면 금세 고갈되고 말 것이다. 정부는 각종 규제로 공공자원을 보호한다. 공공자원을 보호하기 위한 규제는 크게 사용 제한과 사용 할당으로 구분할 수 있다. 사용 제한은 공공자원을 민간이 이용할 수 없도록 막아두는 것이다. 예를 들면 주인이 없는 산을 개발 제한 구역으로 설정하여 벌목을 하거나 개발하여 수익을 창출하는 행위를 할 수 없도록 하는 것이다. 사용 할당은 모두가 사용하는 것이 아닌, 일정 기간에 일정한 사람만 사용할 수 있도록 이용 설정을 해두는 것을 말한다. 예를 들어 어부가 포획할 수 있는 수산물의 수량과 시기를 정해 놓는 법이 있다. 이렇게 되면 무분별하게 공공자원이 사용되는 것을 피하고 사회적으로 필요한 수준에서 공공자원을 사용할 수 있다.

① 항상 붐비는 공용 주차장을 요일별로 이용 가능한 자동차를 정하여 사용한다.

② 주인 없는 목초지에서 풀을 먹일 수 있는 소의 마리 수를 제한한다.

③ 치안 불안 해소를 위해 지역마다 CCTV를 설치한다.

④ 가로수의 은행을 따는 사람들에게 벌금을 부과한다.

⑤ 국립공원에 사는 야생동물을 사냥하지 못하도록 하는 법을 제정한다.

05　다음 (가) ~ (마) 문단에 대한 설명으로 가장 적절한 것은?

> (가) 현재 각종 SNS 및 동영상 게재 사이트에서 흔하게 접할 수 있는 콘텐츠 중 하나가 ASMR이다. 그러다 보니 자주 접하는 ASMR의 이름의 뜻에 대해 다수의 네티즌들이 궁금해 하고 있다. ASMR은 자율감각 쾌락반응으로, 뇌를 자극해 심리적인 안정을 유도하는 것을 말한다.
>
> (나) 힐링을 얻고자 하는 청취자들이 ASMR의 특정 소리를 들으면 이 소리가 일종의 트리거(Trigger)로 작용해 팅글(Tingle : 기분 좋게 소름 돋는 느낌)을 느끼게 한다. 트리거로 작용하는 소리는 사람에 따라 다를 수 있다. 이는 청취자마다 삶의 경험이나 취향 등에서 뚜렷한 차이를 보이기 때문이다.
>
> (다) ASMR 현상은 시각적, 청각적 혹은 인지적 자극에 반응한 뇌가 신체 뒷부분에 분포하는 자율 신경계에 신경 전달 물질을 촉진하며 심리적 안정감을 느끼게 한다. 일상생활에서 편안하게 느꼈던 소리를 들으면, 그때 느낀 긍정적인 감정을 다시 느끼면서 스트레스 정도를 낮출 수 있고 불면증과 흥분 상태 개선에 도움이 되며 안정감을 받을 수 있다. 소곤소곤 귓속말하는 소리, 자연의 소리, 특정 사물을 반복적으로 두드리는 소리 등이 담긴 영상 속 소리 등을 예로 들 수 있다.
>
> (라) 최근 유튜버를 비롯한 연예인들이 ASMR 코너를 만들어 대중과 소통 중이다. 요즘은 청포도 젤리나 쿄호 젤리 등 식감이나 씹는 소리가 좋은 음식으로 먹방 ASMR을 하기도 한다. 많은 사람들이 ASMR을 진행하기 때문에 인기 있는 ASMR 콘텐츠가 되기 위해서는 세분화된 분야를 공략하거나 다른 사람들과 차별화하는 전략이 필요하게 되었다.
>
> (마) 독특한 ASMR 채널로 대중의 사랑을 받고 있는 것은 공감각적인 ASMR이다. 공감각은 시각, 청각, 촉각 등 우리의 오감 중에서 하나의 감각만을 자극하는 것이 아니라, 2개 이상의 감각이 결합하여 자극받을 수 있도록 하는 것이다. 공감각적인 ASMR이 많은 인기를 끌고 있는 만큼 앞으로의 ASMR 콘텐츠들은 공감각적인 콘텐츠로 대체될 것이라는 이야기가 대두되었다.

① (가) : ASMR을 자주 접하는 사람들의 특징은 일상에 지친 현대인이다.

② (나) : 많은 사람들이 선호하는 트리거는 소곤거리는 소리이다.

③ (다) : 신체의 자율 신경계가 뇌에 특정 신경 전달 물질을 전달한다.

④ (라) : 연예인들은 일반인보다 ASMR에 많이 도전하는 경향이 있다.

⑤ (마) : 공감각적인 경험을 바탕으로 한 ASMR로 대체될 전망이다.

06 다음 중 그리스 수학에 대한 내용으로 가장 적절한 것은?

'20세기 최고의 수학자'로 불리는 프랑스의 장피에르 세르 명예교수는 경북 포항시 효자동에 위치한 포스텍 수리과학관 3층 교수 휴게실에서 '수학이 우리에게 왜 필요한가.'를 묻는 첫 질문에 이같이 대답했다.

"교수님은 평생 수학의 즐거움, 학문(공부)하는 기쁨에 빠져 있었죠. 후회는 없나요? 수학자가 안 됐으면 어떤 인생을 살았을까요?"

"내가 굉장히 좋아했던 선배 수학자가 있었어요. 지금은 돌아가셨죠. 그분은 라틴어와 그리스어 등 언어에 굉장히 뛰어났습니다. 그만큼 재능이 풍부했지만 본인은 수학 외엔 다른 일을 안 하셨어요. 나보다 스무 살 위의 앙드레 베유 같은 이는 뛰어난 수학적 재능을 타고 태어났습니다. 하지만 나는 수학적 재능은 없는 대신 호기심이 많았습니다. 누가 써놓은 걸 이해하려 하기보다 새로운 걸 발견하는 데 관심이 있었죠. 남이 이미 해놓은 것에는 별로 흥미가 없었어요. 수학 논문들도 재미있어 보이는 것만 골라서 읽었으니까요."

"학문이란 과거의 거인들로부터 받은 선물을 미래의 아이들에게 전달하는 일이라고 누군가 이야기 했습니다. 그 비유에 대해 어떻게 생각하세요?"

"학자의 첫 번째 임무는 새로운 것을 발견하려는 진리의 추구입니다. 전달(교육)은 그다음이죠. 우리는 발견한 진리를 혼자만 알고 있을 게 아니라, 출판(Publish : 넓은 의미의 '보급'에 해당하는 원로학자의 비유)해서 퍼트릴 의무는 갖고 있습니다."

장피에르 교수는 고대부터 이어져 온 고대 그리스 수학자의 정신을 잘 나타내고 있다고 볼 수 있다. 그가 생각하는 학자에 대한 입장처럼 고대 그리스 수학자들에게 수학과 과학은 사람들에게 새로운 진리를 알려주고 놀라움을 주는 것이었다. 이때의 수학자들에게 수학이라는 학문은 순수한 앎의 기쁨을 깨닫게 해 주는 것이었다. 그래서 고대 그리스에서는 수학을 연구하는 다양한 학파가 등장했을 뿐만 아니라 많은 사람의 연구를 통해 짧은 시간에 폭발적인 혁신을 이룩할 수 있었다.

---

① 그리스 수학을 연구하는 학파는 그리 많지 않았다.

② 그리스의 수학자들은 학문적 성취보다는 교육을 통해 후대를 양성하는 것에 집중했다.

③ 그리스 수학은 장기간에 걸쳐 점진적으로 발전하였다.

④ 고대 수학자들에게 수학은 새로운 사실을 발견하는 순수한 학문적 기쁨이었다.

⑤ 그리스 수학은 도형 위주로 특히 폭발적인 발전을 했다.

07 다음 글의 내용으로 가장 적절한 것은?

> 미국 로체스터대 교수 겸 노화연구센터 공동책임자인 베라 고부노바는 KAIST 글로벌전략연구소가
> '포스트 코로나, 포스트 휴먼 – 의료·바이오 혁명'을 주제로 개최한 제3차 온라인 국제포럼에서
> "대다수 포유동물보다 긴 수명을 가진 박쥐는 바이러스를 체내에 보유하고 있으면서도 염증 반응이
> 일어나지 않는다."며 "박쥐의 염증 억제 전략을 생물학적으로 이해하면 코로나19는 물론 자가면역
> 질환 등 다양한 염증 질환 치료제에 활용할 수 있을 것"이라고 말했다.
>
> 박쥐는 밀도가 높은 군집 생활을 한다. 또한, 포유류 중 유일하게 날개를 지닌 생물로서 뛰어난 비행
> 능력과 비행 중에도 고온의 체온을 유지하는 것 등의 능력으로 먼 거리까지 무리를 지어 날아다니기
> 때문에 쉽게 질병에 노출되기도 한다. 그럼에도 오랜 기간 지구상에 존재하며 바이러스에 대항하는
> 면역 기능이 발달된 것으로 추정된다. 박쥐는 에볼라나 코로나바이러스에 감염돼도 염증 반응이 일
> 어나지 않기 때문에 대표적인 바이러스 숙주로 지목되고 있다.
>
> 고부노바 교수는 "인간이 도시에 모여 산 것도, 비행기를 타고 돌아다닌 것도 사실상 약 100년 정도
> 로 오래되지 않아 박쥐만큼 바이러스 대항 능력이 강하지 않다."며 "박쥐처럼 약 6,000 ~ 7,000만
> 년에 걸쳐 진화할 수도 없다."고 설명했다. 그러면서 "박쥐 연구를 통해 박쥐의 면역체계를 이해하
> 고 바이러스에 따른 다양한 염증 반응 치료제를 개발하는 전략이 필요하다."고 강조했다.
>
> 고부노바 교수는 "이 같은 비교생물학을 통해 노화를 억제하고 퇴행성 질환에 대응하기 위한 방법을
> 찾을 수 있다."며 "안전성이 확인된 연구 결과물들을 임상에 적용해 더욱 발전해 나가는 것이 필요
> 하다."고 밝혔다.

① 박쥐의 수명은 긴 편이지만 평균적인 포유류 생물의 수명보다는 짧다.
② 박쥐는 날개가 있는 유일한 포유류지만 짧은 거리만 날아서 이동이 가능하다.
③ 박쥐는 현재까지도 바이러스에 취약한 생물이지만 긴 기간 지구상에 존재할 수 있었다.
④ 박쥐가 많은 바이러스를 보유하고 있는 것은 무리생활과 더불어 수명과도 관련이 있다.
⑤ 박쥐의 면역은 인간에 직접 적용할 수 없기에 연구가 무의미하다.

PART 1

08 다음 글의 서술 방식상 특징으로 가장 적절한 것은?

> 현대의 도시에서는 정말 다양한 형태를 가진 건축물들을 볼 수 있다. 형태뿐만 아니라 건물 외벽에 주로 사용된 소재 또한 유리나 콘크리트 등 다양하다. 이렇듯 현대에는 몇 가지로 규정하는 것이 아예 불가능할 만큼 다양한 건축양식이 존재한다. 그러나 다양하고 복잡한 현대의 건축양식에 비해 고대의 건축양식은 매우 제한적이었다.
>
> 그리스 시기에는 주주식, 주열식, 원형식 신전을 중심으로 몇 가지의 공통된 건축양식을 보인다. 이러한 신전 중심의 그리스 건축양식은 시기가 지나면서 다른 건축물에 영향을 주었다. 신전에만 쓰이던 건축양식이 점차 다른 건물들의 건축에도 사용이 되며 확대되었던 것이다. 대표적으로 그리스 연못으로 신전에 쓰이던 기둥의 양식들을 바탕으로 회랑을 구성하기도 하였다.
>
> 헬레니즘 시기를 맞이하면서 건축양식을 포함하여 예술 분야가 더욱 발전하며 고대 그리스 시기에 비해 다양한 건축양식이 생겨났다. 뿐만 아니라 건축 기술이 발달하면서 조금 더 다양한 형태의 건축이 가능해졌다. 다층구조나 창문이 있는 벽을 포함한 건축양식 등 필요에 따라서 실용적이고 실측적인 건축양식이 나오기 시작한 것이다. 또한 연극의 유행으로 극장이나 무대 등의 건축양식도 등장하기 시작하였다.
>
> 로마 시대에 이르러서는 원형 경기장이나 온천, 목욕탕 등 특수한 목적을 가진 건축물들에도 아름다운 건축양식이 적용되었다. 현재에도 많은 사람들이 관광지로서 찾을 만큼, 로마시민들의 위락시설들에는 다양하고 아름다운 건축양식들이 적용되었다.

① 역사적 순서대로 주제의 변천에 대해서 서술하고 있다.

② 전문가의 말을 인용하여 신뢰도를 높이고 있다.

③ 비유적인 표현 방법을 사용하여 문학적인 느낌을 주고 있다.

④ 현대에서 찾을 수 있는 건축물의 예시를 들어 독자의 이해를 돕고 있다.

⑤ 시대별 건축양식을 비교하여 서술하고 있다.

09 다음 중 밑줄 친 부분이 의미하는 내용으로 가장 적절한 것은?

사진이 아주 강력한 힘을 발휘할 때가 있다. 사람의 눈으로 도저히 볼 수 없는 세계를 펼쳐 보일 때이다. 영월에서 열리는 동강국제사진제(7월 5일 ~ 9월 29일)에서도 이런 사진을 보았다. 독일 예술대학에 처음으로 사진학과를 창설한 쿤스트아카데미 뒤셀도르프(베어학파) 출신 작가들의 사진이 전시된 국제주제전에 걸린 클라우디아 페렌켐퍼의 사진에 나는 압도당했다. 소형 곤충 사진인데, 눈으로는 관측 불가능한 영역이 거대하게 확대되어 포착되었다. 이런 사진을 '포토 매크로그래피'라 부르는데 요즘 유행하는 예술적인 과학 사진의 가장 흔한 형태 중 하나이다. 쉽게 현미경 사진이라 생각하면 된다. 요즘은 수백만 배를 확대해 원자도 관측이 가능하다.

인류는 수많은 사진을 찍었지만 세상을 바꾼 사진의 목록에는 과학 사진이 다수를 차지한다. 1915년 알베르트 아인슈타인은 '일반 상대성 이론'을 발표해 중력이 공간을 휘게 한다고 주장했다. 아인슈타인은 수성의 근일점에 매우 미세한 차이가 있고 이것은 바로 중력이 빛을 휘어지게 하기 때문이라고 했다. 아직은 가설이었다. 영국 왕립천문학회 소속 천문학자 아서 스탠리 에딩턴이 검증에 나섰다. 그는 1919년 대형 카메라와 탐사대를 이끌고 아프리카의 오지 섬 프린시페로 배를 타고 가 한 달간 촬영 준비를 한 끝에 6분간 일식 사진을 찍었다. 이 사진을 통해 별빛이 태양에 의해 휜다는 것을 포착했다. '과학 사진이 바로 이런 것이다.'라고 증명한 쾌거였다. 이 사진으로 아인슈타인의 주장은 가설에서 이론이 되었다.

그 후로도 인류에 큰 영향을 끼친 과학 사진은 많았다. 그중에서도 우주배경복사의 불균일성을 발견한 사진이 압권이었다. 우주 생성은 늘 과학자들의 연구 대상이었다. '빅뱅 이론'은 우주가 대폭발로 생겼다고 본다. 어떻게 증명할 것인가? 먼저 러시아 출신의 미국 물리학자 조지 가모는 대폭발 이후 광자의 형태로 방출된 복사(우주배경복사)의 일부가 우주에 남아 있다는 가설을 제시했다. 1964년 미국 벨연구소의 아노 펜지어스와 로버트 윌슨은 4,080MHz 대역에서 들려오는 초단파 잡음이 우주에서 온다는 것을 알면서 우주배경복사를 발견했다. 그런데 우리 우주에 항성과 행성이 있기에 우주배경복사는 균일하지 않아야 한다. 과학자들의 다음 목표는 우주배경복사의 미세한 온도 차이 확인이었다. 이를 위해 1989년 미국 물리학자 조지 스무트가 주도한 '코비 프로젝트'가 시작되었다. 미국 항공우주국(나사)이 쏘아 올린 우주망원경 코비가 사진을 전송했고, 그 사진에서 10만 분의 1 정도 온도 차를 발견했다. 이 사진은 우리가 보는 가시광선이 아니라 '태초의 빛'의 흔적인 마이크로파를 찍은 것이었다. 이런 과학 사진을 비가시광선 사진이라 부른다.

과학 사진은 생경하다. 인간이 전에 본 일이 없기 때문이다. 그래서 아름답다. 이 또한 전에 느껴보지 못한 아름다움이다. <u>이런 미학</u>은 재빠르게 기존 예술의 틈으로 파고들어 갈 것이다. 사진이 회화에 비해 압도적으로 유리한 자리를 차지할 수 있는 분야이기도 하다.

① 과학의 힘으로 세상이 변화하는 모습
② 한 장의 사진에서 느껴지는 사진사의 의도
③ 가시광선에 의한 색감의 조화
④ 인간의 눈으로 확인할 수 없는 세계가 지닌 아름다움
⑤ 인간의 눈에서 보이는 자연 그대로의 모습

10 다음 글의 중심 내용으로 가장 적절한 것은?

그리스 철학의 집대성자라고도 불리는 철학자 아리스토텔레스는 자연의 모든 물체는 '자연의 사다리'에 의해 계급화되어 있다고 생각했다. 자연의 사다리는 아래서부터 무생물, 식물, 동물, 인간, 그리고 신인데, 이러한 계급에 맞춰 각각 일정한 기준을 부여했다. 18세기 유럽 철학계와 과학계에서는 이러한 자연의 사다리 사상이 크게 유행했으며, 사다리의 상층인 신과 인간에게는 높은 이성과 가치가 있고, 그 아래인 동물과 식물에게는 인간보다 낮은 가치가 있다고 보기 시작했다.

이처럼 서양의 자연관은 인간과 자연을 동일시하던 고대에서 벗어나 인간만이 영혼이 있으며, 이에 따라 인간만이 자연을 지배할 수 있다고 믿는 기독교 중심의 중세시대를 지나, 여러 철학자들을 거쳐 점차 인간이 자연보다 우월한 자연지배관으로 모습이 바뀌기 시작했다. 이러한 자연관을 토대로 서양에서는 자연스럽게 산업혁명 등을 통한 대량소비와 대량생산의 경제 성장구조와 가치체계가 발전되어 왔다.

동양의 자연관 역시 동양철학과 불교 등의 이념과 함께 고대에서 중세시대를 지나게 되었다. 하지만 서양의 인간중심 철학과 달리 동양철학과 불교에서는 자연과 인간을 동일선상에 놓거나 둘의 조화를 중요시하여 합일론을 주장했다. 이들의 사상은 노자와 장자의 무위자연의 도, 불교의 윤회사상 등에서 살펴볼 수 있다. 대량소비와 대량생산으로 대표되는 자본주의의 한계와 함께 지구온난화, 자원고갈, 생태계 파괴가 대두되는 요즘 동양의 자연관이 주목받고 있다.

① 서양철학에서 나타나는 부작용
② 자연의 사다리와 산업혁명
③ 철학과 지구온난화의 상관관계
④ 서양의 자연관과 동양의 자연관의 차이
⑤ 서양철학의 문제점과 동양철학을 통한 해결법

11 다음 중 경량전철에 대비되는 PRT의 장점으로 적절하지 않은 것은?

> PRT(Personal Rapid Transit : 소형궤도차량)는 무인 경량전철처럼 제어시스템을 활용하여 무인으로 운행되는 전기차량으로, 소위 개인형 고속 전철이나 무인 고속 택시로 불린다. 전체적인 형태는 놀이동산 등에서 볼 수 있는 모노레일과 비슷하다. PRT의 특징은 저소음인 동시에 배기가스 배출이 없다는 점이며, 설치비 또한 경량전철에 비하여 2분의 1에서 4분의 1가량으로 크게 낮은 수준이다.
>
> 크기도 지하철 및 무인 경량전철보다 작으므로 복잡한 도심 속에서도 공간을 확보하기 쉬우며, 자연스럽게 지상에서의 접근성 또한 용이하다. 대개 경량전철의 경우 3층 이상 높이에서 운행되기 때문에 이들을 이용하기 위해서는 계단으로 걸어 올라갈 필요가 있으나, PRT의 경우 2층 높이로 엘리베이터를 통해 승강장까지 오르내리기 쉽다.
>
> PRT의 장점은 운행방식에서도 나타난다. 정해진 시간에 역과 정류소에 정차하는 일반적인 경량전철과 달리 PRT는 승차자가 나타날 경우 차량이 2 ∼ 30초 내 도착하는 등 택시와 같이 탑승과정이 신속하고 개인적이다. 운행시간에서도 일정시간 동안만 무인 혹은 유인운전으로 운행되는 경량전철과 달리 PRT는 24시간 무인운전을 통해 운행된다는 장점을 내세우고 있다.
>
> 이러한 PRT의 강점이 최초로 주목받기 시작했던 것은 1970년대 미국이었다. 당시 미국에서는 꿈의 교통수단으로 많은 기대를 모았으나, 정작 당시의 철도기술로는 수백 대가 넘는 PRT 차량이 원하는 장소까지 논스톱으로 주행 가능한 무인제어 환경을 구축하는 것이 불가능했고, 수송인원 또한 버스나 지하철에 비해 한정되었기에 상업화가 지연된 상황이었다. 하지만 최근에는 IT기술의 눈부신 발전과 함께 친환경 문제가 대두되며 PRT가 다시금 주목을 받고 있다.

① 탑승자를 원하는 지점에 신속하고 정확하게 데려다 줄 수 있다.
② 경량전철에 비하여 최대 4분의 1가량 설치비가 저렴하다.
③ 무인운전을 통해 운행되기 때문에 무인 경량전철에 비해 많은 인건비를 절감할 수 있다.
④ 소음이 적고 경량전철보다 작기 때문에 복잡한 도심 속에서도 운행이 가능하다.
⑤ 탑승자의 접근성이 경량전철에 비해 용이하다.

12 다음 중 민속문화와 대중문화의 차이로 적절하지 않은 것은?

> 문화는 하나의 집단을 이루는 사람들의 독특한 전통을 구성하는 관습적 믿음, 사회적 형태, 물질적 특성으로 나타나는 일종의 실체이다. 문화는 모든 사람들의 일상생활에서의 생존활동, 즉 의식주와 관련된 활동들로부터 형성된다. 지리학자들은 특정 사회관습의 기원과 확산, 그리고 특정 사회관습과 다른 사회적 특성들의 통합을 연구한다. 이는 크게 고립된 촌락 지역에 거주하는 규모가 작고 동질적인 집단에 의해 전통적으로 공유되는 민속문화(Folk Culture), 특정 관습을 공유하는 규모가 크고 이질적인 사회에서 나타나는 대중문화(Popular Culture)로 구분된다.
>
> 다수의 민속문화에 의해 지배되는 경관은 시간의 흐름에 따라 거의 변화하지 않는다. 이에 비해 현대의 통신매체는 대중적 관습이 자주 변화하도록 촉진시킨다. 결과적으로 민속문화는 특정 시기에 장소마다 다양하게 나타나는 경향이 있지만, 대중문화는 특정 장소에서 시기에 따라 달라지는 경향이 크다.
>
> 사회적 관습은 문화의 중심지역, 즉 혁신의 발상지에서 유래한다. 민속문화는 흔히 확인되지 않은 기원자를 통해서, 잘 알려지지 않은 시기에, 출처가 밝혀지지 않은 미상의 발상지로부터 발생한다. 민속문화는 고립된 장소로부터 독립적으로 기원하여 여러 개의 발상지를 가질 수 있다. 예를 들어, 민속 노래는 보통 익명으로 작곡되며 구두로 전파된다. 노래는 환경 조건의 변화에 따라 다음 세대로 전달되며 변형되지만, 그 소재는 대다수 사람들에게 익숙한 일상생활의 사건들로부터 빈번하게 얻어진다.
>
> 민속문화와 달리 대중문화는 대부분이 선진국, 특히 북아메리카, 서부 유럽, 일본의 산물이다. 대중음악과 패스트푸드가 대중문화의 좋은 예이다. 대중문화는 산업기술의 진보와 증가된 여가시간이 결합하면서 발생한 것이다. 오늘날 우리가 알고 있는 대중음악은 1900년경에 시작되었다. 그 당시 미국과 서부 유럽에서 대중음악에 의한 엔터테인먼트는 영국에서 뮤직 홀(Music Hall)로 불리고, 미국에서 보드빌(Vaudeville)이라고 불린 버라이어티쇼였다. 음악 산업은 뮤직홀과 보드빌에 노래를 제공하기 위해 뉴욕의 틴 팬 앨리(Tin Pan Alley)라고 알려진 구역에서 발달하였다. 틴 팬 앨리라는 명칭은 송 플러거(Song Plugger : 뉴욕의 파퓰러 송 악보 출판사가 고용한 선전 담당의 피아니스트)라고 불린 사람들이 악보 출판인들에게 음악의 곡조를 들려주기 위해 격렬하게 연타한 피아노 사운드로부터 유래하였다.
>
> 많은 스포츠가 고립된 민속문화로 시작되었으며, 다른 민속문화처럼 개인의 이동을 통해 확산되었다. 그러나 현대의 조직된 스포츠의 확산은 대중문화의 특징을 보여준다. 축구는 11세기 잉글랜드에서 민속문화로 시작되었으며, 19세기 전 세계 대중문화의 일부가 되었다. 축구의 기원은 명확하지 않다. 1863년 다수의 브리티시 축구 클럽들이 경기 규칙을 표준화하고, 프로 리그를 조직하기 위해 풋볼협회(Football Association)를 결성하였다. 풋볼 협회의 'Association' 단어가 축약되어 'Assoc'으로, 그리고 조금 변형되어 마침내 'Soccer'라는 용어가 만들어졌다. 여가시간 동안 조직된 위락 활동을 공장 노동자들에게 제공하기 위해 클럽들이 교회에 의해 조직되었다. 영국에서 스포츠가 공식적인 조직으로 만들어진 것은 축구가 민속문화에서 대중문화로 전환된 것을 나타낸다.

① 민속문화는 규모가 작고, 동질적인 집단에 의해 전통적으로 공유된다.

② 대중문화는 서부 유럽이나 북아메리카 등 선진국에서 발생하였다.

③ 민속문화는 출처가 밝혀지지 않은 미상의 발상지로부터 발생한다.

④ 민속문화는 대중문화로 변하기도 한다.

⑤ 민속문화는 특정 장소에서 시기마다 달라지는 경향이 있지만, 대중문화는 특정 시기에서 장소에 따라 다양해지는 경향이 크다.

13 회사 전체 사원을 대상으로 한 명을 뽑았을 때, 신입사원이면서 남자일 확률은?

- 전체 사원 중 한 명을 뽑았을 때, 신입사원일 확률은 0.8이다.
- 기존 사원 중 한 명을 뽑았을 때, 여자일 확률은 0.6이다.
- 전체 사원 중 한 명을 뽑았을 때, 남자일 확률은 0.4이다.

① 20%   ② 30%
③ 40%   ④ 50%
⑤ 60%

14 다음 〈조건〉을 토대로 K씨가 하루에 섭취할 수 있는 카페인으로 마실 수 있는 커피의 경우의 수는?(단, 최소한 한 가지 종류의 커피만을 마시는 경우까지 포함한다)

조건

- K씨는 하루에 400mg의 카페인을 섭취할 수 있다.
- K씨는 오늘 이미 200mg의 카페인을 섭취하였다.
- 인스턴트 커피의 카페인 함유량은 50mg이다.
- 핸드드립 커피의 카페인 함유량은 75mg이다.

① 6가지   ② 7가지
③ 8가지   ④ 9가지
⑤ 10가지

15 M씨는 뒷산에 등산을 갔다. 오르막길 A는 1.5km/h로 이동하였고, 내리막길 B는 4km/h로 이동하였다. A로 올라가 정상에서 쉬고, B로 내려오는 데 총 6시간 30분이 걸렸으며, 정상에서는 30분 동안 휴식을 하였다. 오르막길과 내리막길이 총 14km일 때, A의 거리는?

① 2km   ② 4km
③ 6km   ④ 8km
⑤ 10km

※ 다음은 N스크린(스마트폰, VOD, PC)의 영향력을 파악하기 위한 방송사별 통합시청점유율과 기존시청점유율에 대한 자료이다. 이어지는 질문에 답하시오. [16~17]

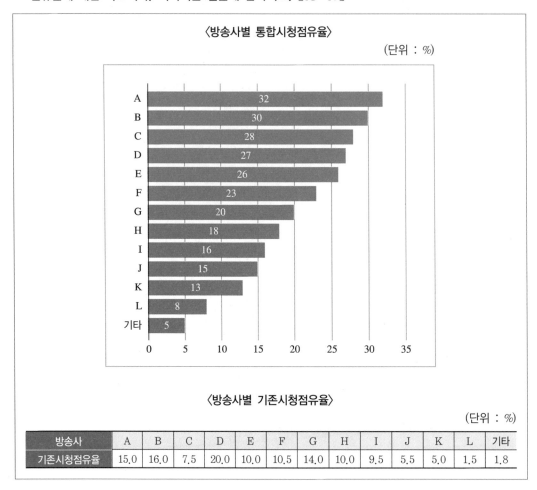

〈방송사별 통합시청점유율〉

(단위 : %)

A	32
B	30
C	28
D	27
E	26
F	23
G	20
H	18
I	16
J	15
K	13
L	8
기타	5

〈방송사별 기존시청점유율〉

(단위 : %)

방송사	A	B	C	D	E	F	G	H	I	J	K	L	기타
기존시청점유율	15.0	16.0	7.5	20.0	10.0	10.5	14.0	10.0	9.5	5.5	5.0	1.5	1.8

❙ 수리능력

16 다음 중 방송사별 시청점유율에 대한 설명으로 옳지 않은 것은?

① 통합시청점유율 순위와 기존시청점유율 순위가 같은 방송사는 B, J, K이다.

② 기존시청점유율이 가장 높은 방송사는 D이다.

③ 기존시청점유율이 다섯 번째로 높은 방송사는 F이다.

④ 기타를 제외한 통합시청점유율과 기존시청점유율의 차이가 가장 작은 방송사는 G이다.

⑤ 기타를 제외한 통합시청점유율과 기존시청점유율의 차이가 가장 큰 방송사는 A이다.

17 다음은 N스크린 영향력의 범위를 표시한 그래프이다. (가) ~ (마)의 범위에 포함될 방송국을 바르게 짝지은 것은?

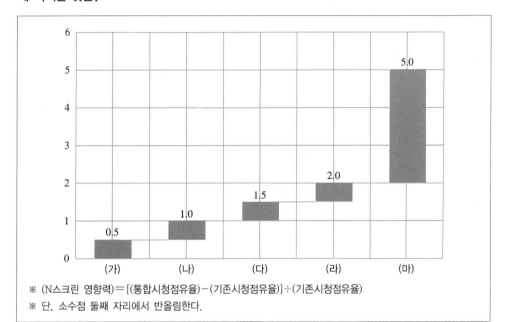

※ (N스크린 영향력)＝[(통합시청점유율)－(기존시청점유율)]÷(기존시청점유율)
※ 단, 소수점 둘째 자리에서 반올림한다.

① (가)＝A
② (나)＝C
③ (다)＝F
④ (라)＝H
⑤ (마)＝K

18 K씨는 TV를 구매하였다. TV의 가로와 세로 비율은 4 : 3이고 대각선은 40인치이다. 이 TV의 가로와 세로 길이의 차이는 몇 cm인가?(단, 1인치는 2.5cm이다)

① 10cm
② 20cm
③ 30cm
④ 40cm
⑤ 50cm

19 K병원은 다음과 같은 내용으로 저소득층 지원 사업을 시행하려고 한다. 〈보기〉 중 이 사업의 지원을 받을 수 있는 사람을 모두 고르면?

〈저소득층 지원 사업〉

- 사업개요
  저소득층을 대상으로 K병원에서 자체적으로 시행하는 의료 지원 사업
- 지원내역
  - 진료비 전액 지원(입원비 제외)
  - 출장 진료 가능
  - 약, 수술 등의 비용은 제외
- 지원대상
  - A지역 거주민만 해당
  - 차상위계층
  - 장애인
  - 기초생활 수급자
  - 한부모 가정
  - 청소년 가장
- 유의점
  - 한 가구에 한 명만 지원받을 수 있습니다.
  - 지원대상의 부양가족도 지원받을 수 있습니다.

보기

ㄱ. 저는 A지역에서 살다가 B지역으로 이사한 고등학생입니다. 이번에 몸이 아파서 진찰을 받으려고 합니다.

ㄴ. A지역에 홀로 할아버지를 모시고 사는 청년입니다. 차상위계층에 속하는데 할아버지께서 거동이 불편하셔서 출장 진료를 부탁하려 합니다.

ㄷ. 혼자 애를 기르고 있는 사람으로, A지역에 거주합니다. 아기가 열이 많이 나서 K병원에 입원시키려고 합니다.

ㄹ. 기초생활 수급을 받고 있는 A지역의 4인 가족입니다. 단체로 진료를 받고 가장 진료비가 많이 나온 가족의 비용을 지원받고 싶습니다.

---

① ㄱ, ㄴ
② ㄱ, ㄷ
③ ㄴ, ㄷ
④ ㄴ, ㄹ
⑤ ㄷ, ㄹ

※ 어떤 의사는 다음 규칙에 따라 회진을 한다. 이를 보고 이어지는 질문에 답하시오. [20~21]

〈병실 위치〉

101호	102호	103호	104호
105호	106호	107호	108호

〈환자 정보〉

환자	호실	일정
A	101호	09:00 ~ 09:40 정기 검사
B	107호	11:00 ~ 12:00 오전 진료
C	102호	10:20 ~ 11:00 오전 진료
D	106호	10:20 ~ 11:00 재활 치료
E	103호	10:00 ~ 10:30 친구 문병
F	101호	08:30 ~ 09:45 가족 문병

〈회진 규칙〉

- 회진은 한 번에 모든 환자를 순서대로 순회한다.
- 101호부터 회진을 시작한다.
- 같은 방에 있는 환자는 연속으로 회진한다.
- 회진은 9시 30분부터 12시까지 완료한다.
- 환자의 일정이 있는 시간은 기다린다.
- 회진은 환자 한 명마다 10분이 소요된다.
- 각 방을 이동할 때 옆방(예 105호 옆방은 106호)은 행동 수치 1이, 마주보는 방(예 104호 마주보는 방은 108호)은 행동 수치 2가 소요된다(시간에 적용하지는 않는다).
- 방을 이동하는 데 소요되는 행동 수치가 가장 적게 되도록 회진한다.

❘ 문제해결능력

20 다음 중 의사가 세 번째로 회진하는 환자는?(단, 주어진 규칙 외의 다른 조건은 고려하지 않는다)

① B환자
② C환자
③ D환자
④ E환자
⑤ F환자

❘ 문제해결능력

21 다음 중 의사의 회진에 대한 설명으로 옳은 것은?

① 의사가 마지막으로 회진하는 환자는 E환자이다.
② 의사가 네 번째로 회진하는 환자는 B환자이다.
③ 회진은 11시 전에 모두 마칠 수 있다.
④ E환자의 회진 순서는 B환자보다 먼저이다.
⑤ 10시부터 회진을 시작하면 마지막에 회진받는 환자가 바뀐다.

22 다음은 직원 A의 퇴직금에 대한 자료이다. 직원 A가 받을 퇴직금은 얼마인가?(단, 직원 A는 퇴직금 조건을 모두 만족하고, 주어진 조건 외에는 고려하지 않으며, 1,000원 미만은 절사한다)

〈퇴직금 산정기준〉

• 근무한 개월에 따라 1년 미만이라도 정해진 기준에 따라 지급한다.
• 평균임금에는 기본급과 상여금, 기타수당 등이 포함된다.
• 실비에는 교통비, 식비, 출장비 등이 포함된다.
• 1일 평균임금은 퇴직일 이전 3개월간에 지급받은 임금총액을 퇴직일 이전 3개월간의 근무일수의 합으로 나눠서 구한다.
• 1일 평균임금 산정기간과 총근무일수 중 육아휴직 기간이 있는 경우에는 그 기간과 그 기간 중에 지급된 임금은 평균임금 산정기준이 되는 기간과 임금의 총액에서 각각 뺀다.
• 실비는 평균임금에 포함되지 않는다.
• (퇴직금)=(1일 평균임금)×30일×$\dfrac{(총\ 근무일수)}{360일}$

〈직원 A의 월급 명세서〉

(단위 : 만 원)

월	월 기본급	상여금	교통비	식비	기타수당	근무일수	기타
1월	160	–	20	20	25	31일	–
2월	160	–	20	20	25	28일	–
3월	160	–	20	20	25	31일	–
4월	160	–	20	20	25	22일	–
5월	160	–	20	20	–	16일	육아휴직 (10일)
6월	160	160	20	20	25	22일	7월 1일 퇴직

① 1,145,000원
② 1,289,000원
③ 1,376,000원
④ 1,596,000원
⑤ 1,675,000원

| 의사소통능력

01　다음 자료를 보고 추론한 내용으로 적절하지 않은 것은?

구분	올더스 헉슬리	조지 오웰
경고	스스로 압제를 환영하며, 사고력을 무력화하는 테크놀로지를 떠받을 것이다.	외부의 압제에 지배당할 것이다.
두려움	굳이 서적을 금지할 이유가 없어지는 것에 대한 두려움	서적 금지에 대한 두려움
	지나친 정보 과잉으로 수동적이고 이기적인 존재가 될 것 같은 두려움	정보 통제에 대한 두려움
	비현실적 상황에 진실이 압도당할 것에 대한 두려움	진실 은폐에 대한 두려움
	가상현실, 약물중독 따위에 몰두함으로 인해 하찮은 문화로 전락할 것에 대한 두려움	통제에 의한 문화가 감옥이 될 것에 대한 두려움
	우리가 좋아서 집착하는 것이 오히려 우리를 파괴할 것에 대한 두려움	우리가 증오하는 것이 우리를 파괴할 것 같은 두려움
통제	즐길 것을 통해서	고통을 가해서

– 닐 포스트먼, 『죽도록 즐기기』

① 조지 오웰은 개인의 자유가 침해되는 상황을 경계하고 있다.
② 올더스 헉슬리는 개인들이 통제를 기꺼이 받아들일 것이라고 전망했다.
③ 조지 오웰은 사람들이 너무 많은 정보를 접하는 상황에 대해 두려워했다.
④ 올더스 헉슬리는 쾌락을 통해 사람들을 움직일 수 있다고 본다.
⑤ 두 사람 모두 사람들은 자기 파멸에 대해 두려움을 느낀다.

02 다음 글의 내용으로 가장 적절한 것은?

4차 산업혁명에서 '혁명'은 말 그대로 큰 변화를 가져오는 것을 의미한다. 좀 더 풀어 설명하면 산업혁명은 '기술의 등장으로 인한 사회의 큰 변화'를 의미하는 것으로 이해할 수 있다. 사회적인 변화가 있었기 때문에 도시 모습도 당연히 변화됐다. 좀 더 엄밀히 말하면 특정 기술이 사회와 도시 모습을 바꾼 것이다.

1차 산업혁명은 열에너지 기술 등장으로 인한 교통수단과 생산이 자동화되는 시기다. 이때 철도를 움직이게 하기 위한 교통기반 시설이 갖춰지게 됐다. 2차 산업혁명은 전기 에너지 기반의 컨베이어 벨트 체계가 들어서기 시작할 때다. 이 시기에는 도시에 공장이 들어섬으로 인해 대량생산이 일어나게 된다. 3차 산업혁명은 '인터넷'이 등장한 시기다. 전 세계가 연결되고 정보 공유가 활발히 일어났다. 도시 모델 역시 '정보 공유형'의 특성을 가졌다. 이러한 도시를 유 시티(U - City)라고 한다. 유 시티는 '유비쿼터스 시티(Ubiquitous City)'의 줄임말로, 유비쿼터스는 '어디에나 존재하는'이라는 뜻을 가지고 있다. 정리하면 유 시티는 '장소와 시간에 구애받지 않고 시민들에게 정보를 제공하는 도시'로 정의할 수 있는데 인터넷 기술이 도시 모습에 영향을 미쳤음을 알 수 있다.

그렇다면 4차 산업혁명은 무엇이고, 스마트 시티는 기존 유 시티와 어떻게 다를까? 4차 산업혁명은 한마디로 산업 전 분야와 정보통신기술(ICT) 융합으로 생겨난 혁명으로, 핵심기술은 ICBM(IoT · Cloud · BigData · Mobile)이다. ICBM은 사물인터넷, 클라우드, 빅데이터 그리고 모바일이 결합한 기술로 정의하는데, 센서 역할을 하는 사물인터넷이 정보를 모아서 클라우드에 보낸다. 그러면 빅데이터는 이를 분석하고 사용자에게 서비스 형태로 모바일로 제공한다. 얼핏 들으면 기존 인터넷 시대와 다른 점이 없어 보인다. 그러나 두 가지 관점에서 명확히 다르다. 우선 연결 범위가 넓어졌다. 사물인터넷 등장으로 연결되는 기기 수가 증가하고 있다. 과거 인터넷 시대에는 컴퓨터, 휴대전화만 연결 대상이었다. 그러나 지금은 자동차, 세탁기 등이 연결 대상이 되어가고 있다. 참고로 시장 조사 전문 기관 '스태티스타(Statista)'에 따르면 사물인터넷 수는 2020년에 300억 기기가 인터넷으로 연결될 전망이다. 또 하나 인터넷 시대와 다른 점은 정보의 가공 수준이다. 빅데이터는 3V로 정의할 수 있는데, Velocity(속도), Volume(규모) 그리고 Variety(다양성)이다. 실제로는 속도와 규모로 빅데이터 여부를 나누는 것은 애매하다. 중요 부분은 '다양성'이라고 할 수 있는데, 빅데이터는 기계학습을 기반으로 비정형 데이터도 분석할 수 있다는 장점이 있다. 기존 분석 방식은 사람이 입력한 공식에 따라 처리하게 하는 '지식공학'이었다면, 현재 주목받는 기계학습 방식은 데이터를 주면 시스템이 알아서 공식을 만들고 문제를 푸는 방식이다. 이러한 방식은 적용 범위를 넓게 할 뿐만 아니라 분석 수준도 깊게 했다. 예를 들어 고양이를 비교하는 시스템을 개발한다고 해 보자. 사람이 고양이를 정의하는 공식을 만들어내는 것은 매우 복잡하고 오차 범위가 넓어서 적용이 어렵다. 반면에 시스템에 수많은 고양이 사진을 주고 스스로 고양이의 정의를 내리게 한다면 어떨까? 바둑 천재 이세돌을 이긴 알파고를 예로 더 들어보자. 사람이 바둑으로 이세돌을 이길 수 있게 공식을 짤 수 있을까? 개발자가 이세돌보다 바둑을 더 잘 두지 않는 이상 어려울 것이다. 정리하면 4차 산업혁명은 '초연결'과 '지능화'라는 특성을 가진다. 그리고 이러한 특성은 스마트 시티에 그대로 적용되는 것이다.

스마트 시티 추진을 위해 반드시 염두에 둬야 할 점은 반드시 '시민'을 중심으로 이뤄져야 한다는 것이다. 두바이는 스마트 시티의 평가지표로 '행복계량기'를 설치해 시민이 행복 정도를 입력할 수 있도록 했다. 한 발 더 나아가 미국 뉴욕시는 뉴욕시민이 'NYC BIG' 앱을 통해 뉴욕의 문제점을 지적하고 서로 논의할 수 있게 했으며, 싱가포르는 '버추얼 싱가포르(3차원 가상도시 플랫폼)'를 통해 국민들에게 정보를 공유하고 제안할 수 있게 한다.

스마트 시티의 성공은 '인공지능'과의 접목을 통한 기술 향상이 아니다. 스마트 시티 추진의 목적은 바로 시민의 '행복'이다.

① 1차 산업혁명 때는 컨베이어 벨트를 이용한 자동화 기술이 들어섰다.
② 과거 인터넷 시대에는 자동차, 세탁기에만 인터넷 연결이 가능했다.
③ 4차 산업혁명 시대의 도시는 '정보 공유형' 특성을 가진다.
④ 빅데이터는 속도, 규모, 연결성으로 정의할 수 있다.
⑤ 스마트 시티는 인공지능 기술 향상만으로 성공할 수 없다.

03 다음 글을 읽고 추론할 수 없는 것은?

삼국통일을 이룩한 신라는 경덕왕(742 ~ 765) 대에 이르러 안정된 왕권과 정치제도를 바탕으로 문화적 황금기를 맞이하게 되었다. 불교문화 역시 융성기를 맞이하여 석굴암, 불국사를 비롯한 많은 건축물과 조형물을 건립함으로써 당시의 문화적 수준과 역량을 지금까지 전하고 있다.

석탑에 있어서도 시원 양식과 전형기를 거치면서 성립된 양식이 이때에 이르러 통일된 수법으로 정착되어, 이후 건립되는 모든 석탑의 근원적인 양식이 되고 있다. 건립된 석탑으로는 나원리 오층석탑, 구황동 삼층석탑, 장항리 오층석탑, 불국사 삼층석탑, 갈항사지 삼층석탑, 원원사지 삼층석탑 그리고 경주 외에 청도 봉기동 삼층석탑과 창녕 술정리 동삼층석탑 등이 있다. 이들은 대부분 불국사 삼층석탑의 양식을 모형으로 건립되었다. 이러한 석탑이 경주에 밀집되어 있는 이유는 통일된 석탑양식이 지방으로까지 파급되지 못하였음을 보여주고 있다.

이 통일된 수법을 가장 대표하는 석탑이 불국사 삼층석탑이다. 부재의 단일화를 통해 규모는 축소되었으나, 목조건축의 양식을 완벽하게 재현하고 있고, 양식적인 면에서도 초기적인 양식을 벗어나 높은 완성도를 보이고 있다. 그 특징을 살펴보면 첫 번째로 이층기단으로 상·하층기단부가 모두 2개의 탱주와 1개의 우주로 이루어져 있다. 하층기단갑석의 상면에는 호각형 2단의 상층기단면석 받침이, 상층기단갑석의 상면에는 각형 2단의 1층 탑신석 받침이 마련되었고, 하면에는 각형 1단의 부연이 마련되었다. 두 번째로 탑신석과 옥개석은 각각 1석으로 구성되어 있으며, 1층 탑신에 비해 2·3층 탑신이 낮게 만들어져 체감율에 있어 안정감을 주고 있다. 옥개석은 5단의 옥개받침과 각형 2단의 탑신받침을 가지고 있으며, 낙수면의 경사는 완만하고, 처마는 수평을 이루다가 전각에 이르러 날렵한 반전을 보이고 있다. 세 번째로 상륜부는 대부분 결실되어 노반석만 남아 있다.

① 경덕왕 때 불교문화가 번창할 수 있었던 것은 안정된 정치 체제가 바탕이 되었기 때문이다.
② 장항리 오층석탑은 불국사 삼층석탑과 동일한 양식으로 지어졌다.
③ 경덕왕 때 통일된 석탑 양식은 경주뿐만 아니라 전 지역으로 유행했다.
④ 이전에는 시원 양식을 사용해 석탑을 만들었다.
⑤ 탑신부에서 안정감이 느껴지는 것은 아래층보다 위층을 낮게 만들었기 때문이다.

04   다음 글의 내용으로 적절하지 않은 것은?

흰 눈이 센 바람에 휘몰아치며, 영하 20 ~ 40℃를 넘나드는 히말라야 산을 등반하는 산악인들의 인내심과 위험을 무릅쓰면서도 한발씩 내딛는 용기에는 저절로 고개를 숙여 경의를 표하게 된다. 이런 얘기를 들으면서도, 필자는 조금은 다른 면을 생각하면서 고개를 갸웃거린 적이 있었다. 그런 힘든 등반을 하면서 입고 간 옷이 너무 무거웠다거나 보온이 덜 되어 추위를 견디기 힘들었다고, 또 통기성이 충분하지 못해 옷이 땀에 흠뻑 젖었다는 불평을 하는 것을 들어본 적이 없다. 이런 문제가 비교적 잘 해결되고 있는 것을 보면, 등반가들이 입은 옷은 무언가 특수한 처리가 되어 있는 것이 아닐까? 특히 방수와 통기성이라는 서로 모순인 조건을 만족시키는 것을 보면, 등산복에 사용하는 특수한 천의 정체가 궁금해진다.

특수한 기능을 가진 옷감은 주로 고분자의 화학적, 물리적 특성을 이용해 만든다. 이런 옷감들의 제조에는 섬유를 만드는 고분자 재료의 화학 구조는 물론 물리적 구조 또한 매우 중요하다. 방수 - 통기성 의복에 사용된 천의 과학적 디자인은 바람, 비, 체열 손실로부터 우리 신체를 보호해 준다. 이런 기능뿐만 아니라 입은 특수복이 편하게 느껴져야 함도 필수적이다. 방수와 수분 투과성을 동시에 지니는 직물은 크게 세 가지 종류가 있다. 첫 번째가 고밀도 천, 두 번째가 수지 코팅 천, 마지막이 필름 적층 천이다.

고밀도 천으로 방수와 통기성을 지닌 천을 만들 때는 흔히 면이나 합성섬유의 가는 장섬유를 사용하며, 능직법(綾織法)을 사용한다. 면은 물에 젖으므로 방수력이 폴리에스테르(폴리에스터)보다는 뒤지지만, 가는 면사를 사용해 능직법으로 짠 천은 물에 젖더라도 면섬유들이 횡축 방향으로 팽윤해 천의 세공 크기를 줄여 물이 쉽게 투과하지 못해 방수력이 늘어난다. 고밀도 천으로는 2차 세계대전 중 영국 맨체스터에서 개발된 벤타일(Ventail)이 유명하다. 면과 다른 소수성 합성섬유의 경우에는 실의 굵기와 직조법으로 세공 크기를 조절하여 방수력을 늘린다.

고밀도 천과는 다르게, 수지 코팅 천은 고분자 물질을 기본 천 표면에 코팅하여 만든다. 코팅하는 막은 미세 동공막 모양을 가지고 있는 소수성 수지나 동공막을 지니지 않는 친수성 막을 사용하는데, 미세 동공의 크기는 수증기 분자는 통과할 수 있으나 아주 작은 물방울은 통과할 수 없을 정도로 조절한다. 주로 사용되는 코팅 재질은 폴리우레탄이다.

마지막으로 적층 방수 - 통기성 천은 얇은 막층[최대 두께 : $10\mu m(1\mu m=10^{-6}m)$]이 천 가운데에 있으며, 이 적층이 방수 - 통기성을 컨트롤한다. 적층으로 사용하는 막에는 마이크로 세공막과 친수성 막이 널리 사용되고 있다. 마이크로 세공막의 세공 크기는 작은 물방울 크기의 20,000분의 1 정도로 작아 물방울은 통과하지 못하지만, 수증기 분자는 쉽게 통과한다. 마이크로 세공막으로는 폴리테트라플루오로에틸렌과 폴리플루오르화비닐리덴이라는 플루오린(불소, 플루오르)계 합성수지 박막이 주로 사용되며, 대표적 천으로는 널리 알려진 고어텍스(Gore - Tex)가 있다. 친수성 막으로는 흔히 폴리에스테르나 폴리우레탄 고분자 내부에 친수성이 큰 폴리산화에틸렌을 포함할 수 있도록 화학적으로 변형을 가해 사용한다.

방수 - 통기성 직물재료 이야기는 일단 여기서 잠깐 중단하고 이제는 직물 내에서 수증기가 어떻게 움직이는지 알아보자. 수분이 직물을 통해 이동하는 메커니즘은 모세관을 타고 액체기둥이 올라가는 모세관 현상과 같은 원리이다. 모세관의 지름과 내면의 표면에너지에 따라 올라가는 액체기둥의 높이가 결정된다. 지름이 작을수록 액체가 모세관을 따라 잘 올라가는데, 직물에서 섬유가닥 사이의 작은 공간이 모세관 노릇을 하기 때문에 미세 섬유일수록 모세관의 크기가 작아 모세관 현상이 잘 일어난다. 모세관 내부 벽의 표면에너지는 화학구조가 결정하며, 친수성 섬유의 표면은 소수성 섬유 표면보다 표면에너지가 커 수분을 더 쉽게 흡수하지만, 소수성 섬유는 반대로 수분을 흡수하지 않는다.

등산복과 같은 기능성 특수복에서 수분의 제거는 체온을 조절하며 근육의 운동을 돕고, 피로를 지연시키기 때문에 매우 중요하다. 면 같은 천연섬유는 운동량이 약할 때에는 적합하지만, 운동량이 클 때는 폴리에스테르나 나일론 같은 합성섬유가 더 좋다. 합성섬유가 면보다 흡습성이 낮지만 오히려 모세관 현상으로 운동할 때 생기는 땀이 쉽게 제거되기 때문이다.

나일론을 기초 직물로 한 섬유는 폴리에스테르보다 수분에 더 빨리 젖지만, 극세사로 천을 짜면 공기 투과성이 낮아 체온보호 성능이 우수하다. 이런 이유 때문에 등산복보다는 수영복, 사이클링복에 많이 쓰인다. 운동 시 생기는 땀을 피부에서 빨리 제거하려면 흡습성이 좋은 면이나 비스코스 레이온 등이 유리해 보이지만, 이들은 수분을 붙들고 있으려는 특성이 강해 잘 마르지 않는다는 단점도 있다. 이런 이유 때문에 모양이 잘 변하지 않고, 속히 마르는 합성섬유가 기초 직물로 더 넓게 쓰인다.

① 벤타일과 같이 능직법으로 짠 천은 물에 젖게 되면 방수력이 늘어난다.

② 수지 코팅 천은 미세 동공의 크기는 수증기 분자는 통과할 수 있으나 아주 작은 물방울은 통과할 수 없을 정도로 조절한다.

③ 고어텍스와 같은 천은 세공막의 세공 크기가 작은 물방울 크기의 20,000분의 1 정도로 작아 물방울은 통과하지 못하지만, 수증기 분자는 쉽게 통과한다.

④ 폴리에스테르나 나일론 같은 합성섬유는 운동량이 약할 때에는 적합하지만, 운동량이 클 때는 수분에 더 빨리 젖기 때문에 땀이 쉽게 제거되지 않는다.

⑤ 나일론을 기초 직물로 한 섬유는 폴리에스테르보다 수분에 더 빨리 젖으며 수영복이나 사이클링복에 많이 쓰인다.

05 다음 글의 내용으로 가장 적절한 것은?

먹거리의 안전에 대한 고민

원산지 표시제, 더 나아가 먹거리에 대한 표시제의 이점은 무엇일까? 원산지나 지리적 표시제품의 경우, 소비자 입장에서는 더 친근하게 여길 뿐만 아니라 품질에 대한 믿음 역시 강해져 구매로 이어질 가능성이 높다. 표시제는 단순한 제도 차원이 아닌 표시제의 실체에 대한 공감이 전제되어야 하며, 그 실체가 해당 품목의 부류를 대표할 수 있는 전형성을 갖추고 있어야 한다. 이러한 제품이 반복적·지속적으로 소비자들에게 노출될 경우 자연스럽게 뇌에 각인될 수 있다. 바로 단순노출효과가 나타나기 때문이다.

그런데 특히 먹거리가 그 대상이라면 좀 더 복잡해진다. 먹거리는 생명과 직결될 정도로 품질에 대한 관여가 높고, 사람들마다 그 평가기준이 상이하며, 똑같은 개인일지라도 처해있는 상황에 따라 그 기준이 달라진다.

원산지 효과는 선택의 스트레스를 줄여준다

소비자는 불확실한 상황에서 제품이나 서비스 구매에 따른 의사결정을 하는 과정에서 선택의 스트레스를 많이 받게 된다. 흔히 겪게 되는 이와 같은 선택에 따른 스트레스를 야기시키는 주된 이유 중 하나는 선택의 폭이 넓을 때 발생한다. 즉, 제품의 종류가 대여섯 가지일 때보다 20여 가지인 경우, 대안 선택을 결정하기 어려울 뿐 아니라 선택에 따른 후회감 역시 커지게 된다. 비록 최선의 선택 혹은 적어도 차선의 선택일지라도, 선택에서 제외된 나머지 대안들에 대한 미련이 강하게 남아있기에 후회감으로 나타나게 마련이다.

특히 구입하는 제품이 공산품이 아닌 먹거리인 경우 이러한 스트레스는 더욱 커지게 마련이다. 이때 상당수의 주부들은 마트에서 식료품을 구입하면서 원산지와 생산자 등이 명시된 제품을 주로 선택하게 된다. 그만큼 가시적으로 구분하기 어려운 상황에서 원산지는 하나의 믿음에 대한 징표로 작용된다고 여기기 때문이다.

원산지 효과는 유명 브랜드에 버금가

일반적으로 원산지나 생산자 정보와 같은 생산여건이 소비자의 선택에 미치는 영향은 어느 정도일까? 일반적으로 명품이나 브랜드를 보고 구입하는 것과 유사한 양상을 띨까? 과연 원산지 효과는 어느 정도일까? 이에 대한 대답은 원산지나 생산자 정보가 선택에 따른 스트레스를 얼마나 줄여줄 수 있으며, 이로 인해 의사결정을 얼마나 신속하게 진행시킬 수 있느냐에 달려 있다. 선택에 따른 스트레스는 우리들로 하여금 선택을 망설이게 하거나 잘못된 대안을 선택하게 만들기 때문이다.

더 비싸더라도 원산지 표시제품을 사는 이유

원산지나 지리적 표시제 혹은 환경인증제를 포함한 각종 인증 마크가 있는 경우, 일반 제품에 비해 가격이 10% 정도 비싸지만 판매량은 더 높다고 한다. 이처럼 소비자가 그 비용을 흔쾌히 감수하려는 이유는 뭘까? 또 소비자들이 비싸게 주면서 얻고자 하는 것은 뭘까? 이 역시 선택의 스트레스를 줄이려는 노력과 무관치 않다. 제품으로부터 얻게 될 이득보다 혹시나 발생할지 모르는 손실이나 손해를 더 두려워하는 소비자의 심리 때문이다.

소비자들은 원산지나 지리적 표시제를 시행하는 농수산물이 10% 정도 더 비싸더라도 손쉽게 손이 간다. 특히 먹거리인 경우에는 가시적 품질지표가 부족하기 때문에 손실회피성향이 더 강하게 나타날 수 있기 때문이다. 더욱이 먹거리는 사람의 생명이나 가족의 건강과도 직결되는 제품 특성으로 인해 품질이나 신뢰에 대한 관여가 높다. 따라서 비록 10% 더 비싼 가격을 치르더라도 혹여나 있을지 모를 손실을 회피할 수 있는 안전장치로 가시적 표시인 원산지나 지리적 표시제를 선호하게 된다. 뿐만 아니라 소비자는 가격 – 품질의 연상 인식이 강하게 작용하기 때문에 비싼 만큼 품질 역시 더 좋을 것이라고 쉽게 믿게 된다.

원산지와 지리적 표시제에는 더 큰 책임감이 따른다
만약 원산지 효과가 소비자에게 부정적으로 비춰질 경우, 특히 이러한 제품이 먹거리일 경우 소비자들이 겪게 되는 심리적 고통은 이만저만이 아니다. 일반 제품에 대한 소비자들의 불만이나 불신은 제품 불매운동처럼 극단적인 상황으로 이어질 가능성이 상대적으로 낮다. 하지만 먹거리처럼 원산지 표시가 매우 중요한 판단 지표로 작용되는 제품인 경우 소비자들의 불신은 매우 커진다. 단순히 불평불만에 그치지 않고 이보다 더 강력한 불평 행동을 하게 된다. 물론 재구매는 꿈도 꾸기 어려운 상황일 것이다. 품질이나 디자인이 조금 맘에 들지 않는다면 험담이나 회사에 불평을 제기하거나 환불 / 교환 등을 하겠지만, 원산지를 속인 먹거리는 두 번 다시 구매목록에 오르지 못할 것이다. 따라서 원산지나 지리적 표시제를 시행하는 생산자 입장에서는 소비자들의 믿음과 신뢰를 얻기 위해서 더욱 막강한 책임감이 필수적이다.
원산지 표시제는 이와 같이 익명성을 탈피시켜 궁극적으로 사회적 태만을 줄일 수 있는 방안이다. 결국 원산지나 지리적 표시제는 생산자에게 유리한 브랜드자산 구축의 계기를 줄 수 있는 동시에, 생산자로 하여금 대소비자 책임감 부여라는 '양날의 칼'로 다가올 것이다.

① 먹거리는 불특정 다수를 상대로 단순노출효과를 이끌어 내기에 효과적이다.
② 소비자는 최선의 선택을 하게 될 경우 후회감이 0이 된다.
③ 소비자의 선택에 따른 스트레스를 줄여 주는 제품은 다른 제품보다 매출량이 높을 것이다.
④ 일반 제품보다 비싼 원산지 표시 제품을 구매할 때, 보통 소비자들은 선택의 스트레스를 더 많이 받는다.
⑤ 생산자는 원산지 표시제를 통해 사회적 태만을 소비자에게 전가한다.

※ 다음은 코레일의 맞춤형 우대예약 서비스에 대한 자료이다. 이어지는 질문에 답하시오. [6~7]

〈맞춤형 우대예약 서비스(원콜 서비스)〉

• 경로고객 및 장애인 등 인터넷 예약이 어려운 고객을 위한 우대예약 서비스입니다.
• 대상고객
 만 65세 이상의 경로고객, 장애인, 상이등급이 있는 국가유공자
• 가입 방법
 역에 대상자 자격을 확인할 수 있는 신분증, 복지카드, 유공자증 등을 제시하고 서비스를 신청하시기 바랍니다.
• 신청 방법
 역 방문 → 대상자 확인(주민등록증, 복지카드, 국가유공자 등) → 신청서 작성 및 제출 → 개인정보 입력 및 활용 동의 → 결제 신용카드 정보 등록
 ※ 기존 우대서비스 대상자는 추가등록 없이 서비스 이용이 가능합니다.
• 제공서비스
 1. 철도고객센터로 전화 시 상담원 우선 연결
 2. 승차권 대금 결제기한을 열차 출발 20분 전까지 유보
 3. 원콜(One - Call) : 전화상으로 결제・발권(전화 예약 후 역에서 발권하는 불편 개선)

원콜(One - Call) 서비스란?
• 맞춤형 우대서비스 대상자가 철도고객센터에서 전화 예약 후 역에서 대기 후 승차권을 구매해야 하는 불편함을 개선하고, 보다 쉽고 편리하게 열차 이용이 가능하도록 전화상으로 결제・발권이 가능한 원스톱 예약・발권 서비스를 개발
• 대상 고객이 결제・발권까지 원하는 경우
 일반휴대폰 / 코레일톡 미설치자 : '승차권 대용문자' 발권
 코레일톡 설치자(스마트폰) : 승차권 대용문자+스마트폰 티켓 혼용 발권
 ※ 승차권 대용문자 : 승차권 대신 사용이 가능하도록 휴대폰으로 전송하는 문자메시지(열차 내에서는 승차권에 표시된 대상자 이름과 승무원 단말기에 표시된 이름과 신분증을 같이 확인하여 유효한 승차권 여부 및 대상자임을 확인)
 ※ 1회 예약 및 발권 가능 매수는 2매입니다.
 ※ 공공할인(경로, 장애인, 어린이 등)과 중복할인이 되지 않습니다.
• 주의사항
 승차권 전화 예약 후 결제기한 3회 초과로 자동 취소 시 6개월 간 서비스 제한
 ☞ 1월 1일과 7월 1일 기준으로 반기별 예약 부도 실적이 3회 이상인 경우 다음 산정일까지 우대서비스 제한
• 원콜(One - Call) 서비스를 이용한 전화 결제・발권 방법
 ① 철도고객센터 전화 → ② 상담원 자동・우선연결 → ③ 대상자 유형에 따라 예약 안내 → ④ 승차권 예약(상담원) → ⑤ 사전등록된 신용카드 정보로 결제(ARS) → ⑥ 고객의 선택에 따라 상담원 안내에 맞춰 승차권 대용문자 단독 발권 또는 승차권 대용문자+스마트폰 티켓 혼용발권 선택 → ⑦ 발권완료(☞ 고객의 휴대폰으로 승차권과 동일하게 대용으로 사용이 가능한 문자 전송)
 - 코레일톡 사용가능 여부에 따라 '승차권 대용문자' or '승차권 대용문자'+'스마트폰 티켓' 선택
 - 휴대폰을 이용한 승차권 발권을 원하지 않는 경우 전화 예약 후 역창구 발권 가능
 - 열차 내에서는 승차권 대용 문자의 운송정보와 승객의 신분증, 승무원 이동단말기 정보를 동시에 확인하여 정당한 이용 대상자임을 확인(대상자 외 타인 이용 적발 시, 무임승차 적용)

06 다음 중 맞춤형 우대예약 서비스에 대한 설명으로 가장 적절한 것은?

① 모든 국가유공자는 해당 서비스를 이용할 수 있다.

② 전화를 통해서는 맞춤형 우대예약 서비스를 이용할 수 없다.

③ 신청을 위해서는 반드시 신분증을 지참하여야 한다.

④ 원콜 서비스를 이용하기 위해서는 반드시 신용카드를 사전등록하여야 한다.

⑤ 해당 서비스 이용에 따른 발권 방식은 이용자가 선택할 수 없다.

07 A씨는 맞춤형 우대예약 서비스를 이용하여 서울에서 대전으로 가는 KTX를 예매하고자 한다. A씨가 전화를 통한 발권 및 결제를 희망한다고 할 때, 다음 〈보기〉에서 적절하지 않은 것을 모두 고르면?

> **보기**
>
> ㄱ. A씨는 철도고객센터에 전화한 후, ARS를 통해서만 승차권 예약이 가능하다.
> ㄴ. 예약한 승차권은 복수의 방식으로 발급받을 수 있다.
> ㄷ. 예약한 승차권은 별도 신청을 통해 타인에게 양도할 수 있다.
> ㄹ. 예약 부도가 반복되는 경우, 서비스 이용이 제한될 수 있다.

① ㄱ, ㄴ ② ㄱ, ㄷ

③ ㄴ, ㄷ ④ ㄴ, ㄹ

⑤ ㄷ, ㄹ

08 다음 글의 제목으로 가장 적절한 것은?

요즘은 대체의학의 홍수시대라고 하여도 지나친 표현이 아니다. 우리가 먹거나 마시는 대부분의 비타민제나 건강음료 및 건강보조식품이 대체의학에서 나오지 않은 것이 없을 정도이니 말이다. 이러한 대체요법의 만연으로 한의계를 비롯한 제도권 의료계에서는 많은 경제적 위협을 받고 있다. 대체의학에 대한 정의는 일반적으로 현대의학의 표준화된 치료 이외에 환자들이 이용하는 치료법으로써 아직 증명되지는 않았으나, 혹은 일반 의료의 보조요법으로 과학자나 임상의사의 평가에 의해 증명되지는 않았으나 현재 예방, 진단, 치료에 사용되는 어떤 검사나 치료법 등을 통틀어 지칭하는 용어로 알려져 있다.

그러나 요즈음 우리나라에서 말하는 대체의학은 한마디로 정의하여 전통적인 한의학과 서양의학이 아닌 그 외의 의학을 통틀어 대체의학이라 부르고 있다. 원래는 1970년대 초반 동양의학의 침술이 미국의학계와 일반인들에게 유입되고 특별한 관심을 불러일으키면서 서양의학자들은 이들의 혼잡을 정리하기 위해 서양의학 이외의 다양한 전통의학과 민간요법을 통틀어 '대체의학'이라 부르기 시작했다. 그런 이유로 구미 각국에서는 한의학도 대체의학에 포함시키고 있으나 의료 이원화된 우리나라에서만은 한의학도 제도권 내의 공식 의학에 속하기 때문에 대체의학에서는 제외되고 있다.

서양에서 시작된 대체의학은 서양의 정통의학에서 부족한 부분을 보완하거나 대체할 새로운 치료의학에 대한 관심으로 시작하였으나 지금의 대체의학은 질병을 관찰함에 있어 부분적이기보다는 전일(全一)적이며 질병 중심적이기보다는 환자 중심적이고 인위적이기보다는 자연적인 치료를 주장하는 인간중심의 한의학에 관심을 갖게 되면서 전반적인 상태나 영양 등은 물론 환자의 정신적, 사회적, 환경적인 부분까지 관찰하여 조화와 균형을 이루게 하는 치료법으로 거듭 진화하고 있으며 현재는 보완대체의학에서 보완통합의학으로, 다시 통합의학이라는 용어로 변모되어가고 있다.

대체의학을 분류하는 방법이 다양하지만 서양에서 분류한 세 가지 유형으로 구분하여 대표적인 것들을 소개하자면 다음과 같다. 첫째, 동양의학적 보완대체요법으로 침술, 기공치료, 명상요법, 요가, 아유르베다 의학, 자연요법, 생약요법, 아로마요법, 반사법, 봉침요법, 접촉요법, 심령치료법, 기도요법 등이며 둘째, 서양의학적 보완대체요법으로는 최면요법, 신경 – 언어 프로그램 요법, 심상유도 요법, 바이오피드백 요법(생체되먹이 요법), 분자정형치료, 응용운동학, 중금속제거 요법, 해독요법, 영양보충 요법, 효소요법, 산소요법, 생물학적 치과치료법, 정골의학, 족부의학, 근자극요법, 두개천골자극 요법, 에너지의학, 롤핑요법, 세포치료법, 테이핑요법, 홍채진단학 등이 있고 셋째, 동서의학 접목형 보완대체요법으로는 동종요법, 양자의학, 식이요법, 절식요법, 주스요법, 장요법, 수치료, 광선요법, 뇨요법 등의 치료법이 있고, 요즘은 여기에다 미술치료, 음악치료 등의 새로운 치료법이 대두되고 있으며 이미 일부의 양·한방 의료계에서는 이들 중의 일부를 임상에 접목시키고 있다.

그러나 한의학으로 모든 질병을 정복하려는 우를 범해서는 아니 된다. 한의학으로 모든 질병이 정복되어진다면 서양의학이 존재할 수 없으며 대체의학이 새롭게 21세기를 지배할 이유가 없다. 한의학은 대체의학이 아니다. 마찬가지로 대체의학 역시 한의학이 아니며 서양의학도 아니다. 대체의학은 새로운 의학이다. 우리가 개척하고 정복해야 할 미지의 의학이다.

① 대체의학의 의미와 종류
② 대체의학이 지니는 문제점
③ 대체의학에 따른 부작용 사례
④ 대체의학의 한계와 개선방향
⑤ 대체의학의 연구 현황과 미래

09 다음 글을 읽은 반응으로 가장 적절한 것은?

> 플라톤의 '파이드로스'에는 소크라테스가 파이드로스에게 문자의 발명에 대한 옛 이야기를 하는 대목이 있다. 이 옛 이야기에 따르면 문자뿐 아니라 숫자와 여러 문명의 이기를 고안해낸 발명의 신(토이트)이 이집트의 왕(타무스)에게 자신이 발명한 문자를 온 백성에게 사용하게 하면 이집트 백성이 더욱더 현명하게 될 것이라는 이야기를 한다. 그러나 타무스왕은 문자는 인간을 더욱 이성적이게 하고 인간의 기억을 확장시킬 도구라는 토이트신의 주장에 대해 강한 거부감을 표현한다. '죽은' 문자는 백성들을 현명하게 만들기는커녕 도리어 생동감 있고 살아있는 기억력을 퇴보시킬 것이고, 문자로 적혀진 많은 글들을 다른 여타의 상황해석 없이 그저 글로 적혀진 대로만 읽게 되어 원뜻과는 동떨어지게 된다는 오해의 소지가 다분하다는 것이다.
>
> 우리 시대의 주요한 화두이기도 한 구어문화(Orality)에 대립되는 문자문화(Literacy)의 비역동성과 수동성에 대한 비판은 이제 막 알파벳이 보급되고 문자문화가 전래의 구술적 신화문화를 대체한 플라톤 시기에 이미 논의되어진 것이다. 실제의 말과 사고는 본질적으로 언제나 실제 인간끼리 주고받는 콘텍스트하에 존재하는데, 문자와 글쓰기는 이러한 콘텍스트를 떠나 비현실적이고 비자연적인 세계 속에서 수동적으로 이뤄진다. 글쓰기와 마찬가지로 인쇄술과 컴퓨터는 끊임없이 동적인 소리를 정지된 공간으로 환원하고, 말을 그 살아있는 현재로부터 분리시키고 있다.
>
> 물론 인류의 문자화가 결코 '폐해'만을 낳았던 것은 아니라는 주장도 만만치 않다. 지난 20년간 컴퓨터공학과 인터넷의 발전이 얼마나 우리의 주변을 변화시켰던가. 고대의 신화적이고 구어문화 중심적인 사회에서 문자사회로의 이행기에 있어서 문자의 사용은 신이나 지배자의 명령하는 목소리에 점령되지 않는 자유공간을 만들어 내기도 했다는 주장에 주목할 필요가 있을 것이다.
>
> 이러한 주장의 근저에는 마치 소크라테스의 입을 통해서 플라톤이 주장하는 바와 맥이 닿는 것이 아닐까? 언어 행위의 근간이 되는 변증법적 작용을 무시하는 언술행위의 문자적 고착화에 대한 비판은 궁극적으로 우리가 살아가는 세상은 결코 어떠한 규정적인 개념화와 그 기계적인 강제로도 담아낼 수 없다는 것이다. 역으로 현실적인 층위에서의 물리적인 강제의 억압에 의해 말살될 위기에 처한 진리의 소리는 기념비적인 언술 행위의 문자화를 통해서 저장되어야 한다는 것이 아닐까? 이러한 문화적 기억력의 여과과정은 결국 삶의 의미에 대한 성찰에 기반한 문화적 구성원들의 가치판단에 의해서 이뤄질 몫이다. 문화적 기억력에 대한 성찰과 가치 판단이 부재한 시대의 새로운 매체는 단지 댓글 파노라마에 불과할 것이기 때문이다.

① 타무스 왕은 문자를 살아있고 생동감 있는 것으로, 기억력을 죽은 것으로 생각했어.
② 플라톤 시기에는 문자문화가 구술적 신화문화를 대체하기 시작한 시기였어.
③ 문자와 글쓰기는 항상 콘텍스트하에서 이뤄지는 행위야.
④ 문자문화로 인해 진리의 소리는 물리적인 강제의 억압에 의해 말살되었어.
⑤ 문화적 기억력이 바탕에 있다면 새로운 매체는 댓글 파노라마로 자리잡을 거야.

10   다음 글의 내용으로 가장 적절한 것은?

개인의 소득을 결정하는 데에는 다양한 요인들이 작용한다. 가장 중요한 변수가 어떤 직업일 것이다. 일반적으로 전문직의 경우 고소득이 보장되며 단순노무직의 경우 저소득층의 분포가 많다. 직업의 선택에 영향을 미치는 요인 가운데 가장 중요한 것이 개인의 학력과 능력일 것이다. 그러나 개인의 학력과 능력을 결정하는 배경변수로 무수히 많은 요인들이 작용한다. 그 가운데에서는 개인의 노력이나 선택과 관련된 요인들이 있고 그것과 무관한 환경적 요인들이 있다. 상급학교에 진학하기 위해 얼마나 공부를 열심히 했는가, 어떤 전공을 선택했는가, 직장에서 요구하는 숙련과 지식을 습득하기 위해 얼마나 노력을 했는가 하는 것들이 전자에 해당된다. 반면 부모가 얼마나 자식의 교육을 위해 투자했는가, 어떤 환경에서 성장했는가, 개인의 성이나 연령은 무엇인가 등은 개인의 선택과 무관한 대표적인 환경적 요인일 것이다. 심지어 운(불운)도 개인의 직업과 소득을 결정하는 데 직·간접적으로 작용한다.

환경적 요인에 대한 국가의 개입이 정당화될 수 있는 근거는 그러한 요인들이 개인의 통제를 벗어난 (Beyond One's Control) 요인이라는 것이다. 따라서 개인이 어찌할 수 없는 이유로 발생한 불리함 (저소득)에 대해 전적으로 개인에게 책임을 묻는 것은 분배정의론의 관점에서 정당하다고 보기 힘들다. 부모의 학력은 전적으로 개인(자녀)이 선택할 수 없는 변수이다. 그런데 부모의 학력은 부모의 소득과 직결되기 쉽고 따라서 자녀에 대한 교육비지출 등 교육투자의 격차를 발생시키기 쉽다. 동일한 능력을 가졌다고 가정했을 때, 가난한 부모에게서 태어나고 성장한 자녀들은 부유한 부모에게서 태어나서 성장한 사람에 비해 본인의 학력과 직업적 능력을 취득할 기회를 상대적으로 박탈당했다고 볼 수 있다. 그 결과 저소득층 자녀들은 고소득층 자녀에 비해 상대적으로 낮은 소득을 얻을 확률이 높다. 이러한 현상이 극단적으로 심화된다면 이른바 빈부격차의 대물림 현상이 나타날 것이다. 이와 같이 부모의 학력이 자녀 세대의 소득에 영향을 미친다면, 자녀 세대의 입장에서는 본인의 노력과 무관한 요인에 의해 경제적 불이익을 당하는 것이다. 기회의 균등 원칙은 이러한 분배적 부정의를 해소하기 위한 정책적 개입을 정당화한다.

외국의 경우와 비교하여 볼 때, 사회민주주의 국가의 경우에는 이미 현재의 조세 정책으로도 충분히 기회균등화 효과를 거두고 있음을 확인하였다. 반면 미국, 이탈리아, 스페인 등 영미권이나 남유럽 국가의 경우 우리나라의 경우와 유사하거나 더 심한 기회의 불평등 양상을 보여주었다.

따라서 부모의 학력이 자녀의 소득에 영향을 미치는 효과를 차단하기 위해서는 더욱 적극적인 재정 정책이 필요하다. 세율을 보다 높이고 대신 이전지출의 크기를 늘리는 것이 세율을 낮추고 이전지출을 줄이는 것에 비해 재분배 효과가 더욱 있으리라는 것은 자명한 사실이다. 기회균등화의 관점에서 볼 때 우리나라의 재분배 정책은 훨씬 강화되어야 한다는 시사점을 얻을 수 있다.

① 개인의 학력과 능력은 개인의 노력이나 선택에 의해서 결정된다.

② 분배정의론의 관점에서 개인의 선택에 의한 불리함에 대해 개인에게 책임을 묻는 것은 정당하지 않다.

③ 부모의 학력이 자녀의 소득에 영향을 미치는 현상이 심화된다면 빈부격차의 대물림 현상이 나타날 것이다.

④ 사회민주주의 국가의 경우 더 심한 기회의 불평등 양상이 나타나는 것으로 확인된다.

⑤ 이전지출을 줄이는 것은 세율을 낮추는 것보다 재분배 효과가 더욱 클 것으로 전망된다.

11 다음은 2019년 철도종합시험선로에 대한 글이다. 이를 추론한 내용으로 적절하지 않은 것은?

국토교통부는 3월 15일 오송 철도시설기지에서 철도종합시험선로의 준공식을 개최했다. 준공식에는 국토교통부 철도국장을 비롯해 한국철도시설공단, 한국철도기술연구원 등 국내 유관기관뿐만 아니라 Attila Kiss 국제철도협력기구(OSJD) 사무총장, 미국·중국·러시아 철도연구원 등 국내·외 관계자 300여 명이 참석했다.

준공식을 하루 앞선 14일에는 서울 코엑스 아셈볼룸에서 한국철도기술연구원이 철도종합시험선로의 준공 등을 기념하는 국제 심포지엄을 개최하기도 했다. 그동안 프랑스·독일·미국 등 해외 철도선진국에서는 시험용 철도선로를 구축·운영하여 개발품에 대한 성능시험을 안전하고 신속하게 실시할 수 있도록 지원해 온 반면, 우리나라는 개발품에 대한 성능시험을 시험용 철도선로가 아닌 KTX·전동차 등이 운행하고 있는 영업선로에서 실시함으로써 시험 중 사고의 위험에 노출되어 있고, 충분한 시험시간 확보도 곤란한 문제가 있었다.

이에 따라 국토교통부는 2014년부터 철도종합시험선로 구축사업에 착수하였으며, 2018년까지 총 2,399억 원을 투입해 충북 청원군 ~ 세종시 전동면 일대에 13km 연장의 시험용 선로를 구축했다. 철도종합시험선로에는 급곡선(회전반경 250m)·급구배(경사 35‰) 및 교량(9개)·터널(6개) 등을 설치하여 국내·외에서 요구하는 다양한 종류의 성능시험이 모두 가능하도록 하였으며, 특히, 1개 교량은 새로운 교량형식·공법에 대한 시험이 가능하도록 교량의 교각·상부가 자유롭게 변경될 수 있는 구조로 구축했다.

또한 세계 최초로 고속·일반철도 차량용 교류전력(AC)과 도시철도 전동차용 직류전력(DC)을 모두 공급할 수 있도록 하고, 각종 철도신호·통신장치를 설치함으로써 KTX·전동차 등 다양한 철도차량이 주행할 수 있다. 철도종합시험선로를 구축하고 본격적으로 운영함에 따라 우리나라 철도기술개발을 촉진하고 기술경쟁력을 제고하는 데 기여할 것으로 기대된다. 개발자는 철도종합시험선로에서 원하는 시간에 신속히 기술을 검증할 수 있고, 철도운영기관은 충분히 검증된 기술을 도입함으로써 기술 결함으로 인한 철도사고·장애 등 위험을 최소화할 수 있다. 또한 기존에는 개발자가 해외 수출을 위해 현지에서 실시하던 성능시험을 앞으로는 철도종합시험선로에서 실시함으로써 성능시험에 소요되는 비용과 시간을 절감할 수 있다.

2019년에는 종합시험선로에서 우리나라 기업이 호주에 수출할 전동차량에 대한 주행시험을 실시할 예정으로, 당초 호주 현지에서 실시하기로 했던 시험을 국내에서 실시함으로써 제품의 완성도를 더욱 높이고, 시험 시간도 단축할 수 있을 것으로 예상된다. 국토교통부 관계자는 "철도종합시험선로가 15일 준공식을 시작으로 운영이 본격화되면 철도의 안전 확보와 철도산업 발전에 핵심적인 역할을 할 것으로 기대된다."고 밝혔다.

① 준공식 하루 전에는 코엑스에서 기념행사가 열렸다.
② 이전에는 실제 승객이 타고 있는 열차와의 사고 위험성이 존재했다.
③ 다른 나라의 시험선로에서는 교류전력과 직류전력이 모두 공급되지 않는다.
④ 시험선로 설치 이전에는 해외에서 시험을 실시해야 하는 경우도 있었다.
⑤ 15일부터 종합시험선로가 운행될 예정이다.

※ 다음 글에 대한 설명으로 가장 적절한 것을 고르시오. [12~13]

12

국토교통부는 도로로 운송하던 화물을 철도로 전환하여 운송하는 사업자 또는 화주들에게 보조금을 지급하기 위한 지원 사업 대상자 선정 공모를 3월 18일(목)~28일(일) 11일간 실시한다. 그리고 공모에 신청한 사업자들의 도로 → 철도 전환물량 등 운송계획 등을 검토한 후 4월 중 지원 대상자를 선정할 계획이라고 밝혔다.

2021년 보조금 지원 총액은 28.8억 원이며, 지원 대상자는 전환화물의 규모 등에 따라 선정하되, 우수물류기업과 중소기업은 각각 예산의 50%와 20% 범위 내에서 우선 선정할 계획이다. 올해에는 최근 철도화물 운송량 지속 감소 등을 감안하여 보조금 지급 기준을 낮추어 지원할 계획이다.

이에 따라 예년보다 철도전환 물량이 늘어난 경우에는 공제율 없이 증가 물량의 100%를 지원 대상으로 산정토록 제도도 개선하였다. 철도 전환교통 지원 사업은 지구온난화, 에너지위기 등에 대응하여, 탄소 배출량이 적고 에너지 효율이 높은 철도물류의 활성화를 위해 철도와 도로의 물류비 차액을 보조, 지급하는 제도이다. 2010년부터 시행하고 있는 본 사업은 작년까지 총 325억 원의 보조금 지원을 통해 76억 톤·km의 화물을 도로에서 철도로 전환하여 약 194만 톤의 탄소 배출을 줄인 바 있다. 이는 약 1백만 대의 화물자동차 운행을 대체한 수치로서, 약 3억 그루의 나무심기 효과라고 할 수 있다.

국토교통부 철도운영과는 "온실가스 배출 저감을 실천할 수 있는 전환교통사업에 물류사업자 분들의 적극적인 참여를 기대한다."면서, "2050 탄소중립을 위해 철도물류의 역할이 어느 때보다 중요한 만큼 재정당국과 협의하여 관련 예산 규모와 지원대상 기업 등을 지속적으로 확대해 나갈 계획이다."라고 밝혔다.

※ 76억 톤·km=총 운송량 2,583만 톤×평균 운송거리 295km
※ 화물자동차 1백만 대=총 운송량 2,583만 톤÷화물자동차 운송량 24톤/대

① 대상자는 공모가 끝나는 3월 28일에 발표된다.
② 우수물류기업의 경우 예산 20% 내에서 우선 선정할 계획이다.
③ 작년에는 올해보다 대상자에 선정되기가 까다로웠다.
④ 전년보다 철도전환 물량이 늘어난 기업의 경우 전체 물량의 100%를 지원 대상으로 산정한다.
⑤ 이 사업을 통해 작년에만 약 194만 톤의 탄소 배출량이 감소했다.

13

마스크 5부제는 대한민국 정부가 2020년 3월 5일 내놓은 '마스크 수급 안정화 대책'에 포함된 내용이다. 코로나바이러스감염증19 확진자 증가로 마스크 수요가 급증함에도 수급이 불안정한 상황에 따른 대책으로, 2020년 3월 9일부터 5월 31일까지 시행되었다. 원활하지 않은 마스크의 공급으로 인해 구매가 어려워지자 지정된 날에 공적 마스크를 1인당 최대 2개까지만 구입할 수 있도록 제한하였고(2020년 4월 27일부터는 총 3장까지 구매가 가능해졌다), 구매 이력은 전산에 별도 등록되어 같은 주에는 중복 구매가 불가능하며, 다음 주에 구매가 가능했다.

마스크를 구매하기 위해서는 주민등록증이나 운전면허증, 여권 등 법정신분증을 제시해야 했으며, 외국인이라면 건강보험증과 외국인등록증을 함께 보여줘야 했다. 미성년자의 경우 부모의 신분증과 주민등록등본을 지참하여 부모가 동행해서 구매하거나 여권, 청소년증, 혹은 학생증과 주민등록등본을 제시해야 했으며, 본인 확인이 불가능하다면 마스크를 혼자 구매할 수 없었다.

다만, 만 10세 이하의 아이, 80세 이상의 어르신, 장기요양 수급자, 임신부의 경우에는 대리 구매가 가능했다. 함께 사는 만 10살 이하의 아이, 80세 이상의 어르신의 몫을 대신 구매하려면 대리 구매자의 신분증과 주민등록등본 혹은 가족관계증명서를 함께 제시해야 했다. 장기요양 수급자의 경우 대리 구매 시 장기요양인증서, 장애인은 장애인등록증을 지참하면 되었다. 임신부의 경우 대리 구매자의 신분증과 주민등록등본, 임신확인서를 제시해 대리 구매를 할 수 있었다.

① 4월 27일부터는 날짜에 관계없이 인당 3개의 마스크를 구매할 수 있다.
② 7살인 자녀의 마스크를 구매하기 위해선 가족관계증명서만 지참하면 된다.
③ 마스크를 이미 구매했더라도 대리 구매를 통해 추가로 마스크 구매가 가능하다.
④ 외국인이 마스크를 구매하기 위해선 외국인등록증과 건강보험증을 제시해야 한다.
⑤ 임신부가 사용할 마스크를 대리 구매하기 위해선 총 2개의 증명서를 지참해야 한다.

14 다음 글을 읽고 추론한 내용으로 가장 적절한 것은?

> 지난해 12만 마리 이상의 강아지가 버려졌다는 조사 결과가 나왔다. 동물보호 관련 단체는 강아지 번식장 등에 대한 적절한 규제가 필요하다고 주장했다.
>
> 27일 동물권 단체 동물구조119가 동물보호관리시스템 데이터를 분석해 발표한 자료에 따르면 유기 견은 2016년 8만 8,531마리, 2017년 10만 840마리, 2018년 11만 8,710마리, 2019년 13만 3,504마리로 꾸준히 증가하다가 지난해 12만 8,719마리로 감소했다. 단체는 "유기견 발생 수가 작년 대비 소폭 하락했으나 큰 의미를 부여하긴 힘들다."고 지적했다.
>
> 지난해 유기견 발생 지역은 경기도가 2만 6,931마리로 가장 많았다. 경기 지역의 유기견은 2018년 부터 매해 2만 5,000마리 ~ 2만 8,000마리 수준을 유지하고 있다. 단체는 "시골개, 떠돌이개 등이 지속적으로 유입됐기 때문"이라며 "중성화가 절실히 필요하다."고 강조했다.

① 경기 지역에서의 유기견 수는 항상 2만 5,000마리 이상을 유지했다.

② 경기 지역은 항상 버려지는 강아지가 가장 많이 발견되는 지역이다.

③ 매년 전체 유기견 수는 증가하는 추세이다.

④ 경기 지역 유기견 수가 감소하지 않는 것은 타 지역에서 지속적인 유입이 있었기 때문이다.

⑤ 적절한 유기견 관련 규제를 마련했음에도 지속적인 문제가 발생하고 있다.

15 A ~ C 세 팀에 대한 근무 만족도 조사를 한 결과 근무 만족도 평균이 〈조건〉과 같을 때 이에 대한 설명으로 옳은 것은?

> **조건**
> • A팀은 근무 만족도 평균이 80이다.
> • B팀은 근무 만족도 평균이 90이다.
> • C팀은 근무 만족도 평균이 40이다.
> • A팀과 B팀의 근무 만족도 평균은 88이다.
> • B팀과 C팀의 근무 만족도 평균은 70이다.

① C팀의 사원 수는 짝수이다.

② A팀의 사원의 근무 만족도 평균이 가장 낮다.

③ B팀의 사원 수는 A팀 사원 수의 2배이다.

④ C팀의 사원 수는 A팀 사원 수의 3배이다.

⑤ A ~ C팀의 근무 만족도 평균은 70이 넘지 않는다.

16 다음 자료에 대한 〈보기〉의 설명 중 옳은 것을 모두 고르면?

〈결혼할 의향이 없는 1인 가구의 비중〉

(단위 : %)

구분	2019년		2020년	
	남성	여성	남성	여성
20대	8.2	4.2	15.1	15.5
30대	6.3	13.9	18.8	19.4
40대	18.6	29.5	22.1	35.5
50대	24.3	45.1	20.8	44.9

〈1인 생활 지속기간 예상〉

(단위 : %)

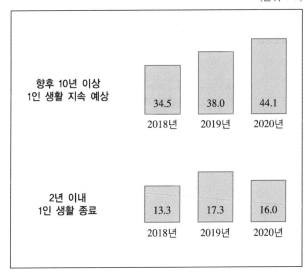

보기

ㄱ. 20대 남성은 30대 남성보다 1인 가구의 비중이 더 높다.
ㄴ. 30대 이상에서 결혼할 의향이 없는 1인 가구의 비중은 여성이 더 높다.
ㄷ. 2020년에서는 40대 남성이 남성 중 제일 높은 1인 가구 비중을 차지한다.
ㄹ. 2년 이내 1인 생활을 종료하는 1인 가구의 비중은 2018년부터 꾸준히 증가하였다.

① ㄱ
② ㄴ
③ ㄱ, ㄴ
④ ㄴ, ㄷ
⑤ ㄷ, ㄹ

※ 다음 자동차 수출 자료를 보고 이어지는 질문에 답하시오. [17~18]

〈자동차 수출액〉

(단위 : 백만 달러)

구분	2019년		2020년		
	3분기	4분기	1분기	2분기	3분기
A사	342	452	163	263	234
B사	213	312	153	121	153
C사	202	153	322	261	312
D사	351	264	253	273	312
E사	92	134	262	317	324

〈자동차 수출 대수〉

(단위 : 백 대)

구분	2019년		2020년		
	3분기	4분기	1분기	2분기	3분기
A사	551	954	532	754	642
B사	935	845	904	912	845
C사	253	242	153	125	164
D사	921	955	963	964	954
E사	2,462	1,816	2,201	2,365	2,707

17 다음 〈보기〉에서 옳지 않은 것은 모두 몇 개인가?(단, 회사별 한 종류의 차만 판매하였다)

> **보기**
>
> ㄱ. 2019년 3분기 전체 자동차 수출액은 2020년 3분기 전체 자동차 수출액보다 적다.
> ㄴ. 2020년 1분기에 가장 고가의 차를 수출한 회사는 A사이다.
> ㄷ. C사의 자동차 수출 대수는 2019년 3분기 이후 계속 감소하였다.
> ㄹ. E사의 자동차 수출액은 2019년 3분기 이후 계속 증가하였다.

① 0개
② 1개
③ 2개
④ 3개
⑤ 4개

18 다음은 자동차 수출 자료를 토대로 만든 표이다. ㉠+㉡+㉢의 값을 구하면?(단, 2020년 4분기 자동차 수출 대수는 2분기 자동차 수출 대수와 같으며, 2019년 1분기와 2분기의 자동차 수출액 합은 2019년 3분기와 4분기의 합과 같다)

〈자료〉

(전체 수출액 단위 : 백만 달러, 전체 수출 대수 : 백 대)

구분		2019년		2020년		
		3분기	4분기	1분기	2분기	3분기
전체 수출액						
전체 수출 대수				㉠		

구분		A사	B사	C사	D사	E사
2019년	전체 수출액	㉡				
	전체 수출 대수					
2020년	전체 수출액					
	전체 수출 대수					㉢

① 13,312
② 15,979
③ 16,197
④ 17,253
⑤ 20,541

19 다음은 사거리 신호등에 대한 정보이다. 오전 8시 정각에 좌회전 신호가 켜졌다면, 오전 9시 정각의 신호로 옳은 것은?

> • 정지 신호는 1분 10초 동안 켜진다.
> • 좌회전 신호는 20초 동안 켜진다.
> • 직진 신호는 1분 40초 동안 켜진다.
> • 정지 신호 다음에 좌회전 신호, 좌회전 신호 다음에 직진 신호, 직진 신호 다음에 정지 신호가 켜진다.
> • 세 가지 신호는 계속 반복된다.

① 정지 신호가 켜진다.
② 좌회전 신호가 켜진다.
③ 직진 신호가 켜진다.
④ 정지 신호가 켜져 있다.
⑤ 직진 신호가 켜져 있다.

20 어느 기업에서는 보안을 위해서 8자리의 비밀번호 입력을 요구하고 있다. 비밀번호는 알파벳과 숫자, 특수문자가 각각 1개 이상 구성이 되어있어야 하며 연속된 숫자들은 소수로 구성이 되어야 한다. 다음 중 비밀번호가 될 수 없는 수는?

① Acelot3@
② 17@@ab31
③ 59a41b@@
④ 2a3b5c7!
⑤ 73a@91b@

21 다음은 자동차 등록 대수에 대한 자료이다. 이에 대한 설명으로 옳지 않은 것은?(단, 자동차 1대당 인구수는 소수점 둘째 자리에서 반올림한다)

<자동차 등록 대수>

국가	자동차 등록 대수(만 대)	인구수(만 명)	자동차 1대당 인구수(명)
미국	25,034	30,041	1.2
일본	7,625	12,963	1.7
중국	4,735	134,001	( )
독일	4,412	8,383	1.9
이탈리아	4,162	5,827	1.4
러시아	3,835	14,190	3.7
프랑스	3,726	6,334	1.7
영국	3,612	6,140	( )
스페인	2,864	4,582	1.6
브라질	2,778	19,446	7
멕시코	2,557	10,739	4.2
캐나다	2,134	3,414	1.6
폴란드	1,926	3,852	( )
한국	1,687	4,892	( )

① 중국의 자동차 1대당 인구수는 멕시코의 자동차 1대당 인구수의 6배 이상이다.

② 폴란드의 자동차 1대당 인구수는 2명이다.

③ 폴란드의 자동차 1대당 인구수는 러시아와 스페인 전체 인구에서의 자동차 1대당 인구수보다 적다.

④ 한국의 자동차 1대당 인구수는 미국과 일본의 자동차 1대당 인구수의 합과 같다.

⑤ 한국의 자동차 1대당 인구수는 러시아와 스페인 전체 인구에서의 자동차 1대당 인구수보다 적다.

※ 다음은 방송 서비스 시장 매출액에 대한 자료이다. 이어지는 질문에 답하시오. [22~23]

〈방송 서비스 시장 매출액〉

(단위 : 십억 원)

매출 구분	통계분류		2020년
매출액	방송사 매출액	소계	942,790
		판매수입	913,480
		라이선스 수입	7,577
		간접광고 수입	5,439
		협찬	5,726
		기타	10,568
	방송사 이외 매출액	소계	588,632
		판매수입	430,177
		기타	158,455
	합계		1,531,422

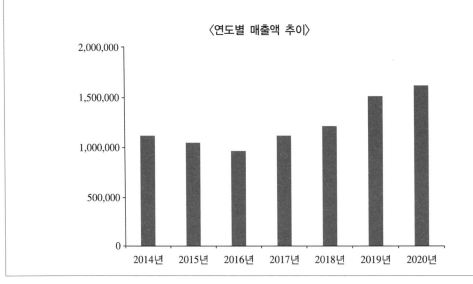

〈연도별 매출액 추이〉

22 다음 자료를 보고 판단한 내용으로 옳지 않은 것은?(단, 소수점 둘째 자리에서 반올림한다)

① 방송사 매출액은 전체 매출액의 60% 이상이다.

② 라이선스 수입은 전체 매출액의 약 0.5%이다.

③ 방송사 이외 매출액은 전체 매출액의 25% 이상이다.

④ 방송사의 기타수입은 방송사 매출액의 약 0.7%이다.

⑤ 매출액은 2016년이 가장 낮다.

23 2018 ~ 2019년 방송 서비스 시장 매출액 정보이다. 이에 대한 설명으로 옳지 않은 것은?

〈2018 ~ 2019년 방송 서비스 시장 매출액〉

(단위 : 십억 원)

매출 구분	통계분류		2018년	2019년
매출액	합계		(가)	(나)
	방송사 매출액	소계	748,208	(다)
		판매수입	( )	819,351
		라이선스 수입	6,356	4,881
		간접광고 수입	3,413	22,793
		협찬	(라)	5,601
		기타	4,818	3,248
	방송사 이외 매출액	소계	395,290	572,939
		판매수입	182,949	404,403
		기타	(마)	168,536

① (가)는 (나)보다 작다.

② (다)와 2018년 방송사 매출액의 차이는 100,000십억 원 이상이다.

③ (라)는 2020년 협찬 매출액보다 작다.

④ (마)는 2020년 방송사 이외 판매수입보다 작다.

⑤ 2019년 방송사 매출액 판매수입은 (마)의 3배 이상이다.

24 K씨의 부서는 총 7명이며, 회사 차를 타고 미팅 장소로 이동하려고 한다. 운전석에는 운전면허증을 가진 사람이 앉고, 한 대의 차량으로 모두 이동한다. 다음 〈조건〉에 따라 회사 차에 앉을 때 K씨가 부장님의 옆자리에 앉지 않을 확률은?

조건

• 운전면허증을 가지고 있는 사람은 K씨를 포함하여 3명이다.
• K씨 부서의 부장님은 1명이다.
• 부장님은 운전면허증을 가지고 있지 않으며 조수석인 ★ 자리에 앉지 않는다.

〈회사 차 좌석〉

① 0.3
② 0.45
③ 0.5
④ 0.7
⑤ 0.84

25 K사진사는 다음과 〈조건〉과 같이 사진을 인화하여 고객에게 배송하려고 한다. 5×7 사이즈 사진은 최대 몇 장을 인화할 수 있는가?

조건

• 1장 인화하는 가격은 4×6 사이즈는 150원, 5×7 사이즈는 300원, 8×10 사이즈는 1,000원이다.
• 사진을 인화하는 데 든 총비용은 21,000원이며, 배송비는 무료이다.
• 각 사진 사이즈는 적어도 1개 이상 인화하였다.

① 36장
② 42장
③ 48장
④ 59장
⑤ 61장

26 K씨는 마스크 5부제에 따라 3월 9일이 월요일인 주의 평일에 공적마스크를 구매했다. K씨가 다음에 구입할 수 있는 날짜와 출생 연도 끝자리가 바르게 연결된 것은?

- 공적마스크를 구매하는 인원을 제한하기 위해 마스크 5부제를 실시하고 있다.
- 마스크를 1차로 구매하고, 36일 이후에 마스크를 2차로 구매했다.
- 주중에 구매하지 못한 사람은 주말에 구매할 수 있다.
- 주말은 토요일, 일요일이다.

〈마스크 구매 가능 요일〉

태어난 연도의 끝자리	구매가능 요일	태어난 연도의 끝자리	구매가능 요일
1, 6	월요일	2, 7	화요일
3, 8	수요일	4, 9	목요일
5, 0	금요일	–	–

① 4월 7일 – 2   ② 4월 23일 – 4

③ 5월 7일 – 9   ④ 5월 13일 – 3

⑤ 5월 15일 – 0

27 K기업의 1 ~ 3년 차 근무를 마친 사원들은 인사이동 시기를 맞아 근무지를 이동해야 한다. 근무지 이동 규정과 각 사원들이 근무지 이동을 신청한 내용이 다음과 같을 때, 이에 대한 설명으로 옳지 않은 것은?

<근무지 이동 규정>

- 수도권 지역은 여의도, 종로, 영등포이고, 지방의 지역은 광주, 제주, 대구이다.
- 2번 이상 같은 지역을 신청할 수 없다. 예 여의도 → 여의도(×)
- 3년 연속 같은 수도권 지역이나 지방 지역을 신청할 수 없다.
- 2, 3년 차보다 1년 차 신입 및 1년 차 근무를 마친 직원이 신청한 내용을 우선적으로 반영한다.
- 1년 차 신입은 전년도 평가 점수를 100점으로 한다.
- A ~ E직원은 서로 다른 곳에 배치된다.
- 같은 지역으로의 이동을 신청한 경우 전년도 평가 점수가 더 높은 사람을 배정한다.
- 규정에 부합하지 않게 이동 신청을 한 경우, 신청한 곳에 배정받을 수 없다.

<근무지 이동 신청>

직원	1년 차 근무지	2년 차 근무지	3년 차 근무지	신청지	전년도 평가
A	대구	–	–	종로	–
B	여의도	광주	–	영등포	92
C	종로	대구	여의도	미정	88
D	영등포	종로	–	여의도	91
E	광주	영등포	제주	여의도	89

① B는 영등포로 이동하게 될 것이다.

② C는 지방 지역으로 이동하고, E는 여의도로 이동하게 될 것이다.

③ A는 대구를 1년 차 근무지로 신청하였을 것이다.

④ D는 자신의 신청지로 이동하게 될 것이다.

⑤ C가 제주로 이동한다면, D는 광주나 대구로 이동하게 된다.

※ 다음은 원탁 테이블 3개가 있는 어느 카페의 하루 방문자 현황이다. 이어지는 질문에 답하시오.
[28~29]

- 카페에서 보유한 원탁에 대한 정보는 다음과 같으며, 카페는 각 원탁을 1개씩 보유하고 있다.
  - 2인용 원탁 : 1~2인만 앉을 수 있음
  - 4인용 원탁 : 1~4인만 앉을 수 있음
  - 6인용 원탁 : 3~6인만 앉을 수 있음
- 방문한 인원수에 맞추어 원탁을 배정하며 가능한 작은 원탁을 우선 배정한다.
- 함께 온 일행은 같이 앉을 수 있는 자리가 없다면 입장할 수 없다.
- 함께 온 일행들은 함께 앉을 수 있으면 같은 원탁에 앉고, 항상 함께 온 일행과 함께 나간다.
- 한 번 들어온 손님은 반드시 1시간 동안 머문 후 나간다.
- 카페 영업시간은 오전 9시부터 오후 10시까지이다.
- 시각별로 새로운 고객 입장 및 새로운 고객 입장 전 기존 고객에 대한 정보는 다음과 같다. 이 외에 새로운 고객은 없다.

(단위 : 명)

시각	새로운 고객	기존 고객	시각	새로운 고객	기존 고객
09:20	2	0	15:10	5	
10:10	1		16:45	2	
12:40	3		17:50	5	
13:30	5		18:40	6	
14:20	4		19:50	1	

※ 새로운 고객은 같이 온 일행이다.

| 문제해결능력

28 다음 중 오후 3시 15분에 카페에 앉아 있는 손님은 총 몇 명인가?

① 1명　　　　　　　　　　　② 4명
③ 5명　　　　　　　　　　　④ 7명
⑤ 9명

| 문제해결능력

29 다음 〈보기〉의 설명 중 옳지 않은 것을 모두 고르면?

> 보기
>
> ㄱ. 오후 6시 정각에 카페에 있는 손님은 5명이다.
> ㄴ. 카페를 방문한 손님 중 돌아간 일행은 없다.
> ㄷ. 오전에는 총 3명의 손님이 방문하였다.
> ㄹ. 오후 2시 정각에는 2인용 원탁에 손님이 앉아 있었다.

① ㄱ, ㄴ　　　　　　　　　　② ㄱ, ㄷ
③ ㄴ, ㄷ　　　　　　　　　　④ ㄴ, ㄹ
⑤ ㄷ, ㄹ

※ 다음은 A ~ E약물에 대한 자료이다. 〈조건〉을 바탕으로 이어지는 질문에 답하시오. [30~31]

약 종류	1주 복용 횟수	복용 시기	혼용하면 안 되는 약	복용 우선순위
A	4회	식후	B, C, E	3
B	4회	식후	A, C	1
C	3회	식전	A, B	2
D	5회	식전	–	5
E	4회	식후	A	4

조건

- S씨는 모든 약을 복용해야 한다.
- 혼용하면 안 되는 약은 한 끼니를 전후하여 혼용해서는 안 된다.
  - 아침 전후 or 점심 전후 or 저녁 전후는 혼용 불가
- 약은 우선순위대로 최대한 빨리 복용하여야 한다.
- 식사는 아침, 점심, 저녁만 해당한다.
- 하루 최대 6회까지 복용할 수 있다.
- 약은 한번 복용하기 시작하면 해당 약을 모두 먹을 때까지 중단 없이 복용하여야 한다.
- 모든 약은 하루 최대 1회 복용할 수 있다.

❙ 문제해결능력

30 다음 중 〈조건〉을 고려할 때, 모든 약의 복용이 완료되는 시점은?

① 4일 차 점심
② 4일 차 저녁
③ 5일 차 아침
④ 5일 차 저녁
⑤ 6일 차 아침

❙ 문제해결능력

31 다음 〈보기〉 중 S씨의 A ~ E약물 복용에 대한 설명으로 옳은 것을 모두 고르면?

보기

ㄱ. 하루에 A ~ E를 모두 복용할 수 있다.
ㄴ. D는 점심에만 복용한다.
ㄷ. 최단 시일 내에 모든 약을 복용하기 위해서는 A는 저녁에만 복용하여야 한다.
ㄹ. A와 C를 동시에 복용하는 날은 총 2일이다.

① ㄱ, ㄴ
② ㄱ, ㄷ
③ ㄴ, ㄷ
④ ㄴ, ㄹ
⑤ ㄷ, ㄹ

※ 택배기사 A씨는 다음 〈조건〉에 근거하여 근무를 한다. 이를 보고 이어지는 질문에 답하시오. [32~33]

조건

- 한 번 배송을 다녀오면 10분간 휴식한다.
- 한 번 배송으로 소요되는 총 시간은 50분을 초과할 수 없다.
- 같은 물류창고에 있는 물건은 3개까지 가져갈 수 있다.
- 특수택배 물품의 배송이 모두 완료되어야 보통택배 물품을 배송할 수 있다.
- 특수택배의 배송번호는 '특'으로 시작하며, 보통택배의 배송번호는 '보'로 시작한다.
- 2개를 동시에 가져가서 배송하면, 상품별 왕복 배송시간의 총합에서 5분이 감소하고, 3개를 동시에 가져가서 배송하면 10분이 감소한다.

〈배송표〉

배송 번호	물류창고	왕복 배송시간
특01	가	10분
특02	나	15분
특03	나	10분
보01	가	10분
보02	나	15분
보03	다	20분
보04	다	10분
보05	다	25분
보06	가	10분

| 문제해결능력

32 다음 〈보기〉의 설명 중 옳지 않은 것을 모두 고르면?

보기

ㄱ. 나 창고에 있는 택배 물품은 한 번에 전부 가지고 나가서 배송할 수 있다.
ㄴ. 특수택배 상품을 모두 배송하는 데에 최소 30분이 소요된다.
ㄷ. 다 창고에 있는 보통택배를 한 번에 배송할 수 있다.

① ㄱ
② ㄱ, ㄴ
③ ㄱ, ㄷ
④ ㄴ, ㄷ
⑤ ㄱ, ㄴ, ㄷ

| 문제해결능력

33 A씨가 근무를 오전 9시에 시작한다고 할 때, 가장 빨리 모든 택배의 배송을 완료한 시간은?

① 10시
② 10시 5분
③ 10시 25분
④ 10시 45분
⑤ 11시 15분

아이들이 답이 있는 질문을 하기 시작하면 그들이 성장하고 있음을 알 수 있다.

-존 J. 플롬프-

PART 2

직업기초능력평가

의사소통능력

합격 Cheat Key

의사소통능력은 평가하지 않는 공사·공단이 없을 만큼 필기시험에서 중요도가 높은 영역으로, 세부 유형은 문서 이해, 문서 작성, 의사 표현, 경청, 기초 외국어로 나눌 수 있다. 문서 이해·문서 작성과 같은 지문에 대한 주제 찾기, 내용 일치 문제의 출제 비중이 높으며, 문서의 특성을 파악하는 문제도 출제되고 있다.

1 문제에서 요구하는 바를 먼저 파악하라!

의사소통능력에서 가장 중요한 것은 제한된 시간 안에 빠르고 정확하게 답을 찾아내는 것이다. 의사소통능력에서는 지문이 아니라 문제가 주인공이므로 지문을 보기 전에 문제를 먼저 파악해야 하며, 문제에 따라 전략적으로 빠르게 풀어내는 연습을 해야 한다.

2 잠재되어 있는 언어 능력을 발휘하라!

세상에 글은 많고 우리가 학습할 수 있는 시간은 한정적이다. 이를 극복할 수 있는 방법은 다양한 글을 접하는 것이다. 실제 시험장에서 어떤 내용의 지문이 나올지 아무도 예측할 수 없으므로 평소에 신문, 소설, 보고서 등 여러 글을 접하는 것이 필요하다.

3 상황을 가정하라!

업무 수행에 있어 상황에 따른 언어 표현은 중요하다. 같은 말이라도 상황에 따라 다르게 해석될 수 있기 때문이다. 그런 의미에서 자신의 의견을 효과적으로 전달할 수 있는 능력을 평가하는 것이다. 업무를 수행하면서 발생할 수 있는 여러 상황을 가정하고 그에 따른 올바른 언어표현을 정리하는 것이 필요하다.

4 말하는 이의 입장에서 생각하라!

잘 듣는 것 또한 하나의 능력이다. 상대방의 이야기에 귀 기울이고 공감하는 태도는 업무를 수행하는 관계 속에서 필요한 요소이다. 그런 의미에서 다양한 상황에서의 듣는 능력을 평가하는 것이다. 말하는 이가 요구하는 듣는 이의 태도를 파악하고, 이에 따른 판단을 할 수 있도록 언제나 말하는 사람의 입장이 되는 연습이 필요하다.

01 문서 내용 이해

| 유형분석 |

- 주어진 지문을 읽고 선택지를 고르는 전형적인 독해 문제이다.
- 지문은 주로 신문기사(보도자료 등)나 업무 보고서, 시사 등이 제시된다.
- 공사공단에 따라 자사와 관련된 내용의 기사나 법조문, 보고서 등이 출제되기도 한다.

다음 글의 내용으로 적절하지 않은 것은?

물가 상승률은 일반적으로 가격 수준의 상승 속도를 나타내며, 소비자 물가지수(CPI)와 같은 지표를 사용하여 측정된다. 높은 물가 상승률은 소비재와 서비스의 가격이 상승하고, 돈의 구매력이 감소한다. 이는 소비자들이 더 많은 돈을 지출하여 물가 상승에 따른 가격 상승을 감수해야 함을 의미한다.

물가 상승률은 경제에 다양한 영향을 미친다. 먼저 소비자들의 구매력이 저하되므로 가계소득의 실질 가치가 줄어든다. 이는 소비 지출의 감소와 경기 둔화를 초래할 수 있다. 또한 물가 상승률은 기업의 의사결정에도 영향을 준다. 예를 들어 높은 물가 상승률은 이자율의 상승과 함께 대출 조건을 악화시키므로 기업들은 생산 비용 상승과 이로 인한 이윤 감소에 직면하게 된다.

정부와 중앙은행은 물가 상승률을 통제하기 위해 다양한 금융 정책을 사용하며, 대표적으로 세금 조정, 통화량 조절, 금리 조정 등이 있다.

물가 상승률은 경제 활동에 큰 영향을 주는 중요한 요소이므로 정부, 기업, 투자자 및 개인은 이를 주의 깊게 모니터링하고 전망을 평가하는 데 활용해야 한다. 또한 소비자의 구매력과 경기 상황에 직접적·간접적인 영향을 주므로 경제 주체들은 물가 상승률의 변동에 대응하여 적절한 전략을 수립해야 한다.

① 지나친 물가 상승은 소비 심리를 위축시킨다.
② 정부와 중앙은행이 실행하는 금융 정책의 목적은 물가 안정성을 유지하는 것이다.
③ 중앙은행의 금리 조정으로 지나친 물가 상승을 진정시킬 수 있다.
④ 소비재와 서비스의 가격이 상승하므로 기업의 입장에서는 물가 상승률이 커질수록 이득이다.

정답 ④

높은 물가 상승률은 이자율의 상승과 함께 대출 조건을 악화시키므로 기업들은 생산 비용 상승과 이로 인한 이윤 감소에 직면하게 된다.

풀이 전략!

주어진 선택지에서 키워드를 체크한 후, 지문의 내용과 비교해 가면서 내용의 일치 유무를 빠르게 판단한다.

01 다음은 K공사에서 발표한 교통사고 시 응급처치 요령이다. 〈보기〉 중 이에 대한 설명으로 적절하지 않은 것을 모두 고르면?

〈교통사고 시 응급처치 요령〉

- 응급처치의 의의
  - 적절한 응급처치는 상처의 악화나 위험을 줄일 수 있고 심하게 병들거나 다친 사람의 생명을 보호해 주며, 병원에서 치료받는 기간을 길게 하거나 짧게 하는 것을 결정하게 된다.
- 응급처치 시 주의사항
  - 조그마한 부상까지 모든 부상 부위를 찾는다.
  - 꼭 필요한 경우가 아니면 함부로 부상자를 움직이지 않는다.
  - 부상 정도에 대하여 부상자에게 이야기하지 않는다. 부상자가 물으면 '괜찮다, 별일 아니다.'라고 안심시킨다.
  - 부상자의 신원을 미리 파악해 둔다.
  - 부상자가 의식이 없으면 옷을 헐렁하게 하고, 음료수 등을 먹일 때에는 코로 들어가지 않도록 주의한다.
- 응급처치의 순서
  - 먼저 부상자를 구출하여 안전한 장소로 이동시킨다.
  - 부상자를 조심스럽게 눕힌다.
  - 병원에 신속하게 연락한다.
  - 부상 부위에 대하여 응급처치를 한다.

> **보기**
>
> ㄱ. 부상자의 정확한 상태 인지를 위해 부상자에게 부상 정도에 대해 상세히 설명해 준다.
> ㄴ. 시간지체에 따른 응급처치 효과의 감소가 우려되므로, 사고 직후 사고현장에서 응급처치를 먼저 실시한 후 상태를 보아 안전한 장소로 이동시키도록 한다.
> ㄷ. 부상자의 신원 및 모든 부상 상태를 파악하기 위하여 노력하여야 한다.

① ㄴ　　　　　　　　　　　　② ㄷ
③ ㄱ, ㄴ　　　　　　　　　　④ ㄴ, ㄷ
⑤ ㄱ, ㄴ, ㄷ

02 다음 글의 내용으로 적절하지 않은 것은?

> 고야의 마녀도 리얼하다. 이는 고야가 인간과 마녀를 분명하게 구별하지 않고, 마녀가 실존하는 것처럼 그렸기 때문이다. 따라서 우리는 고야가 마녀의 존재를 믿었는지 의심할 수 있다. 그러나 그것은 중요한 문제가 아니다. 고야는 마녀를 비이성의 상징으로 그려서 세상이 완전하게 이성에 의해서만 지배되지 않음을 표현하고 있을 뿐이다. 또한 악마가 사실 인간 자신의 정신 내면에 존재하는 것임을 시사한다. 그것이 바로 가장 유명한 작품인 제43번 「이성이 잠들면 괴물이 나타난다.」에서 그려진 것이다.

① 고야가 마녀의 존재를 믿었는가의 여부는 알 수 없다.
② 고야는 이성의 존재를 부정하였다.
③ 고야는 비이성이 인간 내면에 존재한다고 판단했다.
④ 고야는 세상을 이성과 비이성이 뒤섞인 상태로 이해했다.
⑤ 고야는 악마가 인간의 정신 내면에 존재하는 점을 시사하였다.

03 다음은 스마트시티에 대한 기사이다. 스마트시티 전략의 사례로 적절하지 않은 것은?

> 건설·정보통신기술 등을 융·복합하여 건설한 도시 기반시설을 바탕으로 다양한 도시서비스를 제공하는 지속가능한 도시를 스마트시티라고 한다.
> 최근 스마트시티에 대한 관심은 사물인터넷이나 만물인터넷 등 기술의 경이적인 발달이 제4차 산업혁명을 촉발하고 있는 것과 같은 선상에서, 정보통신기술의 발달이 도시의 혁신을 이끌고 도시 문제를 현명하게 해결할 수 있을 것이라는 기대로 볼 수 있다. 이처럼 정보통신기술을 적극적으로 활용하고자 하는 스마트시티 전략은 중국, 인도를 비롯하여 동남아시아, 남미, 중동 국가 등 전 세계 많은 국가와 도시들이 도시발전을 위한 전략적 수단으로 표방하고 추진 중이다.
> 국내에서도 스마트시티 사업으로 대전 도안, 화성 동탄 등 26개 도시가 준공되었으며, 의정부 민락, 양주 옥정 등 39개 도시가 진행 중에 있다. 스마트시티 관리의 일환으로 공공행정, 기상 및 환경감시 서비스, 도시 시설물 관리, 교통정보 및 대중교통 관리 등이 제공되고 스마트홈의 일환으로 단지 관리, 통신 인프라, 홈 네트워크 시스템이 제공되며, 시민체감형 서비스의 일환으로 스마트 라이프 기반을 구현한다.

① 거리별 쓰레기통에 센서 장치를 활용하여 쓰레기 배출량 감소 효과
② 방범 CCTV 및 범죄 관련 스마트 앱 사용으로 범죄 발생률 감소 효과
③ 상하수도 및 지질정보 통합 시스템을 이용하여 시설 노후로 인한 누수 예방 효과
④ 교통이 혼잡한 도로의 확장 및 주차장 확대로 교통난 해결 효과
⑤ 거리마다 전자민원시스템을 설치하여 도시 문제의 문제해결력 상승 효과

04 다음 글의 내용으로 가장 적절한 것은?

감염에 대한 일반적인 반응은 열(熱)을 내는 것이다. 우리는 발열을 흔한 '질병의 증상'이라고만 생각하며, 아무런 기능도 없이 불가피하게 일어나는 수동적인 현상처럼 여긴다. 그러나 우리의 체온은 유전적으로 조절되는 것이며 아무렇게나 변하지 않는다. 병원체 중에는 우리의 몸보다 열에 더 예민한 것들도 있다. 체온을 높이면 그런 병원체들은 우리보다 먼저 죽게 되므로 발열 증상은 우리 몸이 병원체를 죽이기 위한 능동적인 행위가 되는 것이다.

또 다른 반응은 면역 체계를 가동시키는 것이다. 백혈구를 비롯한 우리의 세포들은 외부에서 침입한 병원체를 능동적으로 찾아내어 죽인다. 우리 몸은 침입한 병원체에 대항하는 항체를 형성하여 일단 치유된 뒤에는 다시 감염될 위험이 적어진다. 그러나 인플루엔자나 보통 감기 따위의 질병에 대한 우리의 저항력은 완전한 것이 아니어서 결국 다시 그 병에 걸릴 수도 있다. 어떤 질병에 대해서는 한 번의 감염으로 자극을 받아 생긴 항체가 평생 그 질병에 대한 면역성을 준다. 바로 이것이 예방접종의 원리이다. 죽은 병원체를 접종함으로써 질병을 실제로 경험하지 않고 항체 생성을 자극하는 것이다.

일부 영리한 병원체들은 인간의 면역성에 굴복하지 않는다. 어떤 병원체는 우리의 항체가 인식하는 병원체의 분자구조, 즉 항원을 바꾸어 우리가 그 병원체를 알아보지 못하게 한다. 가령 인플루엔자는 항원을 변화시키기 때문에 이전에 인플루엔자에 걸렸던 사람이라도 새로이 나타난 다른 균종으로부터 안전할 수 없는 것이다.

인간의 가장 느린 방어 반응은 자연선택에 의한 반응이다. 어떤 질병이든지 남들보다 유전적으로 저항력이 더 많은 사람들이 있기 마련이다. 어떤 전염병이 한 집단에서 유행할 때 그 특정 병원체에 저항하는 유전자를 가진 사람들은 그렇지 못한 사람들에 비해 생존 가능성이 높다. 따라서 역사적으로 특정 병원체에 자주 노출되었던 인구 집단에서는 그 병에 저항하는 유전자를 가진 개체의 비율이 높아질 수밖에 없다. 이 같은 자연선택의 예로 아프리카 흑인에게서 자주 발견되는 겸상(鎌狀) 적혈구 유전자를 들 수 있다. 겸상 적혈구 유전자는 적혈구의 모양을 정상적인 도넛 모양에서 낫 모양으로 바꾸어 빈혈을 일으키므로 생존에 불리함을 주지만, 말라리아에 대해서는 저항력을 가지게 한다.

---

① 발열 증상은 수동적인 현상이지만 감염병의 회복에 도움을 준다.

② 예방접종은 질병을 실제로 경험하게 하여 항체 생성을 자극한다.

③ 겸상 적혈구 유전자는 적혈구 모양을 도넛 모양으로 변화시켜 말라리아로부터 저항성을 가지게 한다.

④ 병원체의 항원이 바뀌면 이전에 형성된 항체가 존재하는 사람도 그 병원체가 일으키는 병에 걸릴 수 있다.

⑤ 어떤 질병이 유행한 적이 없는 집단에서는 그 질병에 저항력을 주는 유전자가 보존되는 방향으로 자연선택이 이루어졌다.

| 유형분석 |

- 주어진 지문을 파악하여 전달하고자 하는 핵심 주제를 고르는 문제이다.
- 정보를 종합하고 중요한 내용을 구별하는 능력이 필요하다.
- 설명문부터 주장, 반박문까지 다양한 성격의 지문이 제시되므로 글의 성격별 특징을 알아두는 것이 좋다.

다음 글의 주제로 가장 적절한 것은?

멸균이란 곰팡이, 세균, 박테리아, 바이러스 등 모든 미생물을 사멸시켜 무균 상태로 만드는 것을 의미한다. 멸균 방법에는 물리적, 화학적 방법이 있으며, 멸균 대상의 특성에 따라 적절한 멸균 방법을 선택하여 실시할 수 있다. 먼저 물리적 멸균법에는 열이나 화학약품을 사용하지 않고 여과기를 이용하여 세균을 제거하는 여과법, 병원체를 불에 태워 없애는 소각법, 100℃에서 10 ~ 20분간 물품을 끓이는 자비소독법, 미생물을 자외선에 직접 노출시키는 자외선 소독법, 160 ~ 170℃의 열에서 1 ~ 2시간 동안 건열 멸균기를 사용하는 건열법, 포화된 고압증기 형태의 습열로 미생물을 파괴시키는 고압증기 멸균법 등이 있다. 다음으로 화학적 멸균법은 화학약품이나 가스를 사용하여 미생물을 파괴하거나 성장을 억제하는 방법으로, E.O 가스, 알코올, 염소 등 여러 가지 화학약품이 사용된다.

① 멸균의 중요성
② 뛰어난 멸균 효과
③ 다양한 멸균 방법
④ 멸균 시 발생할 수 있는 부작용
⑤ 멸균 시 사용하는 약품의 종류

정답 ③

제시문에서는 멸균에 대해 언급하며, 멸균 방법을 물리적·화학적으로 구분하여 다양한 멸균 방법에 대해 설명하고 있다. 따라서 글의 주제로는 ③이 가장 적절하다.

풀이 전략!

'결국', '즉', '그런데', '그러나', '그러므로' 등의 접속어 뒤에 주제가 드러나는 경우가 많다는 것에 주의하면서 지문을 읽는다.

※ 다음 글의 주제로 가장 적절한 것을 고르시오. [1~2]

01

> 높은 유류세는 자동차를 사용함으로써 발생하는 다음과 같은 문제들을 줄이는 교정적 역할을 수행한다. 첫째, 유류세는 사람들의 대중교통수단 이용을 유도하고, 자가용 사용을 억제함으로써 교통혼잡을 줄여준다. 둘째, 교통사고 발생 시 대형 차량이나 승합차가 중소형 차량에 비해 치명적인 피해를 줄 가능성이 높다. 이와 관련해서 유류세는 유류를 많이 소비하는 대형 차량을 운행하는 사람에게 보다 높은 비용을 치르게 함으로써 교통사고 위험에 대한 간접적인 비용을 징수하는 효과를 가진다. 셋째, 유류세는 유류 소비를 억제함으로써 대기오염을 줄이는 데 기여한다.

① 유류세의 용도
② 높은 유류세의 정당성
③ 유류세의 지속적 인상
④ 에너지 소비 절약
⑤ 휘발유세의 감소 원인

02

> 통계는 다양한 분야에서 사용되며 막강한 위력을 발휘하고 있다. 그러나 모든 도구나 방법이 그렇듯이 통계 수치에도 함정이 있다. 함정에 빠지지 않으려면 통계 수치의 의미를 정확히 이해하고, 도구와 방법을 올바르게 사용해야 한다. 친구 5명이 만나서 이야기를 나누다가 연봉이 화제가 되었다. 2천만 원이 4명, 7천만 원이 1명이었는데, 평균을 내면 3천만 원이다. 이 숫자에 대해 4명은 "나는 봉급이 왜 이렇게 적을까?"라며 한숨을 내쉬었다. 그러나 이 평균값 3천만 원이 5명의 집단을 대표하는 데 아무 문제가 없을까? 물론 계산 과정에는 하자가 없지만, 평균을 집단의 대푯값으로 사용하는 데 어떤 한계가 있을 수 있는지 깊이 생각해 보지 않는다면, 우리는 잘못된 생각에 빠질 수도 있다. 평균은 극단적으로 아웃라이어(비정상적인 수치)에 민감하다. 집단 내에 아웃라이어가 하나만 있어도 평균이 크게 바뀐다는 것이다. 위의 예에서 1명의 연봉이 7천만 원이 아니라 100억 원이었다고 하자. 그러면 평균은 20억 원이 넘게 된다.
> 나머지 4명은 자신의 연봉이 평균치의 100분의 1밖에 안 된다며 슬퍼해야 할까? 연봉 100억 원인 사람이 아웃라이어이듯이 처음의 예에서 연봉 7천만 원인 사람도 아웃라이어인 것이다. 두드러진 아웃라이어가 있는 경우에는 평균보다는 최빈값이나 중앙값이 대푯값으로서 더 나을 수 있다.

① 평균은 집단을 대표하는 수치로서는 매우 부적당하다.
② 통계는 숫자 놀음에 불과하므로 통계 수치에 일희일비할 필요가 없다.
③ 평균보다는 최빈값이나 중앙값을 대푯값으로 사용해야 한다.
④ 통계 수치의 의미와 한계를 정확히 인식하고 사용할 필요가 있다.
⑤ 통계는 올바르게 활용하면 다양한 분야에서 사용할 수 있는 도구이다.

우리는 처음 만난 사람의 외모를 보고, 그를 어떤 방식으로 대우해야 할지를 결정할 때가 많다. 그가 여자인지 남자인지, 얼굴색이 흰지 검은지, 나이가 많은지 적은지 혹은 그의 스타일이 조금은 상류층의 모습을 띠고 있는지 아니면 너무나 흔해서 별 특징이 드러나 보이지 않는 외모를 하고 있는지 등을 통해 그들과 나의 차이를 재빨리 감지한다. 일단 감지가 되면 우리는 둘 사이의 지위 차이를 인식하고 우리가 알고 있는 방식으로 그를 대하게 된다. 한 개인이 특정 집단에 속한다는 것은 단순히 다른 집단의 사람과 다르다는 것뿐만 아니라, 그 집단이 다른 집단보다는 지위가 높거나 우월하다는 믿음을 갖게 한다. 모든 인간은 평등하다는 우리의 신념에도 불구하고 왜 인간들 사이의 이러한 위계화(位階化)를 당연한 것으로 받아들일까? 위계화란 특정 부류의 사람들은 자원과 권력을 소유하고 다른 부류의 사람들은 낮은 사회적 지위를 갖게 되는 사회적이며 문화적인 체계이다. 다음으로 이러한 불평등이 어떠한 방식으로 경험되고 조직화되는지를 살펴보기로 하자.

인간이 불평등을 경험하게 되는 방식은 여러 측면으로 나눌 수 있다. 산업 사회에서의 불평등은 계층과 계급의 차이를 통해서 정당화되는데, 이는 재산, 생산 수단의 소유 여부, 학력, 집안 배경 등등의 요소들의 결합에 의해 사람들 사이의 위계를 만들어 낸다. 또한 모든 사회에서 인간은 태어날 때부터 얻게 되는 인종, 성, 종족 등의 생득적 특성과 나이를 통해 불평등을 경험한다. 이러한 특성들은 단순히 생물학적인 차이를 지칭하는 것이 아니라, 개인의 열등성과 우등성을 가늠하게 만드는 사회적 개념이 되곤 한다.

한편 불평등이 재생산되는 다양한 사회적 기제들이 때로는 관습이나 전통이라는 이름 아래 특정 사회의 본질적인 문화적 특성으로 간주되고 당연시되는 경우가 많다. 불평등은 체계적으로 조직되고 개인에 의해 경험됨으로써 문화의 주요 부분이 되었고, 그 결과 같은 문화권 내의 구성원들 사이에 권력 차이와 그에 따른 폭력이나 비인간적인 행위들이 자연스럽게 수용될 때가 많다.

문화 인류학자들은 사회 집단의 차이와 불평등, 사회의 관습 또는 전통이라고 얘기되는 문화 현상에 대해 어떤 입장을 취해야 할지 고민을 한다. 문화 인류학자가 이러한 문화 현상은 고유한 역사적 산물이므로 나름대로 가치를 지닌다는 입장만을 반복하거나 단순히 관찰자로서의 입장에 안주한다면, 이러한 차별의 형태를 제거하는 데 도움을 줄 수 없다. 실제로 문화 인류학 연구는 기존의 권력 관계를 유지시켜주는 다양한 문화적 이데올로기를 분석하고, 인간 간의 차이가 우등성과 열등성을 구분하는 지표가 아니라 동등한 다름일 뿐이라는 것을 일깨우는 데 기여해 왔다.

① 차이와 불평등
② 차이의 감지 능력
③ 문화 인류학의 역사
④ 위계화의 개념과 구조
⑤ 관습과 전통의 계승과 창조

04 다음 기사의 제목으로 적절하지 않은 것은?

> 대·중소기업 간 동반성장을 위한 '상생'이 산업계의 화두로 조명 받고 있다. 4차 산업혁명 시대 도래 등 글로벌 시장에서의 경쟁이 날로 치열해지는 상황에서 대기업과 중소기업이 힘을 합쳐야 살아남을 수 있다는 위기감이 상생의 중요성을 부각하고 있다고 분석된다. 재계 관계자는 "그동안 반도체, 자동차 등 제조업에서 세계적인 경쟁력을 갖출 수 있었던 배경에는 대기업과 협력업체 간 상생의 역할이 컸다."며 "고속 성장기를 지나 지속 가능한 구조로 한 단계 더 도약하기 위해 상생경영이 중요하다."라고 강조했다.
>
> 우리 기업들은 협력사의 경쟁력 향상이 곧 기업의 성장으로 이어질 것으로 보고 2·3차 중소 협력업체들과의 상생경영에 힘쓰고 있다. 단순히 갑을 관계에서 대기업을 서포트 해야 하는 존재가 아니라 상호 발전을 위한 동반자라는 인식이 자리 잡고 있다는 분석이다. 이에 따라 협력사들에 대한 지원도 거래대금 현금 지급 등 1차원적인 지원 방식에서 벗어나 경영 노하우 전수, 기술 이전 등을 통한 '상생 생태계' 구축에 도움을 주는 방향으로 초점이 맞춰지는 추세다.
>
> 특히 최근에는 상생 협력이 대기업이 중소기업에 주는 일시적인 시혜 차원의 문제가 아니라 경쟁에서 살아남기 위한 생존 문제와 직결된다는 인식이 강하다. 협약을 통해 협력업체를 지원해 준 대기업이 업체의 기술력 향상으로 더 큰 이득으로 보상받고 이를 통해 우리 산업의 경쟁력이 강화된다는 것이다.
>
> 경제 전문가는 "대·중소기업 간의 상생 협력이 강제 수단이 아니라 문화적으로 자리 잡아야 할 시기"라며 "대기업, 특히 오너 중심의 대기업들도 단기적인 수익이 아닌 장기적인 시각에서 질적 평가를 통해 협력업체의 경쟁력을 키울 방안을 고민해야 한다."라고 강조했다.
>
> 이와 관련해 국내 주요 기업들은 대기업보다 연구개발(R&D) 인력과 관련 노하우가 부족한 협력사들을 위해 각종 노하우를 전수하는 프로그램을 운영 중이다. S전자는 협력사들에 기술 노하우를 전수하기 위해 경영관리 제조 개발 품질 등 해당 전문 분야에서 20년 이상 노하우를 가진 S전자 임원과 부장급 100여 명으로 '상생컨설팅팀'을 구성했다. 지난해부터는 해외에 진출한 국내 협력사에도 노하우를 전수하고 있다.

① 지속 가능한 구조를 위한 상생 협력의 중요성
② 상생경영, 함께 가야 멀리 간다.
③ 대기업과 중소기업, 상호 발전을 위한 동반자로
④ 시혜적 차원에서의 대기업 지원의 중요성
⑤ 동반성장을 위한 상생의 중요성

| 유형분석 |

- 각 문단의 내용을 파악하고 논리적 순서에 맞게 배열하는 복합적인 문제이다.
- 전체적인 글의 흐름을 이해하는 것이 중요하며, 각 문장의 지시어나 접속어에 주의한다.

다음 문단을 논리적 순서대로 바르게 나열한 것은?

(가) 여기에 반해 동양에서는 보름달에 좋은 이미지를 부여한다. 예를 들어, 우리나라의 처녀귀신이나 도깨비는 달빛이 흐린 그믐 무렵에나 활동하는 것이다. 그런데 최근에는 동서양의 개념이 마구 뒤섞여 보름달을 배경으로 악마의 상징인 늑대가 우는 광경이 동양의 영화에 나오기도 한다.

(나) 동양에서 달은 '음(陰)'의 기운을, 해는 '양(陽)'의 기운을 상징한다는 통념이 자리를 잡았다. 그래서 달을 '태음', 해를 '태양'이라고 불렀다. 동양에서는 해와 달의 크기가 같은 덕에 음과 양도 동등한 자격을 갖춘다. 즉, 음과 양은 어느 하나가 좋고 다른 하나는 나쁜 것이 아니라 서로 보완하는 관계를 이루는 것이다.

(다) 옛날부터 형성된 이러한 동서양 간의 차이는 오늘날까지 영향을 끼치고 있다. 동양에서는 달이 밝으면 달맞이를 하는데, 서양에서는 달맞이를 자살 행위처럼 여기고 있다. 특히 보름달은 서양인들에게 거의 공포의 상징과 같은 존재이다. 예를 들어, 13일의 금요일에 보름달이 뜨게 되면 사람들이 외출조차 꺼린다.

(라) 하지만 서양의 경우는 다르다. 서양에서 낮은 신이, 밤은 악마가 지배한다는 통념이 자리를 잡았다. 따라서 밤의 상징인 달에 좋지 않은 이미지를 부여하게 되었다. 이는 해와 달의 명칭을 보면 알 수 있다. 라틴어로 해를 'Sol', 달을 'Luna'라고 하는데 정신병을 뜻하는 단어 'Lunacy'의 어원이 바로 'Luna'이다.

① (가) - (나) - (라) - (다) 　　② (나) - (라) - (가) - (다)
③ (나) - (라) - (다) - (가) 　　④ (다) - (가) - (나) - (라)
⑤ (다) - (나) - (라) - (가)

정답 ③

제시문은 동양과 서양에서 서로 다른 의미를 부여하고 있는 달에 대해 설명하고 있는 글이다. 따라서 (나) 동양에서 나타나는 해와 달의 의미 → (라) 동양과 상반되는 서양에서의 해와 달의 의미 → (다) 최근까지 지속되고 있는 달에 대한 서양의 부정적 의미 → (가) 동양에서의 변화된 달의 이미지의 순으로 나열하는 것이 적절하다.

풀이 전략!

상대적으로 시간이 부족하다고 느낄 때는 선택지를 참고하여 문장의 순서를 생각해 본다.

※ 다음 문단을 논리적 순서대로 바르게 나열한 것을 고르시오. [1~2]

01

(가) 그런데 음악이 대량으로 복제되는 현상에 대한 비판적인 시각도 생겨났다. 대량 생산된 복제품은 예술 작품의 유일무이(唯一無二)한 가치를 상실케 하고 예술적 전통을 훼손한다는 것이다.

(나) MP3로 대표되는 복제 기술이 어떻게 발전할 것이며 그에 따라 음악은 어떤 변화를 겪을지, 우리가 누릴 수 있는 새로운 전통이 우리 삶을 어떻게 변화시킬지 생각해 보는 것은 매우 흥미로운 일이다.

(다) 근래에는 음악을 컴퓨터 파일의 형태로 바꾸는 기술이 개발되어 작품을 나누고 섞고 변화시키는 것이 훨씬 자유로워졌다. 이에 따라 낯선 곡은 반복을 통해 친숙한 음악으로, 친숙한 곡은 디지털 조작을 통해 낯선 음악으로 변모시킬 수 있게 되었다.

(라) 그러나 복제품은 자신이 생겨난 환경에 매여 있지 않기 때문에, 새로운 환경에서 새로운 예술적 전통을 만들어 낸다. 최근 음악 환경은 IT 기술의 발달과 보급에 따라 매우 빠르게 변화하고 있다.

① (나) – (가) – (라) – (다)
② (다) – (가) – (라) – (나)
③ (다) – (라) – (가) – (나)
④ (라) – (가) – (나) – (다)
⑤ (라) – (다) – (가) – (나)

02

(가) 그런데 자연의 일양성은 선험적으로 알 수 있는 것이 아니라 경험에 기대어야 알 수 있는 것이다. 즉, '귀납이 정당한 추론이다.'라는 주장은 '자연은 일양적이다.'라는 다른 지식을 전제로 하는데, 그 지식은 다시 귀납에 의해 정당화되어야 하는 경험 지식이므로 귀납의 정당화는 순환 논리에 빠져 버린다는 것이다. 이것이 귀납의 정당화 문제이다.

(나) 귀납은 논리학에서 연역이 아닌 모든 추론, 즉 전제가 결론을 개연적으로 뒷받침하는 모든 추론을 가리킨다. 귀납은 기존의 정보나 관찰 증거 등을 근거로 새로운 사실을 추가하는 지식 확장적 특성을 지닌다.

(다) 이와 관련하여 흄은 과거의 경험을 근거로 미래를 예측하는 귀납이 정당한 추론이 되려면 미래의 세계가 과거에 우리가 경험해 온 세계와 동일하다는 자연의 일양성, 곧 한결같음이 가정되어야 한다고 보았다.

(라) 이 특성으로 인해 귀납은 근대 과학 발전의 방법적 토대가 되었지만, 한편으로 귀납 자체의 논리 한계를 지적하는 문제들에 부딪히기도 한다.

① (가) – (라) – (나) – (다)
② (가) – (나) – (다) – (라)
③ (가) – (다) – (나) – (라)
④ (나) – (다) – (라) – (가)
⑤ (나) – (라) – (다) – (가)

04 내용추론

| 유형분석 |

- 주어진 지문을 바탕으로 도출할 수 있는 내용을 찾는 문제이다.
- 선택지의 내용을 정확하게 확인하고 지문의 정보와 비교하여 추론하는 능력이 필요하다.

다음 글을 읽고 추론한 내용으로 적절하지 않은 것은?

1977년 개관한 퐁피두 센터의 정식명칭은 국립 조르주 퐁피두 예술문화 센터로, 공공정보기관(BPI), 공업창작센터(CCI), 음악·음향의 탐구와 조정연구소(IRCAM), 파리 국립 근현대 미술관(MNAM) 등이 있는 종합문화예술 공간이다. 퐁피두라는 이름은 이 센터의 창설에 힘을 기울인 조르주 퐁피두 대통령의 이름을 딴 것이다.

1969년 당시 대통령이었던 퐁피두는 파리의 중심지에 미술관이면서 동시에 조형예술과 음악, 영화, 서적 그리고 모든 창조적 활동의 중심이 될 수 있는 문화 복합센터를 지어 프랑스 미술을 더욱 발전시키고자 했다. 요즘 미술관들은 미술관의 이러한 복합적인 기능과 역할을 인식하고 변화를 시도하는 곳이 많다. 미술관은 더 이상 전시만 보는 곳이 아니라 식사도 하고 영화도 보고 강연도 들을 수 있는 곳으로, 대중과의 거리 좁히기를 시도하고 있는 것도 그리 특별한 일은 아니다. 그러나 이미 40년 전에 21세기 미술관의 기능과 역할을 미리 내다볼 줄 아는 혜안을 가지고 설립된 퐁피두 미술관은 프랑스가 왜 문화강국이라 불리는지를 알 수 있게 해준다.

① 퐁피두 미술관의 모습은 기존 미술관의 모습과 다를 것이다.
② 퐁피두 미술관을 찾는 사람들의 목적은 다양할 것이다.
③ 퐁피두 미술관은 전통적인 예술작품들을 선호할 것이다.
④ 퐁피두 미술관은 파격적인 예술작품들을 배척하지 않을 것이다.
⑤ 퐁피두 미술관은 현대 미술관의 선구자라는 자긍심을 가지고 있을 것이다.

정답 ③

제시문에 따르면 퐁피두 미술관은 모든 창조적 활동을 위한 공간이므로, 퐁피두가 전통적인 예술작품을 선호할 것이라는 내용은 추론할 수 없다.

풀이 전략!

주어진 지문이 어떠한 내용을 다루고 있는지 파악한 후 선택지의 키워드를 확실하게 체크하고, 지문의 정보에서 도출할 수 있는 내용을 찾는다.

01 다음 글을 읽고 추론한 내용으로 적절하지 않은 것은?

> 태양 빛은 흰색으로 보이지만 실제로는 다양한 파장의 가시광선이 혼합되어 나타난 것이다. 프리즘을 통과시키면 흰색 가시광선은 파장에 따라 붉은빛부터 보랏빛까지의 무지갯빛으로 분해된다. 가시광선의 파장 범위는 390 ~ 780nm* 정도인데 보랏빛이 가장 짧고 붉은빛이 가장 길다. 빛의 진동수는 파장과 반비례하므로 진동수는 보랏빛이 가장 크고 붉은빛이 가장 작다. 태양 빛이 대기층에 입사하여 산소나 질소 분자와 같은 공기 입자(직경 0.1 ~ 1nm 정도), 먼지 미립자, 에어로졸**(직경 1 ~ 100,000nm 정도) 등과 부딪치면 여러 방향으로 흩어지는데 이러한 현상을 산란이라 한다. 산란은 입자의 직경과 빛의 파장에 따라 '레일리(Rayleigh) 산란'과 '미(Mie) 산란'으로 구분된다. 레일리 산란은 입자의 직경이 파장의 1/10보다 작을 경우에 일어나는 산란을 말하는데 그 세기는 파장의 네제곱에 반비례한다. 대기의 공기 입자는 직경이 매우 작아 가시광선 중 파장이 짧은 빛을 주로 산란시키며, 파장이 짧을수록 산란의 세기가 강하다. 따라서 맑은 날에는 주로 공기 입자에 의한 레일리 산란이 일어나서 보랏빛이나 파란빛이 강하게 산란되는 반면, 붉은빛이나 노란빛은 약하게 산란된다. 산란되는 세기로는 보랏빛이 가장 강하겠지만, 우리 눈은 보랏빛보다 파란빛을 더 잘 감지하기 때문에 하늘이 파랗게 보이는 것이다. 만약 태양 빛이 공기 입자보다 큰 입자에 의해 레일리 산란이 일어나면 공기 입자만으로는 산란이 잘되지 않던 긴 파장의 빛까지 산란되어 하늘의 파란빛은 상대적으로 옅어진다.
>
> 미 산란은 입자의 직경이 파장의 1/10보다 큰 경우에 일어나는 산란을 말하는데 주로 에어로졸이나 구름 입자 등에 의해 일어난다. 이때 산란의 세기는 파장이나 입자 크기에 따른 차이가 거의 없다. 구름이 흰색으로 보이는 것은 미 산란으로 설명된다. 구름 입자(직경 20,000nm 정도)처럼 입자의 직경이 가시광선의 파장보다 매우 큰 경우에는 모든 파장의 빛이 고루 산란된다. 이 산란된 빛이 우리 눈에 동시에 들어오면 모든 무지갯빛이 혼합되어 구름이 하얗게 보인다. 이처럼 대기가 없는 달과 달리 지구는 산란 효과에 의해 파란 하늘과 흰 구름을 볼 수 있다.
>
> *나노미터 : 물리학적 계량 단위(1nm = 10^{-9}m)
> **에어로졸 : 대기에 분산된 고체 또는 액체 입자

① 가시광선의 파란빛은 보랏빛보다 진동수가 작다.

② 프리즘으로 분해한 태양 빛을 다시 모으면 흰색이 된다.

③ 가시광선 중에서 레일리 산란의 세기는 파란빛이 가장 세다.

④ 빛의 진동수가 2배가 되면 레일리 산란의 세기는 16배가 된다.

⑤ 달의 하늘에서는 공기 입자에 의한 태양 빛의 산란이 일어나지 않는다.

다음 글의 밑줄 친 시기에 대한 설명으로 가장 적절한 것은?

하나의 패러다임 형성은 애초에 불완전하지만 이후 연구의 방향을 제시하고 소수 특정 부분의 성공적인 결과를 약속할 수 있을 뿐이다. 그러나 패러다임의 정착은 연구의 정밀화, 집중화 등을 통하여 자기 지식을 확장해 가며 차츰 폭넓은 이론 체계를 구축한다.

이처럼 과학자들이 패러다임을 기반으로 하여 연구를 진척시키는 것을 쿤은 '정상 과학'이라고 부른다. 기초적인 전제가 확립되었으므로 과학자들은 이 시기에 상당히 심오한 문제의 작은 영역들에 집중함으로써, 그렇지 않았더라면 상상조차 못했을 자연의 어느 부분을 깊이 있게 탐구하게 된다. 그에 따라 각종 실험 장치들도 정밀해지고 다양해지며, 문제를 해결해 가는 특정 기법과 규칙들이 만들어진다.

연구는 이제 혼란으로서의 다양성이 아니라, 이론과 자연 현상을 일치시켜 가는 지식의 확장으로서의 다양성을 이루게 된다.

그러나 정상 과학은 완성된 과학이 아니다. 과학적 사고방식과 관습, 기법 등이 하나의 기반으로 통일되어 있다는 것일 뿐 해결해야 할 과제는 무수하다. 패러다임이란 과학자들 사이의 세계관 통일이지 세계에 대한 해석의 끝은 아니다.

그렇다면 <u>정상 과학의 시기</u>에는 어떤 연구가 어떻게 이루어지는가? 정상 과학의 시기에는 이미 이론의 핵심 부분들은 정립되어 있다. 따라서 과학자들의 연구는 근본적인 새로움을 좇아가지는 않으며, 다만 연구의 세부 내용이 좀 더 깊어지거나 넓어질 뿐이다. 그렇다면 이러한 시기에 과학자들의 열정과 헌신성은 무엇으로 유지될 수 있을까? 연구가 고작 예측된 결과를 좇아갈 뿐이고, 예측된 결과가 나오지 않으면 실패라고 규정되는 상태에서 과학의 발전은 어떻게 이루어지는가?

쿤은 이 물음에 대하여 '수수께끼 풀이'라는 대답을 준비한다. 어떤 현상의 결과가 충분히 예측된다고 할지라도 정작 그 예측이 달성되는 세세한 과정은 대개 의문 속에 있기 마련이다. 자연 현상의 전 과정을 우리가 일목요연하게 알고 있는 것은 아니기 때문이다. 이론으로서의 예측 결과와 실제의 현상을 일치시키기 위해서는 여러 복합적인 기기적, 개념적, 수학적인 방법이 필요하다. 이것이 바로 수수께끼 풀이다.

① 패러다임을 기반으로 하여 연구를 진척하기 때문에 다양한 학설과 이론이 등장한다.
② 예측된 결과만을 좇을 수밖에 없기 때문에 과학자들의 열정과 헌신성은 낮아진다.
③ 기초적인 전제가 확립되었으므로 작은 범주의 영역에 대한 연구에 집중한다.
④ 과학자들 사이의 세계관이 통일된 시기이기 때문에 완성된 과학이라고 부를 수 있다.
⑤ 이 시기는 문제를 해결해 가는 과정보다는 기초 이론에 대한 발견이 주가 된다.

03 다음 글을 읽고 추론한 내용으로 적절한 것을 〈보기〉에서 모두 고르면?

우리가 현재 가지고 있는 믿음들은 추가로 획득된 정보에 의해서 수정된다. 뺑소니 사고의 용의자로 갑, 을, 병이 지목되었고 이 중 단 한 명만 범인이라고 하자. 수사관 K는 운전 습관, 범죄 이력 등을 근거로 각 용의자가 범인일 확률을 추측하여, '갑이 범인'이라는 것을 0.3, '을이 범인'이라는 것을 0.45, '병이 범인'이라는 것을 0.25만큼 믿게 되었다고 하자. 얼마 후 병의 알리바이가 확보되어 병은 용의자에서 제외되었다.

그렇다면 K의 믿음의 정도는 어떻게 수정되어야 할까? 믿음의 정도를 수정하는 두 가지 방법이 있다. 방법 A는 0.25를 다른 두 믿음에 동일하게 나누어 주는 것이다. 따라서 병의 알리바이가 확보된 이후 '갑이 범인'이라는 것과 '을이 범인'이라는 것에 대한 K의 믿음의 정도는 각각 0.425와 0.575가 된다. 방법 B는 기존 믿음의 정도에 비례해서 분배하는 것이다. '을이 범인'이라는 것에 대한 기존 믿음의 정도 0.45는 '갑이 범인'이라는 것에 대한 기존 믿음의 정도 0.3의 1.5배이다. 따라서 믿음의 정도 0.25도 이 비율에 따라 나누어주어야 한다. 즉, 방법 B는 '갑이 범인'이라는 것에는 0.1을, '을이 범인'이라는 것에는 0.15를 추가하는 것이다. 방법 B에 따르면 병의 알리바이가 확보된 이후 '갑이 범인'이라는 것과 '을이 범인'이라는 것에 대한 K의 믿음의 정도는 각각 0.4와 0.6이 된다.

보기

㉠ 만약 기존 믿음의 정도들이 위 사례와 달랐다면, 병이 용의자에서 제외된 뒤 '갑이 범인'과 '을이 범인'에 대한 믿음의 정도의 합은, 방법 A와 방법 B 중 무엇을 이용하는지에 따라 다를 수 있다.

㉡ 만약 기존 믿음의 정도들이 위 사례와 달랐다면, 병이 용의자에서 제외된 뒤 '갑이 범인'과 '을이 범인'에 대한 믿음의 정도의 차이는 방법 A를 이용한 결과가 방법 B를 이용한 결과보다 클 수 있다.

㉢ 만약 '갑이 범인'에 대한 기존 믿음의 정도와 '을이 범인'에 대한 기존 믿음의 정도가 같았다면, '병이 범인'에 대한 기존 믿음의 정도에 상관없이 병이 용의자에서 제외된 뒤 방법 A를 이용한 결과와 방법 B를 이용한 결과는 서로 같다.

① ㉡

② ㉢

③ ㉠, ㉡

④ ㉠, ㉢

⑤ ㉡, ㉢

| 유형분석 |

- 주어진 지문을 바탕으로 빈칸에 들어갈 내용을 찾는 문제이다.
- 선택지의 내용을 정확하게 확인하고 빈칸 앞뒤 문맥을 파악하는 능력이 필요하다.

다음 글의 빈칸에 들어갈 내용으로 가장 적절한 것은?

미세먼지와 황사는 여러모로 비슷하면서도 뚜렷한 차이점을 지니고 있다. 삼국사기에도 기록되어 있는 황사는 중국 내륙 내몽골 사막에 강풍이 불면서 날아오는 모래와 흙먼지를 일컫는데, 장단점이 존재했던 과거와 달리 중국 공업지대를 지난 황사에 미세먼지와 중금속 물질이 더해지며 심각한 환경문제로 대두되었다. 이와 달리 미세먼지는 일반적으로는 대기오염물질이 공기 중에 반응하여 형성된 황산염이나 질산염 등 이온성분, 석탄·석유 등에서 발생한 탄소화합물과 검댕, 흙먼지 등 금속화합물의 유해성분으로 구성된다.

미세먼지의 경우 통념적으로는 먼지를 미세먼지와 초미세먼지로 구분하고 있지만, 대기환경과 환경 보전을 목적으로 하는 환경정책기본법에서는 미세먼지를 PM(Particulate Matter)이라는 단위로 구분한다. 즉, 미세먼지(PM_{10})의 경우 입자의 크기가 $10\mu m$ 이하인 먼지이고, 미세먼지($PM_{2.5}$)는 입자의 크기가 $2.5\mu m$ 이하인 먼지로 정의하고 있다. 이에 비해 황사는 통념적으로는 입자 크기로 구분하지 않으나 주로 지름 $20\mu m$ 이하의 모래로 구분하고 있다. 때문에 _____

① 황사 문제를 해결하기 위해서는 근본적으로 황사의 발생 자체를 억제할 필요가 있다.
② 황사와 미세먼지의 차이를 입자의 크기만으로 구분 짓긴 어렵다.
③ 미세먼지의 역할 또한 분명히 존재함을 기억해야 할 것이다.
④ 황사와 미세먼지의 근본적인 구별법은 그 역할에서 찾아야 할 것이다.
⑤ 초미세먼지를 차단할 수 있는 마스크라 해도 황사와 초미세먼지를 동시에 차단하긴 어렵다.

정답 ②

미세먼지의 경우 최소 $10\mu m$ 이하의 먼지로 정의되고 있지만, 황사의 경우 주로 지름 $20\mu m$ 이하의 모래로 구분하되 통념적으로는 입자 크기로 구분하지 않는다. 따라서 $10\mu m$ 이하의 황사의 입자의 크기만으로 미세먼지와 구분 짓기는 어렵다.

오답분석

①·⑤ 제시문을 통해서 알 수 없는 내용이다.
③ 미세먼지의 역할에 대한 설명을 찾을 수 없다.
④ 제시문에서 설명하는 황사와 미세먼지의 근본적인 구별법은 구성성분의 차이이다.

풀이 전략!

빈칸 앞뒤의 문맥을 파악한 후 선택지에서 가장 어울리는 내용을 찾는다. 빈칸 앞에 접속사가 있다면 이를 활용한다.

01 다음 글의 빈칸에 들어갈 접속사를 순서대로 바르게 나열한 것은?

> 각 시대에는 그 시대의 특징을 나타내는 문학이 있다고 한다. 우리나라도 무릇 사천 살이 넘는 생활의 역사를 가진 만큼 그 발전 시기마다 각각 특색을 가진 문학이 없을 수 없고, 문학이 있었다면 그 중추가 되는 것은 아무래도 시가문학이라고 볼 수밖에 없다. _____ 대개 어느 민족을 막론하고 인간 사회가 성립하는 동시에 벌써 각자의 감정과 의사를 표시하려는 욕망이 생겼을 것이며, 삼라만상의 대자연은 자연 그 자체가 율동적이고 음악적이라고 할 수 있기 때문이다. 다시 말하면 인간이 생활하는 곳에는 자연적으로 시가가 발생하였다고 할 수 있다. _____ 사람의 지혜가 트이고 비교적 언어의 사용이 능란해짐에 따라 종합 예술체의 한 부분으로 있었던 서정문학적 요소가 분화·독립되어 제요나 노동요 따위의 시가의 원형을 이루고 다시 이 집단적 가요는 개인적 서정시로 발전하여 갔으리라 추측된다. _____ 다른 나라도 마찬가지이겠지만, 우리 문학사상에서 시가의 지위는 상당히 중요한 몫을 지니고 있다.

① 왜냐하면 – 그리고 – 그러므로
② 그리고 – 왜냐하면 – 그러므로
③ 그러므로 – 그리고 – 왜냐하면
④ 왜냐하면 – 그러나 – 그럼에도 불구하고
⑤ 그러므로 – 그래서 – 그러나

PART 2

02 다음 글의 빈칸에 들어갈 문장을 〈보기〉에서 찾아 순서대로 바르게 나열한 것은?

요즘에는 낯선 곳을 찾아갈 때 지도를 해석하며 어렵게 길을 찾지 않아도 된다. 이는 기술력의 발달에 따라 제공되는 공간 정보를 바탕으로 최적의 경로를 탐색할 수 있게 되었기 때문이다. _____ 이처럼 공간 정보가 시간에 따른 변화를 반영할 수 있게 된 것은 정보를 수집하고 분석하는 정보 통신 기술의 발전과 밀접한 관련이 있다.

공간 정보의 활용은 '위치정보시스템(GPS)'과 '지리정보시스템(GIS)' 등의 기술적 발전과 휴대전화나 태블릿 PC 등 정보 통신 기기의 보급을 기반으로 한다. 위치정보시스템은 공간에 대한 정보를 수집하고, 지리정보시스템은 정보를 저장, 분류, 분석한다. 이렇게 분석된 정보는 사용자의 요구에 따라 휴대전화나 태블릿 PC 등을 통해 최적화되어 전달된다.

길 찾기를 예로 들어 이 과정을 살펴보자. 휴대전화 애플리케이션을 이용해 사용자가 가려는 목적지를 입력하고 이동 수단으로 버스를 선택하였다면, 우선 사용자의 현재 위치가 위치정보시스템에 의해 실시간으로 수집된다. 그리고 목적지와 이동 수단 등 사용자의 요구와 실시간으로 수집된 정보에 따라 지리정보시스템은 탑승할 버스 정류장의 위치, 다양한 버스 노선, 최단 시간 등을 분석하여 제공한다. _____

_____ 예를 들어, 여행지와 관련한 공간 정보는 여행자의 요구와 선호에 따라 선별적으로 분석되어 활용된다. 나아가 유동 인구를 고려한 상권 분석과 교통의 흐름을 고려한 도시 계획 수립에도 공간 정보 활용이 가능하게 되었다. 획기적으로 발전되고 있는 첨단 기술이 적용된 공간 정보가 국가 차원의 자연재해 예측 시스템에도 활발히 활용된다면 한층 정밀한 재해 예방 및 대비가 가능해질 것이다. 이로 인해 우리의 삶도 더 편리하고 안전해질 것으로 기대된다.

보기

ⓒ 어떤 곳의 위치 좌표나 지리적 형상에 대한 정보뿐만 아니라 시간에 따른 공간의 변화를 포함한 공간 정보를 이용할 수 있게 되면서 가능해진 것이다.

ⓛ 더 나아가 교통 정체와 같은 돌발 상황과 목적지에 이르는 경로의 주변 정보까지 분석하여 제공한다.

ⓒ 공간 정보의 활용 범위는 계속 확대되고 있다.

---

① ㉠, ㉡, ㉢   ② ㉠, ㉢, ㉡

③ ㉡, ㉠, ㉢   ④ ㉡, ㉢, ㉠

⑤ ㉢, ㉠, ㉡

03 다음 글의 빈칸에 들어갈 내용으로 가장 적절한 것은?

탁월함은 어떻게 습득되는가, 그것을 가르칠 수 있는가? 이 물음에 대하여 아리스토텔레스는 지성의 탁월함은 가르칠 수 있지만, 성품의 탁월함은 비이성적인 것이어서 가르칠 수 없고, 훈련을 통해서 얻을 수 있다고 대답한다.

그는 좋은 성품을 얻는 것을 기술을 습득하는 것에 비유한다. 그에 따르면, 리라(Lyra)를 켬으로써 리라를 켜는 법을 배우며 말을 탐으로써 말을 타는 법을 배운다. 어떤 기술을 얻고자 할 때 처음에는 교사의 지시대로 행동한다. 그리고 반복 연습을 통하여 그 행동이 점점 더 하기 쉽게 되고 마침내 제2의 천성이 된다. 이와 마찬가지로 어린아이는 어떤 상황에서 어떻게 행동해야 진실되고 관대하며 예의를 차리게 되는지 일일이 배워야 한다. 훈련과 반복을 통하여 그런 행위들을 연마하다 보면 그것들을 점점 더 쉽게 하게 되고, 결국에는 스스로 판단할 수 있게 된다.

그는 올바른 훈련이란 강제가 아니고 그 자체가 즐거움이 되어야 한다고 지적한다. 또한 그렇게 훈련받은 사람은 일을 바르게 처리하는 것을 즐기게 되고, 일을 바르게 처리하고 싶어하게 되며, 올바른 일을 하는 것을 어려워하지 않게 된다. 이처럼 성품의 탁월함이란 사람들이 '하는 것'만이 아니라 사람들이 '하고 싶어 하는 것'과도 관련된다. 그리고 한두 번 관대한 행동을 한 것으로 충분하지 않으며, 늘 관대한 행동을 하고 그런 행동에 감정적으로 끌리는 성향을 갖고 있어야 비로소 관대함에 관하여 성품의 탁월함을 갖고 있다고 할 수 있다.

다음과 같은 예를 통해 아리스토텔레스의 견해를 생각해 보자. 갑돌이는 성품이 곧고 자신감이 충만하다. 그가 한 모임에 참석하였는데, 거기서 다수의 사람들이 옳지 않은 행동을 한다고 생각했을 때, 그는 다수의 행동에 대하여 비판의 목소리를 낼 것이며 그렇게 하는 데 별 어려움을 느끼지 않을 것이다. 한편, 수줍어하고 우유부단한 병식이도 한 모임에 참석하였는데, 그 역시 다수의 행동이 잘못되었다는 판단을 했다고 하자. 이런 경우에 병식이는 일어나서 다수의 행동이 잘못되었다고 말할 수 있겠지만, 그렇게 하려면 엄청난 의지를 발휘해야 할 것이고 자신과 힘든 싸움도 해야 할 것이다. 그런데도 병식이가 그렇게 행동했다면 우리는 병식이가 용기 있게 행동하였다고 칭찬할 것이다. 그러나 아리스토텔레스의 입장에서 성품의 탁월함을 가진 사람은 갑돌이다. 왜냐하면 _____ 우리가 어떠한 사람을 존경할 것인가가 아니라, 우리 아이를 어떤 사람으로 키우고 싶은가라는 질문을 받는다면 우리는 아리스토텔레스의 견해에 가까워질 것이다. 왜냐하면 우리는 우리 아이들을 갑돌이와 같은 사람으로 키우고 싶어 할 것이기 때문이다.

① 그는 내적인 갈등 없이 옳은 일을 하기 때문이다.

② 그는 옳은 일을 하는 천성을 타고났기 때문이다.

③ 그는 주체적 판단에 따라 옳은 일을 하기 때문이다.

④ 그는 자신이 옳다는 확신을 가지고 옳은 일을 하기 때문이다.

⑤ 그는 다른 사람들의 칭찬을 의식하지 않고 옳은 일을 하기 때문이다.

CHAPTER 02

수리능력

합격 Cheat Key

수리능력은 사칙 연산·통계·확률의 의미를 정확하게 이해하고 이를 업무에 적용하는 능력으로, 기초 연산과 기초 통계, 도표 분석 및 작성의 문제 유형으로 출제된다. 수리능력 역시 채택하지 않는 공사·공단이 거의 없을 만큼 필기시험에서 중요도가 높은 영역이다.

특히, 난이도가 높은 공사·공단의 시험에서는 도표 분석, 즉 자료 해석 유형의 문제가 많이 출제되고 있고, 응용 수리 역시 꾸준히 출제하는 공사·공단이 많기 때문에 기초 연산과 기초 통계에 대한 공식의 암기와 자료 해석 능력을 기를 수 있는 꾸준한 연습이 필요하다.

1 응용 수리의 공식은 반드시 암기하라!

응용 수리는 공사·공단마다 출제되는 문제는 다르지만, 사용되는 공식은 비슷한 경우가 많으므로 자주 출제되는 공식을 반드시 암기하여야 한다. 문제에서 묻는 것을 정확하게 파악하여 그에 맞는 공식을 적절하게 적용하는 꾸준한 노력과 공식을 암기하는 연습이 필요하다.

2 자료의 해석은 자료에서 즉시 확인할 수 있는 지문부터 확인하라!

수리능력 중 도표 분석, 즉 자료 해석 능력은 많은 시간을 필요로 하는 문제가 출제되므로, 증가·감소 추이와 같이 눈으로 확인이 가능한 지문을 먼저 확인한 후 복잡한 계산이 필요한 지문을 확인하는 방법으로 문제를 풀이한다면 시간을 조금이라도 아낄 수 있다. 또한, 여러 가지 보기가 주어진 문제 역시 지문을 잘 확인하고 문제를 풀이한다면 불필요한 계산을 생략할 수 있으므로 항상 지문부터 확인하는 습관을 들여야 한다.

3 도표 작성에서 지문에 작성된 도표의 제목을 반드시 확인하라!

도표 작성은 하나의 자료 혹은 보고서와 같은 수치가 표현된 자료를 도표로 작성하는 형식으로 출제되는데, 대체로 표보다는 그래프를 작성하는 형태로 많이 출제된다. 지문을 살펴보면 각 지문에서 주어진 도표에도 소제목이 있는 경우가 대부분이다. 이때, 자료의 수치와 도표의 제목이 일치하지 않는 경우 함정이 존재하는 문제일 가능성이 높으므로 도표의 제목을 반드시 확인하는 것이 중요하다.

01 응용 수리

| 유형분석 |

- 문제에서 제공하는 정보를 파악한 뒤, 사칙연산을 활용하여 계산하는 전형적인 수리문제이다.
- 문제를 풀기 위한 정보가 산재되어 있는 경우가 많으므로 주어진 조건 등을 꼼꼼히 확인해야 한다.

세희네 가족의 올해 휴가비용은 작년 대비 교통비는 15%, 숙박비는 24% 증가하였고, 전체 휴가비용은 20% 증가하였다. 작년 전체 휴가비용이 36만 원일 때, 올해 숙박비는?(단, 전체 휴가비용은 교통비와 숙박비의 합이다)

① 160,000원
② 184,000원
③ 200,000원
④ 248,000원
⑤ 268,000원

정답 ④

작년 교통비를 x만 원, 숙박비를 y만 원이라 하자.
$1.15x + 1.24y = 1.2(x+y) \cdots$ ㉠
$x + y = 36 \cdots$ ㉡
㉠과 ㉡을 연립하면 $x = 16$, $y = 20$이다.
따라서 올해 숙박비는 $20 \times 1.24 = 24.8$만 원이다.

풀이 전략!

문제에서 묻는 바를 정확하게 확인한 후, 필요한 조건 또는 정보를 구분하여 신속하게 풀어 나간다. 단, 계산에 착오가 생기지 않도록 유의한다.

01 혜영이가 자전거를 타고 300m를 달리는 동안 지훈이는 자전거를 타고 400m를 달린다고 한다. 두 사람이 둘레가 1,800m인 원 모양의 연못 둘레를 같은 지점에서 같은 방향으로 동시에 출발하여 15분 후에 처음으로 만날 때 혜영이와 지훈이가 이동한 거리의 합은?

① 7,200m

② 8,800m

③ 9,400m

④ 12,600m

⑤ 16,800m

02 화창한 어느 날 낮에 3%의 설탕물 400g이 들어있는 컵을 창가에 놓아두었다. 저녁에 살펴보니 물이 증발하여 농도가 5%가 되었다. 남아있는 물의 양은 몇 g인가?

① 220g

② 230g

③ 240g

④ 250g

⑤ 260g

03 S수건공장은 판매하고 남은 재고로 선물세트를 만들기 위해 포장을 하기로 하였다. 이때 4개씩 포장하면 1개가 남고, 5개씩 포장하면 4개가 남고, 7개씩 포장하면 1개가 남고, 8개씩 포장하면 1개가 남는다고 한다. 다음 중 가능한 재고량의 최솟값은?

① 166개

② 167개

③ 168개

④ 169개

⑤ 170개

04 K공사는 파견 근무를 나갈 10명을 뽑아 팀을 구성하려 한다. 새로운 팀 내에서 팀장 한 명과 회계 담당 2명을 뽑으려고 할 때, 가능한 경우의 수는 모두 몇 가지인가?

① 300가지

② 320가지

③ 348가지

④ 360가지

⑤ 396가지

05 A, B가 서로 일직선상으로 20km 떨어져 마주보는 위치에 있고, A로부터 7.6km 떨어진 곳에는 400m 길이의 다리가 있다. A가 먼저 시속 6km로 출발하고, B가 x분 후에 시속 12km로 출발하여 A와 B가 다리 위에서 만났다고 할 때, x의 최댓값과 최솟값의 차는 얼마인가?(단, 다리와 일반 도로 사이의 경계는 다리에 포함한다)

① 4

② 5

③ 6

④ 7

⑤ 8

06 A가 혼자 컴퓨터를 조립하면 2시간이 걸리고, B가 혼자 조립하면 3시간이 걸린다. 먼저 A가 혼자 컴퓨터를 조립하다가 중간에 일이 생겨 나머지를 B가 완성했는데, 걸린 시간은 총 2시간 15분이었다. A가 혼자 일한 시간은 몇 시간인가?

① 1시간 25분

② 1시간 30분

③ 1시간 35분

④ 1시간 40분

⑤ 1시간 45분

07 K공사에서 노후화된 컴퓨터 모니터를 교체하기 위해 부서별로 조사를 한 결과, 다음과 같이 교체하기로 하였다. 이때, 새로 구입할 모니터는 총 몇 대인가?(단, 부서는 인사부, 총무부, 연구부, 마케팅부 4개만 있다)

새로 구입할 전체 모니터 중 $\frac{2}{5}$ 대는 인사부, $\frac{1}{3}$ 대는 총무부의 것이고, 인사부에서 교체할 모니터 개수의 $\frac{1}{3}$은 연구부에서 교체할 개수이며, 마케팅부는 400대를 교체할 것이다.

① 1,000대   ② 1,500대
③ 2,500대   ④ 3,000대
⑤ 3,500대

08 희경이의 회사는 본사에서 S지점까지의 거리가 총 50km이다. 본사에서 근무하는 희경이가 S지점에서의 미팅을 위해 버스를 타고 60km/h의 속력으로 20km를 갔더니 미팅시간이 얼마 남지 않아 택시로 바꿔 타고 90km/h의 속력으로 갔더니 오후 3시에 도착할 수 있었다. 희경이가 본사에서 나온 시각은 언제인가?(단, 본사에서 나와 버스를 기다린 시간과 버스에서 택시로 바꿔 탄 시간은 고려하지 않는다)

① 오후 1시 40분   ② 오후 2시
③ 오후 2시 20분   ④ 오후 2시 40분
⑤ 오후 3시

02 자료 계산

| 유형분석 |

- 문제에 주어진 도표를 분석하여 각 선택지의 값을 계산해 정답 유무를 판단하는 문제이다.
- 주로 그래프와 표로 제시되며, 경영·경제·산업 등과 관련된 최신 이슈를 많이 다룬다.
- 자료 간의 증감률·비율·추세 등을 자주 묻는다.

다음은 K국의 부양인구비를 나타낸 자료이다. 2023년 15세 미만 인구 대비 65세 이상 인구의 비율은 얼마인가?(단, 비율은 소수점 둘째 자리에서 반올림한다)

〈K국 부양인구비〉

구분	2019년	2020년	2021년	2022년	2023년
부양비	37.3	36.9	36.8	36.8	36.9
유소년부양비	22.2	21.4	20.7	20.1	19.5
노년부양비	15.2	15.6	16.1	16.7	17.3

※ (유소년부양비)$=\dfrac{(15세\ 미만\ 인구)}{(15 \sim 64세\ 인구)} \times 100$

※ (노년부양비)$=\dfrac{(65세\ 이상\ 인구)}{(15 \sim 64세\ 인구)} \times 100$

① 72.4% ② 77.6%

③ 81.5% ④ 88.7%

정답 ④

2023년 15세 미만 인구를 x명, 65세 이상 인구를 y명, 15 ~ 64세 인구를 a명이라 하면,

15세 미만 인구 대비 65세 이상 인구 비율은 $\dfrac{y}{x} \times 100$이므로

(2023년 유소년부양비)$=\dfrac{x}{a} \times 100=19.5 \rightarrow a=\dfrac{x}{19.5} \times 100 \cdots \bigcirc$

(2023년 노년부양비)$=\dfrac{y}{a} \times 100=17.3 \rightarrow a=\dfrac{y}{17.3} \times 100 \cdots \bigcirc\!\bigcirc$

$\bigcirc$, $\bigcirc\!\bigcirc$을 연립하면 $\dfrac{x}{19.5}=\dfrac{y}{17.3} \rightarrow \dfrac{y}{x}=\dfrac{17.3}{19.5}$ 이므로, 15세 미만 인구 대비 65세 이상 인구의 비율은 $\dfrac{17.3}{19.5} \times 100 \fallingdotseq 88.7\%$이다.

풀이 전략!

선택지를 먼저 읽고 필요한 정보를 도표에서 확인하도록 하며, 계산이 필요한 경우에는 실제 수치를 사용하여 복잡한 계산을 하는 대신, 대소 관계의 비교나 선택지의 옳고 그름만을 판단할 수 있을 정도로 간소화하여 계산해 풀이시간을 단축할 수 있도록 한다.

01 물류팀에 근무하는 E사원은 9월 라면 입고량과 판매량을 확인하던 중 11일과 15일에 A, B업체의 기록이 누락되어 있는 것을 발견하였다. 동료직원인 K사원은 E사원에게 "9월 11일의 전체 라면 재고량 중 A업체는 10%, B업체는 9%를 차지하였고, 9월 15일의 A업체 라면 재고량은 B업체보다 500개가 더 많았다."라고 말했다. 이때 9월 11일의 전체 라면 재고량은 몇 개인가?

구분		9월 12일	9월 13일	9월 14일
A업체	입고량	300	–	200
	판매량	150	100	–
B업체	입고량	–	250	–
	판매량	200	150	50

① 10,000개 ② 15,000개

③ 20,000개 ④ 25,000개

⑤ 30,000개

02 K통신회사는 이동전화의 통화시간에 따라 월 2시간까지는 기본요금이 부과되고, 2시간 초과 3시간까지는 분당 a원, 3시간 초과부터는 $2a$원을 부과한다. 다음과 같이 요금이 청구되었을 때, a의 값은 얼마인가?

〈휴대전화 이용요금〉

구분	통화시간	요금
8월	3시간 30분	21,600원
9월	2시간 20분	13,600원

① 50 ② 80

③ 100 ④ 120

⑤ 150

03 서울에서 사는 K씨는 휴일에 가족들과 경기도 맛집에 가기 위해 오후 3시에 집 앞으로 중형 콜택시를 불렀다. 집에서 맛집까지의 거리는 12.56km이며, 집에서 맛집으로 출발하여 4.64km를 이동하면 경기도에 진입한다. 맛집에 도착할 때까지 신호로 인해 택시가 멈췄던 시간은 8분이며, 택시의 속력은 이동 시 항상 60km/h 이상이었다. 다음 자료를 참고할 때, K씨가 지불하게 될 택시요금은 얼마인가?(단, 콜택시의 예약 비용은 없으며, 신호로 인한 멈춘 시간은 모두 경기도 진입 후이다)

〈서울시 택시요금 계산표〉

구분			신고요금
중형택시	주간	기본요금	2km까지 3,800원
		거리요금	100원당 132m
		시간요금	100원당 30초
	심야	기본요금	2km까지 4,600원
		거리요금	120원당 132m
		시간요금	120원당 30초
	공통사항		– 시간 · 거리 부분 동시병산(15.33km/h 미만 시) – 시계외 할증 20% – 심야(00:00 ~ 04:00) 할증 20% – 심야 · 시계외 중복할증 40%

※ '시간요금'이란 속력이 15.33km/h 미만이거나 멈춰있을 때 적용된다.
※ 서울시에서 다른 지역으로 진입 후 시계외 할증(심야 거리 및 시간요금)이 적용된다.

① 13,800원　　　　　　　② 14,000원
③ 14,220원　　　　　　　④ 14,500원
⑤ 14,920원

04 다음은 2023년 연령별 인구수 현황을 나타낸 그래프이다. 연령대를 기준으로 남성 인구가 40% 이하인 연령대 ㉠과 여성 인구가 50% 초과 60% 이하인 연령대 ㉡이 바르게 연결된 것은?(단, 소수점 둘째 자리에서 반올림한다)

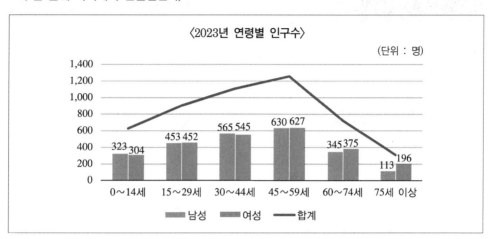

	㉠	㉡
①	0 ~ 14세	15 ~ 29세
②	30 ~ 44세	15 ~ 29세
③	45 ~ 59세	60 ~ 74세
④	75세 이상	60 ~ 74세
⑤	75세 이상	45 ~ 59세

03 자료 이해

| 유형분석 |

- 제시된 표를 분석하여 선택지의 정답 유무를 판단하는 문제이다.
- 표의 수치 등을 통해 변화량이나 증감률, 비중 등을 비교하여 판단하는 문제가 자주 출제된다.
- 지원하고자 하는 공사공단이나 관련 산업 자료 등이 문제의 자료로 많이 다뤄진다.

다음은 도시폐기물량 상위 10개국의 도시폐기물량지수와 한국의 도시폐기물량을 나타낸 자료이다. 이에 대한 〈보기〉 중 옳은 것을 모두 고르면?

〈도시폐기물량 상위 10개국의 도시폐기물량지수〉

순위	2020년		2021년		2022년		2023년	
	국가	지수	국가	지수	국가	지수	국가	지수
1	미국	12.05	미국	11.94	미국	12.72	미국	12.73
2	러시아	3.40	러시아	3.60	러시아	3.87	러시아	4.51
3	독일	2.54	브라질	2.85	브라질	2.97	브라질	3.24
4	일본	2.53	독일	2.61	독일	2.81	독일	2.78
5	멕시코	1.98	일본	2.49	일본	2.54	일본	2.53
6	프랑스	1.83	멕시코	2.06	멕시코	2.30	멕시코	2.35
7	영국	1.76	프랑스	1.86	프랑스	1.96	프랑스	1.91
8	이탈리아	1.71	영국	1.75	이탈리아	1.76	터키	1.72
9	터키	1.50	이탈리아	1.73	영국	1.74	영국	1.70
10	스페인	1.33	터키	1.63	터키	1.73	이탈리아	1.40

※ (도시폐기물량지수)= $\dfrac{\text{(해당 연도 해당 국가의 도시폐기물량)}}{\text{(해당 연도 한국의 도시폐기물량)}}$

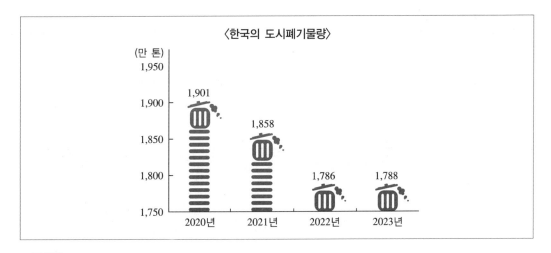

〈한국의 도시폐기물량〉

PART 2

보기

㉠ 2023년 도시폐기물량은 미국이 일본의 4배 이상이다.
㉡ 2022년 러시아의 도시폐기물량은 8,000만 톤 이상이다.
㉢ 2023년 스페인의 도시폐기물량은 2020년에 비해 감소하였다.
㉣ 영국의 도시폐기물량은 터키의 도시폐기물량보다 매년 많다.

① ㉠, ㉢   ② ㉠, ㉣
③ ㉡, ㉢   ④ ㉢, ㉣

정답 ①

㉠ 제시된 자료의 각주에 의해 같은 해의 각국의 도시폐기물량지수는 그 해 한국의 도시폐기물량을 기준해 도출된다. 즉, 같은 해의 여러 국가의 도시폐기물량을 비교할 때 도시폐기물량지수로도 비교가 가능하다. 2023년 미국과 일본의 도시폐기물량지수는 각각 12.73, 2.530이며, 2.53×4=10.12<12.73이므로 옳은 설명이다.

㉢ 2020년 한국의 도시폐기물량은 1,901만 톤이므로 2020년 스페인의 도시폐기물량은 1,901×1.33=2,528.33만 톤이다. 도시폐기물량 상위 10개국의 도시폐기물량지수 자료를 보면 2023년 스페인의 도시폐기물량지수는 상위 10개국에 포함되지 않았음을 확인할 수 있다. 즉, 스페인의 도시폐기물량은 도시폐기물량지수 10위인 이탈리아의 도시폐기물량보다 적다. 2023년 한국의 도시폐기물량은 1,788만 톤이므로 이탈리아의 도시폐기물량은 1,788×1.40=2,503.2만 톤이다. 즉, 2023년 이탈리아의 도시폐기물량은 2020년 스페인의 도시폐기물량보다 적다. 따라서 2023년 스페인의 도시폐기물량은 2020년에 비해 감소했다.

오답분석

㉡ 2022년 한국의 도시폐기물량은 1,786만 톤이므로 2022년 러시아의 도시폐기물량은 1,786×3.87=6,911.82만 톤이다.
㉣ 2023년의 경우 터키의 도시폐기물량지수는 영국보다 높다. 따라서 2023년 영국의 도시폐기물량은 터키의 도시폐기물량보다 적다.

풀이 전략!

평소 변화량이나 증감률, 비중 등을 구하는 공식을 알아두고 있어야 하며, 지원하는 기업이나 산업에 관한 자료 등을 확인하여 비교하는 연습 등을 한다.

01 다음은 S시와 K시의 연도별 회계 예산액에 대한 자료이다. 이에 대한 설명으로 옳지 않은 것은?

〈S시와 K시의 연도별 회계 예산액 현황〉

(단위 : 백만 원)

구분	S시			K시		
	합계	일반회계	특별회계	합계	일반회계	특별회계
2018년	1,951,003	1,523,038	427,965	1,249,666	984,446	265,220
2019년	2,174,723	1,688,922	485,801	1,375,349	1,094,510	280,839
2020년	2,259,412	1,772,835	486,577	1,398,565	1,134,229	264,336
2021년	2,355,574	1,874,484	481,090	1,410,393	1,085,386	325,007
2022년	2,486,125	2,187,790	298,335	1,510,951	1,222,957	287,994

① S시의 전체 회계 예산액이 증가한 시기에는 K시의 전체 회계 예산액도 증가했다.

② S시의 일반회계 예산액은 항상 K시의 일반회계 예산액보다 1.5배 이상 더 많다.

③ 2020년 K시 특별회계 예산액의 S시 특별회계 예산액 대비 비중은 50% 이상이다.

④ 2021년 K시 전체 회계 예산액에서 특별회계 예산액의 비중은 25% 이상이다.

⑤ S시와 K시의 일반회계의 연도별 증감추이는 다르다.

02 다음은 어느 해 개최된 올림픽에 참가한 6개국의 성적이다. 이에 대한 설명으로 옳지 않은 것은?

〈국가별 올림픽 성적〉

(단위 : 명, 개)

국가	참가선수	금메달	은메달	동메달	메달 합계
A	240	4	28	57	89
B	261	2	35	68	105
C	323	0	41	108	149
D	274	1	37	74	112
E	248	3	32	64	99
F	229	5	19	60	84

① 획득한 금메달 수가 많은 국가일수록 은메달 수는 적었다.

② 금메달을 획득하지 못한 국가가 가장 많은 메달을 획득했다.

③ 참가선수의 수가 많은 국가일수록 획득한 동메달 수도 많았다.

④ 획득한 메달의 합계가 큰 국가일수록 참가선수의 수도 많았다.

⑤ 참가선수가 가장 적은 국가의 메달 합계는 전체 6위이다.

03 K소비자단체는 현재 판매 중인 가습기의 표시지 정보와 실제 성능을 비교하기 위해 8개의 제품을 시험하였고, 다음과 같은 결과를 발표하였다. 이에 대한 설명으로 옳은 것은?

〈가습기 성능 시험 결과〉

모델	제조사	구분	가습기 성능					
			미생물 오염도	가습능력	적용 바닥면적 (아파트)	적용 바닥면적 (주택)	소비전력	소음
			CFU/m²	mL/h	m²	m²	W	dB(A)
A가습기	W사	표시지	14	262	15.5	14.3	5.2	26.0
		시험 결과	16	252	17.6	13.4	6.9	29.9
B가습기	L사	표시지	11	223	12.3	11.1	31.5	35.2
		시험 결과	12	212	14.7	11.2	33.2	36.6
C가습기	C사	표시지	19	546	34.9	26.3	10.5	31.5
		시험 결과	22	501	35.5	26.5	11.2	32.4
D가습기	W사	표시지	9	219	17.2	12.3	42.3	30.7
		시험 결과	8	236	16.5	12.5	44.5	31.0
E가습기	C사	표시지	9	276	15.8	11.6	38.5	31.8
		시험 결과	11	255	17.8	13.5	40.9	32.0
F가습기	C사	표시지	3	165	8.6	6.8	7.2	40.2
		시험 결과	5	129	8.8	6.9	7.4	40.8
G가습기	W사	표시지	4	223	14.9	11.4	41.3	31.5
		시험 결과	6	245	17.1	13.0	42.5	33.5
H가습기	L사	표시지	6	649	41.6	34.6	31.5	39.8
		시험 결과	4	637	45.2	33.7	30.6	41.6

① 시험 결과에 따르면 C사의 모든 가습기 소음은 W사의 모든 가습기의 소음보다 더 크다.

② L사의 모든 가습기는 표시지 정보와 시험 결과 모두 아파트 적용 바닥면적이 주택 적용 바닥면적 보다 넓다.

③ 표시지 정보에 따른 모든 가습기의 가습능력은 실제보다 과대 표시되었다.

④ W사의 모든 가습기는 표시지 정보보다 시험 결과의 미생물 오염도가 더 심한 것으로 나타났다.

⑤ W사와 L사 가습기의 소비전력은 표시지 정보보다 시험 결과가 더 많은 전력이 소모된다.

※ 다음은 이산가족 교류 성사 현황에 대한 자료이다. 이어지는 질문에 답하시오. **[4~5]**

〈이산가족 교류 성사 현황〉

(단위 : 건)

구분	3월	4월	5월	6월	7월	8월
접촉신청	18,193	18,200	18,204	18,205	18,206	18,221
생사확인	11,791	11,793	11,795	11,795	11,795	11,798
상봉	6,432	6,432	6,432	6,432	6,432	6,432
서신교환	12,267	12,272	12,274	12,275	12,276	12,288

04 다음 〈보기〉 중 이산가족 교류 성사 현황에 대한 설명으로 옳은 것을 모두 고르면?

보기

ㄱ. 접촉신청 건수는 4월부터 7월까지 매월 증가하였다.
ㄴ. 3월부터 8월까지 생사확인 건수와 서신교환 건수의 증감추세는 동일하다.
ㄷ. 6월 생사확인 건수는 접촉신청 건수의 70% 이하이다.
ㄹ. 5월보다 8월에 상봉 건수 대비 서신교환 건수 비율은 감소하였다.

① ㄱ, ㄴ
② ㄱ, ㄷ
③ ㄴ, ㄷ
④ ㄴ, ㄹ
⑤ ㄷ, ㄹ

05 다음은 이산가족 교류 성사 현황을 토대로 작성한 보고서이다. 밑줄 친 부분 중 옳지 않은 것을 모두 고르면?

통일부는 올해 3월부터 8월까지 이산가족 교류 성사 현황을 발표하였다. 발표한 자료에 따르면 ㉠ 3월부터 생사확인 건수는 꾸준히 증가하였다. 그러나 상봉 건수는 남북 간의 조율 결과 매월 일정 수준을 유지하고 있다. ㉡ 서신교환의 경우 3월 대비 8월 증가율은 2%p 미만이나, 꾸준한 증가추세를 보이고 있다. ㉢ 접촉신청 건수는 7월 전월 대비 불변한 것을 제외하면 꾸준히 증가추세를 보이고 있다. 통일부는 접촉신청, 생사확인, 상봉, 서신교환 외에도 다른 형태의 이산가족 교류를 추진하고 특히 상봉을 확대할 계획이라고 밝혔다. ㉣ 전문가들은 총 이산가족 교류 건수가 증가추세에 있음을 긍정적으로 평가하고 있다.

① ㉠, ㉡
② ㉠, ㉢
③ ㉡, ㉢
④ ㉡, ㉣
⑤ ㉢, ㉣

06 다음은 K국의 인구성장률에 대한 그래프이다. 이에 대한 설명으로 옳은 것은?

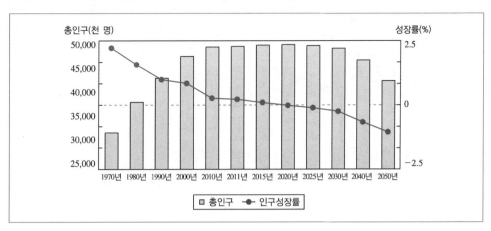

① 인구성장률은 2025년에 잠시 성장하다가 다시 감소할 것이다.

② 2011년부터 총인구는 감소할 것이다.

③ 2000 ~ 2010년 기간보다 2025 ~ 2030년 기간의 인구 증가가 덜할 것이다.

④ 2040년 총인구는 1990년 총인구보다 적을 것이다.

⑤ 총인구는 2000년부터 계속해서 감소하는 모습을 보이고 있다.

문제해결능력

합격 Cheat Key

문제해결능력은 업무를 수행하면서 여러 가지 문제 상황이 발생하였을 때, 창의적이고 논리적인 사고를 통하여 이를 올바르게 인식하고 적절히 해결하는 능력으로, 하위 능력에는 사고력과 문제처리능력이 있다.

문제해결능력은 NCS 기반 채용을 진행하는 대다수의 공사·공단에서 채택하고 있으며, 다양한 자료와 함께 출제되는 경우가 많아 어렵게 느껴질 수 있다. 특히, 난이도가 높은 문제로 자주 출제되기 때문에 다른 영역보다 더 많은 노력이 필요할 수는 있지만 그렇기에 차별화를 할 수 있는 득점 영역이므로 포기하지 말고 꾸준하게 노력해야 한다.

---

1 질문의 의도를 정확하게 파악하라!

문제해결능력은 문제에서 무엇을 묻고 있는지 정확하게 파악하여 먼저 풀이 방향을 설정하는 것이 가장 효율적인 방법이다. 특히, 조건이 주어지고 답을 찾는 창의적·분석적인 문제가 주로 출제되고 있기 때문에 처음에 정확한 풀이 방향이 설정되지 않는다면 문제를 제대로 풀지 못하게 되므로 첫 번째로 출제 의도 파악에 집중해야 한다.

2 중요한 정보는 반드시 표시하라!

출제 의도를 정확히 파악하기 위해서는 문제의 중요한 정보를 반드시 표시하거나 메모하여 하나의 조건, 단서도 잊고 넘어가는 일이 없도록 해야 한다. 실제 시험에서는 시간의 압박과 긴장감으로 정보를 잘못 적용하거나 잊어버리는 실수가 많이 발생하므로 사전에 충분한 연습이 필요하다.

3 반복 풀이를 통해 취약 유형을 파악하라!

문제해결능력은 특히 시간관리가 중요한 영역이다. 따라서 정해진 시간 안에 고득점을 할 수 있는 효율적인 문제 풀이 방법을 찾아야 한다. 이때, 반복적인 문제 풀이를 통해 자신이 취약한 유형을 파악하는 것이 중요하다. 정확하게 풀 수 있는 문제부터 빠르게 풀고 취약한 유형은 나중에 푸는 효율적인 문제 풀이를 통해 최대한 고득점을 맞는 것이 중요하다.

| 유형분석 |

- 주어진 문장을 토대로 논리적으로 추론하여 참 또는 거짓을 구분하는 문제이다.
- 대체로 연역추론을 활용한 명제 문제가 출제된다.
- 자료를 제시하고 새로운 결과나 자료에 주어지지 않은 내용을 추론해 가는 형식의 문제가 출제된다.

어느 도시에 있는 병원의 공휴일 진료 현황은 다음과 같다. 공휴일에 진료하는 병원의 수는?

- B병원이 진료를 하지 않으면, A병원은 진료를 한다.
- B병원이 진료를 하면, D병원은 진료를 하지 않는다.
- A병원이 진료를 하면, C병원은 진료를 하지 않는다.
- C병원이 진료를 하지 않으면, E병원이 진료를 한다.
- E병원은 공휴일에 진료를 하지 않는다.

① 1곳 ② 2곳
③ 3곳 ④ 4곳
⑤ 5곳

정답 ②

제시된 진료 현황을 각각의 명제로 보고 이들을 수식으로 설명하면 다음과 같다(단, 명제가 참일 경우 그 대우도 참이다).
- B병원이 진료를 하지 않으면 A병원이 진료한다($\sim$B → A / $\sim$A → B).
- B병원이 진료를 하면 D병원은 진료를 하지 않는다(B → $\sim$D / D → $\sim$B).
- A병원이 진료를 하면 C병원은 진료를 하지 않는다(A → $\sim$C / C → $\sim$A).
- C병원이 진료를 하지 않으면 E병원이 진료한다($\sim$C → E / $\sim$E → C).
이를 하나로 연결하면, D병원이 진료를 하면 B병원이 진료를 하지 않고, B병원이 진료를 하지 않으면 A병원은 진료를 한다. A병원이 진료를 하면 C병원은 진료를 하지 않고, C병원이 진료를 하지 않으면 E병원은 진료를 한다(D → $\sim$B → A → $\sim$C → E).
명제가 참일 경우 그 대우도 참이므로 $\sim$E → C → $\sim$A → B → $\sim$D가 된다. E병원은 공휴일에 진료를 하지 않으므로 위의 명제를 참고하면 C와 B병원만이 진료를 하는 경우가 된다. 따라서 공휴일에 진료를 하는 병원은 2곳이다.

풀이 전략!

명제와 관련한 기본적인 논법에 대해서는 미리 학습해 두며, 이를 바탕으로 각 문장에 있는 핵심단어 또는 문구를 기호화하여 정리한 후, 선택지와 비교하여 참 또는 거짓을 판단한다.

01 A ~ E는 직장에서 상여금을 받았다. 상여금은 순서와 관계없이 각각 25만 원, 50만 원, 75만 원, 100만 원, 125만 원이다. 다음 〈조건〉을 참고할 때 옳지 않은 것은?

> **조건**
> • A의 상여금은 다섯 사람 상여금의 평균이다.
> • B의 상여금은 C, D보다 적다.
> • C의 상여금은 어떤 사람의 상여금의 두 배이다.
> • D의 상여금은 E보다 적다.

① A의 상여금은 A를 제외한 나머지 네 명의 평균과 같다.
② A의 상여금은 반드시 B보다 많다.
③ C의 상여금은 두 번째로 많거나 두 번째로 적다.
④ C의 상여금이 A보다 많다면, B의 상여금은 C의 50%일 것이다.
⑤ C의 상여금이 D보다 적다면, D의 상여금은 E의 80%일 것이다.

02 K공사 직원 A ~ C는 이번 신입사원 교육에서 각각 인사, 사업, 영업 교육을 맡게 되었다. 다음 〈조건〉을 참고할 때, 교육과 관련된 내용이 바르게 연결된 것은?

> **조건**
> • 교육은 각각 2시간, 1시간 30분, 1시간 동안 진행된다.
> • A, B, C 중 2명은 과장이며, 나머지 한 명은 부장이다.
> • 부장은 B보다 짧게 교육을 진행한다.
> • A가 가장 오랜 시간 동안 사업 교육을 진행한다.
> • 교육 시간은 인사 교육이 가장 짧다.

	직원	담당 교육	교육 시간
①	B과장	인사 교육	1시간
②	B부장	영업 교육	1시간
③	C부장	인사 교육	1시간
④	C부장	인사 교육	1시간 30분
⑤	C과장	영업 교육	1시간 30분

03 홍보팀, 총무팀, 연구개발팀, 고객지원팀, 법무팀, 디자인팀으로 구성된 K사가 사내 체육대회를 실시하였다. 여섯 팀이 참가한 경기가 다음 조건과 같을 때, 항상 참인 것은?

> **조건**
>
> • 체육대회는 모두 4종목이며 모든 팀은 적어도 한 종목에 참가해야 한다.
> • 이어달리기 종목에 참가한 팀은 5팀이다.
> • 홍보팀은 모든 종목에 참가하였다.
> • 연구개발팀은 2종목에 참가하였다.
> • 총무팀이 참가한 어떤 종목은 4팀이 참가하였다.
> • 연구개발팀과 디자인팀은 같은 종목에 참가하지 않는다.
> • 고객지원팀과 법무팀은 모든 종목에 항상 같이 참가하였거나 같이 참가하지 않았다.
> • 디자인팀은 족구 종목에 참가하였다.

① 총무팀이 참가한 종목의 수와 법무팀이 참가한 종목의 수는 같다.
② 홍보팀과 고객지원팀이 동시에 참가하지 않는 종목은 없다.
③ 참가하는 종목이 가장 적은 팀은 디자인팀이다.
④ 연구개발팀과 법무팀이 참가한 종목의 수는 같다.
⑤ 연구개발팀과 디자인팀이 동시에 참가하지 않는 종목은 없다.

04 A ~ G 7명이 원형테이블에 〈조건〉과 같이 앉아 있을 때, 다음 중 직급이 사원인 사람과 대리인 사람을 순서대로 바르게 나열한 것은?

> **조건**
>
> A, B, C, D, E, F, G는 모두 사원, 대리, 과장, 차장, 팀장, 본부장, 부장 중 하나의 직급에 해당하며, 이 중 동일한 직급인 직원은 없다.
> • A의 왼쪽에는 부장이, 오른쪽에는 차장이 앉아 있다.
> • E는 사원과 이웃하여 앉지 않았다.
> • B는 부장과 이웃하여 앉아 있다.
> • C의 직급은 차장이다.
> • G는 차장과 과장 사이에 앉아 있다.
> • D는 A와 이웃하여 앉아 있다.
> • 사원은 부장, 대리와 이웃하여 앉아 있다.

	사원	대리
①	A	F
②	B	E
③	B	F
④	D	E
⑤	D	G

05 민하, 상식, 은희, 은주, 지훈은 점심 메뉴로 쫄면, 라면, 우동, 김밥, 어묵 중 각각 하나씩을 주문하였다. 제시된 〈조건〉이 모두 참일 때, 다음 중 점심 메뉴가 바르게 연결된 것은?(단, 모두 서로 다른 메뉴를 주문하였다)

> **조건**
> • 민하와 은주는 라면을 먹지 않았다.
> • 상식과 민하는 김밥을 먹지 않았다.
> • 은희는 우동을 먹었고, 지훈은 김밥을 먹지 않았다.
> • 지훈은 라면과 어묵을 먹지 않았다.

① 지훈 – 라면, 상식 – 어묵
② 지훈 – 쫄면, 민하 – 라면
③ 은주 – 어묵, 상식 – 김밥
④ 은주 – 쫄면, 민하 – 김밥
⑤ 민하 – 어묵, 상식 – 라면

06 이번 학기에 4개의 강좌 A ~ D가 새로 개설되는데, 강사 갑 ~ 무 중 4명이 한 강좌씩 맡으려 한다. 배정 결과를 궁금해 하는 5명은 다음 〈보기〉와 같이 예측했다. 배정 결과를 보니 갑 ~ 무의 진술 중 한 명의 진술만이 거짓이고 나머지는 참임이 드러났을 때, 다음 중 바르게 추론한 것은?

> **보기**
> 갑 : 을이 A강좌를 담당하고 병은 강좌를 담당하지 않을 것이다.
> 을 : 병이 B강좌를 담당할 것이다.
> 병 : 정은 D강좌가 아닌 다른 강좌를 담당할 것이다.
> 정 : 무가 D강좌를 담당할 것이다.
> 무 : 을의 말은 거짓일 것이다.

① 갑은 A강좌를 담당한다.
② 을은 C강좌를 담당한다.
③ 병은 강좌를 담당하지 않는다.
④ 정은 D강좌를 담당한다.
⑤ 무는 B강좌를 담당한다.

| 유형분석 |

- 주어진 상황과 규칙을 종합적으로 활용하여 풀어가는 문제이다.
- 일정, 비용, 순서 등 다양한 내용을 다루고 있어 유형을 한 가지로 단일화하기 어려우므로 여러 문제를 접해 보는 것이 좋다.

갑은 다음 규칙을 참고하여 알파벳을 숫자로 변환하고자 한다. 규칙을 적용한 〈보기〉의 ㉠ ~ ㉢ 알파벳에 부여된 숫자의 규칙에 따를 때, 알파벳 Z에 해당하는 각각의 자연수를 모두 더한 값은?

〈규칙〉

① 알파벳 'A'부터 'Z'까지 순서대로 자연수를 부여한다.

　예 A=2라고 하면 B=3, C=4, D=5이다.

② 단어의 음절에 같은 알파벳이 연속되는 경우 ①에서 부여한 숫자를 알파벳이 연속되는 횟수만큼 거듭제곱한다.

　예 A=2이고 단어가 'AABB'이면 AA는 '2^2'이고, BB는 '3^2'이므로 '49'로 적는다.

보기

㉠ AAABBCC는 100000010201110404로 변환된다.

㉡ CDFE는 3465로 변환된다.

㉢ PJJYZZ는 1712126729로 변환된다.

㉣ QQTSR은 625282726으로 변환된다.

---

① 154　　　　　　　　　　　　② 176

③ 199　　　　　　　　　　　　④ 212

⑤ 234

정답　④

㉠ A=100, B=101, C=102이다. 따라서 Z=125이다.

㉡ C=3, D=4, E=5, F=6이다. 따라서 Z=26이다.

㉢ P가 17임을 볼 때, J=11, Y=26, Z=27이다.

㉣ Q=25, R=26, S=27, T=28이다. 따라서 Z=34이다.

따라서 해당하는 Z값을 모두 더하면 125+26+27+34=212이다.

풀이 전략!

문제에 제시된 조건이나 규칙을 정확히 파악한 후, 선택지나 상황에 적용하여 문제를 풀어나간다.

01 I사는 신제품의 품번을 다음과 같은 규칙에 따라 정한다고 한다. 제품에 설정된 임의의 영단어가 'INTELLECTUAL'이라면, 이 제품의 품번으로 옳은 것은?

> 〈규칙〉
> • 1단계 : 알파벳 A ~ Z를 숫자 1, 2, 3, …으로 변환하여 계산한다.
> • 2단계 : 제품에 설정된 임의의 영단어를 숫자로 변환한 값의 합을 구한다.
> • 3단계 : 임의의 영단어 속 자음의 합에서 모음의 합을 뺀 값의 절댓값을 구한다.
> • 4단계 : 2단계와 3단계의 값을 더한 다음 4로 나누어 2단계의 값에 더한다.
> • 5단계 : 4단계의 값이 정수가 아닐 경우에는 소수점 첫째 자리에서 버림한다.

① 120

② 140

③ 160

④ 180

⑤ 200

02 K공사는 자사 홈페이지 리뉴얼 중 실수로 임직원 전체 비밀번호가 초기화되는 사고가 발생하여 개인정보 보호를 위해 제시된 규칙과 같이 비밀번호를 부여하였다. 직원 A의 임시 비밀번호가 'HW688강동20'이라면, A씨의 아이디로 옳은 것은?

> 〈임시 비밀번호 발급방식〉
>
> 본 방식은 임직원 개개인의 알파벳으로 구성된 아이디와 개인정보를 기준으로 다음의 방식을 적용한다.
> 1. 아이디의 알파벳 자음 대문자는 소문자로, 알파벳 자음 소문자는 대문자로 치환한다.
> 2. 아이디의 알파벳 중 모음 A, E, I, O, U, a, e, i, o, u를 각각 1, 2, 3, 4, 5, 6, 7, 8, 9, 0으로 치환한다.
> 3. 1·2번 내용 뒤에 덧붙여 본인 성명 중 앞 두 자리를 입력한다. → 김손예진=김손
> 4. 3번 내용 뒤에 본인 생일 중 일자를 덧붙여 입력한다. → 8월 1일생=01

① HWAII

② hwaii

③ HWAoo

④ hwaoo

⑤ HwaII

PART 2

| 유형분석 |

- 주어진 자료를 해석하고 활용하여 풀어가는 문제이다.
- 꼼꼼하고 분석적인 접근이 필요한 다양한 자료들이 출제된다.

L공장에서 제조하는 볼트의 일련번호는 다음과 같이 구성된다. 일련번호는 형태 − 허용압력 − 직경 − 재질 − 용도 순으로 표시할 때, 직경이 14mm이고, 자동차에 쓰이는 스테인리스 볼트의 일련번호로 가장 적절한 것은?

형태	나사형	육각	팔각	별
	SC	HX	OT	ST
허용압력(kg/cm²)	10 ~ 20	21 ~ 40	41 ~ 60	61 이상
	L	M	H	P
직경(mm)	8	10	12	14
	008	010	012	014
재질	플라스틱	크롬 도금	스테인리스	티타늄
	P	CP	SS	Ti
용도	항공기	선박	자동차	일반
	A001	S010	M110	E100

① SCP014TiE100
② OTH014SSS010
③ STM012CPM110
④ HXL014SSM110
⑤ SCM012TiM110

정답 ④

오답분석
① 재질이 티타늄, 용도가 일반이므로 적절하지 않다.
② 용도가 선박이므로 적절하지 않다.
③ 재질이 크롬 도금, 직경이 12mm이므로 적절하지 않다.
⑤ 재질이 티타늄, 직경이 12mm이므로 적절하지 않다.

풀이 전략!

문제 해결을 위해 필요한 정보가 무엇인지 먼저 파악한 후, 제시된 자료를 분석적으로 읽고 해석한다.

01　다음 자료를 근거로 판단할 때, 연구모임 A ~ E 중 두 번째로 많은 지원금을 받는 모임은?

〈지원계획〉

- 지원을 받기 위해서는 모임당 6명 이상 9명 미만으로 구성되어야 한다.
- 기본지원금은 모임당 1,500천 원이다. 단, 상품개발을 위한 모임의 경우는 2,000천 원을 지원한다.
- 추가지원금

등급	상	중	하
추가지원금(천 원/명)	120	100	70

※ 추가지원금은 연구 계획 사전평가결과에 따라 달라진다.
- 협업 장려를 위해 협업이 인정되는 모임에는 위의 두 지원금을 합한 금액의 30%를 별도로 지원한다.

〈연구모임 현황 및 평가 결과〉

모임	상품개발 여부	구성원 수	연구 계획 사전평가 결과	협업 인정 여부
A	○	5	상	○
B	×	6	중	×
C	×	8	상	○
D	○	7	중	×
E	×	9	하	×

① A모임　　　　　　　　　　② B모임
③ C모임　　　　　　　　　　④ D모임
⑤ E모임

02 A씨와 B씨는 카셰어링 업체인 I카를 이용하여 각각 일정을 소화하였다. I카의 이용요금표와 일정이 다음과 같을 때, A씨와 B씨가 지불해야 하는 요금이 바르게 연결된 것은?

<카 이용요금표>

| 구분 | 기준요금 (10분) | 누진 할인요금 | | | | 주행요금 |
| | | 대여요금(주중) | | 대여요금(주말) | | |
		1시간	1일	1시간	1일	
모닝	880원	3,540원	35,420원	4,920원	49,240원	160원/km
레이		3,900원	39,020원	5,100원	50,970원	170원/km
아반떼	1,310원	5,520원	55,150원	6,660원	65,950원	
K3						

※ 주중 / 주말 기준
　－ 주중 : 일요일 20:00 ～ 금요일 12:00
　－ 주말 : 금요일 12:00 ～ 일요일 20:00(공휴일 및 당사 지정 성수기 포함)
※ 최소 예약은 30분이며 10분 단위로 연장할 수 있습니다(1시간 이하는 10분 단위로 환산하여 과금합니다).
※ 예약시간이 4시간을 초과하는 경우에는 누진 할인요금이 적용됩니다(24시간 한도).
※ 연장요금은 기준요금으로 부과합니다.
※ 이용시간 미연장에 따른 반납지연 패널티 요금은 초과한 시간에 대한 기준요금의 2배가 됩니다.

<일정>

• A씨
　－ 차종 : 아반떼
　－ 예약시간 : 3시간(토요일, 11:00 ～ 14:00)
　－ 주행거리 : 92km
　－ A씨는 저번 주 토요일, 친구 결혼식에 참석하기 위해 인천에 다녀왔다. 인천으로 가는 길은 순탄하였으나 돌아오는 길에는 고속도로에서 큰 사고가 있었던 모양인지 예상했던 시간보다 1시간 30분이 더 걸렸다. A씨는 이용시간을 연장해야 한다는 사실을 몰라 하지 못했다.
• B씨
　－ 차종 : 레이
　－ 예약시간 : 목요일, 금요일 00:00 ～ 08:00
　－ 주행거리 : 243km
　－ B씨는 납품지연에 따른 상황을 파악하기 위해 강원도 원주에 있는 거래처에 들러 이틀에 걸쳐 일을 마무리한 후 예정된 일정에 맞추어 다시 서울로 돌아왔다.

	A씨	B씨
①	61,920원	120,140원
②	62,800원	122,570원
③	62,800원	130,070원
④	63,750원	130,070원
⑤	63,750원	130,200원

03 K공사 홍보실에 근무하는 A사원은 12일부터 15일까지 워크숍을 가게 되었다. 워크숍을 떠나기 직전 A사원은 스마트폰의 날씨예보 어플을 통해 워크숍 장소인 춘천의 날씨를 확인해 보았다. 다음 중 A사원이 확인한 날씨예보의 내용으로 가장 적절한 것은?

① 워크숍 기간 중 오늘이 일교차가 가장 크므로 감기에 유의해야 한다.
② 내일 춘천 지역의 미세먼지가 심하므로 주의해야 한다.
③ 워크숍 기간 중 비를 동반한 낙뢰가 예보된 날이 있다.
④ 내일모레 춘천 지역의 최고・최저기온이 모두 영하이므로 야외활동 시 옷을 잘 챙겨 입어야 한다.
⑤ 글피엔 비가 내리지 않지만 최저기온이 영하이다.

- T주임은 해외여행을 가고자 한다. 현지 유류비 및 렌트카 차량별 정보와 관광지 간 거리는 다음과 같다.
- 현지 유류비

연료	가솔린	디젤	LPG
리터당 가격	1.4달러	1.2달러	2.2달러

- 차량별 연비 및 연료

차량	K	H	P
연비	14km/L	10km/L	15km/L
연료	디젤	가솔린	LPG

※ 연료는 최소 1리터 단위로 주유가 가능하다.

- 관광지 간 거리

구분	A광장	B계곡	C성당
A광장		25km	12km
B계곡	25km		18km
C성당	12km	18km	

04 T주임이 H차량을 렌트하여 A광장에서 출발하여 C성당으로 이동한 후, B계곡으로 이동하고자 한다. T주임이 유류비를 최소화하고자 할 때, A광장에서부터 B계곡으로 이동할 때 소요되는 유류비는?(단, 처음 자동차를 렌트했을 때 차에 연료는 없다)

① 4.2달러
② 4.5달러
③ 5.2달러
④ 5.6달러
⑤ 8.4달러

05 T주임의 상황이 다음과 같다고 할 때, 이때 T주임이 여행일정을 완료하기까지 소요되는 총 이동시간은?

- T주임은 P차량을 렌트하였다.
- T주임은 C성당에서 출발하여 B계곡으로 이동한 후, A광장을 거쳐 C성당으로 다시 돌아오는 여행일정을 수립하였다.
- T주임은 C성당에서 A광장까지는 시속 60km로 이동하고, A광장에서 C성당으로 이동할 때에는 시속 40km로 이동하고자 한다.

① 48분　　　　　　　　　　　② 52분
③ 58분　　　　　　　　　　　④ 1시간 1분
⑤ 1시간 8분

06 올해 리모델링하는 K호텔에서 근무하는 귀하는 호텔 비품 구매를 담당하게 되었다. 제조사별 소파 특징을 알아본 귀하는 이탈리아제의 천, 쿠션재에 패더를 사용한 소파를 구매하기로 하였다. 쿠션재는 패더와 우레탄뿐이며 이 소파는 침대 겸용은 아니지만 리클라이닝이 가능하고 '조립'이라고 표시되어 있었으며, 커버는 교환할 수 없다. 귀하가 구매하려는 소파의 제조사는?

〈제조사별 소파 특징〉

구분	특징
A사	• 쿠션재에 스프링을 사용하지 않는 경우에는 이탈리아제의 천을 사용하지 않는다. • 국내산 천을 사용하는 경우에는 커버를 교환 가능하게 하지 않는다.
B사	• 쿠션재에 우레탄을 사용하는 경우에는 국내산 천을 사용한다. • 리클라이닝이 가능하지 않으면 이탈리아제 천을 사용하지 않는다.
C사	• 쿠션재에 패더를 사용하지 않는 경우에는 국내산 천을 사용한다. • 침대 겸용 소파의 경우에는 쿠션재에 패더를 사용하지 않는다.
D사	• 쿠션재에 패더를 사용하는 경우에는 이탈리아제의 천을 사용한다. • 조립이라고 표시된 소파의 경우에는 쿠션재에 우레탄을 사용한다.

① A사 또는 B사　　　　　　　② A사 또는 C사
③ B사 또는 C사　　　　　　　④ B사 또는 D사
⑤ C사 또는 D사

배우기만 하고 생각하지 않으면 얻는 것이 없고,
생각만 하고 배우지 않으면 위태롭다.

- 공자 -

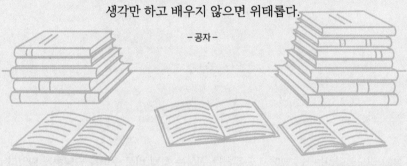

PART 3

최종점검 모의고사

제1회
최종점검 모의고사

※ 코레일 한국철도공사 고졸채용 최종점검 모의고사는 채용공고를 기준으로 구성한 것으로 실제 시험과 다를 수 있습니다.

■ 취약영역 분석

번호	O/×	영역	번호	O/×	영역	번호	O/×	영역
01			21			41		
02			22			42		
03			23			43		
04			24			44		
05			25			45		
06			26			46		문제해결능력
07			27			47		
08			28			48		
09			29		수리능력	49		
10		의사소통능력	30			50		
11			31					
12			32					
13			33					
14			34					
15			35					
16			36					
17			37					
18			38		문제해결능력			
19			39					
20		수리능력	40					

평가문항	50문항	평가시간	60분
시작시간	:	종료시간	:
취약영역			

🕐 응시시간 : 60분   📄 문항 수 : 50문항   정답 및 해설 p.056

01   다음 글의 제목으로 가장 적절한 것은?

물은 너무 넘쳐도 문제고, 부족해도 문제다. 무엇보다 충분한 양을 안전하게 저장하면서 효율적으로 관리하는 것이 중요하다. 하지만 예기치 못한 자연재해가 불러오는 또 다른 물의 재해도 우리를 위협한다. 지진의 여파로 쓰나미(지진해일)가 몰려오고 댐이 붕괴되면서 상상도 못 한 피해를 불러올 수 있다. 이는 역사 속에서 실제로 반복되어 온 일이다.

1755년 11월 1일 아침, 15 · 16세기 대항해 시대를 거치며 해양 강국으로 자리매김한 포르투갈의 수도 리스본에 대지진이 발생했다. 도시 건물 중 85%가 파괴될 정도로 강력한 지진이었다. 하지만 지진은 재해의 전주곡에 불과했다.

지진이 덮치고 약 40분 후 쓰나미(지진해일)가 항구와 도심지로 쇄도했다. 해일은 리스본뿐 아니라 인근 알가르브 지역의 해안 요새 중 일부를 박살냈고, 숱한 가옥을 무너뜨렸다. 6만 ~ 9만 명이 귀한 목숨을 잃었다. 이 대지진과 이후의 쓰나미는 포르투갈 문명의 역사를 바꿔버렸다. 포르투갈은 이후 강대국 대열에서 밀려나 옛 영화를 찾지 못한 채 지금에 이르고 있다.

또한, 1985년 7월 19일 지진에 의해 이탈리아의 스타바댐이 붕괴하면서 그 여파로 발생한 약 20만 톤의 진흙과 모래, 물이 테세로 마을을 덮쳐 268명이 사망하고 63개의 건물과 8개의 다리가 파괴되는 사고가 일어났다.

① 우리나라는 '물 스트레스 국가'
② 도를 지나치는 '물 부족'
③ 강력한 물의 재해 '지진'
④ 누구도 피해갈 수 없는 '자연 재해'
⑤ 자연의 경고 '댐 붕괴'

02 다음 글의 내용과 일치하는 것은?

> 음악에서 화성이나 멜로디가 하나의 음 또는 하나의 화음을 중심으로 일정한 체계를 유지하는 것을
> 조성(調性)이라 한다. 조성을 중심으로 한 음악은 서양음악에 지배적인 영향을 미쳤는데, 여기에서
> 벗어나 자유롭게 표현하고 싶은 음악가의 열망이 무조(無調) 음악을 탄생시켰다. 무조 음악에서는
> 한 옥타브 안의 12음 각각에 동등한 가치를 두어 음들을 자유롭게 사용하였다. 이로 인해 무조 음악
> 은 표현의 자유를 누리게 되었지만 조성이 주는 체계성은 잃게 되었다. 악곡의 형식을 유지하는 가
> 장 기초적인 뼈대가 흔들린 것이다. 이와 같은 상황 속에서 무조 음악이 지닌 자유로움에 체계성을
> 더하고자 고민한 작곡가 쇤베르크는 '12음 기법'이라는 독창적인 작곡 기법을 만들어 냈다. 쇤베르
> 크의 12음 기법은 12음을 한 번씩 사용하여 만든 기본 음렬(音列)에 이를 '전위', '역행', '역행 전위'
> 의 방법으로 파생시킨 세 가지 음렬을 더해 악곡을 창작하는 체계적인 작곡 기법이다.

① 조성은 하나의 음으로 여러 음을 만드는 것을 말한다.
② 무조 음악은 조성이 발전한 형태라고 말할 수 있다.
③ 무조 음악은 한 옥타브 안의 음 각각에 가중치를 두어서 사용했다.
④ 조성은 체계성을 추구하고, 무조 음악은 자유로움을 추구한다.
⑤ 쇤베르크의 12음 기법은 무조 음악과 조성 모두에서 벗어나고자 한 작곡 기법이다.

PART 3

03 다음 글의 빈칸에 들어갈 내용으로 가장 적절한 것은?

> 키는 유전적인 요소가 크다. 그러나 이러한 한계를 극복할 수 있는 강력한 수단이 있다. 바로 영양이
> 다. 키 작은 유전자를 갖고 태어나도 잘 먹으면 키가 커질 수 있다는 것이다. 핵심은 단백질과 칼슘이
> 다. 이를 가장 손쉽게 섭취할 수 있는 것은 우유다. 가격도 생수보다 저렴하다. 물론 우유의 효과에
> 대해 부정적 견해도 존재한다. 아토피 피부염과 빈혈·골다공증 등 각종 질병이 생길 수 있다는 주장
> 이다. 그러나 이는 일부 학계의 의견이 침소봉대(針小棒大)되었다고 본다. 당뇨가 생기니 밥을 먹지
> 말고, 바다가 오염됐다고 생선을 먹지 않을 순 없지 않은가. _____

① 아이들의 건강을 위해 우유 소비를 줄여야 한다.
② 키에 관한 유전적 요소를 극복하는 방법으로는 수술밖에 없다.
③ 키는 물론 건강까지 생각한다면 자녀들에게 우유를 먹여야 한다.
④ 우유는 아이들의 혀를 담백하게 길들이는 데 중요한 역할을 한다.
⑤ 아이들의 건강 상태에 따라 우유를 먹여야 할지 말아야 할지 결정해야 한다.

04 다음 글의 빈칸에 들어갈 가장 적절한 말을 〈보기〉에서 순서대로 나열한 것은?

묵자(墨子)의 '겸애(兼愛)'는 '차별이 없는 사랑' 그리고 '서로 간의 사랑'을 의미한다. 얼핏 묵자의 이런 겸애는 모든 사람이 평등한 지위에서 서로를 존중하고 사랑하는 관계를 뜻하는 듯 보이지만, 이는 겸애를 잘못 이해한 것이다. 겸애는 "남의 부모를 나의 부모처럼 여기고, 남의 집안을 내 집안처럼 여기고, 남의 국가를 나의 국가처럼 여기는 것"이다. 그것은 '나'와 '남'이라는 관점의 차별을 지양하자는 것이지 사회적 위계질서를 철폐하자는 것이 아니다. 겸애는 정치적 질서나 위계적 구조를 긍정한다는 특징을 지니고 있다. _____

또 겸애의 개념에는 일종의 공리주의적 요소가 들어있다. _____ 겸애는 단지 아끼고 사랑하는 마음이나 감정을 넘어선다. 묵자가 살던 전국시대에 민중의 삶은 고통 그 자체였다. 묵자는 "굶주린 자가 먹을 것을 얻지 못하고, 추운 자가 옷을 얻지 못하며, 수고하는 자가 휴식을 얻지 못하는 것, 이 세 가지가 백성들의 커다란 어려움이다."라고 했다. 군주의 겸애는 백성을 향한 사랑의 마음만으로 결코 완성될 수 없다. _____ 이처럼 백성에게 요긴한 이익을 베풀 수 있는 사람이 바로 군주이다. 이런 까닭에 묵자는 "윗사람을 높이 받들고 따라야 한다."는 이념을 세울 수 있었다. 군주는 그런 이익을 베풀 수 있는 재력과 힘을 지니고 있었기 때문이다.

보기

ⓐ 이런 의미에서 묵자의 겸애는 평등한 사랑이라기보다 불평등한 위계질서 속에서의 사랑이라고 규정할 수 있다.

ⓑ 군주는 굶주린 백성에게 먹을 것을 주어야 하고, 추운 자에게 옷을 주어야 하며, 노동이나 병역으로 지친 자는 쉬게 해 주어야 한다.

ⓒ 즉, 묵자에게 있어 누군가를 사랑한다는 것은 그 사람을 현실적으로 이롭게 하겠다는 의지를 함축한다.

① ⓐ, ⓑ, ⓒ   ② ⓐ, ⓒ, ⓑ
③ ⓑ, ⓐ, ⓒ   ④ ⓑ, ⓒ, ⓐ
⑤ ⓒ, ⓑ, ⓐ

05 다음 '철학의 여인'의 논지를 따를 때, ㉠으로 적절한 것을 〈보기〉에서 모두 고르면?

다음은 철학의 여인이 비탄에 잠긴 보에티우스에게 건네는 말이다.

"나는 이제 네 병의 원인을 알겠구나. 이제 네 병의 원인을 알게 되었으니 ㉠ 너의 건강을 회복할 수 있는 방법을 찾을 수 있게 되었다. 그 방법은 병의 원인이 되는 잘못된 생각을 바로잡아 주는 것이다. 너는 너의 모든 소유물을 박탈당했다고, 사악한 자들이 행복을 누리게 되었다고, 네 운명의 결과가 불의하게도 제멋대로 바뀌었다는 생각으로 비탄에 빠져 있다. 그런데 그런 생각은 잘못된 전제에서 비롯된 것이다. 네가 눈물을 흘리며 너 자신이 추방당하고 너의 모든 소유물을 박탈당했다고 생각하는 것은 행운이 네게서 떠났다고 슬퍼하는 것과 다름없는데, 그것은 네가 운명의 본모습을 모르기 때문이다. 그리고 사악한 자들이 행복을 가졌다고 생각하는 것이나 사악한 자가 선한 자보다 더 행복을 누린다고 한탄하는 것은 네가 실로 만물의 목적이 무엇인지 모르고 있기 때문이다. 다시 말해 만물의 궁극적인 목적이 선을 지향하는 데 있다는 것을 모르고 있기 때문이다. 또한 너는 세상이 어떤 통치 원리에 의해 다스려지는지 잊어버렸기 때문에 제멋대로 흘러가는 것이라고 믿고 있다. 그러나 만물의 목적에 따르면 악은 결코 선을 이길 수 없으며 사악한 자들이 행복할 수는 없다. 따라서 세상은 결국에는 불의가 아닌 정의에 의해 다스려지게 된다. 그럼에도 불구하고 너는 세상의 통치 원리가 정의와는 거리가 멀다고 믿고 있다. 이는 그저 병의 원인일 뿐 아니라 죽음에 이르는 원인이 되기도 한다. 그러나 다행스럽게도 자연은 너를 완전히 버리지는 않았다. 이제 너의 건강을 회복할 수 있는 작은 불씨가 생명의 불길로 타올랐으니 너는 조금도 두려워할 필요가 없다."

> **보기**
>
> ㄱ. 만물의 궁극적인 목적이 선을 지향하는 데 있다는 것을 아는 것
> ㄴ. 세상이 제멋대로 흘러가는 것이 아니라 정의에 의해 다스려진다는 것을 깨닫는 것
> ㄷ. 자신이 박탈당했다고 여기는 모든 것, 즉 재산, 품위, 권좌, 명성 등을 되찾을 방도를 아는 것

① ㄱ

② ㄴ

③ ㄱ, ㄴ

④ ㄴ, ㄷ

⑤ ㄱ, ㄴ, ㄷ

기업은 상품의 사회적 마모를 촉진시키는 주체이다. 생산과 소비가 지속되어야 이윤을 남길 수 있기 때문에, 하나의 상품을 생산해서 그 상품의 물리적 마모가 끝날 때까지를 기다렸다가는 그 기업은 망하기 십상이다. 이러한 상황에서 늘 수요에 비해서 과잉 생산을 하는 기업이 살아남을 수 있는 길은 상품의 사회적 마모를 짧게 해서 사람들로 하여금 계속 소비하게 만드는 것이다.

그래서 ⊙ 기업들은 더 많은 이익을 내기 위해서는 상품의 성능을 향상시키기보다는 디자인을 변화시키는 것이 더 바람직하다고 생각한다. 산업이 발달하여 ⓒ 상품의 성능이나 기능, 내구성이 이전보다 더욱 향상되었는데도 불구하고 상품의 생명이 이전보다 더 짧아지는 것은 어떻게 생각하면 자본주의 상품이 지닌 모순이라고 할 수 있다. 섬유의 질은 점점 좋아지지만 그 옷을 입는 기간은 이에 비해서 점점 짧아지게 되는 것이 바로 자본주의 상품이 지니고 있는 모순이다. 산업이 계속 발달하여 상품의 성능이 향상되는데도 상품의 사회적인 마모 기간이 누군가에 의해서 엄청나게 짧아지고 있다. 상품의 질은 향상되고 내가 버는 돈은 늘어가는 것 같은데 늘 무엇인가 부족한 듯한 느낌이 드는 것도 이것과 관련이 있다.

06 ⊙에 대해 제기할 수 있는 반론으로 가장 적절한 것은?

① 상품의 성능은 그대로 두어도 향상될 수 있는가?

② 디자인에 관한 소비자들의 취향이 바뀌는 것을 막을 방안은 있는가?

③ 상품의 성능 향상을 등한시하며 디자인만 바꾼다고 소비가 증가할 것인가?

④ 사회적 마모 기간이 점차 짧아지면 디자인을 개발하는 것이 기업에 도움이 되겠는가?

⑤ 소비 성향에 맞춰 디자인을 다양화할 수 있는가?

07 다음 중 ⓒ이 가장 잘 나타난 사례로 볼 수 있는 것은?

① 같은 가격이라면 남들이 많이 가지고 있는 것을 산다.

② 자신에게 필요가 없게 된 물건은 싼값에 남에게 판다.

③ 옷을 살 때는 디자인이나 기능보다는 가격을 더 고려한다.

④ 휴대전화를 가지고 있으면서도 새로운 모델의 휴대전화를 사기 위해 돈을 모은다.

⑤ 기능을 고려하여 가장 비싼 노트북을 산다.

08 경영연구처의 연구원인 R씨는 몇 년 전 경쟁사의 등장으로 인한 고객이탈을 방지하기 위해 코레일멤버십을 활용한 방안을 계획 중이다. R씨의 보고서 내용이 다음과 같을 때, 빈칸에 들어갈 내용으로 적절하지 않은 것은?

〈코레일멤버십의 효율적 운영방안 연구〉

1. **연구목적**

   수서출발 고속철도(SRT)가 개통됨에 따라 KTX를 이용하는 기존고객의 이탈을 최소화하고, 경쟁구간 내 잠재수요 선점을 위한 코레일멤버십의 효율적 관리 및 서비스 강화방안 도출을 주요 목적으로 함

2. **연구내용**
   - _____
   - _____
   - _____
   - _____

3. **기대효과**
   - SRT 개통 후에도 개통 전 전체 매출 중 코레일멤버십 매출이 차지하는 비중 유지 또는 증가
   - KTX와 SRT 경쟁구간 거주회원에 대한 공격적 마케팅 시행으로 수요이탈 최소화

4. **활용계획**
   - SRT 개통에 대비한 회원 운영 및 이용 활성화를 위한 실행 전략에 활용
   - 향후 영업환경 변화에 대한 회원운영 기초자료로 활용

---

① 합리적 가격으로 마케팅 비용 절감효과 창출방안
② 국내외 회원운영 사례조사
③ 코레일멤버십의 운영방안 개선을 위한 고객 설문조사
④ 코레일멤버십의 운영현황 및 문제점
⑤ 경쟁환경에 따른 코레일멤버십의 관리 및 서비스 강화 방안

일상에 존재하는 유지보수 체계

9백 명이 넘는 승객을 태우고 300km/h가 넘는 속도로 달리는 KTX에서는 미세한 기기 결함도 용납되지 않는다. 연쇄적인 피해로 이어질 수 있기 때문이다. 여기에 대한 근본적인 예방책은 신뢰성 중심의 유지보수(Reliability Centered Main-tenance : RCM)이다. '신뢰성'이라는 개념은 KTX 도입으로 한국철도에 적용되었다. 신뢰성 중심의 유지보수를 이해하기 위해 자동차를 예로 들어보자. 자동차가 고장 난 후에 수리하면 부품 값과 인건비(공임비) 외에 시간이 허비된다. 이 역시도 비용 손실이다. 배송트럭이나 택시를 생각하면 쉽게 와 닿는다. 특히 기차와 같은 대량수송은 운행 장애 시 피해의 규모가 더 크다. 때문에 사전 예방이 필수적이다.

자동차의 주행거리가 5천km 내지 1만km에 엔진오일을 교환해 엔진의 고장을 막는다. 교체 기준이 없는 타이어는 펑크가 나기 전에 마모도를 판단해 교환을 해주지만 일부 부품은 고장이 난 후에 교환해준다. 전조등이나 배터리 같은 부품이 여기 해당한다. 또 어떤 부품은 그 존재도 알아차리지 못한 채 폐차할 때까지 사용하기도 한다. 이렇게 우리의 일상에서도 유지보수체계는 알게 모르게 적용되고 있다.

유지보수체계를 구성하는 PM, CM, CBM

엔진의 고장을 '예방'하고자 엔진오일을 일정 주행거리마다 교환하고, 타이어의 '상태'에 따라 교환을 하고, '고장'이 난 뒤 수리를 하는 부품들이 있다. 고장을 예방하고자 하는 PM(Prevent Maintenance : 예방유지보수), 고장 후 수리를 하는 CM(Correct Maintenance : 사후유지보수), 상태에 따라 유지보수를 시행하는 CBM(Condition Based Maintenance : 조건적 유지보수) 이 3가지가 유지보수 체계를 구성하고 있다 (CBM은 PM의 일종으로 볼 수 있다).

철도차량 역시 자동차와 비슷한 유지보수 체계를 가지고 있다. 견인전동기(Traction Motor)와 같이 운행에 중대한 영향을 끼치면서 언제 고장이 날지 통계적인 분석이 가능한 부품에 대해서는 PM을 적용한다. 또한 차륜과 같이 사고와 직결되는 부품은 PM보다 상태에 따라 즉각적인 교체가 필요하기 때문에 CBM을 적용하며, 창문 같이 운행에 지장을 주지 않거나 전자카드(PCB)와 같이 고장을 예상할 수 없는 부품에 대해서는 CM을 적용한다. 여기서 한 가지 주의할 점은 타이어가 펑크 나면 바로 정비하는 것과 같이 PM이나 CBM 부품이라고 CM을 시행하지 않는다는 것은 아니다. 거의 모든 부품은 이상이 있으면 바로 조치하고 이후 경험을 바탕으로 유지보수방법을 선택한다.

RCM은 무엇이 다른가

RCM(Reliability Centered Maintenance)은 부품마다 최적화된 유지보수 체계를 실시하는 것을 말한다. 이는 축적된 자료와 시스템 내에서 부품의 메커니즘, 운행환경에 대한 복합적인 분석과 판단을 요구한다. RCM의 목표는 열차를 안전하게 운행하며 최적의 비용으로 유지보수를 시행하는 것이다. 이를 위해 TBO(부품 분해정비 주기), RAMS(신뢰성, 가용성, 유지 보수성, 안정성), FMECA(고장 유형별 영향 및 심각도 분석), FRACAS(고장정보 보고, 분석 및 시정조치 시스템), MKBSF(영업운행 중 고장 간 평균 운행거리) 등의 개념과 기법을 이용하여 객관적인 분석을 한다.

KTX 개통 이후 철도 유지보수 체계는 획기적인 변화를 가져왔다. 우선 과거에는 고장 난 차량을 최대한 빨리 정상화하는 것에 초점이 맞춰졌다. 때문에 고장 예방에 치중하여 과도한 유지보수를 시행하였다. 하지만 RCM은 불필요한 예방 유지보수를 지양한다. 과거의 경험과 현재 상황을 과학적이고 객관적으로 분석한 뒤 비용적인 측면까지 고려하여 유지보수 정책을 펼치기 때문이다. 두 번째로 체계화에 차이가 있다. RCM은 과거 경험 분석에 주관적인 요소를 배제하고 절차와 협의체 및 여러 기법으로 도출한 객관적인 분석 결과만을 유지보수 정책에 반영한다. 2004년 KTX의 개통과 함께 객관적이고 경제적인 RCM이 철도에 적용되었고 현재 코레일은 한국철도 RCM의 역사를 쓰고 있다.

09 다음 중 RCM에 대한 설명으로 적절하지 않은 것은?

① 부품마다 최적화된 유지보수 체계를 실시하는 것을 말한다.

② 경험 분석에 의한 주관적인 요소를 배제하고 객관적인 분석 결과만을 반영한다.

③ TBO, RAMS, FMECA, MKBSF등의 개념과 기법을 이용해 객관적인 분석을 실시한다.

④ RCM의 주목표는 고장 예방이며 예방을 위해서 가능한 모든 예방 유지보수를 한다.

⑤ 축적된 자료와 시스템 내에서 분석과 판단을 요구한다.

10 다음 중 PM, CM, CBM에 해당하는 사례가 바르게 연결된 것은?

> (A) 견인전동기 : 운행에 중대한 영향을 미치며 언제 고장이 날지 통계적 분석이 가능하다.
> (B) 차륜 : 사고와 직결되는 부품이며 즉시적인 교체가 필요하다.
> (C) 전자카드(PCB) : 고장을 예상할 수 없으나 운행에 즉각적인 지장을 주지는 않는다.

	PM	CM	CBM
①	(A)	(C)	(B)
②	(A)	(B)	(C)
③	(B)	(C)	(A)
④	(C)	(B)	(A)
⑤	(C)	(A)	(B)

11 다음 문장을 논리적 순서에 맞게 배열한 것은?

> ㉠ 가령 해당 주민을 다른 지역으로 일시 대피시키는 소개의 경우 주민의 불안감 증대, 소개 과정의 혼란 등의 부작용이 예상되기 때문입니다.
> ㉡ 이러한 조치를 취하게 되면 방사능 피폭선량을 줄일 수는 있지만 그 부작용도 고려해야 합니다.
> ㉢ 방사능 비상사태 시 영향 지역 내의 주민에 대해 방사능 피폭을 줄이기 위해 취하는 조치로서 옥내 대피, 갑상선 보호제 투여, 이주 등이 있습니다.
> ㉣ 따라서 보호 조치의 기본 원칙은 그 조치로 인한 이로움이 동반되는 해로움보다 커야 한다는 것입니다.

① ㉠-㉢-㉡-㉣   ② ㉡-㉠-㉢-㉣

③ ㉢-㉡-㉠-㉣   ④ ㉢-㉠-㉣-㉡

⑤ ㉢-㉡-㉣-㉠

12 다음 중 〈보기〉가 들어갈 위치로 적절한 것은?

한국철도공사와 한국도로공사는 30일 오후 코레일 서울사옥에서 '철도와 도로 간 통합 연계교통 서비스 제공을 위한 업무협약(MOU)'를 체결했다. ___(A)___

이번 업무협약을 통해 양사는 하이패스용 레일플러스 카드 출시, 주요 역 하이패스 주차장 도입, 철도 – 고속도로 간 연계환승, 모바일 서비스 연계, 기술교류 및 안전협력 등 철도와 도로를 함께 이용하는 국민이 체감할 수 있는 통합 교통서비스를 제공키로 했다.

우선 코레일의 전국호환 교통카드 레일플러스 카드로 고속도로 하이패스 차로 통행료를 결제할 수 있는 '하이패스용 레일플러스 카드'를 10월까지 출시한다. '하이패스용 레일플러스 카드'가 출시되면 KTX 이용으로 쌓은 마일리지로 고속도로 통행료 결제가 가능해진다. ___(B)___

또한 양사는 KTX 역을 중심으로 '하이패스 주차장' 도입을 추진한다. 하이패스 주차장은 하이패스 설치 차량이 역 주차장을 이용할 때 주차요금을 따로 계산할 필요 없이 출입구를 통과하면 자동으로 정산되는 신개념 주차장이다. 주차 정산 대기 시간이 줄어들고, 주차장 주변의 혼잡 완화 효과도 클 것으로 예상된다. ___(C)___

스마트폰 앱 분야에서도 협력키로 했다. 국민 대표 모바일앱인 '코레일톡+'과 '고속도로교통정보 앱'도 상호연계 서비스를 제공한다. 예를 들어, 현재 코레일이 구축하고 있는 '트립플랜서비스(출발지부터 목적지까지 최적 경로 및 소요시간을 안내하는 기능)'에 실시간 교통상황을 반영하게 되면 보다 정확한 경로 안내 정보를 제공할 수 있게 된다. ___(D)___

한국철도공사 사장은 "이번 업무협약을 통해 보다 많은 분이 고속도로와 철도를 좀 더 편하게 이용하실 수 있게 될 것"이라며 "교통수단 간 경계가 사라지고, IT로 통합되는 교통혁명의 시대에 고객의 입장에서 빠르고 편한 서비스 제공을 위해 최선을 다하겠다."고 밝혔다. ___(E)___

보기

이와 함께 철도 – 고속도로의 시설이 교차하는 지점의 구조물에 대해 공동으로 안전점검을 시행하고, 스마트 유지보수 등 양사가 보유한 첨단 기술의 상호 교류도 추진할 계획이다. 장기적으로는 철도와 고속도로가 교차하는 지점의 환승연계를 강화하는 등 교통수단의 구분 없이 자유롭게 이용할 수 있도록 연계환승 체계도 강화해나갈 예정이다.

① (A)　　　　　　　　　　② (B)

③ (C)　　　　　　　　　　④ (D)

⑤ (E)

13 D씨는 고객의 문의에 다음과 같이 답변하였다. ㉠ ~ ㉢에 들어갈 단어가 바르게 연결된 것은?

> Q. 기차와 전철, 열차의 차이가 무엇인가요? 아이에게 한글을 가르치는데, '기차'라고 했다가, '전철'이라고 했다가 저도 헷갈리네요. 기차와 전철의 차이를 어떻게 말해줘야 할까요?
>
> A. 단어들을 구별하여 이해하시는 데 아래의 뜻풀이를 참고하시기 바랍니다.
> ㉠ : 「1」 여객차나 화차를 끌고 다니는 철도 차량. 증기 기관차, 디젤 기관차, 전기 기관차 따위가 있다.
> 　　「2」 기관차에 여객차나 화물차를 연결하여 궤도 위를 운행하는 차량. 사람이나 화물을 실어 나른다.
> ㉡ : 「1」 전기 철도 위를 달리는 전동차
> 　　「2」 전기를 동력으로 하여 차량이 궤도 위를 달리도록 만든 철도
> ㉢ : 여러 개의 찻간을 길게 이어 놓은 차량

	㉠	㉡	㉢
①	전철	기차	열차
②	전철	열차	기차
③	기차	전철	열차
④	기차	열차	전철
⑤	열차	전철	기차

14 다음 글의 밑줄 친 단어와 동일한 뜻으로 짧은 글짓기를 했을 때 적절하지 않은 것은?

> 최근 들어 도시의 경쟁력 향상을 위한 새로운 (가) 전략의 하나로 창조 도시에 대한 논의가 (나) 활발하게 진행되고 있다. 창조 도시는 창조적 인재들이 창의성을 발휘할 수 있는 환경을 갖춘 도시이다. 즉 창조 도시는 인재들을 위한 문화 및 거주 환경의 창조성이 풍부하며, 혁신적이고도 (다) 유연한 경제 시스템을 구비하고 있는 도시인 것이다. 창조 도시에 대한 논의를 주도한 랜드리는, 창조성이 도시의 유전자 코드로 바뀌기 위해서는 다음과 같은 환경적 (라) 요소들이 필요하다고 보았다. 개인의 자질, 의지와 리더십, 다양한 재능을 가진 사람들과의 접근성, 조직 문화, 지역 정체성, 도시의 공공 공간과 시설, 역동적 네트워크의 (마) 구축 등이 그것이다.

① (가) : 그가 기획한 신제품의 판매 전략이 큰 성공을 거두었다.
② (나) : 아이들은 활발하게 산과 들을 뛰어다니며 자라났다.
③ (다) : 그는 상대방이 아무리 흥분해도 유연한 태도를 잃지 않았다.
④ (라) : 한 개인의 성격 형성에는 유전적 요소뿐 아니라 성장 환경도 영향을 끼친다.
⑤ (마) : 국제적인 판매망을 구축하는 것을 장기적인 목표로 한다.

15 다음 글의 빈칸 ㉠과 ㉡에 들어갈 말을 바르게 연결한 것은?

이동통신이 유선통신에 비하여 어려운 점은 다중 경로에 의해 통신채널이 계속적으로 변화하여 통신 품질이 저하된다는 것이다. 다중 경로는 송신기에서 발생한 신호가 수신기에 어떠한 장애물을 거치지 않고 직접적으로 도달하기도 하고 장애물을 통과하거나 반사하여 간접적으로 도달하기도 하기 때문에 발생한다. 이 다중 경로 때문에 송신기에서 발생한 신호가 안테나에 도달할 때 신호마다 시간 차이가 발생한다. 이렇게 하나의 송신 신호가 시시각각 수신기에 다르게 도달하기 때문에 이동통신 채널은 일반적으로 유선통신 채널에 비해 빈번히 변화한다. 일반적으로 거쳐 오는 경로가 길수록 수신되는 진폭은 작아지고 지연 시간도 길어지게 된다. 다중 경로를 통해 전파가 전송되어 오면 각 경로의 거리 및 전송 특성 등의 차이에 의해 수신기에 도달하는 시간과 신호 세기의 차이가 발생한다.

시간에 따라 변화하는 이동통신의 품질을 극복하기 위해 개발된 것이 A기술이다. 이 기술을 사용하면 하나의 송신기로부터 전송된 하나의 신호가 다중 경로를 통해 안테나에 수신된다. 이때 안테나에 수신된 신호들 중 일부 경로를 통해 수신된 신호의 크기가 작더라도 나머지 다른 경로를 통해 수신된 신호의 크기가 크면 수신된 신호들 중 가장 큰 것을 선택하여 안정적인 송수신을 이루려는 것이 A기술이다. A기술은 마치 한 종류의 액체를 여러 배수관에 동시에 흘려보내 가장 빨리 나오는 배수관의 액체를 선택하는 것에 비유할 수 있다. 여기서 액체는 ___㉠___ 에 해당하고, 배수관은 ___㉡___ 에 해당한다.

	㉠	㉡		㉠	㉡
①	송신기	안테나	②	신호	경로
③	신호	안테나	④	안테나	경로
⑤	안테나	신호			

16 다음 글의 결론을 지지하지 않는 것은?

> 지구와 태양 사이의 거리와 지구가 태양 주위를 도는 방식은 인간의 생존에 유리한 여러 특징을 지니고 있다. 인간을 비롯한 생명이 생존하려면 행성을 액체 상태의 물을 포함하면서 너무 뜨겁거나 차갑지 않아야 한다. 이를 위해 행성은 태양과 같은 별에서 적당히 떨어져 있어야 한다. 이 적당한 영역을 '골디락스 영역'이라고 한다. 또한 지구가 태양의 중력장 주위를 도는 타원 궤도는 충분히 원에 가깝다. 따라서 연중 태양에서 오는 열에너지가 비교적 일정하게 유지될 수 있다. 만약 태양과의 거리가 일정하지 않았다면 지구는 여름에는 바다가 모두 끓어 넘치고 겨울에는 거대한 얼음덩어리가 되는 불모의 행성이었을 것이다.
>
> 우리 우주에 작용하는 근본적인 힘의 세기나 물리법칙도 인간을 비롯한 생명의 탄생에 유리하도록 미세하게 조정되어 있다. 예를 들어 근본적인 힘인 핵력이나 전기력의 크기가 현재 값에서 조금만 달랐다면, 별의 내부에서 탄소처럼 무거운 원소는 만들어질 수 없었고 행성도 만들어질 수 없었을 것이다. 최근 들어 물리학자들은 이들 힘을 지배하는 법칙이 현재와 다르다면 우주는 구체적으로 어떤 모습이 될지 컴퓨터 모형으로 계산했다. 그 결과를 보면 핵력의 강도가 겨우 0.5% 다르거나 전기력의 강도가 겨우 4% 다를 경우에도 탄소나 산소는 우주에서 합성되지 않는다. 따라서 생명 탄생의 가능성도 사라진다. 결국 핵력이나 전기력을 지배하는 법칙들을 조금이라도 건드리면 우리가 존재할 가능성은 사라지는 것이다.
>
> 결론적으로 지구 주위 환경뿐만 아니라 보편적 자연법칙까지도 인류와 같은 생명이 진화해 살아가기에 알맞은 범위 안에 제한되어 있다고 할 수 있다. 만일 그러한 제한이 없었다면 태양계나 지구가 탄생할 수 없었을 뿐만 아니라 생명 또한 진화할 수 없었을 것이다. 우리가 아는 행성이나 생명이 탄생할 가능성을 열어두면서 물리법칙을 변경할 수 있는 폭은 매우 좁다.

① 탄소가 없는 상황에서도 생명은 자연적으로 진화할 수 있다.
② 중력법칙이 현재와 조금만 달라도 지구는 태양으로 빨려 들어간다.
③ 원자핵의 질량이 현재보다 조금 더 크다면 우리 몸을 이루는 원소는 합성되지 않는다.
④ 별 주위의 '골디락스 영역'에 행성이 위치할 확률은 매우 낮지만 지구는 그 영역에 위치한다.
⑤ 핵력의 강도가 현재와 약간만 달라도 별의 내부에서 무거운 원소가 거의 전부 사라진다.

17 다음 중 〈보기〉의 문장이 들어갈 위치가 바르게 연결된 것은?

탄수화물은 사람을 비롯한 동물이 생존하는 데 필수적인 에너지원이다. ___(가)___ 탄수화물은 섬유소와 비섬유소로 구분된다. 사람은 체내에서 합성한 효소를 이용하여 곡류의 녹말과 같은 비섬유소를 포도당으로 분해하고 이를 소장에서 흡수하여 에너지원으로 이용한다. ___(나)___ 소, 양, 사슴과 같은 반추 동물도 섬유소를 분해하는 효소를 합성하지 못하는 것은 마찬가지이지만, 비섬유소와 섬유소를 모두 에너지원으로 이용하며 살아간다. ___(다)___ 위(胃)가 넷으로 나누어진 반추 동물의 첫째 위인 반추위에는 여러 종류의 미생물이 서식하고 있다. 반추 동물의 반추위에는 산소가 없는데, 이 환경에서 왕성하게 생장하는 반추위 미생물들은 다양한 생리적 특성이 있다. ___(라)___ 식물체에서 셀룰로스는 그것을 둘러싼 다른 물질과 복잡하게 얽혀 있는데, F가 가진 효소 복합체는 이 구조를 끊어 셀룰로스를 노출시킨 후 이를 포도당으로 분해한다. F는 이 포도당을 자신의 세포 내에서 대사 과정을 거쳐 에너지원으로 이용하여 생존을 유지하고 개체 수를 늘림으로써 생장한다. ___(마)___ 이런 대사 과정에서 아세트산, 숙신산 등이 대사산물로 발생하고 이를 자신의 세포 외부로 배출한다. 반추위에서 미생물들이 생성한 아세트산은 반추 동물의 세포로 직접 흡수되어 생존에 필요한 에너지를 생성하는 데 주로 이용되고 체지방을 합성하는 데에도 쓰인다. ___(바)___

보기

㉠ 반면, 사람은 풀이나 채소의 주성분인 셀룰로스와 같은 섬유소를 포도당으로 분해하는 효소를 합성하지 못하므로 섬유소를 소장에서 이용하지 못한다.
㉡ 그중 피브로박터 숙시노젠(F)은 섬유소를 분해하는 대표적인 미생물이다.

	㉠	㉡			㉠	㉡
①	(가)	(라)		②	(가)	(마)
③	(나)	(라)		④	(나)	(마)
⑤	(다)	(바)				

18 다음 글의 빈칸에 들어갈 내용으로 가장 적절한 것은?

상품을 만들어 파는 사람이 그 수고의 대가를 받고 이익을 누리는 것은 당연하다. 하지만 그 이익이 다른 사람의 고통을 무시하고 얻어진 경우에는 정당하지 않을 수 있다. 제3세계에 사는 많은 환자가, 신약 가격을 개발국인 선진국의 수준으로 유지하는 거대제약회사의 정책 때문에 고통 속에서 죽어가고 있다. 그 약값을 감당할 수 있는 선진국이 보기에도 이는 이익이란 명분 아래 발생하는 끔찍한 사례이다. 비난의 목소리가 높아지자 제약회사의 대규모 투자자 중 일부는 자신들의 행동이 윤리적인지 고민하기 시작했다. 사람들이 약값 때문에 약을 구할 수 없다는 것은 분명히 잘못된 일이다. 하지만 그렇다고 해서 국가가 제약회사들에 손해를 감수하라는 요구를 할 수는 없다는 데 사태의 복잡성이 있다. 신약을 개발하는 일에는 막대한 비용과 시간이 들며, 그 안전성 검사가 법으로 정해져 있어서 추가 비용이 발생한다. 이를 상쇄하기 위해 제약회사들은 시장에서 최대한 이익을 뽑아내려 한다. 얼마나 많은 환자가 신약을 통해 고통에서 벗어나는가에 대한 관심을 이들에게 기대하긴 어렵다. 그러나 만약 제약회사들이 존재하지 않는다면 신약개발도 없을 것이다. 상업적 고려와 인간의 건강 사이에 존재하는 긴장을 어떻게 해소해야 할까? 제3세계의 환자를 치료하는 일은 응급 사항이며, 제약회사들이 자선하리라고 기대하는 것은 비현실적이다. 그렇다면 그 대안은 명백하다. _____ 물론 여기에도 문제는 있다. 이 대안이 왜 실현되기 어려운 걸까? 그 이유가 무엇인지는 우리가 자신의 주머니에 손을 넣어 거기에 필요한 돈을 꺼내는 순간 분명해질 것이다.

① 제3세계에 제공되는 신약 가격을 선진국과 같도록 해야 한다.

② 제3세계 국민에게 필요한 신약을 선진국 국민이 구매하여 전달해야 한다.

③ 선진국들은 자국의 제약회사가 제3세계에 신약을 저렴하게 공급하도록 강제해야 한다.

④ 각국 정부는 거대 제약회사의 신약 가격 결정에 자율권을 주어 개발 비용을 보상받을 수 있게 해야 한다.

⑤ 거대 제약회사들이 제3세계 국민들을 위한 신약 개발에 주력하도록 선진국 국민이 압력을 행사해야 한다.

19 K동아리는 방학을 맞이하여 하계 내일로를 구매하려 한다. 〈보기〉의 대화 중 옳지 않은 것을 모두 고르면?

〈2023년 하계 내일로 판매〉

▶ 이용기간 : 23.06.08.(목) ~ 23.09.20.(수)
　※ 발매기간 : 23.06.05.(월) ~ 23.09.14.(목)
▶ 패스구입 : 전국 승차권 발매역, 홈페이지 및 코레일톡⁺
　※ 코레일톡⁺에서는 23.06.08.(목)부터 구입 가능합니다.
▶ 이용대상 : 만 29세 이하 내국인
▶ 종류 및 가격
　– 내일로 : 5일권 60,000원, 7일권 70,000원
　– 프리미엄 내일로 : 5일권 110,000원, 7일권 120,000원
▶ 이용열차 : ITX–청춘, ITX–새마을(새마을), 누리로, 무궁화, 통근열차의 입석(자유석)
▶ 할인혜택
　– 유효기간 중 일반(관광)열차 승차권 구입 시 50% 할인(최대 편도 2회)
　　※ 일반열차 일반실 평일 50%(운임) 할인(KTX와 ITX–청춘 열차 제외)
　　※ 관광전용열차(O·V·S·A·G·DMZ–train) 요일 관계없이 50%(운임+요금) 할인

※ 프리미엄 내일로란?
　– 이용열차 : ITX–청춘, ITX–새마을(새마을), 누리로, 무궁화, 통근열차의 입석(자유석)
　– 좌석지정(KTX) : 유효기간 중 평일(월 ~ 목) 출발하는 KTX 좌석지정권을 발행받아 승차 가능(최대 편도 2회, KTX 입석(자유석) 이용불가)
※ 출발 7일 전부터 창구에서 좌석지정 가능하며 패스와 좌석지정권을 가지고 KTX 이용[금·토·일 및 공휴일은 KTX 이용(좌석지정)불가]

> **보기**
> • A : 언어교환 동아리에 있는 스미스도 내일로에 관심이 많던데 함께 티켓을 구매해서 떠나자고 제안해보자.
> • B : 프리미엄 5일권은 월 ~ 목요일에 출발하는 KTX를 좌석을 지정받아 이용할 수 있으니 여러 군데를 다니려면 시간을 아낄 수 있어 효율적일 것 같아.
> • C : 하지만 가격 차이가 5일권, 7일권 모두 50,000원이 차이가 나니 부담스러워.
> • D : 내일로 티켓으로 구매해도 관광전용열차나 일반열차 승차권 구입 시 50% 할인이 되고, KTX도 이용할 수 있으니 가격은 저렴하게 시간은 효율적으로 사용해서 움직일 수 있을 것 같아.

① A, B　　　　　　　　　　② A, D
③ B, D　　　　　　　　　　④ A, C
⑤ D, C

20 K공사에 근무 중인 S사원은 업무 계약 건으로 출장을 가야 한다. 시속 75km로 이동하던 중 점심시간이 되어 전체 거리의 40% 지점에 위치한 휴게소에서 30분 동안 점심을 먹었다. 시계를 확인하니 약속된 시간에 늦을 것 같아 시속 25km를 더 올려 이동하였더니, 회사에서 출장지까지 총 3시간 20분이 걸려 도착하였다. K공사에서 출장지까지의 거리는?

① 100km ② 150km

③ 200km ④ 250km

⑤ 300km

21 K공사는 6개의 과로 구성이 되어있다. 2022년 상반기에 사업 영역 확장을 위해 7번째 과를 신설하는데, 임원과 사원을 발탁하여 과를 구성하려고 한다. 사원 한 명을 발탁하면 업무 효율이 3point 증가하고, 비용이 4point 소요된다. 임원 한 명을 발탁하면 업무 효율이 4point 증가하고, 비용이 7point 소요된다. 비용은 100point 이하로 소요하면서, 효율은 60point를 달성하려고 할 때, 임원과 사원 수를 합한 최솟값은 얼마인가?

① 14 ② 15

③ 16 ④ 17

⑤ 18

22 원가의 20%를 추가한 금액을 정가로 하는 제품을 15% 할인해서 50개를 판매한 금액이 127,500원일 때, 이 제품의 원가는?

① 1,500원 ② 2,000원

③ 2,500원 ④ 3,000원

⑤ 3,500원

23 진영이는 이번 출장에 KTX표를 미리 구매하여 40% 할인된 가격에 구매하였다. 하지만 출장 일정이 바뀌어서 하루 전날 표를 취소하였다. 환불 규정에 따라 16,800원을 돌려받았을 때, 할인되지 않은 KTX표의 가격은?

〈환불 규정〉

• 2일 전 : 100%
• 1일 전부터 열차 출발 전 : 70%
• 열차 출발 후 : 50%

① 40,000원   ② 48,000원
③ 56,000원   ④ 67,200원
⑤ 70,000원

24 A씨는 정원이 12명이고 개인 회비가 1인당 20,000원인 모임의 총무이다. 정기 모임을 카페에서 열기로 했는데 음료를 1잔씩 주문하고 음료와 곁들일 음식도 2인에 한 개씩 시킬 예정이다. 다음 중 가장 저렴하게 먹을 수 있는 방법으로 메뉴를 주문한 후 남는 돈은?(단, 2명은 커피를 마시지 못한다)

COFFEE		NON-COFFEE		FOOD	
아메리카노	3,500원	그린티라테	4,500원	베이글	3,500원
카페라테	4,100원	밀크티라테	4,800원	치즈케이크	4,500원
카푸치노	4,300원	초코라테	5,300원	초코케이크	4,700원
카페모카	4,300원	곡물라테	5,500원	티라미수	5,500원

조건
• 10잔 이상의 음료 또는 음식을 구입하면 2잔은 무료로 제공된다(단, 4,500원 이하).
• 세트 메뉴로 음료와 음식을 구입하면 해당 메뉴 금액의 10%가 할인된다.

① 175,000원   ② 178,500원
③ 180,500원   ④ 187,500원
⑤ 188,200원

25 빨간 공 4개 하얀 공 6개가 들어 있는 주머니에서 한 번에 2개를 꺼낼 때, 적어도 1개는 하얀 공을 꺼낼 확률은?

① $\dfrac{9}{15}$

② $\dfrac{1}{4}$

③ $\dfrac{5}{12}$

④ $\dfrac{13}{15}$

⑤ $\dfrac{14}{15}$

26 다음은 지역별 마약류 단속에 관한 자료이다. 이에 대한 설명으로 옳은 것은?

〈지역별 마약류 단속 건수〉

(단위 : 건, %)

구분	대마	마약	향정신성 의약품	합계	비중
서울	49	18	323	390	22.1
인천 · 경기	55	24	552	631	35.8
부산	6	6	166	178	10.1
울산 · 경남	13	4	129	146	8.3
대구 · 경북	8	1	138	147	8.3
대전 · 충남	20	4	101	125	7.1
강원	13	0	35	48	2.7
전북	1	4	25	30	1.7
광주 · 전남	2	4	38	44	2.5
충북	0	0	21	21	1.2
제주	0	0	4	4	0.2
전체	167	65	1,532	1,764	100.0

※ 수도권은 서울과 인천 · 경기를 합한 지역임
※ 마약류는 대마, 마약, 향정신성의약품으로만 구성됨

① 대마 단속 전체 건수는 마약 단속 전체 건수의 3배 이상이다.

② 수도권의 마약류 단속 건수는 마약류 단속 전체 건수의 50% 이상이다.

③ 마약 단속 건수가 없는 지역은 5곳이다.

④ 향정신성의약품 단속 건수는 대구 · 경북 지역이 광주 · 전남 지역의 4배 이상이다.

⑤ 강원 지역은 향정신성의약품 단속 건수가 대마 단속 건수의 3배 이상이다.

27 이탈리아 요리를 판매하는 K레스토랑에서는 두 가지 음식을 묶어 런치세트를 구성해 판매한다. 런치세트메뉴와 금액이 다음과 같을 때, 아라비아따의 할인 전 가격은?

〈런치세트메뉴〉

세트 메뉴	구성 음식	금액(원)
A세트	까르보나라, 알리오올리오	24,000
B세트	마르게리따피자, 아라비아따	31,000
C세트	까르보나라, 고르곤졸라피자	31,000
D세트	마르게리따피자, 알리오올리오	28,000
E세트	고르곤졸라피자, 아라비아따	32,000

※ 런치세트메뉴의 가격은 파스타 종류는 500원, 피자 종류는 1,000원을 할인한 뒤 합하여 책정한다.
※ 파스타 : 까르보나라, 알리오올리오, 아라비아따
※ 피자 : 마르게리따피자, 고르곤졸라피자

① 13,000원
② 13,500원
③ 14,000원
④ 14,500원
⑤ 15,000원

28 K공사는 최근 미세먼지와 황사로 인해 실내 공기질이 많이 안 좋아졌다는 건의가 들어와 내부 검토 후 예산 400만 원으로 공기청정기 40대를 구매하기로 하였다. 다음 두 업체 중 어느 곳에서 공기청정기를 구매하는 것이 유리하며 상대에 비해 얼마나 더 저렴한가?

업체	할인 정보	가격
S전자	• 8대 구매 시, 2대 무료 증정 • 구매 금액 100만 원당 2만 원 할인	8만 원/대
B마트	• 20대 미만 구매 : 2% 할인 • 30대 이상 구매 : 5% 할인 • 40대 이상 구매 : 7% 할인 • 50대 이상 구매 : 10% 할인	9만 원/대

※ 1,000원 단위 이하는 절사한다.

① S전자, 82만 원
② S전자, 148만 원
③ B마트, 12만 원
④ B마트, 20만 원
⑤ S전자, 120만 원

29 다음은 OECD 주요 국가별 삶의 만족도 및 관련 지표를 나타낸 자료이다. 이에 대한 설명으로 옳지 않은 것은?

〈OECD 주요 국가별 삶의 만족도 및 관련 지표〉

(단위 : 점, %, 시간)

국가＼구분	삶의 만족도	장시간 근로자 비율	여가 · 개인 돌봄시간
덴마크	7.6	2.1	16.1
아이슬란드	7.5	13.7	14.6
호주	7.4	14.2	14.4
멕시코	7.4	28.8	13.9
미국	7.0	11.4	14.3
영국	6.9	12.3	14.8
프랑스	6.7	8.7	15.3
이탈리아	6.0	5.4	15.0
일본	6.0	22.6	14.9
한국	6.0	28.1	14.9
에스토니아	5.4	3.6	15.1
포르투갈	5.2	9.3	15.0
헝가리	4.9	2.7	15.0

※ 장시간 근로자 비율은 전체 근로 중 주 50시간 이상 근무한 근로자의 비율임

① 삶의 만족도가 가장 높은 국가는 장시간 근로자 비율이 가장 낮다.
② 한국의 장시간 근로자 비율은 삶의 만족도가 가장 낮은 국가의 장시간 근로자 비율의 10배 이상 이다.
③ 삶의 만족도가 한국보다 낮은 국가들의 장시간 근로자 비율 산술평균은 이탈리아의 장시간 근로자 비율보다 높다.
④ 여가 · 개인 돌봄시간이 가장 긴 국가와 가장 짧은 국가의 삶의 만족도 차이는 0.3점 이하이다.
⑤ 장시간 근로자 비율이 미국보다 낮은 국가의 여가 · 개인 돌봄시간은 모두 미국의 여가 · 개인 돌봄시간보다 길다.

30 A대리는 금연치료 프로그램 참가자의 문의전화를 받았다. 참가자는 금연치료의약품과 금연보조제를 처방받아서 복용하고 있는데 1월 한 달 동안 본인이 부담하는 의약품비가 얼마인지 궁금하다는 내용이었다. A대리는 참가자가 1월 4일부터 바레니클린과 패치를 사용하고 있다는 사실을 확인한 후 1월 한 달 기준 의약품에 대한 본인부담금을 알려주었다. 문의한 참가자의 본인부담금은 얼마인가?

구분	금연치료의약품		금연보조제		
	부프로피온	바레니클린	패치	껌	정제
용법	1일 2정	1일 2정	1일 1장	1일 4 ~ 12정	1일 4 ~ 12정
시장가격	680원/정	1,767원/정	1,353원/장	375원/정	417원/정
공단 지원액	500원/정	1,000원/정	1,500원/일		

※ 의료급여수급권자 및 최저생계비 150% 이하인 자는 상한액 이내 지원
※ 1월 투여기간 : 4일 ~ 31일

① 47,068원　　　　　　　　② 10,080원
③ 42,952원　　　　　　　　④ 46,085원
⑤ 48,065원

31 K공사는 창고업체에 다음 세 제품군에 대한 보관비를 지급하려고 한다. 전체 지급금액은 얼마인가?(단, A제품군은 매출액의 1%, B제품군은 1m^{3}당 20,000원, C제품군은 톤당 80,000원을 지급하기로 되어 있다)

구분	매출액(억 원)	용량	
		용적(m^3)	무게(톤)
A제품군	300	3,000	200
B제품군	200	2,000	300
C제품군	100	5,000	500

① 3억 2천만 원　　　　　　② 3억 4천만 원
③ 3억 6천만 원　　　　　　④ 3억 8천만 원
⑤ 4억 원

32 문화기획을 하는 A씨는 올해 새로운 공연을 기획하고자 한다. 문화예술에 대한 국민의 관심과 참여 수준을 파악하여 그것을 기획에 반영하고자 할 때, 다음 자료를 해석한 것으로 옳지 않은 것은?

〈문화예술 관람률〉

(단위 : %)

구분		2017년	2019년	2021년	2023년
문화예술 성별·연령별 관람률	전체	52.4	54.5	60.8	64.5
	남자	50.5	51.5	58.5	62.0
	여자	54.2	57.4	62.9	66.9
	20세 미만	77.2	77.9	82.6	84.5
	20 ~ 29세	79.6	78.2	83.4	83.8
	30 ~ 39세	68.2	70.6	77.2	79.2
	40 ~ 49세	53.4	58.7	67.4	73.2
	50 ~ 59세	35.0	41.2	48.1	56.2
	60세 이상	13.4	16.6	21.7	28.9
문화예술 종류별 관람률	음악·연주회	13.9	13.6	11.6	10.7
	연극	13.9	13.5	13.2	11.8
	무용	1.1	1.5	1.4	1.2
	영화	44.8	45.8	50.3	52.8
	박물관	13.8	14.5	13.3	13.7
	미술관	12.5	11.1	10.2	9.8

① 문화예술 관람률은 계속해서 증가하고 있다.

② 2021년도의 전체 인구수를 100명으로 가정했을 때 그 해 미술관을 관람한 사람은 10명이다.

③ 문화예술 관람률이 접근성을 반영한다면, 접근성이 가장 떨어지는 문화예술은 무용이다.

④ 문화예술 관람률은 남자보다는 여자, 고연령층보다는 저연령층의 관람률이 높다.

⑤ 60세 이상 문화예술 관람률은 2017년 대비 2023년에 100% 이상 증가했다.

33 다음은 한 국제기구가 발표한 2022년 3월 ~ 2023년 3월 동안의 식량 가격지수와 품목별 가격지수에 대한 자료이다. 이에 대한 설명으로 옳지 않은 것은?

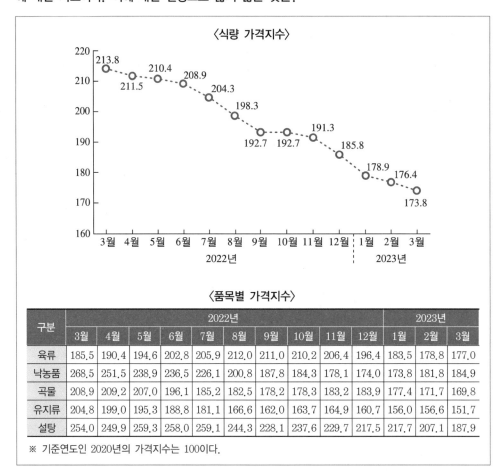

〈식량 가격지수〉

〈품목별 가격지수〉

구분	2022년										2023년		
	3월	4월	5월	6월	7월	8월	9월	10월	11월	12월	1월	2월	3월
육류	185.5	190.4	194.6	202.8	205.9	212.0	211.0	210.2	206.4	196.4	183.5	178.8	177.0
낙농품	268.5	251.5	238.9	236.5	226.1	200.8	187.8	184.3	178.1	174.0	173.8	181.8	184.9
곡물	208.9	209.2	207.0	196.1	185.2	182.5	178.2	178.3	183.2	183.9	177.4	171.7	169.8
유지류	204.8	199.0	195.3	188.8	181.1	166.6	162.0	163.7	164.9	160.7	156.0	156.6	151.7
설탕	254.0	249.9	259.3	258.0	259.1	244.3	228.1	237.6	229.7	217.5	217.7	207.1	187.9

※ 기준연도인 2020년의 가격지수는 100이다.

① 2023년 3월의 식량 가격지수는 2022년 3월보다 15% 이상 하락했다.

② 2022년 4월부터 2022년 9월까지 식량 가격지수는 매월 하락했다.

③ 2022년 3월보다 2023년 3월 가격지수가 가장 큰 폭으로 하락한 품목은 낙농품이다.

④ 육류 가격지수는 2022년 8월까지 매월 상승하다가 그 이후에는 매월 하락했다.

⑤ 2020년 가격지수 대비 2023년 3월 가격지수의 상승률이 가장 낮은 품목은 육류이다.

34 K회사에서는 매년 다량의 반도체 부품을 가공하고 있다. 이 가공 과정은 각 부품에서 P공정을 거치고 양품에 한해 D공정을 거치게 된다. 2022년까지의 가공 현황을 통해 구한 공정별 수율(Yield)이 다음과 같을 때, 2023년에 1,000만 개의 부품 중 두 공정을 거친 뒤 얻을 수 있는 양품 수의 기댓값은?

구분	P공정	D공정
수율(Yield)	97%	95%

※ (수율)$=\dfrac{(\text{양품 수})}{(\text{전체 수})}$

① 9,210,000개   ② 9,211,000개
③ 9,212,000개   ④ 9,215,000개
⑤ 9,217,000개

35 다음은 2023년 K국의 LPCD(Liter Per Capital Day)에 관한 자료이다. 1인 1일 사용량에서 영업용 사용량이 차지하는 비중과 1인 1일 가정용 사용량 중 하위 두 항목이 차지하는 비중을 순서대로 나열한 것은?(단, 소수점 셋째 자리에서 반올림한다)

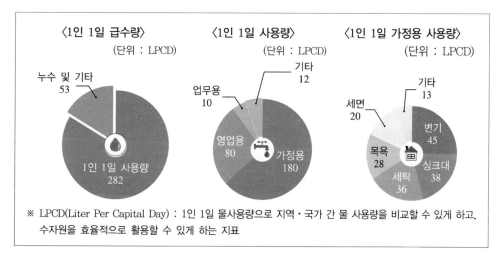

※ LPCD(Liter Per Capital Day) : 1인 1일 물사용량으로 지역·국가 간 물 사용량을 비교할 수 있게 하고, 수자원을 효율적으로 활용할 수 있게 하는 지표

① 27.57%, 16.25%   ② 27.57%, 19.24%
③ 28.37%, 18.33%   ④ 28.37%, 19.24%
⑤ 30.56%, 20.78%

36 다음은 2023년 소양강댐의 수질정보에 관한 자료이다. 이에 대한 설명으로 옳지 않은 것은?

〈2023년 소양강댐의 수질정보〉

(단위 : ℃, mg/L)

구분	수온	DO	BOD	COD
1월	5	12.0	1.4	4.1
2월	5	11.5	1.1	4.5
3월	8	11.3	1.3	5.0
4월	13	12.1	1.5	4.6
5월	21	9.4	1.5	6.1
6월	23	7.9	1.3	4.1
7월	27	7.3	2.2	8.9
8월	29	7.1	1.9	6.3
9월	23	6.4	1.7	6.6
10월	20	9.4	1.7	6.9
11월	14	11.0	1.5	5.2
12월	9	11.6	1.4	6.9

※ DO : 용존산소량
※ BOD : 생화학적 산소요구량
※ COD : 화학적 산소요구량

① 조사기간 중 8월의 수온이 가장 높았다.
② DO가 가장 많았을 때와 가장 적었을 때의 차는 5.7mg/L이다.
③ 소양강 댐의 COD는 항상 DO보다 적었다.
④ 7월 대비 12월의 소양강댐의 BOD 감소율은 30% 이상이다.
⑤ DO는 대체로 여름철보다 겨울철에 더 높았다.

37 다음 중 제시된 명제를 읽고 판단했을 때, 옳지 않은 것은?

- 정리정돈을 잘 하는 사람은 집중력이 좋다.
- 주변이 조용할수록 집중력이 좋다
- 깔끔한 사람은 정리정돈을 잘한다.
- 집중력이 좋으면 성과 효율이 높다.

① 깔끔한 사람은 집중력이 좋다.
② 주변이 조용할수록 성과 효율이 높다.
③ 깔끔한 사람은 성과 효율이 높다.
④ 성과 효율이 높지 않은 사람은 주변이 조용하지 않다.
⑤ 깔끔한 사람은 주변이 조용하다.

38 K공사에 근무하는 귀하는 부하직원 5명(A ~ E)을 대상으로 새로 기획한 공사 홍보 전략에 대한 의견을 물었다. 이에 대해 직원 5명은 찬성과 반대 둘 중 하나의 의견을 제시했다. 다음 〈조건〉이 모두 참일 때, 항상 옳은 것은?

> **조건**
>
> - A 또는 D 둘 중 적어도 하나가 반대하면, C는 찬성하고 E는 반대한다.
> - B가 반대하면, A는 찬성하고 D는 반대한다.
> - D가 반대하면 C도 반대한다.
> - E가 반대하면 B도 반대한다.
> - 적어도 한 사람은 반대한다.

① A는 찬성하고 B는 반대한다.

② A는 찬성하고 E는 반대한다.

③ B와 D는 반대한다.

④ C는 반대하고 D는 찬성한다.

⑤ C와 E는 찬성한다.

39 다음은 K사 제품 생산에 따른 공정 관리를 나타낸 것이다. 이에 대한 설명으로 옳은 것을 〈보기〉에서 모두 고르면?

공정 활동	선행 공정	시간(분)
A. 부품 선정	없음	2
B. 절삭 가공	A	2
C. 연삭 가공	A	5
D. 부품 조립	B, C	4
E. 전해 연마	D	3
F. 제품 검사	E	1

※ 공정 간 부품의 이동 시간은 무시한다.
※ A공정부터 시작되며 공정별로 1명의 작업 담당자가 수행한다.

> **보기**
>
> ㄱ. 전체 공정을 완료하기 위해서는 15분이 소요된다.
> ㄴ. 첫 제품 생산 후부터 1시간마다 3개씩 제품이 생산된다.
> ㄷ. B공정이 1분 더 지연되어도 전체 공정 시간은 변화가 없다.

① ㄱ   ② ㄴ

③ ㄱ, ㄷ   ④ ㄴ, ㄷ

⑤ ㄱ, ㄴ, ㄷ

40 다음은 인천과 런던을 잇는 항공 노선과 그 관련 정보들이다. 인천에서 런던을 가려는 A는 노선지수가 낮은 노선을 선호한다고 할 때, A가 선택할 노선으로 가장 적합한 것은?(단, 노선지수 계산은 인천에서 런던까지의 각 요소의 총량의 합을 기준으로 계산된다. 모든 순위는 낮은 값을 가질수록 높은 순위이며, 폐쇄노선은 현재 사용이 불가능하다)

<table>
<tr><td colspan="6" align="center">〈노선 목록〉</td></tr>
<tr><td>노선</td><td>거리</td><td>시간</td><td>요금</td><td>마일리지</td><td>기타사항</td></tr>
<tr><td>인천 – 베이징</td><td>937km</td><td>1시간</td><td>50만 원</td><td>104</td><td>잠정 폐쇄</td></tr>
<tr><td>인천 – 하노이</td><td>2,717km</td><td>5시간</td><td>30만 원</td><td>302</td><td>–</td></tr>
<tr><td>인천 – 방콕</td><td>3,700km</td><td>5시간</td><td>50만 원</td><td>411</td><td>–</td></tr>
<tr><td>인천 – 델리</td><td>4,666km</td><td>6시간</td><td>55만 원</td><td>518</td><td>–</td></tr>
<tr><td>인천 – 두바이</td><td>6,769km</td><td>8시간</td><td>65만 원</td><td>752</td><td>–</td></tr>
<tr><td>인천 – 카이로</td><td>8,479km</td><td>8시간</td><td>70만 원</td><td>942</td><td>–</td></tr>
<tr><td>인천 – 상하이</td><td>843km</td><td>1시간</td><td>45만 원</td><td>94</td><td>–</td></tr>
<tr><td>베이징 – 런던</td><td>8,147km</td><td>9시간</td><td>100만 원</td><td>905</td><td>–</td></tr>
<tr><td>하노이 – 런던</td><td>9,244km</td><td>10시간</td><td>90만 원</td><td>1,027</td><td>–</td></tr>
<tr><td>방콕 – 런던</td><td>9,542km</td><td>11시간</td><td>55만 원</td><td>1,060</td><td>잠정 폐쇄</td></tr>
<tr><td>델리 – 런던</td><td>6,718km</td><td>7시간</td><td>55만 원</td><td>746</td><td>–</td></tr>
<tr><td>두바이 – 런던</td><td>5,479km</td><td>6시간</td><td>50만 원</td><td>609</td><td>–</td></tr>
<tr><td>카이로 – 런던</td><td>3,514km</td><td>4시간</td><td>55만 원</td><td>390</td><td>–</td></tr>
<tr><td>상하이 – 런던</td><td>9,208km</td><td>10시간</td><td>90만 원</td><td>1,023</td><td>–</td></tr>
</table>

※ (노선지수)＝(총거리 순위×0.8)＋(총시간 순위×0.7)＋(총요금 순위×0.2)

① 인천 – 상하이 – 런던   ② 인천 – 델리 – 런던
③ 인천 – 카이로 – 런던   ④ 인천 – 하노이 – 런던
⑤ 인천 – 두바이 – 런던

41 다음 자료는 휴대전화를 구입하기 위하여 작성한 것이다. 경제적 의사결정과 관련하여 옳은 설명은?(단, 만족도 1단위는 화폐 1만 원의 가치와 같다)

상품 \ 가격	만족도	광고 호감도 (5)	디자인 (12)	카메라 기능 (8)	단말기 크기 (9)	A/S (6)	만족도 합계 (40)
A	35만 원	5	10	6	8	5	34
B	28만 원	4	9	6	7	5	31
C	25만 원	3	7	5	6	4	25

※ ( ) 안은 만족도의 만점임

① 합리적으로 선택한다면 상품 B를 구입할 것이다.
② 단말기 크기보다 카메라 기능을 더 중시하고 있다.
③ 만족도가 가장 큰 대안을 선택하는 것이 가장 합리적이다.
④ 예산이 25만 원으로 제한되면 휴대전화 구입을 포기할 것이다.
⑤ 구매 선택의 기준으로 휴대전화의 성능을 지나치게 중시하고 있다.

42 다음은 K기업의 재고 관리 사례이다. 금요일까지 부품 재고 수량이 남지 않게 완성품을 만들 수 있도록 월요일에 주문할 A ~ C부품 개수로 옳은 것은?(단, 주어진 조건 이외에는 고려하지 않는다)

〈부품 재고 수량과 완성품 1개당 소요량〉

부품명	부품 재고 수량	완성품 1개당 소요량
A	500	10
B	120	3
C	250	5

〈완성품 납품 수량〉

항목 \ 요일	월	화	수	목	금
완성품 납품 개수	없음	30	20	30	20

※ 부품 주문은 월요일에 한 번 신청하며, 화요일 작업 시작 전에 입고된다.
※ 완성품은 부품 A, B, C를 모두 조립해야 한다.

	A	B	C			A	B	C
①	100	100	100		②	100	180	200
③	500	100	100		④	500	150	200
⑤	500	180	250					

43 다음 글을 근거로 판단할 때, 색칠된 사물함에 들어 있는 돈의 총액으로 가능한 것은?

- 다음과 같이 생긴 25개의 각 사물함에는 200원이 들어 있거나 300원이 들어 있거나 돈이 아예 들어 있지 않다.
- 그림의 우측과 아래에 쓰인 숫자는 그 줄의 사물함에 든 돈의 액수를 모두 합한 금액이다. 예를 들어, 1번, 2번, 3번, 4번, 5번 사물함에 든 돈의 액수를 모두 합하면 900원이다.
- 11번 사물함에는 200원이 들어 있고, 25번 사물함에는 300원이 들어 있으며, 전체 사물함 중 200원이 든 사물함은 4개뿐이다.

1	2	3	4	5	900
6	7	8	9	10	700
11	12	13	14	15	500
16	17	18	19	20	300
21	22	23	24	25	500
500	400	900	600	500	

① 600원
② 900원
③ 1,000원
④ 1,200원
⑤ 1,400원

44 네 개의 상자 A ~ D 중 어느 하나에 두 개의 진짜 열쇠가 들어 있고, 다른 어느 한 상자에 두 개의 가짜 열쇠가 들어 있다. 또한 각 상자에는 다음과 같이 두 개의 안내문이 쓰여 있는데, 각 상자의 안내문 중 하나는 참이다. 다음 중 항상 옳은 것은?

- A상자
  - 어떤 진짜 열쇠도 순금으로 되어 있지 않다.
  - C상자에 진짜 열쇠가 들어 있다.
- B상자
  - 가짜 열쇠는 이 상자에 들어 있지 않다.
  - A상자에는 진짜 열쇠가 들어 있다.
- C상자
  - 이 상자에 진짜 열쇠가 들어 있다.
  - 어떤 가짜 열쇠도 구리로 되어 있지 않다.
- D상자
  - 이 상자에 진짜 열쇠가 들어 있다.
  - 가짜 열쇠 중 어떤 것은 구리로 되어 있다.

---

① B상자에 가짜 열쇠가 들어 있지 않다.
② C상자에 진짜 열쇠가 들어 있지 않다.
③ D상자의 첫 번째 안내문은 거짓이다.
④ 모든 가짜 열쇠는 구리로 되어 있다.
⑤ 어떤 진짜 열쇠는 순금으로 되어 있다.

45 K공사 직원 A ~ H가 원탁에 앉아서 회의를 하려고 한다. 다음 중 항상 참인 것은?(단, 서로 이웃해 있는 직원들 간의 사이는 모두 동일하다)

- A와 C는 가장 멀리 떨어져 있다.
- A 옆에는 G가 앉는다.
- B와 F는 서로 마주보고 있다.
- D는 E 옆에 앉는다.
- H는 B 옆에 앉지 않는다.

---

① 가능한 총 경우의 수는 네 가지이다.
② A와 B 사이에는 항상 누군가 앉아 있다.
③ C 옆에는 항상 E가 있다.
④ E와 G는 항상 마주 본다.
⑤ G의 오른쪽 옆에는 항상 H가 있다.

46 제시된 자료와 〈보기〉를 바탕으로 철수, 영희, 민수, 철호가 상품을 구입한 쇼핑몰을 올바르게 연결한 것은?

〈이용약관의 주요내용〉

쇼핑몰	주문 취소	환불	배송비	포인트 적립
A	주문 후 7일 이내 취소 가능	10% 환불수수료+송금수수료 차감	무료	구입 금액의 3%
B	주문 후 10일 이내 취소 가능	환불수수료+송금 수수료 차감	20만 원 이상 무료	구입 금액의 5%
C	주문 후 7일 이내 취소 가능	환불수수료+송금 수수료 차감	1회 이용 시 1만 원	없음
D	주문 후 당일에만 취소 가능	환불수수료+송금 수수료 차감	5만 원 이상 무료	없음
E	취소 불가능	고객 귀책사유에 의한 환불 시에만 10% 환불수수료	1만 원 이상 무료	구입 금액의 10%
F	취소 불가능	원칙적으로 환불 불가능 (사업자 귀책 사유일 때만 환불 가능)	100g당 2,500원	없음

보기

ㄱ. 철수는 부모님의 선물로 등산용품을 구입하였는데, 판매자의 업무착오로 배송이 지연되어 판매자에게 전화로 환불을 요구하였다. 판매자는 판매금액 그대로를 통장에 입금해주었고 구입 시 발생한 포인트도 유지하여 주었다.

ㄴ. 영희는 옷을 구매할 때 배송료를 고려하여 한 가지씩 여러 번에 나누어 구매하기보다는 가능한 한 한꺼번에 주문하곤 하였다.

ㄷ. 인터넷 사이트에서 영화티켓을 20,000원에 주문한 민수는 다음날 같은 티켓을 18,000원에 파는 가게를 발견하고 전날 주문한 물건을 취소하려 했지만 취소가 되지 않아 곤란을 겪은 적이 있다.

ㄹ. 가방을 10만 원에 구매한 철호는 도착한 물건의 디자인이 마음에 들지 않아 환불 및 송금수수료와 배송료를 감수하는 손해를 보면서도 환불할 수밖에 없었다.

	철수	영희	민수	철호
①	E	B	C	D
②	F	E	D	B
③	E	D	F	C
④	F	C	E	B
⑤	E	C	B	D

47 다음은 농수산물에 대한 식품수거검사에 관한 자료이다. 〈보기〉의 설명 중 옳지 않은 것을 모두 고르면?

〈식품수거검사〉

- 검사
  - 월별 정기 및 수시 수거검사
- 대상
  - 다년간 부적합 비율 및 유통점유율이 높은 품목대상
  - 신규 생산품목 및 문제식품의 신속 수거 · 검사 실시
  - 언론이나 소비자단체 등 사회문제화 된 식품
  - 재래시장, 연쇄점, 소형슈퍼마켓 주변의 유통식품
  - 학교주변 어린이 기호식품류
  - 김밥, 도시락, 햄버거 등 유통식품
  - 유통 중인 농 · 수 · 축산물(엽경채류, 콩나물, 어류, 패류, 돼지고기, 닭고기 등)
- 식품종류별 주요 검사항목
  - 농산물 : 잔류농약
  - 수산물 : 총수은, 납, 항생물질, 장염비브리오 등 식중독균 오염여부
  - 축산물 : 항생물질, 합성항균제, 성장홀몬제, 대장균, 리스테리아균, 살모넬라균
  - 식품제조 · 가공품 : 과산화물가, 대장균, 대장균군, 보존료, 타르색소 등
- 부적합에 따른 조치
  - 제조업체 해당 시 · 군에 통보(시정명령, 영업정지, 품목정지, 폐기처분 등 행정조치)
  - 식품의약안전청 홈페이지 식품긴급회수창에 위해정보공개
  - 부적합 유통식품 수거검사 및 폐기

보기

ㄱ. 유통 중에 있는 식품은 식품수거검사 대상에 해당되지 않는다.
ㄴ. 항생물질 함유 여부를 검사하는 항목은 축산물뿐이다.
ㄷ. 식품수거검사는 정시와 수시가 모두 진행된다.
ㄹ. 식품수거검사 결과 적발한 위해정보는 제조업체 해당 시 · 군 홈페이지에서 확인할 수 있다.

① ㄱ, ㄷ
② ㄴ, ㄹ
③ ㄱ, ㄴ, ㄷ
④ ㄱ, ㄴ, ㄹ
⑤ ㄴ, ㄷ, ㄹ

PART 3

※ 다음은 A마트의 배송이용약관이다. 다음 자료를 참고하여 이어지는 질문에 답하시오. [48~49]

〈배송이용약관〉

▲ 배송기간
① 당일배송상품(A클럽; A마트 점포배송)은 오전 주문 시 상품 당일 오후 배송(당일 배송 주문마감 시간은 지점마다 상이함)
② 일반배송상품 및 A클럽(A마트 점포배송) 전국 택배점 상품은 상품 결제 완료 후 평균 2~4일 이내 배송 완료
③ 일반배송상품은 택배사를 이용해 배송되므로, 주말, 공휴일, 연휴에는 배송되지 않음
④ 당일배송 A클럽 상품(A마트 점포배송)의 경우 각 지점에 따라 배송정책이 상이하므로 이용매장에 직접 확인해야 함
⑤ 꽃 배송은 전국 어디서나 3시간 내에 배달 가능(단, 도서 산간지역 등 일부 지역 제외, A쇼핑 근무시간 내 주문접수되어야 함)

▲ 배송비
① A클럽(A마트 점포배송)을 제외한 상품은 무료배송이 원칙(단, 일부 상품의 경우 상품가격에 배송비가 포함될 수 있으며, 도서지역의 경우 도선료, 항공료 등이 추가될 수 있음)
② A클럽 상품은(A마트 점포배송) 지점별로 배송비 적용 정책이 상이함(해당점 이용안내 확인 필요)
③ 도서상품은 배송비 무료
④ CD / DVD 상품은 39,000원 미만 주문 시 배송비 3,000원 부과
⑤ 화장품 상품은 30,000원 미만 주문 시 배송비 3,000원 부과
⑥ 기타 별도의 배송비 또는 설치비가 부과되는 경우에는 해당 상품의 구매페이지에 게재함

▲ 배송확인
① [나의 e쇼핑 > 나의 쇼핑정보 > 주문 / 배송현황]에서 배송현황의 배송조회 버튼을 클릭하여 확인할 수 있음
② 주문은 [주문완료] > [결제완료] > [상품준비 중] > [배송 중] > [배송완료] 순으로 진행
 • [주문완료] : 상품대금의 입금 미확인 또는 결제가 미완료된 접수 상태
 • [결제완료] : 대금결제가 완료되어 주문을 확정한 상태
 • [상품준비 중] : 공급처가 주문내역을 확인 후 상품을 준비하여 택배사에 발송을 의뢰한 상태
 • [배송 중] : 공급처에 배송지시를 내린 상태(공급처가 상품을 발송한 상태)
 • [배송완료] : 배송이 완료되어 고객님이 상품을 인수한 상태
※ 배송주소가 2곳 이상인 경우 주문할 상품의 상세페이지에서 [대량주문하기] 버튼을 클릭하면 여러 배송지로 상품 보내기 가능(배송주소를 여러 곳 설정할 때는 직접 입력 또는 엑셀파일로 작성 후 파일업로드 2가지 방식 이용)

48 서울 K대학의 기숙사 룸메이트인 갑과 을은 A마트에서 각각 물건을 구매했다. 두 명 모두 일반배송 상품을 이용하였으며, 갑은 화장품 세트를 을은 책 3권을 구매하였다. 이 경우 각각 물건을 구매하는 데 배송비를 포함하여 얼마가 들었는가?(단, 갑이 구매한 화장품 세트는 29,900원이며, 을이 구매한 책은 각각 10,000원이다)

	갑	을
①	29,900원	30,000원
②	29,900원	33,000원
③	30,900원	33,000원
④	32,900원	33,000원
⑤	32,900원	30,000원

49 서울에 사는 병은 A마트에서 해운대에 사시는 부모님께 보내드릴 사과 한 박스를 주문했다. 사과는 A마트 일반배송상품으로 가격은 32,000원인데 현재 25% 할인을 하고 있다. 배송비를 포함하여 상품을 구매하는 데 총 얼마가 들었으며, 상품은 부모님 댁에 늦어도 언제까지 배송될 예정인가?

일	월	화	수	목	금	토
1	2	3	4	5	6 상품 결제완료	7
8	9	10	11	12	13	14

① 24,000원, 9일 월요일 ② 24,000원, 12일 목요일

③ 27,000원, 10일 화요일 ④ 32,000원, 12일 목요일

⑤ 32,000원, 13일 금요일

50 다음 2월 날씨와 〈조건〉을 근거로 판단할 때, 2월 8일과 16일의 실제 날씨로 가능한 것을 바르게 연결한 것은?

〈2월 날씨〉

요일	월	화	수	목	금	토	일
날짜			1	2	3	4	5
예측			맑음	흐림	맑음	눈·비	흐림
실제			맑음	맑음	흐림	흐림	맑음
날짜	6	7	8	9	10	11	12
예측	맑음	흐림	맑음	맑음	맑음	흐림	흐림
실제	흐림	흐림	?	맑음	흐림	눈·비	흐림
날짜	13	14	15	16	17	18	19
예측	눈·비	눈·비	맑음	눈·비	눈·비	흐림	흐림
실제	맑음	맑음	맑음	?	눈·비	흐림	눈·비

※ 위 달력의 같은 줄을 한 주로 한다.

조건

• 날씨 예측 점수는 매일 다음과 같이 부여한다.

실제＼예측	맑음	흐림	눈·비
맑음	10점	6점	0점
흐림	4점	10점	6점
눈·비	0점	2점	10점

• 한 주의 주중(월 ~ 금) 날씨 예측 점수의 평균은 매주 5점 이상이다.
• 2월 1일부터 19일까지 요일별 날씨 예측 점수의 평균은 다음과 같다.

요일	월	화	수	목	금
날씨 예측 점수 평균	7점 이하	5점 이상	7점 이하	5점 이상	7점 이하

	2월 8일	2월 16일		2월 8일	2월 16일
①	맑음	흐림	②	맑음	눈·비
③	눈·비	흐림	④	눈·비	맑음
⑤	흐림	흐림			

행운이란 100%의 노력 뒤에 남는 것이다.

- 랭스턴 콜먼 -

제2회
최종점검 모의고사

※ 코레일 한국철도공사 고졸채용 최종점검 모의고사는 채용공고를 기준으로 구성한 것으로 실제 시험과 다를 수 있습니다.

■ 취약영역 분석

번호	O/×	영역	번호	O/×	영역	번호	O/×	영역
01		의사소통능력	21		의사소통능력	41		문제해결능력
02		의사소통능력	22		의사소통능력	42		문제해결능력
03		수리능력	23		의사소통능력	43		문제해결능력
04		수리능력	24		의사소통능력	44		문제해결능력
05		수리능력	25		의사소통능력	45		문제해결능력
06		수리능력	26		의사소통능력	46		문제해결능력
07		문제해결능력	27		수리능력	47		수리능력
08		문제해결능력	28		수리능력	48		수리능력
09		문제해결능력	29		수리능력	49		수리능력
10		문제해결능력	30		수리능력	50		문제해결능력
11		의사소통능력	31		의사소통능력			
12		의사소통능력	32		의사소통능력			
13		의사소통능력	33		문제해결능력			
14		의사소통능력	34		문제해결능력			
15		수리능력	35		문제해결능력			
16		수리능력	36		문제해결능력			
17		수리능력	37		문제해결능력			
18		수리능력	38		수리능력			
19		의사소통능력	39		의사소통능력			
20		의사소통능력	40		의사소통능력			

평가문항	50문항	평가시간	60분
시작시간	:	종료시간	:
취약영역			

⏱ 응시시간 : 60분　📄 문항 수 : 50문항　　　　　　　　정답 및 해설 p.067

01　다음 글의 내용과 일치하지 않는 것을 고르면?

일반적으로 문화는 '생활양식' 또는 '인류의 진화로 이룩된 모든 것'이라는 포괄적인 개념을 갖고 있다. 이렇게 본다면 언어는 문화의 하위 개념에 속하는 것이다. 그러나 언어는 문화의 하위 개념에 속하면서도 문화 자체를 표현하여 그것을 전파전승하는 기능도 한다. 이로 보아 언어에는 그것을 사용하는 민족의 문화와 세계 인식이 녹아있다고 할 수 있다. 가령 '사촌'이라고 할 때, 영어에서는 'Cousin'으로 이를 통칭(通稱)하는 것을 우리말에서는 친・외, 고종・이종 등으로 구분하고 있다. 친족 관계에 대한 표현에서 우리말이 영어보다 좀 더 섬세하게 되어 있는 것이다. 이것은 친족 관계를 좀 더 자세히 표현하여 차별 내지 분별하려 한 우리 문화와 그것을 필요로 하지 않는 영어권 문화의 차이에서 기인한 것이다.

문화에 따른 이러한 언어의 차이는 낱말에서만이 아니라 어순(語順)에서도 나타난다. 우리말은 영어와 주술 구조가 다르다. 우리는 주어 다음에 목적어, 그 뒤에 서술어가 온다. 이에 비해 영어에서는 주어 다음에 서술어, 그 뒤에 목적어가 온다. 우리말의 경우 '나는 너를 사랑한다.'라고 할 때, '나'와 '너'를 먼저 밝히고, 그 다음에 '나의 생각'을 밝히는 것에 비하여, 영어에서는 '나'가 나오고, 그 다음에 '나의 생각'이 나온 뒤에 목적어인 '너'가 나온다. 이러한 어순의 차이는 결국 나의 의사보다 상대방에 대한 관심을 먼저 보이는 우리와 나의 의사를 밝히는 것이 먼저인 영어를 사용하는 사람들의 문화 차이에서 기인한 것이다. 대화를 할 때 다른 사람을 대우하는 것에서도 이런 점을 발견할 수 있다.

손자가 할아버지에게 무엇을 부탁하는 경우를 생각해 보자. 이 경우 영어에서는 'You do it, please.'라고 하고, 우리말에서는 '할아버지께서 해주세요.'라고 한다. 영어에서는 상대방이 누구냐에 관계없이 상대방을 가리킬 때 'You'라는 지칭어를 사용하고, 서술어로는 'do'를 사용한다. 그런데 우리말에 서는 상대방을 가리킬 때, 무조건 영어의 'You'에 대응하는 '당신(너)'이라는 말만을 쓰는 것은 아니고 상대에 따라 지칭어를 달리 사용한다. 뿐만 아니라, 영어의 'do'에 대응하는 서술어도 상대에 따라 '해 주어라, 해 주게, 해 주오, 해 주십시오, 해 줘, 해 줘요'로 높임의 표현을 달리한다. 이는 우리말이 서열을 중시하는 전통적인 유교 문화를 반영하고 있기 때문이다. 언어는 단순한 음성기호 이상의 의미를 지니고 있다. 앞의 예에서 알 수 있듯이 언어에는 그 언어를 사용하는 민족의 문화가 용해되어 있다. 따라서 우리 민족이 한국어라는 구체적인 언어를 사용한다는 것은 단순히 지구상에 있는 여러 언어 가운데 개별 언어 한 가지를 쓴다는 사실만을 의미하지는 않는다. 한국어에는 우리 민족의 문화와 세계 인식이 녹아있기 때문이다. 따라서 우리말에 대한 애정은 우리 문화에 대한 사랑이요, 우리의 정체성을 살릴 수 있는 길일 것이다.

① 언어는 문화를 표현하고 전파전승하는 기능을 한다.
② 문화의 하위 개념인 언어는 문화와 밀접한 관련이 있다.
③ 영어에 비해 우리말은 친족 관계를 나타내는 표현이 다양하다.
④ 우리말에 높임 표현이 발달한 것은 서열을 중시하는 문화가 반영된 것이다.
⑤ 우리말의 문장 표현에서는 상대방에 대한 관심보다는 나의 생각을 우선시한다.

02 다음 (A)와 (B)를 종합하여 추론한 내용으로 가장 적절한 것은?

(A) 집적 인자란 생산이 일정 장소에서 어느 수준 이상 집중함으로써 얻어지는 생산 내지 판매상의 이익을 뜻한다. 공장이 서로 모여서 접촉함으로써 비용을 줄여 이익을 얻을 수 있는 것이므로 이를 집적 이익이라고 불렀다. 이러한 집적을 순수 집적이라고 하는데, 순수 집적에는 경영의 규모가 확대되어 이익을 얻는 규모 집적과 경영 단위 수가 많이 모여서 이익을 얻는 사회적 집적이 있다.

(B) 운송비 최소점에서의 집적을 살펴보면 아래 그림에서 최소 규모의 세 개의 공장이 각각 운송비 최소점 P_1, P_2, P_3에 분산 입지하며 각 최소 운송가 같다고 할 때 집적이 성립하기 위해서는 두 개 이상의 공장이 운송비 최소점에 입지해야 한다. 또 세 개의 공장이 집적하기 위해서는 각 공장의 a_3의 등비용선이 교차하는 면에서 집적 이익이 얻어질 수 있기 때문에 이 교차 면이 집적지로 성립하게 된다. 이때 등비용선이란 노동 공급 지점에서 절약되는 노동비와 최소 운송비 지점에서 그곳까지 이동할 때 투입되는 운송비 상승액이 동일한 지점을 연결한 선을 말한다.

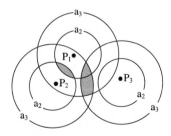

① 공장의 집적을 통해 이익을 얻을 수 있지만, 그에 따른 문제점이 발생할 수 있다.
② 사회적 집적보다 규모 집적을 통해 더 많은 이익을 얻을 수 있다.
③ 집적 이익을 최대화하기 위해서는 같은 업종의 공장을 집적시켜야 한다.
④ 두 공장이 집적하는 것보다 세 개의 공장이 집적하는 것이 더 많은 이익을 얻을 수 있다.
⑤ 공장의 집중으로 인해 이익보다 손해가 커질 경우 분산을 통해 문제를 해결할 수 있다.

03 썰매 시합에서 최종 두 팀이 경기를 치르고 있다. A팀이 먼저 출발한 결과, 총 150km의 거리를 평균 속도 60km/h로 질주하여 경기를 마쳤다. 이어서 B팀이 출발하였고 80km를 남기고 중간속도를 측정한 결과 평균 속도가 40km/h이었을 때, 앞으로 80km 구간 동안 B팀의 평균 속도가 몇 이상이 되어야만 A팀을 이길 수 있는가?

① 100km/h

② $\dfrac{310}{3}$km/h

③ $\dfrac{320}{3}$km/h

④ 110km/h

⑤ 120km/h

04 어느 가정의 1월과 6월의 전기요금 비율이 5 : 2이다. 1월의 전기요금에서 6만 원을 뺄 경우에 그 비율이 3 : 2라면, 1월의 전기요금은?

① 9만 원

② 10만 원

③ 12만 원

④ 15만 원

⑤ 18만 원

05 K자동차 회사에서 새로운 두 모델에 대해 연비 테스트를 하였다. 두 모델 'S'와 'E'에 대해서 휘발유를 3L와 5L 주입 후 동일한 조건에서 주행을 하였을 때 차가 멈출 때까지 운행한 거리를 각각 측정하였고, 그 결과는 다음과 같았다. 3L로 시험했을 때 두 자동차의 주행거리 합은 48km였고 연비 테스트에서 모델 'E'가 달린 주행거리의 합은 56km였다면, 두 자동차 연비의 곱은 얼마인가?

구분	3L	5L
모델 S	$a$km	$b$km
모델 E	$c$km	$d$km

① 52

② 56

③ 60

④ 63

⑤ 68

06 다음은 2021년과 2022년 어느 학원의 강사 A ~ E의 시급과 수강생 만족도에 관한 자료이다. 이에 대한 설명으로 옳은 것은?

〈강사의 시급 및 수강생 만족도〉

(단위 : 원, 점)

구분	2021년		2022년	
	시급	수강생 만족도	시급	수강생 만족도
강사 A	50,000	4.6	55,000	4.1
강사 B	45,000	3.5	45,000	4.2
강사 C	52,000	( )	54,600	4.8
강사 D	54,000	4.9	59,400	4.4
강사 E	48,000	3.2	( )	3.5

〈수강생 만족도 점수별 시급 인상률〉

수강생 만족도	인상률
4.5점 이상	10% 인상
4.0점 이상 4.5점 미만	5% 인상
3.0점 이상 4.0점 미만	동결
3.0점 미만	5% 인하

※ 당해 연도 시급 대비 다음 연도 시급의 인상률은 당해 연도 수강생 만족도에 따라 결정된다.
※ 강사가 받을 수 있는 시급은 최대 60,000원이다.

① 강사 E의 2022년 시급은 45,600원이다.
② 2023년 시급은 강사 D가 강사 C보다 높다.
③ 2022년과 2023년 시급 차이가 가장 큰 강사는 C이다.
④ 강사 C의 2021년 수강생 만족도 점수는 4.5점 이상이다.
⑤ 2023년 강사 A와 강사 B의 시급 차이는 10,000원이다.

07 다음 명제를 읽고 판단했을 때 옳지 않은 것은?

> • 비가 많이 내리면 습도가 높아진다.
> • 겨울보다 여름에 비가 더 많이 내린다.
> • 습도가 높으면 먼지가 잘 나지 않는다.
> • 정전기는 습도가 낮으면 잘 일어난다.

① 겨울은 여름보다 습도가 낮다.
② 먼지는 여름이 겨울보다 잘 난다.
③ 여름에는 겨울보다 정전기가 잘 일어나지 않는다.
④ 비가 많이 오면 정전기가 잘 일어나지 않는다.
⑤ 정전기가 잘 일어나면 비가 적게 온 것이다.

08 다음 명제에 대해 〈보기〉와 같이 판단했을 때, 항상 옳은 것은?

> • 설사 등의 증세가 일어나면 생활에 나쁜 영향을 준다.
> • 몸의 수분 비율이 일정 수치 이하로 떨어지면 탈수 현상이 발생한다.
> • 설사 등의 증세가 일어나지 않았다는 것은 탈수 현상은 발생하지 않았다는 것이다.

보기

A : 탈수 현상이 발생하면 생활에 나쁜 영향을 준다.
B : 몸의 수분 비율이 일정 수치 이하로 떨어지면 설사 등의 증세가 발생한다.

① A만 옳다.
② B만 옳다.
③ A와 B 모두 옳다.
④ A와 B 모두 틀리다.
⑤ A와 B 모두 옳은지 틀린지 판단할 수 없다.

09 K문구제조업체는 연필 생산 공장을 신설하고자 한다. 다음의 자료를 토대로 총 운송비를 최소화할 수 있는 공장입지 부지는 어디인가?

〈생산조건〉

• 완제품인 연필을 생산하기 위해서는 나무와 흑연이 모두 필요함

구분	나무	흑연
완제품 1톤 생산에 필요한 양(톤)	3	2

〈운송조건〉

• 원재료 운송비는 산지에서 공장으로 공급하는 운송비만을 고려함
• 완제품인 연필의 운송비는 공장에서 시장으로 공급하는 운송비만 고려함

구분	나무	흑연	연필
km·톤당 운송비(만 원/km·톤)	20	50	20

※ (총 운송비)=(원재료 운송비)+(완제품 운송비)

〈공장입지 후보지 간 거리〉

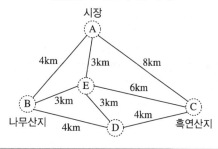

① A   ② B

③ C   ④ D

⑤ E

10 K공사의 해외영업팀 4명은 해외출장을 계획하면서 출장지에서의 이동수단 한 가지를 결정하려고 한다. 다음 〈조건〉을 통해 이동수단을 선택할 때, 해외영업팀이 최종적으로 선택하게 될 이동수단의 종류와 그 비용을 바르게 연결한 것은?

> **조건**
> • 이동수단은 경제성, 용이성, 안전성의 총 3가지 요소를 고려하여 최종점수가 가장 높은 이동수단을 선택한다.
> • 각 고려요소의 평가결과 '상' 등급을 받으면 3점을, '중' 등급을 받으면 2점을, '하' 등급을 받으면 1점을 부여한다. 단, 안전성을 중시하여 안전성 점수는 2배로 계산한다.
> • 경제성은 이동수단별 최소비용이 적은 것부터 상, 중, 하로 평가한다.
> • 각 고려요소의 평가점수를 합하여 최종점수를 구한다.

〈이동수단별 평가표〉

이동수단	경제성	용이성	안전성
렌터카	?	상	하
택시	?	중	중
대중교통	?	하	중

〈이동수단별 비용계산식〉

이동수단	비용계산식	용이성	안전성
렌터카	{(렌트비)+(유류비)}×(이용 일수) • 1일 렌트비 : $50(4인승 차량) • 1일 유류비 : $10(4인승 차량)	상	하
택시	[거리당 가격(1$/마일)]×[이동거리(마일)] ※ 최대 4명까지 탑승가능	중	중
대중교통	[대중교통패스 3일권($40/인)]×(인원 수)	하	중

〈해외출장 일정〉

출장 일정	이동거리(마일)
11월 1일	100
11월 2일	50
11월 3일	50

	이동수단	비용		이동수단	비용
①	렌터카	$180	②	택시	$200
③	택시	$400	④	대중교통	$140
⑤	대중교통	$160			

11 A대리는 코레일톡의 새로워진 기능들을 한 번에 파악할 수 있도록 보고서 세부 내용에 소제목을 넣으려고 한다. 세부 내용이 아래와 같을 때 들어갈 소제목으로 적절하지 않은 것은?

〈세부 내용〉

1. 예매한 열차 시간보다 일찍 역에 도착한 경우 더 빨리 출발하는 열차를 자동으로 추천
2. 열차 출발 20분 전 특실 요금의 50%에 해당하는 마일리지로 일반실에서 특실 업그레이드 추천
3. 10단계에서 7단계로 예매 절차 간소화
4. 위젯기능, 퀵메뉴, KTX역 지도선택, 출발·도착 알림, 할인상품 안내, 중련열차 승차위치 알림, 실시간 운행위치 정보, 마일리지 정보, Push 알림 등
5. 멤버십 QR코드로 마일리지를 자유롭게 적립·사용

---

① 타임 세이빙 서비스(Time Saving Service)
② 스마트 알림·선택, 맞춤형 기능
③ 간편한 예매 절차
④ 깔끔한 디자인
⑤ 마일리지 특실 업그레이드 서비스

12 다음 글의 밑줄 친 단어로 짧은 글짓기를 잘못한 것은?

고대 그리스의 조각 작품들을 살펴보면, 조각 전체의 자세 및 동작이 기하학적 균형을 바탕으로 나타나있음을 알 수 있다. 세부적인 묘사에 치중된 (가) 기교보다는 기하학을 바탕으로 한 전체적인 균형과 (나) 절제된 표현이 고려된 것이다. 그런데 헬레니즘기의 조각으로 넘어가면서 초기의 (다) 근엄하고 정적인 모습이나 기하학적인 균형을 중시하던 입장에서 후퇴하는 현상들이 보이게 된다. 형태들을 보다 더 (라) 완숙한 모습으로 나타내기 위해 사실적인 묘사나 장식적인 측면들에 주목하게 된 것이라 할 수 있다. 하지만 그 안에서도 여전히 기하학적인 균형을 찾아볼 수 있으며 개별적인 것들을 포괄하는 보편적인 질서인 이데아를 (마) 구현하고자 하는 고대 그리스 사람들의 생각을 엿볼 수 있다.

---

① (가) : 그는 당대의 쟁쟁한 바이올리니스트 중에서도 기교가 뛰어나기로 유명하다.
② (나) : 수도사들은 욕망을 절제하고 청빈한 삶을 산다.
③ (다) : 방에 들어서니 할아버지가 근엄한 표정으로 앉아 계셨다.
④ (라) : 몇 년 사이에 아주 어른이 되어 예전의 완숙한 모습은 찾아볼 수가 없다.
⑤ (마) : 그는 정의 구현을 위해 판사가 되기로 마음먹었다.

13 다음 글의 ㉠～㉤을 바꾸어 쓸 때 적절하지 않은 것은?

산등성이가 검은 바위로 끊기고 산봉우리가 여기저기 솟아 있어서 이들 산은 때로 ㉠ 황량하고 접근할 수 없는 것처럼 험준해 보인다. 산봉우리들은 분홍빛의 투명한 자수정으로 빛나고, 그 그림자는 짙은 코발트빛을 띠며 내려앉고, 하늘은 푸른 금빛을 띤다. 서울 인근의 풍광은 이른 봄에도 아름답다. 이따금 녹색의 연무가 산자락을 ㉡ 휘감고, 산등성이는 연보랏빛 진달래로 물들고, 불그레한 자두와 화사한 벚꽃, 그리고 ㉢ 흐드러지게 핀 복숭아꽃이 예상치 못한 곳에서 나타난다.

서울처럼 인근에 아름다운 산책로와 마찻길이 있고 외곽 지대로 조금만 나가더라도 한적한 숲이 펼쳐져 있는 도시는 동양에서는 거의 찾아볼 수 없다. 또 한 가지 덧붙여 말한다면, 서울만큼 안전한 도시는 없다는 것이다. 내가 직접 경험한 바이지만, 이곳에서는 여자들이 유럽에서처럼 누군가를 ㉣ 대동하지 않고도 성 밖의 어느 곳이든 아무런 ㉤ 성가신 일을 겪지 않고 나다닐 수 있다.

① ㉠ – 경사가 급하고   ② ㉡ – 둘러 감고
③ ㉢ – 탐스럽게   ④ ㉣ – 데리고 가지
⑤ ㉤ – 번거로운

14 다음 글에서 〈보기〉의 문장이 들어갈 위치로 가장 적절한 것은?

기억이 착오를 일으키는 프로세스는 인상적인 사물을 받아들이는 단계부터 이미 시작된다. __(가)__ 감각적인 지각의 대부분은 무의식 중에 기록되고 오래 유지되지 않는다. __(나)__ 대개는 수 시간 안에 사라져 버리며, 약간의 본질만이 남아 장기 기억이 된다. 무엇이 남을지는 선택에 의해서 그 사람의 견해에 따라서도 달라진다. __(다)__ 분주하고 정신이 없는 장면을 보여 주고, 나중에 그 모습에 대해서 이야기하게 해 보자. __(라)__ 어느 부분에 주목하고, 또 어떻게 그것을 해석했는지에 따라 즐겁기도 하고 무섭기도 하다. __(마)__ 단순히 정신 사나운 장면으로만 보이는 경우도 있다. 기억이란 원래 일어난 일을 단순하게 기록하는 것이 아니다.

보기
일어난 일에 대한 묘사는 본 사람이 무엇을 중요하게 판단하고, 무엇에 흥미를 가졌느냐에 따라 크게 다르다.

① (가)   ② (나)
③ (다)   ④ (라)
⑤ (마)

15 다음은 K공사의 부채 현황에 대한 자료이다. 다음의 자료에 대한 내용으로 적절하지 않은 것은?

〈K공사 부채 현황〉

회계연도		2014	2015	2016	2017	2018	2019	2020	2021	2022	2023
자산		65.6	66.9	70.0	92.3	94.8	96.2	98.2	99.7	106.3	105.3
부채	금융부채	14.6	19.0	22.0	26.4	30.0	34.2	35.4	32.8	26.5	22.4
	비금융부채	7.0	6.9	6.9	17.8	20.3	20.7	21.2	23.5	26.6	27.5
	합계	21.6	25.9	28.9	44.2	50.3	54.9	56.6	56.3	53.1	49.9
자본		44	41	41.1	48.1	44.5	41.3	41.6	43.4	53.2	55.4

※ [부채비율(%)]＝(부채합계)÷(자본)×100

① 2020년도의 부채비율은 약 136%로 다른 연도에 비해 부채비율이 가장 높다.

② 2014년도부터 2022년도까지 자산은 꾸준히 증가해왔다.

③ 2014년도부터 2021년도까지 금융부채는 비금융부채보다 1.5배 이상 많다.

④ 부채는 2020년도 이후 줄어들고 있다.

⑤ 자본은 비금융부채보다 매년 1.5배 이상 많다.

※ 코레일은 직원들의 명함을 제시된 기준에 따라 제작한다. 다음을 읽고 이어지는 질문에 답하시오.
[16~17]

〈직원 명함 기준〉

• 국문 명함 : 100장에 10,000원, 50장 추가 시 3,000원
• 영문 명함 : 100장에 15,000원, 50장 추가 시 5,000원
※ 고급종이로 만들 경우 정가의 10% 가격 추가

16 올해 신입사원이 입사해서 국문 명함을 만들었다. 명함은 1인당 150장씩 지급하며, 일반 종이로 만들어 총제작비용은 195,000원이다. 신입사원은 총 몇 명인가?

① 12명　　　　　　　　　　　　② 13명
③ 14명　　　　　　　　　　　　④ 15명
⑤ 16명

17 이번 신입사원 중 해외영업부서로 배치 받은 사원들이 있다. 해외영업부 사원들에게는 고급종이로 된 영문 명함을 200장씩 만들어 주려고 한다. 총인원이 8명일 때, 총가격은?

① 158,400원　　　　　　　　　② 192,500원
③ 210,000원　　　　　　　　　④ 220,000원
⑤ 247,500원

18 다음은 K국가의 2023년 알코올 관련 질환 사망자 수에 관한 자료이다. 이에 대한 설명으로 옳은 것은?

〈알코올 관련 질환 사망자 수〉

(단위 : 명)

구분	남성		여성		전체	
	사망자 수	인구 10만 명당 사망자 수	사망자 수	인구 10만 명당 사망자 수	사망자 수	인구 10만 명당 사망자 수
2010년	2,542	10.7	156	0.7	2,698	5.9
2011년	2,870	11.9	199	0.8	3,069	6.3
2012년	3,807	15.8	299	1.2	4,106	8.4
2013년	4,400	18.2	340	1.4	4,740	9.8
2014년	4,674	19.2	374	1.5	5,048	10.2
2015년	4,289	17.6	387	1.6	4,676	9.6
2016년	4,107	16.8	383	1.6	4,490	9.3
2017년	4,305	17.5	396	1.6	4,701	9.5
2018년	4,243	17.1	400	1.6	4,643	9.3
2019년	4,010	16.1	420	1.7	4,430	8.9
2020년	4,111	16.5	424	1.7	( )	9.1
2021년	3,996	15.9	497	2.0	4,493	9.0
2022년	4,075	16.2	474	1.9	( )	9.1
2023년	3,955	15.6	521	2.1	4,476	8.9

※ 인구 10만 명당 사망자 수는 소수점 둘째 자리에서 반올림한 값임

① 2020년과 2022년의 전체 사망자 수는 같다.
② 여성 사망자 수는 매년 증가한다.
③ 매년 남성 인구 10만 명당 사망자 수는 여성 인구 10만 명당 사망자 수의 8배 이상이다.
④ 남성 인구 10만 명당 사망자 수가 가장 많은 해의 전년 대비 남성 사망자 수 증가율은 5% 이상이다.
⑤ 전체 사망자 수의 전년 대비 증가율은 2011년이 2013년보다 높다.

19 다음 글의 내용과 일치하는 것은?

> 뉴턴은 빛이 눈에 보이지 않는 작은 입자라고 주장하였고, 이것은 그의 권위에 의지하여 오랫동안 정설로 여겨졌다. 그러나 19세기 초에 토마스 영의 겹실틈 실험은 빛의 파동성을 증명하였다. 이 실험의 방법은 먼저 한 개의 실틈을 거쳐 생긴 빛이 다음에 설치된 두 개의 겹실틈을 지나가게 하여 스크린에 나타나는 무늬를 관찰하는 것이다. 이때 빛이 파동이냐 입자이냐에 따라 결과 값이 달라진다. 즉, 빛이 입자라면 일자 형태의 띠가 두 개 나타나야 하는데, 실험 결과 스크린에는 예상과 다른 무늬가 나타났다. 마치 두 개의 파도가 만나면 골과 마루가 상쇄와 간섭을 일으키듯이, 보강 간섭이 일어난 곳은 밝아지고 상쇄 간섭이 일어난 곳은 어두워지는 간섭무늬가 연속적으로 나타난 것이다. 그러나 19세기 말부터 빛의 파동성으로는 설명할 수 없는 몇 가지 실험적 사실이 나타났다. 1905년에 아인슈타인이 빛은 광량자라고 하는 작은 입자로 이루어졌다는 광량자설을 주장하였다. 빛의 파동성은 명백한 사실이었으므로 이것은 빛이 파동이면서 동시에 입자인 이중적인 본질을 가지고 있다는 것을 의미하는 것이었다.

① 뉴턴의 가설은 그의 권위에 의해 현재까지도 정설로 여겨진다.
② 겹실틈 실험은 한 개의 실틈을 거쳐 생긴 빛이 다음 설치된 두 개의 겹실틈을 지나가게 해서 그 틈을 관찰하는 것이다.
③ 겹실틈 실험 결과, 일자 형태의 띠가 두 개 나타났으므로 빛은 입자이다.
④ 토마스 영의 겹실틈 실험은 빛의 파동성을 증명하였지만, 이는 아인슈타인에 의해서 거짓으로 판명 났다.
⑤ 아인슈타인의 광량자설은 뉴턴과 토마스 영의 가설을 모두 포함한다.

20 다음 글을 논리적 순서에 맞게 나열한 것은?

> (가) 하지만 지금은 고령화 시대를 맞아 만성질환이 다수다. 꾸준히 관리 받아야 건강을 유지할 수 있다. 치료보다 치유가 대세다. 이 때문에 미래 의료는 간호사 시대라고 말한다. 그럼에도 간호사에 대한 활용은 시대 흐름과 동떨어져 있다.
>
> (나) 인간의 질병 구조가 변하면 의료 서비스의 비중도 바뀐다. 과거에는 급성질환이 많았다. 맹장염(충수염)이나 구멍 난 위궤양 등 수술로 해결해야 할 상황이 잦았다. 따라서 질병 관리 대부분을 의사의 전문성에 의존해야 했다.
>
> (다) 현재 2년 석사과정을 거친 전문 간호사가 대거 양성되고 있다. 하지만 이들의 활동은 건강보험 의료수가에 반영되지 않고, 그러니 병원이 전문 간호사를 적극적으로 채용하려 하지 않는다. 의사의 손길이 미치지 못하는 곳은 전문성을 띤 간호사가 그 역할을 대신해야 함에도 말이다.
>
> (라) 고령 장수 사회로 갈수록 간호사의 역할은 커진다. 병원뿐 아니라 다양한 공간에서 환자를 돌보고 건강관리가 이뤄지는 의료 서비스가 중요해졌다. 간호사 인력 구성과 수요는 빠르게 바뀌어 가는데 의료 환경과 제도는 한참 뒤처져 있어 안타깝다.

① (나) – (가) – (다) – (라)　　　　② (나) – (라) – (가) – (다)
③ (다) – (라) – (가) – (나)　　　　④ (가) – (다) – (라) – (나)
⑤ (가) – (나) – (다) – (라)

21 한국철도공사 안전혁신본부의 Y책임연구원은 VOC에 접수된 내용에 답변을 하라는 업무지시를 받았다. VOC에 접수된 내용은 매일 열차를 이용해야 하는 상황인데 사고위험 때문에 두렵다는 고객의 하소연이었다. 다음은 고객의 질문에 대한 Y책임연구원의 답변이다. 빈칸에 들어갈 내용으로 가장 적절한 것은?

안녕하세요, 고객님.

열차는 한 번에 많은 승객을 수송하기 때문에 사고가 날 경우에는 큰 피해가 발생할 수도 있습니다. 아마도 이점 때문에 고객님께서 열차 이용에 두려움을 가지셨으리라 추측됩니다. 그러나 현재 사고를 예방하기 위한 여러 기술적 노력이 이루어졌고 그 결과 열차는 지상 교통수단 중 가장 높은 안전도를 확보하게 되었습니다.

첫째, 열차의 모든 시스템은 고장과 사고를 대비한 안전유지 체계를 가지고 있습니다. 'Fail-safe (고장 시 안전확보)'라는 이 개념은 고장이 발생해도 다른 열차에 미치는 영향을 최소화하고 사고로까지 이어지지 않도록 하는 것입니다.

둘째, _____ 만약 열차 운행 중 고장이 발생하거나 앞차와의 간격 유지를 위해 서행 운전하는 경우 후속열차에 의한 충돌이 발생할 수도 있기 때문입니다. 열차는 24시간 운영되는 종합 관제실에서 열차 위치를 실시간으로 파악하고 선로를 신호등처럼 이용해 후속 열차의 속도를 제어합니다. 이 과정은 자동화 시스템을 통해 이루어지며 설사 비상상황이 발생하여 기관사가 정지명령을 내리지 못하더라도 열차에 설치된 자동 열차제어장치가 강제로 제동장치를 작동시킵니다.

셋째, 우리나라의 열차 안전도는 높은 수준에 속합니다. 2006년부터 2016년까지 국내 여객수송 분담률과 사망자 누계를 토대로 도출된 상대적 사망률을 비교해보면 열차 사망률을 1이라 가정했을 때 자동차 사망률은 25.3배, 항공사고 사망률은 10.4배나 높습니다. 해외국가들과 비교해도 한국 열차사고 발생건수는 낮은 편에 속합니다.

이제 편안한 마음으로 열차를 이용하시기 바랍니다. 감사합니다.

---

① 열차의 제동장치는 어떠한 상황에서도 작동합니다.

② 열차는 어떠한 경우에도 안전거리를 유지합니다.

③ 열차의 모든 시스템은 고장 및 사고를 대비해 안전유지 체계를 가지고 있습니다.

④ 24시간 운영되는 관제실에서 열차 위치를 실시간으로 파악합니다.

⑤ 우리나라의 열차 안전도는 다른 교통수단과 비교해 높은 수준입니다.

※ 다음은 코레일의 안내전광판에 대한 설명이다. 이어지는 질문에 답하시오. [22~23]

코레일은 역사 내 다양한 디자인이 가능한 LCD형 안내전광판에 대해 누구나 쉽게 알아 볼 수 있도록 디자인을 전면 개선하여 용산역에 시범 적용했다고 5월 22일 밝혔다. 새로운 안내전광판 디자인은 5월 중 15개 역사에 총 31대가 추가 확대 적용될 예정이다.

철도역사에 설치돼 열차출발 및 도착정보를 표시하는 안내전광판은 검정 바탕화면에 텍스트 위주의 단순한 디자인이었고 열차출발정보와 도착정보가 순차적으로 표출돼 가독성도 떨어졌었다. 개선된 안내전광판은 열차출발정보와 도착정보가 한 화면에 표출되고 경유역 정보도 추가돼 고객이 좀 더 편하게 열차정보를 확인할 수 있게 된다.

이용고객 행태분석을 토대로 고객들이 열차이용 시 출발·도착시간과 목적지를 가장 먼저 확인한다는 점을 고려해 시간과 목적지 순으로 정보배열을 변경하는 등 이용자 친화적으로 개선했다. 또한 열차 지연 시 출발시간 아래 지연 시간을 표시하고 열차종류와 타는 곳 순서로 배열해 승객들의 정보확인에 도움을 준다.

디자인 역시 안내전광판 표출디자인 사례분석과 벤치마킹을 통해 기존 검은색 배경에 3색(적·황·녹색) 텍스트 위주의 단순한 디자인에서 벗어나, 밝고 산뜻한 투톤 파스텔 배경을 적용하고 이미지를 추가하는 등 디자인을 개선해 시인성과 가독성을 높였다.

※ 안내판 추가 확대 적용 : 포항역, 광주송정역, 익산역 등 15개 역사, 5월 중 적용

22 다음 중 설명을 읽고 유추할 수 있는 것으로 적절하지 않은 것은?

① 경유역 정보도 전광판으로 쉽게 확인할 수 있어.

② 고객들이 열차를 이용할 때는 출발·도착시간과 목적지를 가장 먼저 확인해.

③ 기존 전광판은 검은색 배경에 3색(적·황·녹색)을 사용한 단순한 디자인이었어.

④ 이제 출발정보와 도착정보가 한 화면에 표출되어 편하게 정보를 확인할 수 있겠어.

⑤ 5월 중에 31개 역사에 추가 확대 적용될 예정이니 주변에서 쉽게 볼 수 있겠어.

23 개선된 안내전광판 중 배치가 적절하지 않은 것은?

① 출발시간	② 도착역	③ 타는 곳	열차종류
14:19 ④ 3분 지연	서울 ⑤ 오송 – 천안아산 – 광명	3	KTX산천 102
현재시간 13:14:53			KORAIL KOREA RAILROAD

24 다음 글을 근거로 판단할 때 옳은 것은?

> 1896년 『독립신문』 창간을 계기로 여러 가지의 애국가 가사가 신문에 게재되기 시작했는데, 어떤 곡조에 따라 이 가사들을 노래로 불렀는지는 명확하지 않다. 다만 대한제국이 서구식 군악대를 조직해 1902년 '대한제국 애국가'라는 이름의 국가(國歌)를 만들어 나라의 주요 행사에 사용했다는 기록은 남아 있다. 오늘날 우리가 부르는 애국가의 노랫말은 외세의 침략으로 나라가 위기에 처해있던 1907년을 전후하여 조국애와 충성심을 북돋우기 위하여 만들어졌다.
>
> 1935년 해외에서 활동 중이던 안익태는 오늘날 우리가 부르고 있는 국가를 작곡하였다. 대한민국 임시정부는 이 곡을 애국가로 채택해 사용했으나 이는 해외에서만 퍼져나갔을 뿐, 국내에서는 광복 이후 정부수립 무렵까지 애국가 노랫말을 스코틀랜드 민요에 맞춰 부르고 있었다. 그러다가 1948년 대한민국 정부가 수립된 이후 현재의 노랫말과 함께 안익태가 작곡한 곡조의 애국가가 정부의 공식 행사에 사용되고 각급 학교 교과서에도 실리면서 전국적으로 애창되기 시작하였다.
>
> 애국가가 국로로 공식화되면서 1950년대에는 대한뉴스 등을 통해 적극적으로 홍보가 이루어졌다. 그리고 「국기계양 및 애국가 제창 시의 예의에 관한 지시(1966)」 등에 의해 점차 국가의례의 하나로 간주되었다.
>
> 1970년대 초에는 공연장에서 본공연 전에 애국가가 상영되기 시작하였다. 이후 1980년대 중반까지 주요 방송국에서 국기강하식에 맞춰 애국가를 방송하였다. 주요 방송국의 국기강하식 방송, 극장에서의 애국가 상영 등은 1980년대 후반 중지되었으며 음악회와 같은 공연 시 애국가 연주도 이때 자율화되었다.
>
> 오늘날 주요 행사 등에서 애국가를 제창하는 경우에는 부득이한 경우를 제외하고 4절까지 제창하여야 한다. 애국가는 모두 함께 부르는 경우에는 전주곡을 연주한다. 다만, 약식 절차로 국민의례를 행할 때 애국가를 부르지 않고 연주만 하는 의전행사(외국에서 하는 경우 포함)나 시상식·공연 등에서는 전주곡을 연주해서는 안 된다.

① 1940년에 해외에서는 안익태가 만든 애국가 곡조를 들을 수 없었다.
② 1990년대 초반에는 국기강하식 방송과 극장에서의 애국가 상영이 의무화되었다.
③ 오늘날 우리가 부르는 애국가의 노랫말은 1896년 『독립신문』에 게재되지 않았다.
④ 시상식에서 애국가를 부르지 않고 연주만 하는 경우에는 전주곡을 연주할 수 있다.
⑤ 안익태가 애국가 곡조를 작곡한 해로부터 대한민국 정부 공식 행사에 사용될 때까지 채 10년이 걸리지 않았다.

25 8%의 소금물 400g에서 한 컵의 소금물을 퍼내고 그 양만큼 물을 부은 다음 다시 2%의 소금물을 넣었더니 6%의 소금물 520g이 되었다. 다음 중 퍼낸 소금물의 양은 얼마인가?

① 10g

② 20g

③ 30g

④ 40g

⑤ 50g

26 어떤 고등학생이 13살 동생, 40대 부모님, 65세 할머니와 함께 박물관에 가려고 한다. 주말에 입장할 때와 주중에 입장할 때의 총요금 차이는?

<박물관 입장료>

구분	주말	주중
어른	20,000원	18,000원
중·고등학생	15,000원	13,000원
어린이	11,000원	10,000원

※ 어린이 : 3살~13살
※ 경로 : 65세 이상은 50% 할인

① 8,000원

② 9,000원

③ 10,000원

④ 11,000원

⑤ 12,000원

27 다음은 2014 ~ 2023년 물이용부담금 총액에 관한 자료이다. 이에 대한 〈보기〉의 설명 중 옳지 않은 내용을 모두 고르면?

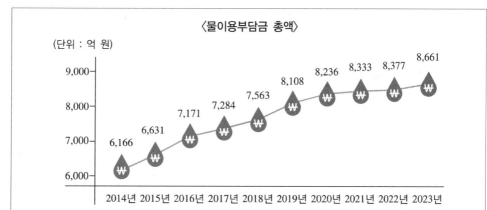

〈물이용부담금 총액〉

(단위 : 억 원)

2014년	2015년	2016년	2017년	2018년	2019년	2020년	2021년	2022년	2023년
6,166	6,631	7,171	7,284	7,563	8,108	8,236	8,333	8,377	8,661

※ 상수원 상류지역에서의 수질개선 및 주민지원 사업을 효율적으로 추진하기 위한 재원 마련을 위해 최종수요자에게 물 사용량에 비례하여 물이용부담금 부과

※ 한강, 낙동강, 영·섬유역의 물이용부담금 단가는 170원/m³, 금강유역은 160원/m³

보기

㉠ 물이용부담금 총액은 지속해서 증가하는 추세를 보이고 있다.

㉡ 2015 ~ 2023년 중 물이용부담금 총액이 전년 대비 가장 많이 증가한 해는 2016년이다.

㉢ 2023년 물이용부담금 총액에서 금강유역 물이용부담금 총액이 차지하는 비중이 20%라면, 2023년 금강유역에서 사용한 물의 양은 약 10.83억 m³이다.

㉣ 2023년 물이용부담금 총액은 전년 대비 약 3.2% 이상 증가했다.

① ㉠
② ㉡
③ ㉢
④ ㉠, ㉣
⑤ ㉡, ㉢

PART 3

제13조(승차권 예약·발권 등)

① 철도공사는 출발 1개월 전 07:00부터 출발 20분 전까지 승차권 예약을 접수하며 영업상 필요한 경우 예약 방법·범위·시각·순서·장소·매수·횟수 등을 제한 또는 조정할 수 있다.

② 제1항에도 불구하고 출발 3일 전까지 예약한 승차권은 예약한 다음 날 24:00까지, 출발 2일 전부터 출발 20분 전까지 예약한 승차권 및 단체승차권은 예약과 함께 결제하여야 하며 결제하지 않은 경우 예약사항을 취소한다.

③ 승차권을 예약하거나 발권받는 사람은 승차일시·승차구간 등의 운송조건을 확인하여야 하며 역에서의 승차권 구입 및 발권은 출발 5분 전까지 발권받아야 한다.

제18조(반환)

① 유효기간 내의 승차권을 일부라도 사용하지 않은 사람은 소지한 승차권을 역에 제출하고 운임, 요금의 반환을 청구할 수 있다. 다만, 자가 발권 승차권의 경우에는 출발시각 이전까지 인터넷을 이용하여 반환을 청구할 수 있다.

② 철도공사는 제1항의 청구를 받은 경우 승차권에 표시된 출발역 출발 시각(환승 승차권은 먼저 출발하는 열차의 출발시각)과 반환 청구시각, 승차권(1매당)에 표시된 영수액을 기준으로 다음 각 호에 정한 반환수수료를 공제한 잔액을 반환한다. 다만, 무임으로 발권한 승차권은 승차구간의 기준운임을 단체, 전세는 반환 인원별로 계산하여 합산한 금액을 기준으로 한다.

  1. 인터넷으로 반환하는 경우(단체 승차권 제외)

    가. 출발 1일 전까지 : 무료

    나. 출발 당일 ~ 출발 1시간 전까지 : 최저수수료

    다. 출발 1시간 전 경과 후부터 출발시각 전까지 : 10%

  2. 역에서 반환하는 경우(단체 승차권 제외)

    가. 출발 2일 전까지 : 최저수수료

    나. 출발 1일 전부터 출발 1시간 전까지 : 5%

    다. 출발 1시간 전 경과 후부터 출발시각 전까지 : 10%

    라. 출발시각 경과 후

      1) 20분까지 : 15%

      2) 20분 경과 후부터 60분까지 40%

      3) 60분 경과 후부터 도착역 도착시각까지 : 70%

  3. 단체 승차권을 인터넷으로 반환하는 경우

    가. 출발 7일 전까지 : 무료

    나. 출발 6일 전부터 출발 3일 전까지 : 최저수수료

    다. 출발 2일 전부터 출발시각 전까지 : 10%

  4. 단체 승차권을 역에서 반환하는 경우

    가. 출발 7일 전까지 : 최저수수료

    나. 출발 6일 전부터 출발 3일 전까지 : 5%

    다. 출발 2일 전부터 출발시각 전까지 : 10%

    라. 출발시각 경과 후

      1) 20분까지 : 15%

      2) 20분 경과 후부터 60분까지 40%

      3) 60분 경과 후부터 도착역 도착시각까지 : 70%

③ 제2항에 따라 계산한 반환수수료(또는 합산한 금액)가 최저수수료보다 적은 경우에는 최저수수료를 받으며 승차권 1매에 대한 최저수수료는 1회만 받는다.

④ 제13조에 따라 승차권을 예약한 사람이 출발시각 이전까지 예약한 승차권을 발권받지 않은 경우 코레일은 운송계약을 취소하고 승차권 1매당 결제금액을 기준으로 15%에 해당하는 금액을 취소수수료로 수수한다.

※ 최저수수료는 400원이다.

28 다음 중 취소 및 반환 수수료를 많이 낸 사람 순서로 나타낸 것은?

- A : 출발 3일 전 예약만 한 표 1장(15,000원), 출발 1일 전 예약하고 출발시각까지 발권하지 못한 표 1장(7,000원)
- B : 출발 2시간 전 인터넷으로 취소한 표 4장(장당 5,000원), 출발 5분 전 역에서 반환한 표 4장(장당 6,000원)
- C : 출발 3시간 전 역에서 반환한 표 2장(장당 15,000원)

① A>B>C
② A>C>B
③ B>C>A
④ B>A>C
⑤ C>A>B

29 다음 추가 약관과 상황을 참고하여 재호와 아버지가 부산을 가는데 지출한 비용은?

제17조
③ 부득이한 경우 열차 내 승무원에게 열차표를 구매할 경우 50%의 추가운임을 부과한다.

〈상황〉
재호는 아버지와 함께 평택에서 부산을 간다. 티켓 한 장을 23,900원에 구매하고 시간이 부족하여, 나머지 한 장은 열차 내에서 구매하였다. 열차 이용 중 티켓을 잘못 구매한 것을 알게 되어 천안에 내려서 최저수수료와 이용한 운임(구매가격의 40%)을 제하고 환불받았다. 천안에서 부산까지의 티켓 가격이 20,000원인데 입석밖에 없어서 5%의 할인을 받아 티켓을 구매하였다.

① 47,800원
② 50,000원
③ 51,300원
④ 62,700원
⑤ 62,200원

30 A사원은 코레일의 우대서비스를 시골에 계시는 할머니께 설명해 드리기 위해 간단하게 요약하려고 한다. 요약한 내용으로 올바르지 않은 것은?

전화 한 통이면 기차표 살 수 있다 ⋯ 코레일 우대서비스 소개

스마트폰 앱, 간편결제 등 IT 환경의 급속한 변화에 맞춰 기차 승차권 예매서비스도 온라인 중심으로 더 편리하게 바뀌고 있다. 하지만 인터넷 사용이 능숙하지 않아 온라인 예매를 어려워하는 노인이나 장애인 등은 주로 기차역 창구에 직접 찾아가서 승차권을 구매하는 경우가 많다.

코레일은 IT 기기 활용에 익숙하지 않은 노년층이나 장애인을 위해 기차역에 방문하지 않아도 전화 한 통으로 예약ㆍ결제ㆍ발권이 가능한 '원콜(One-Call)' 전화 예매와 '승차권 전달하기' 서비스를 제공하고 있으며, 기차역 창구를 찾아오는 경로 고객의 승차권 구매 기회 확대를 위해 '경로우대 객차'도 운영하고 있다고 밝혔다.

인터넷 예매를 어려워하는 고객을 위한 승차권 예매 서비스는 다음과 같다.

㉠ 원콜(One-Call) : 우대 서비스 대상 고객이 사전에 기차역 창구 또는 철도고객센터에서 결제수단 정보를 등록해두면, 전화 예약과 동시에 ARS를 통해 자동으로 기차표를 결제할 수 있다. 결제 후에는 문자 승차권이나 스마트폰 티켓(코레일톡)으로 발권받으면 된다.

※ 원콜 서비스는 전국 모든 역에서 신청할 수 있고, 3월 중에 홈페이지를 통해서도 신청할 수 있도록 확대할 예정이다.

㉡ 경로우대 객차 : 기차역에 방문하는 경로 고객의 승차권 구매 기회 확대를 위해 무궁화호 3호차를 '경로우대 객차'로 지정하고, 만 65세 이상 경로 고객을 대상으로 열차 출발 20분 전까지 우선 판매하고 있으며, 해당 호차의 좌석은 인터넷 판매를 제한하고 있다.

㉢ 승차권 전달하기 : 홈페이지나 스마트폰 앱 '코레일톡'을 이용해 멀리 떨어져 있는 지인에게 승차권을 선물할 수 있는 서비스로, 온라인 예매를 어려워하는 부모님을 위해 자녀가 승차권을 대신 구매해주는 경우 유용하게 이용할 수 있다.

※ 승차권을 보내는 회원이 홈페이지나 코레일톡에 받는 사람(회원, 비회원)의 정보를 입력한 후, 발권을 완료한 실물 승차권을 전달할 수 있다.

※ 승차권을 받는 사람이 코레일톡 앱을 설치하지 않은 경우에는 결제까지 완료한 승차권을 선물하여, 홈페이지ㆍ자동발매기(회원)나 역 창구(비회원)에서 승차권을 발권받을 수 있다.

코레일 관계자는 "앞으로도 사회적 약자의 승차권 예매 편의를 위해서 신용카드가 없는 고객을 위한 후불 자동 계좌결제나 음성인식 예매 비서 등 우대서비스를 도입하겠다."고 밝혔다.

〈요약문〉

• 전화 한 통으로 열차 승차권 결제, 발권까지 ~ '원콜(One-Call)' 전화 예매
  - 대상 : 우대 서비스 대상 고객
  - 예매 : 전화 예약
    ※ 신용카드가 없는 고객을 위한 후불 자동 계좌결제 또는 창구 후불 결제 … ①
  - 발권 : 문자 승차권, 스마트폰 티켓(코레일톡)
• 노인 승차권 구매 기회 확대 ~ '경로우대 객차' 운영
  - 대상 : 만 65세 이상 경로 고객 … ②
  - 예매 : 창구 예매(열차 출발 20분 전까지 우선 판매) … ③
    ※ 인터넷 판매 제한 … ④
  - 발권 : 실물 승차권
• 멀리 떨어져 있는 부모님에게 승차권 선물하기 ~ '승차권 전달하기' 서비스
  - 대상 : 모든 고객 … ⑤
  - 예매 : 홈페이지나 스마트폰 앱 예약
  - 발권 : 코레일톡 실물승차권, 승차권

31 다음 문장을 논리적 순서에 맞게 나열한 것은?

(가) 그렇지만 그러한 위험을 감수하면서 기술 혁신에 도전했던 기업가와 기술자의 노력 덕분에 산업의 생산성은 지속적으로 향상되었고, 지금 우리는 그 혜택을 누리고 있다.
(나) 산업 기술은 적은 비용으로 더 많은 생산이 가능하도록 제조 공정의 효율을 높이는 방향으로 발전해 왔다.
(다) 기술 혁신의 과정은 과다한 비용 지출이나 실패의 위험이 도사리고 있는 험난한 길이기도 하다.
(라) 이러한 기술 발전은 제조 공정의 일부를 서로 결합함으로써 대폭적인 비용 절감을 가능하게 하는 기술 혁신을 통하여 이루어진다.

① (나) – (라) – (다) – (가)
② (나) – (다) – (가) – (라)
③ (다) – (나) – (가) – (라)
④ (다) – (라) – (가) – (나)
⑤ (가) – (라) – (나) – (다)

32 다음 글에서 문맥상 이어질 내용으로 가장 적절한 것은?

테레민이라는 악기는 손을 대지 않고 연주하는 악기이다. 이 악기를 연주하기 위해 연주자는 허리 높이쯤에 위치한 상자 앞에 선다. 오른손은 상자에 수직으로 세워진 안테나 주위에서 움직인다. 오른손의 엄지와 집게손가락으로 고리를 만들고 손을 흔들면서 나머지 손가락을 하나씩 펴면 안테나에 손이 닿지 않고서도 음이 들린다. 이때 들리는 음은 피아노 건반을 눌렀을 때 나는 것처럼 정해진 음이 아니고 현악기를 연주하는 것과 같은 연속음이며, 소리는 손과 손가락의 움직임에 따라 변한다. 왼손은 손가락을 펼친 채로 상자에서 수평으로 뻗은 안테나 위에서 서서히 오르내리면서 소리를 조절한다.

오른손으로는 수직 안테나와의 거리에 따라 음고(音高)를 조절하고 왼손으로는 수평 안테나와의 거리에 따라 음량을 조절한다. 따라서 오른손과 수직 안테나는 음고를 조절하는 회로에 속하고 왼손과 수평 안테나는 음량을 조절하는 또 다른 회로에 속한다. 이 두 회로가 하나로 합쳐지면서 두 손의 움직임에 따라 음고와 음량을 변화시킬 수 있다.

어떻게 테레민에서 다른 음고의 음이 발생되는지 알아보자. 음고를 조절하는 회로는 가청주파수 범위 바깥의 주파수를 갖는 서로 다른 두 개의 음파를 발생시킨다. 이 두 개의 음파 사이에 존재하는 주파수의 차이 값에 의해 가청주파수를 갖는 새로운 진동이 발생하는데 그것으로 소리를 만든다. 가청주파수 범위 바깥의 주파수 중 하나는 고정된 주파수를 갖고 다른 하나는 연주자의 손 움직임에 따라 주파수가 바뀐다. 이렇게 발생한 주파수의 변화에 의해 진동이 발생되고 이 진동의 주파수는 가청주파수 범위 내에 있기 때문에 그 진동을 증폭시켜 스피커로 보내면 소리가 들린다.

---

① 수직 안테나에 손이 닿으면 소리가 발생하는 원리

② 왼손의 손가락의 모양에 따라 음고가 바뀌는 원리

③ 수평 안테나와 왼손 사이의 거리에 따라 음량이 조절되는 원리

④ 음고를 조절하는 회로에서 가청주파수의 진동이 발생하는 원리

⑤ 오른손 손가락으로 가상의 피아노 건반을 눌러 음량을 변경하는 원리

33 정부에서 K시에 새로운 도로를 건설할 계획을 발표하였으며, 이에 따라 A ~ C의 세 가지 노선이 제시되었다. 각 노선의 총 길이는 터널구간, 교량구간, 일반구간으로 구성되며, 추후 도로가 완공되면 연간 평균 차량통행량이 2백만 대일 것으로 추산된다. 다음의 자료는 각 노선의 구성과 건설비용, 환경·사회손실비용을 나타낸 자료이다. 이를 참고할 때, 다음의 설명 중 적절하지 않은 것은?(단, 도로는 15년 동안 유지할 계획이다)

구분	A노선	B노선	C노선	1km당 건설비용
터널구간	1km	0km	0.5km	1,000억 원
교량구간	0.5km	0km	1km	200억 원
일반구간	8.5km	20km	13.5km	100억 원
환경손실비용	15억 원/년	5억 원/년	10억 원/년	–
사회손실비용	차량 한 대가 10km를 운행할 경우 1,000원 비용발생			–

① 건설비용만 따져볼 때에는 A노선이 최적의 대안이다.
② B노선의 길이가 가장 길기 때문에 사회손실비용이 가장 많이 발생한다.
③ 환경적 손실만 보았을 때, A노선은 B노선의 3배에 이르는 비용이 든다.
④ 건설비용과 사회손실비용을 함께 고려하면 C노선이 가장 적합하다.
⑤ 건설비용과 사회·환경손실비용을 모두 고려하면 A노선과 B노선에 드는 비용의 차이는 200억 원이다.

34 다음은 K기업의 재화 생산량에 따른 총 생산비용의 변화를 나타낸 자료이다. 기업의 생산 활동과 관련하여 옳은 설명을 〈보기〉에서 모두 고르면?(단, 재화 1개당 가격은 7만 원이다)

생산량(개)	0	1	2	3	4	5
총 생산비용(만 원)	5	9	12	17	24	33

> **보기**
> ㄱ. 2개와 5개를 생산할 때의 이윤은 동일하다.
> ㄴ. 이윤을 극대화할 수 있는 최대 생산량은 4개이다.
> ㄷ. 4개에서 5개로 생산량을 증가시킬 때 이윤은 증가한다.
> ㄹ. 1개를 생산하는 것보다 생산을 하지 않는 것이 손해가 적다.

① ㄱ, ㄴ   ② ㄱ, ㄷ
③ ㄴ, ㄷ   ④ ㄴ, ㄹ
⑤ ㄷ, ㄹ

※ 다음은 임대주택 수선비 부담 기준에 관련된 계약서이다. 이어지는 질문에 답하시오. [35~36]

제11조(수선비 산정)

① 임차인에게 부과하는 수선비는 실제 소요되는 실비를 기준으로 산정하며, 최종 부과비용은 시설물 경과연수에 따른 감가상각률을 적용하여 산출한다. 이 경우 감가상각률을 산정하기 위한 각 시설물의 내용연수(수선주기)는 〈별표 3〉에 따른다.

② 시설물 전체가 아닌 부분을 보수하는 경우에는 감가상각률을 적용하지 않고 수선비용 전체를 부과한다.

> (임차인 부담비용)=(수선비용)−{(시설물경과연수)/(수선주기)}×(수선비용)
>
> ※ 부분 보수의 경우 (임차인 부담비용)=(수선비용 전액)
>
>   예 주방가구 중 문짝 1개만을 교체하는 경우 등
>
> ※ 시설물경과연수는 해당 시설물의 최초 설치 시점부터 산정한 시설물의 전체 경과연수로서 임차인의 거주기간과 다를 수 있음

③ 빌트인 제품에 대해 임차인 부담 사유가 발생하는 경우에는 아래의 산식을 이용하여 임차인 부담비용을 산정한다.

> • 물품 수리 시 : (수리액)−{(사용연수)/(내용연수)}×(수리액)
> • 신품 교체 시 : (신규 구입가)−{(사용연수)/(내용연수)}×(신규 구입가)

〈별표 3〉 주요품목 및 빌트인 제품 내용연수(수선주기)

• 주요 품목
 − 도배, 장판 : 10년
 − 주방가구, 신발장, 반침장 : 20년
 − 수도계량기 : 15년
 − 보일러 : 8년
 − 스위치, 콘센트 : 15년

• 빌트인 제품
 − TV, 냉장고, 에어컨, 전자레인지, 정수기 : 7년
 − 가스쿡탑(레인지), 전기(가스)오븐, 비데 : 6년
 − 식기건조기, 식기세척기, 세탁기, 음식물탈수기, 인덕션, 기타 가전류 : 5년
 − 책상, 침대 : 8년

35 다음 중 계약내용을 바르게 이해한 것은?

① 시설물 전체를 교체하는 경우 감가상각률에 따라 임차인 부담비용을 산출한다.

② 임차인에게 부과하는 수선비는 제품 구입가를 기준으로 산정한다.

③ 시설물의 일부분을 보수하는 경우 감가상각률을 적용하여 수선비용을 부과한다.

④ 빌트인 제품은 기본으로 제공하는 제품이므로 임차인이 부담할 필요가 없다.

⑤ 시설물경과연수는 임차인의 거주기간과 동일하다.

36 제시된 계약 조건에 따라 다음과 같이 계산하였을 때, 바르게 연결되지 않은 것은?(단, 2021년 12월 31일을 기준으로 하며, 최초설치일과 입주일 모두 1월 1일로 계산한다)

품목	최초설치일	입주일	처리 결과	소요가격	임차인부과금액
① 신발장	2019년	2020년	부분 보수	50,000원	50,000원
② 보일러	2017년	2021년	수리	180,000원	67,500원
③ 냉장고	2019년	2021년	구입	700,000원	400,000원
④ 인덕션	2020년	2020년	수리	145,000원	87,000원
⑤ 침대	2018년	2022년	구입	420,000원	190,000원

37 K구에서는 주택을 소유하고 해당 주택에 거주하는 가구를 대상으로 주택 노후도 평가를 실시하여 그 결과에 따라 주택보수비용을 지원하고 있다. 주택보수비용 지원 내용과 지원율, 상황을 근거로 판단할 때, K구에 사는 C씨가 지원받을 수 있는 주택보수비용의 최대 액수는?

〈주택보수비용 지원 내용〉

구분	경보수	중보수	대보수
보수항목	도배 혹은 장판	수도시설 혹은 난방시설	지붕 혹은 기둥
주택당 보수비용 지원한도액	350만 원	650만 원	950만 원

〈소득인정액별 주택보수비용 지원율〉

구분	중위소득 25% 미만	중위소득 25% 이상 35% 미만	중위소득 35% 이상 43% 미만
지원율(%)	100	90%	80%

※ 소득인정액에 따라 위 보수비용 지원한도액의 80 ~ 100%를 차등 지원

〈상황〉

C씨는 현재 거주하고 있는 A주택의 소유자이며, 소득인정액이 중위소득 40%에 해당한다. A주택의 노후도 평가 결과, 지붕의 수선이 필요한 주택비용 지원 대상에 선정되었다.

① 520만 원
② 650만 원
③ 760만 원
④ 855만 원
⑤ 950만 원

38 다음은 수도권 지역의 기상실황표이다. 이에 대한 설명으로 옳지 않은 것은?

〈기상실황표〉

구분	시정(km)	현재기온(℃)	이슬점 온도(℃)	불쾌지수	습도(%)	풍향	풍속(m/s)	기압(hPa)
서울	6.9	23.4	14.6	70	58	동	1.8	1012.7
백령도	0.4	16.1	15.2	61	95	동남동	4.4	1012.6
인천	10	21.3	15.3	68	69	서남서	3.8	1012.9
수원	7.7	23.8	16.8	72	65	남서	1.8	1012.9
동두천	10.1	23.6	14.5	71	57	남남서	1.5	1012.6
파주	20	20.9	14.7	68	68	남남서	1.5	1013.1
강화	4.2	20.7	14.8	67	67	남동	1.7	1013.3
양평	6.6	22.7	14.5	70	60	동남동	1.4	1013
이천	8.4	23.7	13.8	70	54	동북동	1.4	1012.8

① 시정이 가장 좋은 곳은 파주이다.

② 이슬점 온도가 가장 높은 지역은 불쾌지수 또한 가장 높다.

③ 불쾌지수가 70을 초과한 지역은 2곳이다.

④ 현재기온이 가장 높은 지역은 이슬점 온도와 습도 또한 가장 높다.

⑤ 시정이 가장 좋지 않은 지역은 풍속이 가장 강하다.

39 한국철도공사 물류본부에서 근무하는 A사원은 철도화물의 편리성에 대해 알리고자 한다. 다음과 같이 개요를 작성하였을 때, 적절하지 않은 것은?

〈철도화물의 편리성〉

1. 대량수송성
- 1회에 1,000톤 이상을 한꺼번에 수송할 수 있습니다. … ①
  - 화차 1량에는 50톤 정도를 적재할 수 있고, 1개 열차에는 평균 25량까지 연결이 가능합니다.

2. 안정성
- 철도는 날씨에 전혀 영향을 받지 않습니다. … ②
  - 눈, 비, 바람의 영향을 전혀 받지 않고 불철주야 전천후 수송이 가능하므로 장기적이고 안정적인 수송계획 수립이 가능합니다.

3. 안전성
- 철도운송의 안전성은 세계적으로 인정하고 있습니다. … ③
  - 10억 인(여객), 톤·km(화물)당 연간 사고건수는 도로의 경우 약 2,800여 건이나 철도는 25건에 불과합니다.
- 철도는 체증현상이 없습니다. … ④
  - 도로체증과 같은 현상이 없어, 고객과의 약속을 지킬 수 있습니다.

4. 환경친화성, 에너지 및 국토이용 효율성
- 화물자동차 기준 단위당 에너지 소비량은 1/14, 단위당 이산화탄소 배출량은 1/3에 불과합니다. … ⑤
  - 철도운송은 에너지 절약뿐만 아니라 환경오염물질 배출량을 적게 하는 환경친화적인 교통수단입니다. 복선철도가 4차선 고속도로에 비해 토지사용 면적이 작고 수송량은 훨씬 많습니다.

---

40 한국철도공사 여객사업본부의 A사원은 효과적인 관광열차 홍보를 위해 이벤트를 구상하고자 한다. 해당 지역과 그 테마에 관련된 관광열차를 맞춘 사람에게 선물을 증정한다고 할 때, 선물을 받을 사람은?

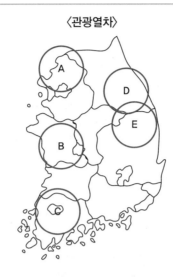

〈관광열차〉

- 정선아리랑열차(A−train) : 유네스코 세계인류무형유산으로 등재된 아리랑의 고장, 정선의 비경을 파노라마로 즐길 수 있도록 천장을 제외한 모든 부분이 창으로 이루어져 있습니다.
- 서해금빛열차(West Gold−train) : 세계 최초 한옥식 온돌마루와 온천 족욕시설을 갖춘 열차를 타고 갯벌, 섬, 낙조 등 풍요로운 자원이 가득한 서해안 7개 지역의 명소를 찾아갑니다.
- 백두대간협곡열차(V−train) : 백두대간 협곡 구간을 왕복 운행하는 국내 최초 개방형 관광열차로, 백호를 형상화한 외관과 복고풍 실내 장식이 여행의 즐거움을 더해줍니다.
- 중부내륙순환열차(O−train) : 고요한 중부내륙 3도(강원, 충북, 경북) 두메산골의 수채화 같은 자연경관을 끼고 순환 운행하는 관광열차입니다.
- 남도해양열차(S−train) : 영남과 호남을 이어주는 열차 안에서 각종 공연과 다례체험을 즐기며, 천혜의 자연경관과 풍성한 문화자원을 지닌 남도의 맛과 멋을 찾아 떠납니다.
- 평화열차(DMZ−train) : 한국전쟁의 상처를 딛고 다시 태어난 비무장지대를 향해 달리는 관광열차로, 역사·자연·평화가 공존하는 뜻깊은 여정을 선사합니다.

① 갑 : E지역에 정선아리랑열차가 확실합니다.
② 을 : 중부내륙순환열차는 D지역을 구경할 수 있겠어요.
③ 병 : B지역은 S−train을 타면 관광할 수 있을 것 같아요.
④ 정 : C지역에 해당하는 열차는 V−train입니다.
⑤ 무 : 비무장지대를 향해 달리는 열차인 DMZ−train은 A지역에 해당합니다.

41 K공사는 MT에서 팀을 나눠 배드민턴 게임을 하기로 했다. 배드민턴 규칙은 실제 복식 경기방식을 따르기로 하고, 전략팀과 총무팀이 먼저 대결을 한다. 각 팀의 선수는 2명이다. 경기상황에 이어질 서브 방향 및 선수 위치로 가능한 것은?

〈배드민턴 복식 경기방식〉

• 점수를 획득한 팀이 서브권을 갖는다. 다만 서브권이 상대팀으로 넘어가기 전까지는 팀 내에서 같은 선수가 연속해서 서브권을 갖는다.
• 서브하는 팀은 자신의 팀 점수가 0이거나 짝수인 경우는 우측에서, 점수가 홀수인 경우는 좌측에서 서브한다.
• 서브하는 선수로부터 코트의 대각선 위치에 선 선수가 서브를 받는다.
• 서브를 받는 팀은 자신의 팀으로 서브권이 넘어오기 전까지는 팀 내에서 선수끼리 서로 코트 위치를 바꾸지 않는다.

※ 좌측, 우측은 각 팀이 네트를 바라보고 인식하는 좌, 우이다.

〈경기상황〉

• 전략팀(A·B), 총무팀(C·D) 간 복식 경기 진행
• 3 : 3 동점 상황에서 A가 C에 서브하고 전략팀(A·B)이 1점 득점

점수	서브 방향 및 선수 위치	득점한 팀
3 : 3	D C A B	전략팀

①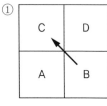

②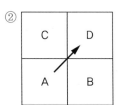

③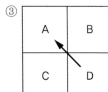

④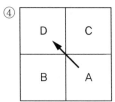

⑤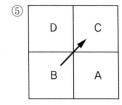

※ 다음 자료를 읽고 이어지는 질문에 답하시오. [42~44]

〈블랙박스 시리얼 번호 체계〉

개발사		제품		메모리 용량		제조년월				일련번호	PCB버전
값	의미	값	의미	값	의미	값	의미	값	의미	값	값
A	아리스	BD	블랙박스	1	4GB	A	2012년	1~9	1~9월	00001	1
S	성진	BL	LCD 블랙박스	2	8GB	B	2013년	O	10월	00002	2
B	백경	BP	IPS 블랙박스	3	16GB	C	2014년	N	11월	…	3
C	천호	BE	LED 블랙박스	4	32GB	D	2015년	D	12월	09999	
M	미강테크					E	2016년				

※ 예시 : ABD2B6000101 → 아리스 블랙박스, 8GB, 2013년 6월 생산, 10번째 모델, PCB 1번째 버전

〈A/S 접수 현황〉

분류1	분류2	분류3	분류4
ABD1A2001092	MBE2E3001243	SBP3CD012083	ABD4B3007042
BBD1DD000132	MBP2CO120202	CBE3C4000643	SBE4D5101483
SBD1D9000082	ABE2D0001063	BBD3B6000761	MBP4C6000263
ABE1C6100121	CBL2C3010213	ABP3D8010063	BBE4DN020473
CBP1C6001202	SBD2B9001501	CBL3S8005402	BBL4C5020163
CBL1BN000192	SBP2C5000843	SBD3B1004803	CBP4D6100023
MBD1A2012081	BBL2BO010012	MBE3E4010803	SBE4E4001613
MBE1DB001403	CBD2B3000183	MBL3C1010203	ABE4DO010843

42 당사의 제품을 구매한 고객이 A/S를 접수하면, 상담원은 제품 시리얼 번호를 확인하여 기록해 두고 있다. 제품 시리얼 번호는 특정 기준에 의해 분류하여 기록하고 있는데, 다음 중 그 기준은 무엇인가?

① 개발사
② 제품
③ 메모리 용량
④ 제조년월
⑤ PCB버전

43 A/S가 접수된 제품 중 2012 ~ 2013년도에 생산된 것에 대해 무상으로 블루투스 기능을 추가해주는 이벤트를 진행하고 있다. A/S 접수가 된 블랙박스 중에서 이벤트에 해당되는 제품은 모두 몇 개인가?

① 6개
② 7개
③ 8개
④ 9개
⑤ 10개

44 A/S가 접수되면 수리를 위해 각 제품을 해당 제조사로 전달한다. 그런데 제품 시리얼 번호를 확인하는 과정에서 조회되지 않는 번호가 있다는 것을 발견하였다. 총 몇 개의 시리얼 번호가 잘못 기록되었는가?

① 6개   ② 7개
③ 8개   ④ 9개
⑤ 10개

45 귀하는 점심식사 중 식당에 있는 TV에서 정부의 정책에 관한 뉴스를 보았다. 함께 점심을 먹는 동료들과 뉴스를 보고 나눈 대화의 내용으로 옳지 않은 것은?

> 앵커 : 저소득층에게 법률서비스를 제공하는 정책을 구상 중입니다. 정부는 무료로 법률자문을 하겠다고 자원하는 변호사를 활용하여 자원봉사제도와 정부에서 법률 구조공단 등의 기관을 신설하고 변호사를 유급으로 고용하여 법률서비스를 제공하는 유급법률구조제도, 정부가 법률서비스의 비용을 대신 지불하는 법률보호제도 등의 세 가지 정책대안 중 하나를 선택할 계획입니다.
>
> 이 정책대안을 비교하는 데 고려해야 할 정책목표는 비용저렴성, 접근용이성, 정치적 실현가능성, 법률서비스의 전문성입니다. 정책대안과 정책목표의 관계는 화면으로 보여드립니다. 각 대안이 정책목표를 달성하는 데 유리한 경우는 (+) 로, 불리한 경우는 (−)로 표시하였으며, 유·불리 정도는 동일합니다. 정책목표에 대한 가중치의 경우, '0'은 해당 정책목표를 무시하는 것을, '1'은 해당 정책목표를 고려하는 것을 의미합니다.

〈정책대안과 정책목표의 상관관계〉

정책목표	가중치		정책대안		
	A안	B안	자원봉사제도	유급법률구조제도	법률보호제도
비용저렴성	0	0	+	−	−
접근용이성	1	0	−	+	−
정치적 실현가능성	0	0	+	−	+
전문성	1	1	−	+	−

① 아마도 전문성 면에서는 유급법률구조제도가 자원봉사제도보다 더 좋은 정책 대안으로 평가받게 되겠군.
② A안의 가중치를 적용할 경우 유급법률구조제도가 가장 적절한 정책대안으로 평가받게 되지 않을까?
③ 반대로 B안의 가중치를 적용할 경우 자원봉사제도가 가장 적절한 정책대안으로 평가받게 될 것 같아.
④ A안과 B안 중 어떤 것을 적용하더라도 정책대안 비교의 결과는 달라지지 않을 것으로 보여.
⑤ 비용저렴성을 달성하기에 가장 유리한 정책대안은 자원봉사제도로군.

46 S씨는 유아용품 판매직영점을 추가로 개장하기 위하여 팀장으로부터 다음 자료를 받았다. 팀장은 직영점을 정할 때에는 영유아 수가 많은 곳이어야 하며, 향후 5년간 수요가 지속적으로 증가하는 지역으로 선정해야 한다고 설명하였다. 이를 토대로 할 때, 유아용품 판매직영점이 설치될 최적의 지역을 선정하라는 요청에 가장 적절한 답변은 무엇인가?

지역	총 인구수(명)	영유아 비중	향후 5년간 영유아 수 변동률(전년 대비)				
			1년 차	2년 차	3년 차	4년 차	5년 차
A	3,460,000	3%	−0.5%	1.0%	−2.2%	2.0%	4.0%
B	2,470,000	5%	0.5%	0.1%	−2.0%	−3.0%	−5.0%
C	2,710,000	4%	0.5%	0.7%	1.0%	1.3%	1.5%
D	1,090,000	11%	1.0%	1.2%	1.0%	1.5%	1.7%

① 총인구수가 많은 A − C − B − D지역 순서로 직영점을 개장하면 충분한 수요로 인하여 영업이 원활할 것 같습니다.

② 현재 시점에서 영유아 비중이 가장 높은 D − B − C − A지역 순서로 직영점을 설치하는 계획을 수립하는 것이 적절할 것 같습니다.

③ 현재 시점에서 영유아 수가 가장 많은 B지역을 우선적으로 개장하는 것이 좋을 것 같습니다.

④ 향후 5년간 영유아 변동률을 참고하였을 때, 영유아 인구 증가율이 가장 높은 A지역이 유력합니다.

⑤ D지역은 현재 영유아 수가 두 번째로 많으나, 향후 5년간 지속적인 영유아 수 증가가 기대되는 지역으로 예상되므로 D지역이 가장 적절하다고 판단합니다.

47 다음은 미국이 환율조작국을 지정하기 위해 만든 요건별 판단 기준과 A~K국의 2023년 자료이다. 이에 대한 〈보기〉의 설명 중 옳은 것을 모두 고르면?

〈요건별 판단기준〉

요건	X 현저한 대미무역수지 흑자	Y 상당한 경상수지 흑자	Z 지속적 환율시장 개입
판단기준	대미무역수지 200억 달러 초과	GDP 대비 경상수지 비중 3% 초과	GDP 대비 외화자산순매수액 비중 2% 초과

※ 요건 중 세 가지를 모두 충족하면 환율조작국으로 지정됨
※ 요건 중 두 가지만을 충족하면 관찰대상국으로 지정됨

〈환율조작국 지정 관련 자료(2023년)〉

(단위 : 10억 달러, %)

구분	대미무역수지	GDP 대비 경상수지 비중	GDP 대비 외화자산순매수액 비중
A	365.7	3.1	−3.9
B	74.2	8.5	0.0
C	68.6	3.3	2.1
D	58.4	−2.8	−1.8
E	28.3	7.7	0.2
F	27.8	2.2	1.1
G	23.2	−1.1	1.8
H	17.6	−0.2	0.2
I	14.9	−3.3	0.0
J	14.9	14.6	2.4
K	−4.3	−3.3	0.1

보기

㉠ 환율조작국으로 지정되는 국가는 없다.
㉡ B국은 X요건과 Y요건을 충족한다.
㉢ 관찰대상국으로 지정되는 국가는 모두 4개이다.
㉣ X요건의 판단기준을 '대미무역수지 200억 달러 초과'에서 '대미무역수지 150억 달러 초과'로 변경하여도 관찰대상국 및 환율조작국으로 지정되는 국가들은 동일하다.

① ㉠, ㉡
② ㉠, ㉢
③ ㉡, ㉣
④ ㉢, ㉣
⑤ ㉡, ㉢, ㉣

※ 다음 비품 가격표를 보고, 이어지는 질문에 답하시오. [48~49]

<K문구 비품 가격표>

품명	수량	단가(원)
라벨지 50mm(SET)	1	18,000
받침대	1	24,000
블루투스 마우스	1	27,000
★특가★ 문서수동세단기(탁상용)	1	36,000
AAA건전지(1SET)	1	4,000

※ 3단 받침대는 2,000원 추가
※ 라벨지 91mm 사이즈 변경 구매 시 SET당 5% 금액 추가
※ 블루투스 마우스 3개 이상 구매 시 건전지 3SET 무료 증정

48 A회사에서는 2/4분기 비품 구매를 하려고 한다. 다음 주문서대로 주문 시 총 주문 금액으로 올바른 것은?

<비품 가격표>

주문서			
라벨지 50mm	2SET	받침대	1개
블루투스 마우스	5개	AAA건전지	5SET

① 148,000원   ② 183,000원
③ 200,000원   ④ 203,000원
⑤ 205,000원

49 비품 구매를 담당하는 A사원은 주문 수량을 잘못 기입해서 주문 내역을 수정하였다. 수정 내역대로 비품을 주문했을 때 총 주문 금액으로 올바른 것은?

주문서			
라벨지 91mm	4SET	3단 받침대	2개
블루투스 마우스	3개	AAA건전지	3SET
문서수동세단기	1개		

① 151,000원   ② 244,600원
③ 252,600원   ④ 256,600원
⑤ 262,600원

50 K씨는 인터넷뱅킹 사이트에 가입하기 위해 가입절차에 따라 정보를 입력하는데, 패스워드 만드는 과정이 까다로워 계속 실패 중이다. 사이트 가입 시 패스워드 〈조건〉이 다음과 같을 때, 적절한 패스워드는 무엇인가?

> **조건**
> • 패스워드는 7자리이다.
> • 알파벳 대문자와 소문자, 숫자, 특수기호를 적어도 하나씩 포함해야 한다.
> • 숫자 0은 다른 숫자와 연속해서 나열할 수 없다.
> • 알파벳 대문자는 다른 알파벳 대문자와 연속해서 나열할 수 없다.
> • 특수기호를 첫 번째로 사용할 수 없다.

① a?102CB

② 7!z0bT4

③ #38Yup0

④ ssng99&

⑤ 6LI◇234

PART 4

채용 가이드

CHAPTER 01

블라인드 채용 소개

1. 블라인드 채용이란?

채용 과정에서 편견이 개입되어 불합리한 차별을 야기할 수 있는 출신지, 가족관계, 학력, 외모 등의 편견요인은 제외하고, 직무능력만을 평가하여 인재를 채용하는 방식입니다.

2. 블라인드 채용의 필요성

- 채용의 공정성에 대한 사회적 요구
  - 누구에게나 직무능력만으로 경쟁할 수 있는 균등한 고용기회를 제공해야 하나, 아직도 채용의 공정성에 대한 불신이 존재
  - 채용상 차별금지에 대한 법적 요건이 권고적 성격에서 처벌을 동반한 의무적 성격으로 강화되는 추세
  - 시민의식과 지원자의 권리의식 성숙으로 차별에 대한 법적 대응 가능성 증가
- 우수인재 채용을 통한 기업의 경쟁력 강화 필요
  - 직무능력과 무관한 학벌, 외모 위주의 선발로 우수인재 선발기회 상실 및 기업경쟁력 약화
  - 채용 과정에서 차별 없이 직무능력중심으로 선발한 우수인재 확보 필요
- 공정한 채용을 통한 사회적 비용 감소 필요
  - 편견에 의한 차별적 채용은 우수인재 선발을 저해하고 외모·학벌 지상주의 등의 심화로 불필요한 사회적 비용 증가
  - 채용에서의 공정성을 높여 사회의 신뢰수준 제고

3. 블라인드 채용의 특징

편견요인을 요구하지 않는 대신 직무능력을 평가합니다.

※ 직무능력중심 채용이란?
기업의 역량기반 채용, NCS기반 능력중심 채용과 같이 직무수행에 필요한 능력과 역량을 평가하여 선발하는 채용방식을 통칭합니다.

4. 블라인드 채용의 평가요소

직무수행에 필요한 지식, 기술, 태도 등을 과학적인 선발기법을 통해 평가합니다.

※ 과학적 선발기법이란?
직무분석을 통해 도출된 평가요소를 서류, 필기, 면접 등을 통해 체계적으로 평가하는 방법으로 입사지원서, 자기소개서, 직무수행능력평가, 구조화 면접 등이 해당됩니다.

5. 블라인드 채용 주요 도입 내용

- 입사지원서에 인적사항 요구 금지
  - 인적사항에는 출신지역, 가족관계, 결혼여부, 재산, 취미 및 특기, 종교, 생년월일(연령), 성별, 신장 및 체중, 사진, 전공, 학교명, 학점, 외국어 점수, 추천인 등이 해당
  - 채용 직무를 수행하는 데 있어 반드시 필요하다고 인정될 경우는 제외
    예 특수경비직 채용 시 : 시력, 건강한 신체 요구
    　　연구직 채용 시 : 논문, 학위 요구 등
- 블라인드 면접 실시
  - 면접관에게 응시자의 출신지역, 가족관계, 학교명 등 인적사항 정보 제공 금지
  - 면접관은 응시자의 인적사항에 대한 질문 금지

6. 블라인드 채용 도입의 효과성

- 구성원의 다양성과 창의성이 높아져 기업 경쟁력 강화
  - 편견을 없애고 직무능력 중심으로 선발하므로 다양한 직원 구성 가능
  - 다양한 생각과 의견을 통하여 기업의 창의성이 높아져 기업경쟁력 강화
- 직무에 적합한 인재선발을 통한 이직률 감소 및 만족도 제고
  - 사전에 지원자들에게 구체적이고 상세한 직무요건을 제시함으로써 허수 지원이 낮아지고, 직무에 적합한 지원자 모집 가능
  - 직무에 적합한 인재가 선발되어 직무이해도가 높아져 업무효율 증대 및 만족도 제고
- 채용의 공정성과 기업이미지 제고
  - 블라인드 채용은 사회적 편견을 줄인 선발 방법으로 기업에 대한 사회적 인식 제고
  - 채용과정에서 불합리한 차별을 받지 않고 실력에 의해 공정하게 평가를 받을 것이라는 믿음을 제공하고, 지원자들은 평등한 기회와 공정한 선발과정 경험

PART 4

서류전형 가이드

01 채용공고문

1. 채용공고문의 변화

기존 채용공고문	변화된 채용공고문
• 취업준비생에게 불충분하고 불친절한 측면 존재 • 모집분야에 대한 명확한 직무관련 정보 및 평가기준 부재 • 해당분야에 지원하기 위한 취업준비생의 무분별한 스펙 쌓기 현상 발생	• NCS 직무분석에 기반한 채용공고를 토대로 채용전형 진행 • 지원자가 입사 후 수행하게 될 업무에 대한 자세한 정보 공지 • 직무수행내용, 직무수행 시 필요한 능력, 관련된 자격, 직업기초능력 제시 • 지원자가 해당 직무에 필요한 스펙만을 준비할 수 있도록 안내
• 모집부문 및 응시자격 • 지원서 접수 • 전형절차 • 채용조건 및 처우 • 기타사항	• 채용절차 • 채용유형별 선발분야 및 예정인원 • 전형방법 • 선발분야별 직무기술서 • 우대사항

2. 지원 유의사항 및 지원요건 확인

채용 직무에 따른 세부사항을 공고문에 명시하여 지원자에게 적격한 지원 기회를 부여함과 동시에 채용과정에서의 공정성과 신뢰성을 확보합니다.

구성	내용	확인사항
모집분야 및 규모	고용형태(인턴 계약직 등), 모집분야, 인원, 근무지역 등	채용직무가 여러 개일 경우 본인이 해당되는 직무의 채용규모 확인
응시자격	기본 자격사항, 지원조건	지원을 위한 최소자격요건을 확인하여 불필요한 지원을 예방
우대조건	법정·특별·자격증 가점	본인의 가점 여부를 검토하여 가점 획득을 위한 사항을 사실대로 기재
근무조건 및 보수	고용형태 및 고용기간, 보수, 근무지	본인이 생각하는 기대수준에 부합하는지 확인하여 불필요한 지원을 예방
시험방법	서류·필기·면접전형 등의 활용방안	전형방법 및 세부 평가기법 등을 확인하여 지원전략 준비
전형일정	접수기간, 각 전형 단계별 심사 및 합격자 발표일 등	본인의 지원 스케줄을 검토하여 차질이 없도록 준비
제출서류	입사지원서(경력·경험기술서 등), 각종 증명서 및 자격증 사본 등	지원요건 부합 여부 및 자격 증빙서류 사전에 준비
유의사항	임용취소 등의 규정	임용취소 관련 법적 또는 기관 내부 규정을 검토하여 해당여부 확인

직무기술서란 직무수행의 내용과 필요한 능력, 관련 자격, 직업기초능력 등을 상세히 기재한 것으로 입사 후 수행하게 될 업무에 대한 정보가 수록되어 있는 자료입니다.

1. 채용분야

설명

NCS 직무분류 체계에 따라 직무에 대한 「대분류 – 중분류 – 소분류 – 세분류」 체계를 확인할 수 있습니다. 채용 직무에 대한 모든 직무기술서를 첨부하게 되며 실제 수행 업무를 기준으로 세부적인 분류정보를 제공합니다.

채용분야	분류체계			
사무행정	대분류	중분류	소분류	세분류
분류코드	02. 경영 · 회계 · 사무	03. 재무 · 회계	01. 재무	01. 예산
				02. 자금
			02. 회계	01. 회계감사
				02. 세무

2. 능력단위

설명

직무분류 체계의 세분류 하위능력단위 중 실질적으로 수행할 업무의 능력만 구체적으로 파악할 수 있습니다.

능력단위	(예산)	03. 연간종합예산수립 05. 확정예산 운영	04. 추정재무제표 작성 06. 예산실적 관리
	(자금)	04. 자금운용	
	(회계감사)	02. 자금관리 05. 회계정보시스템 운용 07. 회계감사	04. 결산관리 06. 재무분석
	(세무)	02. 결산관리 07. 법인세 신고	05. 부가가치세 신고

3. 직무수행내용

설명

세분류 영역의 기본정의를 통해 직무수행내용을 확인할 수 있습니다. 입사 후 수행할 직무내용을 구체적으로 확인할 수 있으며, 이를 통해 입사서류 작성부터 면접까지 직무에 대한 명확한 이해를 바탕으로 자신의 희망직무 인지 아닌지, 해당 직무가 자신이 알고 있던 직무가 맞는지 확인할 수 있습니다.

직무수행내용	(예산) 일정기간 예상되는 수익과 비용을 편성, 집행하며 통제하는 일
	(자금) 자금의 계획 수립, 조달, 운용을 하고 발생 가능한 위험 관리 및 성과평가
	(회계감사) 기업 및 조직 내 · 외부에 있는 의사결정자들이 효율적인 의사결정을 할 수 있도록 유용한 정보를 제공, 제공된 회계정보의 적정성을 파악하는 일
	(세무) 세무는 기업의 활동을 위하여 주어진 세법범위 내에서 조세부담을 최소화시키는 조세전략을 포함하고 정확한 과세소득과 과세표준 및 세액을 산출하여 과세당국에 신고 · 납부하는 일

4. 직무기술서 예시

태도	(예산) 정확성, 분석적 태도, 논리적 태도, 타 부서와의 협조적 태도, 설득력
	(자금) 분석적 사고력
	(회계 감사) 합리적 태도, 전략적 사고, 정확성, 적극적 협업 태도, 법률준수 태도, 분석적 태도, 신속성, 책임감, 정확한 판단력
	(세무) 규정 준수 의지, 수리적 정확성, 주의 깊은 태도
우대 자격증	공인회계사, 세무사, 컴퓨터활용능력, 변호사, 워드프로세서, 전산회계운용사, 사회조사분석사, 재경관리사, 회계관리 등
직업기초능력	의사소통능력, 문제해결능력, 자원관리능력, 대인관계능력, 정보능력, 조직이해능력

5. 직무기술서 내용별 확인사항

항목	확인사항
모집부문	해당 채용에서 선발하는 부문(분야)명 확인 예 사무행정, 전산, 전기
분류체계	지원하려는 분야의 세부직무군 확인
주요기능 및 역할	지원하려는 기업의 전사적인 기능과 역할, 산업군 확인
능력단위	지원분야의 직무수행에 관련되는 세부업무사항 확인
직무수행내용	지원분야의 직무군에 대한 상세사항 확인
전형방법	지원하려는 기업의 신입사원 선발전형 절차 확인
일반요건	교육사항을 제외한 지원 요건 확인(자격요건, 특수한 경우 연령)
교육요건	교육사항에 대한 지원요건 확인(대졸 / 초대졸 / 고졸 / 전공 요건)
필요지식	지원분야의 업무수행을 위해 요구되는 지식 관련 세부항목 확인
필요기술	지원분야의 업무수행을 위해 요구되는 기술 관련 세부항목 확인
직무수행태도	지원분야의 업무수행을 위해 요구되는 태도 관련 세부항목 확인
직업기초능력	지원분야 또는 지원기업의 조직원으로서 근무하기 위해 필요한 일반적인 능력사항 확인

1. 입사지원서의 변화

기존지원서		능력중심 채용 입사지원서
직무와 관련 없는 학점, 개인신상, 어학점수, 자격, 수상경력 등을 나열하도록 구성	VS	해당 직무수행에 꼭 필요한 정보들을 제시할 수 있도록 구성

직무기술서

직무수행내용

요구지식 / 기술

관련 자격증

사전직무경험

➡

인적사항	성명, 연락처, 지원분야 등 작성 (평가 미반영)
교육사항	직무지식과 관련된 학교교육 및 직업교육 작성
자격사항	직무관련 국가공인 또는 민간자격 작성
경력 및 경험사항	조직에 소속되어 일정한 임금을 받거나(경력) 임금 없이(경험) 직무와 관련된 활동 내용 작성

2. 교육사항

- 지원분야 직무와 관련된 학교 교육이나 직업교육 혹은 기타교육 등 직무에 대한 지원자의 학습 여부를 평가하기 위한 항목입니다.
- 지원하고자 하는 직무의 학교 전공교육 이외에 직업교육, 기타교육 등을 기입할 수 있기 때문에 전공 제한 없이 직업교육과 기타교육을 이수하여 지원이 가능하도록 기회를 제공합니다.

(기타교육 : 학교 이외의 기관에서 개인이 이수한 교육과정 중 지원직무와 관련이 있다고 생각되는 교육내용)

구분	교육과정(과목)명	교육내용	과업(능력단위)

PART 4

3. 자격사항

- 채용공고 및 직무기술서에 제시되어 있는 자격 현황을 토대로 지원자가 해당 직무를 수행하는 데 필요한 능력을 가지고 있는지를 평가하기 위한 항목입니다.
- 채용공고 및 직무기술서에 기재된 직무관련 필수 또는 우대자격 항목을 확인하여 본인이 보유하고 있는 자격사항을 기재합니다.

자격유형	자격증명	발급기관	취득일자	자격증번호

4. 경력 및 경험사항

- 직무와 관련된 경력이나 경험 여부를 표현하도록 하여 직무와 관련한 능력을 갖추었는지를 평가하기 위한 항목입니다.
- 해당 기업에서 직무를 수행함에 있어 필요한 사항만을 기록하게 되어 있기 때문에 직무와 무관한 스펙을 갖추지 않아도 됩니다.
- 경력 : 금전적 보수를 받고 일정기간 동안 일했던 경우
- 경험 : 금전적 보수를 받지 않고 수행한 활동

※ 기업에 따라 경력 / 경험 관련 증빙자료 요구 가능

구분	조직명	직위 / 역할	활동기간(년 / 월)	주요과업 / 활동내용

Tip

입사지원서 작성 방법

○ 경력 및 경험사항 작성
- 직무기술서에 제시된 지식, 기술, 태도와 지원자의 교육사항, 경력(경험)사항, 자격사항과 연계하여 개인의 직무역량에 대해 스스로 판단 가능

○ 인적사항 최소화
- 개인의 인적사항, 학교명, 가족관계 등을 노출하지 않도록 유의

> 부적절한 입사지원서 작성 사례
> - 학교 이메일을 기입하여 학교명 노출
> - 거주지 주소에 학교 기숙사 주소를 기입하여 학교명 노출
> - 자기소개서에 부모님이 재직 중인 기업명, 직위, 직업을 기입하여 가족관계 노출
> - 자기소개서에 석·박사 과정에 대한 이야기를 언급하여 학력 노출
> - 동아리 활동에 대한 내용을 학교명과 더불어 언급하여 학교명 노출

04 자기소개서

1. 자기소개서의 변화

- 기존의 자기소개서는 지원자의 일대기나 관심 분야, 성격의 장·단점 등 개괄적인 사항을 묻는 질문으로 구성되어 지원자가 자신의 직무능력을 제대로 표출하지 못합니다.
- 능력중심 채용의 자기소개서는 직무기술서에 제시된 직업기초능력(또는 직무수행능력)에 대한 지원자의 과거 경험을 기술하게 함으로써 평가 타당도의 확보가 가능합니다.

1. 우리 회사와 해당 지원 직무분야에 지원한 동기에 대해 기술해 주세요.

2. 자신이 경험한 다양한 사회활동에 대해 기술해 주세요.

3. 지원 직무에 대한 전문성을 키우기 위해 받은 교육과 경험 및 경력사항에 대해 기술해 주세요.

4. 인사업무 또는 팀 과제 수행 중 발생한 갈등을 원만하게 해결해 본 경험이 있습니까? 당시 상황에 대한 설명과 갈등의 대상이 되었던 상대방을 설득한 과정 및 방법을 기술해 주세요.

5. 과거에 있었던 일 중 가장 어려웠었던(힘들었었던) 상황을 고르고, 어떤 방법으로 그 상황을 해결했는지를 기술해 주세요.

자기소개서 작성 방법

① 자기소개서 문항이 묻고 있는 평가 역량 추측하기

예시

• 팀 활동을 하면서 갈등 상황 시 상대방의 니즈나 의도를 명확히 파악하고 해결하여 목표 달성에 기여했던 경험에 대해서 작성해 주시기 바랍니다.
• 다른 사람이 생각해내지 못했던 문제점을 찾고 이를 해결한 경험에 대해 작성해 주시기 바랍니다.

② 해당 역량을 보여줄 수 있는 소재 찾기(시간×역량 매트릭스)

예시

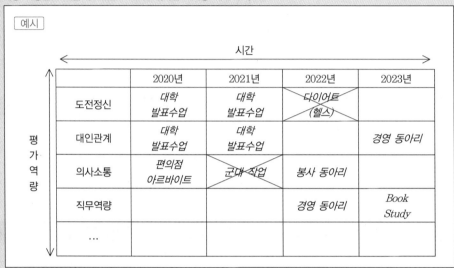

	2020년	2021년	2022년	2023년
도전정신	대학 발표수업	대학 발표수업	~~다이어트 (헬스)~~	
대인관계	대학 발표수업	대학 발표수업		경영 동아리
의사소통	편의점 아르바이트	~~군대 작업~~	봉사 동아리	
직무역량			경영 동아리	Book Study
…				

(시간 → 가로축, 평가 역량 → 세로축)

③ 자기소개서 작성 Skill 익히기
• 두괄식으로 작성하기
• 구체적 사례를 사용하기
• '나'를 중심으로 작성하기
• 직무역량 강조하기
• 경험 사례의 차별성 강조하기

인성검사 소개 및 모의테스트

01 인성검사 유형

인성검사는 지원자의 성격특성을 객관적으로 파악하고 그것이 각 기업에서 필요로 하는 인재상과 가치에 부합하는가를 평가하기 위한 검사입니다. 인성검사는 KPDI(한국인재개발진흥원), K-SAD(한국사회적성개 발원), KIRBS(한국행동과학연구소), SHR(에스에이치알) 등의 전문기관을 통해 각 기업의 특성에 맞는 검사 를 선택하여 실시합니다. 대표적인 인성검사의 유형에는 크게 다음과 같은 세 가지가 있으며, 채용 대행업체 에 따라 달라집니다.

1. KPDI 검사

조직적응성과 직무적합성을 알아보기 위한 검사로 인성검사, 인성역량검사, 인적성검사, 직종별 인적성 검사 등의 다양한 검사 도구를 구현합니다. KPDI는 성격을 파악하고 정신건강 상태 등을 측정하고, 직무 검사는 해당 직무를 수행하기 위해 기본적으로 갖추어야 할 인지적 능력을 측정합니다. 역량검사는 특정 직무 역할을 효과적으로 수행하는 데 직접적으로 관련 있는 개인의 행동, 지식, 스킬, 가치관 등을 측정합 니다.

2. KAD(Korea Aptitude Development) 검사

K-SAD(한국사회적성개발원)에서 실시하는 적성검사 프로그램입니다. 개인의 성향, 지적 능력, 기호, 관심, 흥미도를 종합적으로 분석하여 적성에 맞는 업무가 무엇인가 파악하고, 직무수행에 있어서 요구되 는 기초능력과 실무능력을 분석합니다.

3. SHR 직무적성검사

직무수행에 필요한 종합적인 사고 능력을 다양한 적성검사(Paper and Pencil Test)로 평가합니다. SHR 의 모든 직무능력검사는 표준화 검사입니다. 표준화 검사는 표본집단의 점수를 기초로 규준이 만들어진 검사이므로 개인의 점수를 규준에 맞추어 해석·비교하는 것이 가능합니다. S(Standardized Tests), H(Hundreds of Version), R(Reliable Norm Data)을 특징으로 하며, 직군·직급별 특성과 선발 수준에 맞추어 검사를 적용할 수 있습니다.

인성검사는 특히 면접질문과 관련성이 높습니다. 면접관은 지원자의 인성검사 결과를 토대로 질문을 하기 때문입니다. 일관적이고 이상적인 답변을 하는 것이 가장 좋지만, 실제 시험은 매우 복잡하여 전문가라 해도 일정 성격을 유지하면서 답변을 하는 것이 힘듭니다. 또한, 인성검사에는 라이 스케일(Lie Scale) 설문이 전체 설문 속에 교묘하게 섞여 들어가 있으므로 겉치레적인 답을 하게 되면 회답태도의 허위성이 그대로 드러나게 됩니다. 예를 들어 '거짓말을 한 적이 한 번도 없다.'에 '예'로 답하고, '때로는 거짓말을 하기도 한다.'에 '예'라고 답하여 라이 스케일의 득점이 올라가게 되면 모든 회답의 신빙성이 사라지고 '자신을 돋보이게 하려는 사람'이라는 평가를 받을 수 있으므로 주의해야 합니다. 따라서 모의테스트를 통해 인성검사의 유형과 실제 시험 시 어떻게 문제를 풀어야 하는지 연습해 보고 체크한 부분 중 자신의 단점과 연결되는 부분은 면접에서 질문이 들어왔을 때 어떻게 대처해야 하는지 생각해 보는 것이 좋습니다.

03　유의사항

1. 기업의 인재상을 파악하라!

인성검사를 통해 개인의 성격 특성을 파악하고 그것이 기업의 인재상과 가치에 부합하는지를 평가하는 시험이기 때문에 해당 기업의 인재상을 먼저 파악하고 시험에 임하는 것이 좋습니다. 모의테스트에서 인재상에 맞는 가상의 인물을 설정하고 문제에 답해 보는 것도 많은 도움이 됩니다.

2. 일관성 있는 대답을 하라!

짧은 시간 안에 다양한 질문에 답을 해야 하는데, 그 안에는 중복되는 질문이 여러 번 나옵니다. 이때 앞서 자신이 체크했던 대답을 잘 기억해뒀다가 일관성 있는 답을 하는 것이 중요합니다.

3. 모든 문항에 대답하라!

많은 문제를 짧은 시간 안에 풀려다 보니 다 못 푸는 경우도 종종 생깁니다. 하지만 대답을 누락하거나 끝까지 다 못했을 경우 좋지 않은 결과를 가져올 수도 있으니 최대한 주어진 시간 안에 모든 문항에 답할 수 있도록 해야 합니다.

※ 모의테스트는 질문 및 답변 유형 연습을 위한 것으로 실제 시험과 다를 수 있습니다.
※ 인성검사는 정답이 따로 없는 유형의 검사이므로 결과지를 제공하지 않습니다.

번호	내용	예	아니요
001	나는 솔직한 편이다.	☐	☐
002	나는 리드하는 것을 좋아한다.	☐	☐
003	법을 어겨서 말썽이 된 적이 한 번도 없다.	☐	☐
004	거짓말을 한 번도 한 적이 없다.	☐	☐
005	나는 눈치가 빠르다.	☐	☐
006	나는 일을 주도하기보다는 뒤에서 지원하는 것을 선호한다.	☐	☐
007	앞일은 알 수 없기 때문에 계획은 필요하지 않다.	☐	☐
008	거짓말도 때로는 방편이라고 생각한다.	☐	☐
009	사람이 많은 술자리를 좋아한다.	☐	☐
010	걱정이 지나치게 많다.	☐	☐
011	일을 시작하기 전 재고하는 경향이 있다.	☐	☐
012	불의를 참지 못한다.	☐	☐
013	처음 만나는 사람과도 이야기를 잘 한다.	☐	☐
014	때로는 변화가 두렵다.	☐	☐
015	나는 모든 사람에게 친절하다.	☐	☐
016	힘든 일이 있을 때 술은 위로가 되지 않는다.	☐	☐
017	결정을 빨리 내리지 못해 손해를 본 경험이 있다.	☐	☐
018	기회를 잡을 준비가 되어 있다.	☐	☐
019	때로는 내가 정말 쓸모없는 사람이라고 느낀다.	☐	☐
020	누군가 나를 챙겨주는 것이 좋다.	☐	☐
021	자주 가슴이 답답하다.	☐	☐
022	나는 내가 자랑스럽다.	☐	☐
023	경험이 중요하다고 생각한다.	☐	☐
024	전자기기를 분해하고 다시 조립하는 것을 좋아한다.	☐	☐

025	감시받고 있다는 느낌이 든다.	☐	☐
026	난처한 상황에 놓이면 그 순간을 피하고 싶다.	☐	☐
027	세상엔 믿을 사람이 없다.	☐	☐
028	잘못을 빨리 인정하는 편이다.	☐	☐
029	지도를 보고 길을 잘 찾아간다.	☐	☐
030	귓속말을 하는 사람을 보면 날 비난하고 있는 것 같다.	☐	☐
031	막무가내라는 말을 들을 때가 있다.	☐	☐
032	장래의 일을 생각하면 불안하다.	☐	☐
033	결과보다 과정이 중요하다고 생각한다.	☐	☐
034	운동은 그다지 할 필요가 없다고 생각한다.	☐	☐
035	새로운 일을 시작할 때 좀처럼 한 발을 떼지 못한다.	☐	☐
036	기분 상하는 일이 있더라도 참는 편이다.	☐	☐
037	업무능력은 성과로 평가받아야 한다고 생각한다.	☐	☐
038	머리가 맑지 못하고 무거운 느낌이 든다.	☐	☐
039	가끔 이상한 소리가 들린다.	☐	☐
040	타인이 내게 자주 고민상담을 하는 편이다.	☐	☐

※ 모의테스트는 질문 및 답변 유형 연습을 위한 것으로 실제 시험과 다를 수 있습니다.
※ 인성검사는 정답이 따로 없는 유형의 검사이므로 결과지를 제공하지 않습니다.

※ 이 성격검사의 각 문항에는 서로 다른 행동을 나타내는 네 개의 문장이 제시되어 있습니다. 이 문장들을 비교하여, 자신의 평소 행동과 가장 가까운 문장을 'ㄱ' 열에 표기하고, 가장 먼 문장을 'ㅁ' 열에 표기하십시오.

01   나는 _____

	ㄱ	ㅁ
A. 실용적인 해결책을 찾는다.	☐	☐
B. 다른 사람을 돕는 것을 좋아한다.	☐	☐
C. 세부 사항을 잘 챙긴다.	☐	☐
D. 상대의 주장에서 허점을 잘 찾는다.	☐	☐

02   나는 _____

	ㄱ	ㅁ
A. 매사에 적극적으로 임한다.	☐	☐
B. 즉흥적인 편이다.	☐	☐
C. 관찰력이 있다.	☐	☐
D. 임기응변에 강하다.	☐	☐

03   나는 _____

	ㄱ	ㅁ
A. 무서운 영화를 잘 본다.	☐	☐
B. 조용한 곳이 좋다.	☐	☐
C. 가끔 울고 싶다.	☐	☐
D. 집중력이 좋다.	☐	☐

04   나는 _____

	ㄱ	ㅁ
A. 기계를 조립하는 것을 좋아한다.	☐	☐
B. 집단에서 리드하는 역할을 맡는다.	☐	☐
C. 호기심이 많다.	☐	☐
D. 음악을 듣는 것을 좋아한다.	☐	☐

PART 4

05 나는 _____

	ㄱ	ㅁ
A. 타인을 늘 배려한다.	☐	☐
B. 감수성이 예민하다.	☐	☐
C. 즐겨하는 운동이 있다.	☐	☐
D. 일을 시작하기 전에 계획을 세운다.	☐	☐

06 나는 _____

	ㄱ	ㅁ
A. 타인에게 설명하는 것을 좋아한다.	☐	☐
B. 여행을 좋아한다.	☐	☐
C. 정적인 것이 좋다.	☐	☐
D. 남을 돕는 것에 보람을 느낀다.	☐	☐

07 나는 _____

	ㄱ	ㅁ
A. 기계를 능숙하게 다룬다.	☐	☐
B. 밤에 잠이 잘 오지 않는다.	☐	☐
C. 한 번 간 길을 잘 기억한다.	☐	☐
D. 불의를 보면 참을 수 없다.	☐	☐

08 나는 _____

	ㄱ	ㅁ
A. 종일 말을 하지 않을 때가 있다.	☐	☐
B. 사람이 많은 곳을 좋아한다.	☐	☐
C. 술을 좋아한다.	☐	☐
D. 휴양지에서 편하게 쉬고 싶다.	☐	☐

09 나는 _____

	ㄱ	ㅁ
A. 뉴스보다는 드라마를 좋아한다.	☐	☐
B. 길을 잘 찾는다.	☐	☐
C. 주말엔 집에서 쉬는 것이 좋다.	☐	☐
D. 아침에 일어나는 것이 힘들다.	☐	☐

10 나는 _____

	ㄱ	ㅁ
A. 이성적이다.	☐	☐
B. 할 일을 종종 미룬다.	☐	☐
C. 어른을 대하는 게 힘들다.	☐	☐
D. 불을 보면 매혹을 느낀다.	☐	☐

11 나는 _____

	ㄱ	ㅁ
A. 상상력이 풍부하다.	☐	☐
B. 예의 바르다는 소리를 자주 듣는다.	☐	☐
C. 사람들 앞에 서면 긴장한다.	☐	☐
D. 친구를 자주 만난다.	☐	☐

12 나는 _____

	ㄱ	ㅁ
A. 나만의 스트레스 해소 방법이 있다.	☐	☐
B. 친구가 많다.	☐	☐
C. 책을 자주 읽는다.	☐	☐
D. 활동적이다.	☐	☐

1. 면접전형의 변화

기존 면접전형에서는 일상적이고 단편적인 대화나 지원자의 첫인상 및 면접관의 주관적인 판단 등에 의해서 입사 결정 여부를 판단하는 경우가 많았습니다. 이러한 면접전형은 면접 내용의 일관성이 결여되거나 직무 관련 타당성이 부족하였고, 면접에 대한 신뢰도에 영향을 주었습니다.

기존 면접(전통적 면접)		능력중심 채용 면접(구조화 면접)

• 일상적이고 단편적인 대화
• 인상, 외모 등 외부 요소의 영향
• 주관적인 판단에 의존한 총점 부여
 	
⇩
 	
• 면접 내용의 일관성 결여
• 직무관련 타당성 부족
• 주관적인 채점으로 신뢰도 저하
	VS	• 일관성
		  – 직무관련 역량에 초점을 둔 구체적 질문 목록
		  – 지원자별 동일 질문 적용
		• 구조화
		  – 면접 진행 및 평가 절차를 일정한 체계에 의해 구성
		• 표준화
		  – 평가 타당도 제고를 위한 평가 Matrix 구성
		  – 척도에 따라 항목별 채점, 개인 간 비교
		• 신뢰성
		  – 면접진행 매뉴얼에 따라 면접위원 교육 및 실습

2. 능력중심 채용의 면접 유형

① 경험 면접
  • 목적 : 선발하고자 하는 직무 능력이 필요한 과거 경험을 질문합니다.
  • 평가요소 : 직업기초능력과 인성 및 태도적 요소를 평가합니다.
② 상황 면접
  • 목적 : 특정 상황을 제시하고 지원자의 행동을 관찰함으로써 실제 상황의 행동을 예상합니다.
  • 평가요소 : 직업기초능력과 인성 및 태도적 요소를 평가합니다.
③ 발표 면접
  • 목적 : 특정 주제와 관련된 지원자의 발표와 질의응답을 통해 지원자 역량을 평가합니다.
  • 평가요소 : 직무수행능력과 인지적 역량(문제해결능력)을 평가합니다.
④ 토론 면접
  • 목적 : 토의과제에 대한 의견수렴 과정에서 지원자의 역량과 상호작용능력을 평가합니다.
  • 평가요소 : 직무수행능력과 팀워크를 평가합니다.

1. 경험 면접

① 경험 면접의 특징

- 주로 직업기초능력에 관련된 지원자의 과거 경험을 심층 질문하여 검증하는 면접입니다.
- 직무능력과 관련된 과거 경험을 평가하기 위해 심층 질문을 하며, 이 질문은 지원자의 답변에 대하여 '꼬리에 꼬리를 무는 형식'으로 진행됩니다.

- 능력요소, 정의, 심사 기준
  - 평가하고자 하는 능력요소, 정의, 심사기준을 확인하여 면접위원이 해당 능력요소 관련 질문을 제시합니다.
- Opening Question
  - 능력요소에 관련된 과거 경험을 유도하기 위한 시작 질문을 합니다.
- Follow-up Question
  - 지원자의 경험 수준을 구체적으로 검증하기 위한 질문입니다.
  - 경험 수준 검증을 위한 상황(Situation), 임무(Task), 역할 및 노력(Action), 결과(Result) 등으로 질문을 구분합니다.

경험 면접의 형태

[면접관 1]　[면접관 2]　[면접관 3]　　　[면접관 1]　[면접관 2]　[면접관 3]

[지원자]　　　　　　　　[지원자 1]　[지원자 2]　[지원자 3]

〈일대다 면접〉　　　　　　　　〈다대다 면접〉

PART 4

② 경험 면접의 구조

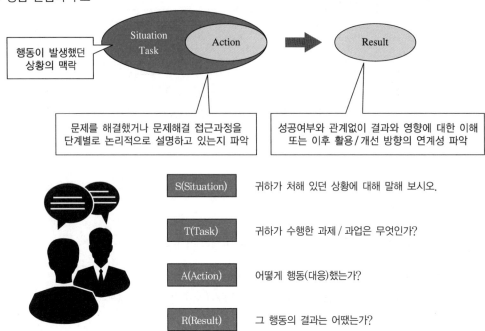

S(Situation)　　귀하가 처해 있던 상황에 대해 말해 보시오.

T(Task)　　귀하가 수행한 과제 / 과업은 무엇인가?

A(Action)　　어떻게 행동(대응)했는가?

R(Result)　　그 행동의 결과는 어땠는가?

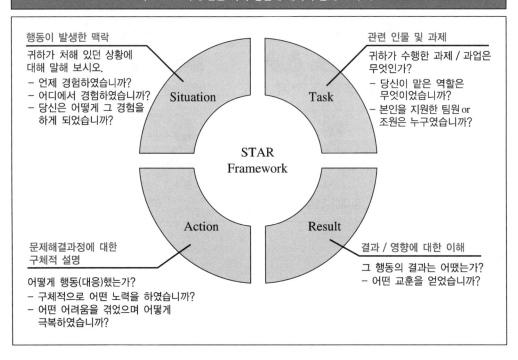

③ 경험 면접 질문 예시(직업윤리)

시작 질문	
1	남들이 신경 쓰지 않는 부분까지 고려하여 절차대로 업무(연구)를 수행하여 성과를 낸 경험을 구체적으로 말해 보시오.
2	조직의 원칙과 절차를 철저히 준수하며 업무(연구)를 수행한 것 중 성과를 향상시킨 경험에 대해 구체적으로 말해 보시오.
3	세부적인 절차와 규칙에 주의를 기울여 실수 없이 업무(연구)를 마무리한 경험을 구체적으로 말해 보시오.
4	조직의 규칙이나 원칙을 고려하여 성실하게 일했던 경험을 구체적으로 말해 보시오.
5	타인의 실수를 바로잡고 원칙과 절차대로 수행하여 성공적으로 업무를 마무리하였던 경험에 대해 말해 보시오.

후속 질문		
상황 (Situation)	상황	구체적으로 언제, 어디에서 경험한 일인가?
		어떤 상황이었는가?
	조직	어떤 조직에 속해 있었는가?
		그 조직의 특성은 무엇이었는가?
		몇 명으로 구성된 조직이었는가?
	기간	해당 조직에서 얼마나 일했는가?
		해당 업무는 몇 개월 동안 지속되었는가?
	조직규칙	조직의 원칙이나 규칙은 무엇이었는가?
임무 (Task)	과제	과제의 목표는 무엇이었는가?
		과제에 적용되는 조직의 원칙은 무엇이었는가?
		그 규칙을 지켜야 하는 이유는 무엇이었는가?
	역할	당신이 조직에서 맡은 역할은 무엇이었는가?
		과제에서 맡은 역할은 무엇이었는가?
	문제의식	규칙을 지키지 않을 경우 생기는 문제점 / 불편함은 무엇인가?
		해당 규칙이 왜 중요하다고 생각하였는가?
역할 및 노력 (Action)	행동	업무 과정의 어떤 장면에서 규칙을 철저히 준수하였는가?
		어떻게 규정을 적용시켜 업무를 수행하였는가?
		규정은 준수하는 데 어려움은 없었는가?
	노력	그 규칙을 지키기 위해 스스로 어떤 노력을 기울였는가?
		본인의 생각이나 태도에 어떤 변화가 있었는가?
		다른 사람들은 어떤 노력을 기울였는가?
	동료관계	동료들은 규칙을 철저히 준수하고 있었는가?
		팀원들은 해당 규칙에 대해 어떻게 반응하였는가?
		규칙에 대한 태도를 개선하기 위해 어떤 노력을 하였는가?
		팀원들의 태도는 당신에게 어떤 자극을 주었는가?
	업무추진	주어진 업무를 추진하는 데 규칙이 방해되진 않았는가?
		업무수행 과정에서 규정을 어떻게 적용하였는가?
		업무 시 규정을 준수해야 한다고 생각한 이유는 무엇인가?

결과 (Result)	평가	규칙을 어느 정도나 준수하였는가?
		그렇게 준수할 수 있었던 이유는 무엇이었는가?
		업무의 성과는 어느 정도였는가?
		성과에 만족하였는가?
		비슷한 상황이 온다면 어떻게 할 것인가?
	피드백	주변 사람들로부터 어떤 평가를 받았는가?
		그러한 평가에 만족하는가?
		다른 사람에게 본인의 행동이 영향을 주었다고 생각하는가?
	교훈	업무수행 과정에서 중요한 점은 무엇이라고 생각하는가?
		이 경험을 통해 느낀 바는 무엇인가?

2. 상황 면접

① 상황 면접의 특징

직무 관련 상황을 가정하여 제시하고 이에 대한 대응능력을 직무관련성 측면에서 평가하는 면접입니다.

- 상황 면접 과제의 구성은 크게 2가지로 구분
  - 상황 제시(Description) / 문제 제시(Question or Problem)
- 현장의 실제 업무 상황을 반영하여 과제를 제시하므로 직무분석이나 직무전문가 워크숍 등을 거쳐 현장성을 높임
- 문제는 상황에 대한 기본적인 이해능력(이론적 지식)과 함께 실질적 대응이나 변수 고려능력(실천적 능력) 등을 고르게 질문해야 함

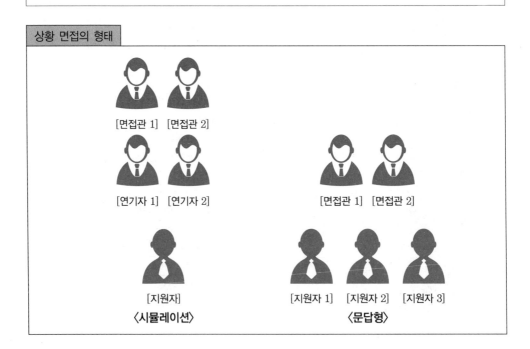

상황 면접의 형태

[면접관 1] [면접관 2]

[연기자 1] [연기자 2]　　　　　　　　[면접관 1] [면접관 2]

[지원자]　　　　　　[지원자 1] [지원자 2] [지원자 3]
〈시뮬레이션〉　　　　　　　　〈문답형〉

② 상황 면접 예시

상황 제시	인천공항 여객터미널 내에는 다양한 용도의 시설(사무실, 통신실, 식당, 전산실, 창고 면세점 등)이 설치되어 있습니다.	실제 업무 상황에 기반함
	금년에 소방배관의 누수가 잦아 메인 배관을 교체하는 공사를 추진하고 있으며, 당신은 이번 공사의 담당자입니다.	배경 정보
	주간에는 공항 운영이 이루어져 주로 야간에만 배관 교체 공사를 수행하던 중, 시공하는 기능공의 실수로 배관 연결 부위를 잘못 건드려 고압배관의 소화수가 누출되는 사고가 발생하였으며, 이로 인해 인근 시설물에 누수에 의한 피해가 발생하였습니다.	구체적인 문제 상황
문제 제시	일반적인 소방배관의 배관연결(이음)방식과 배관의 이탈(누수)이 발생하는 원인에 대해 설명해 보시오.	문제 상황 해결을 위한 기본 지식 문항
	담당자로서 본 사고를 현장에서 긴급히 처리하는 프로세스를 제시하고, 보수완료 후 사후적 조치가 필요한 부분 및 재발방지 방안에 대해 설명해 보시오.	문제 상황 해결을 위한 추가 대응 문항

3. 발표 면접

① 발표 면접의 특징

- 직무관련 주제에 대한 지원자의 생각을 정리하여 의견을 제시하고, 발표 및 질의응답을 통해 지원자의 직무능력을 평가하는 면접입니다.
- 발표 주제는 직무와 관련된 자료로 제공되며, 일정 시간 후 지원자가 보유한 지식 및 방안에 대한 발표 및 후속 질문을 통해 직무적합성을 평가합니다.

> - 주요 평가요소
>   - 설득적 말하기 / 발표능력 / 문제해결능력 / 직무관련 전문성
> - 이미 언론을 통해 공론화된 시사 이슈보다는 해당 직무분야에 관련된 주제가 발표면접의 과제로 선정되는 경우가 최근 들어 늘어나고 있음
> - 짧은 시간 동안 주어진 과제를 빠른 속도로 분석하여 발표문을 작성하고 제한된 시간 안에 면접관에게 효과적인 발표를 진행하는 것이 핵심

발표 면접의 형태

[면접관 1] [면접관 2]

[면접관 1] [면접관 2]

[지원자]

〈개별 과제 발표〉

[지원자 1] [지원자 2] [지원자 3]

〈팀 과제 발표〉

※ 면접관에게 시각적 효과를 사용하여 메시지를 전달하는 쌍방향 커뮤니케이션 방식
※ 심층면접을 보완하기 위한 방안으로 최근 많은 기업에서 적극 도입하는 추세

② 발표 면접 예시

1. 지시문

당신은 현재 A사에서 직원들의 성과평가를 담당하고 있는 팀원이다. 인사팀은 지난주부터 사내 조직문화관련 인터뷰를 하던 도중 성과평가제도에 관련된 개선 니즈가 제일 많다는 것을 알게 되었다. 이에 팀장님은 인터뷰 결과를 종합하려 성과평가제도 개선 아이디어를 A4용지에 정리하여 신속 보고할 것을 지시하셨다. 당신에게 남은 시간은 1시간이다. 자료를 준비하는 대로 당신은 팀원들이 모인 회의실에서 5분 간 발표할 것이며, 이후 질의응답을 진행할 것이다.

2. 배경자료

〈성과평가제도 개선에 대한 인터뷰〉

최근 A사는 회사 사세의 급성장으로 인해 작년보다 매출이 두 배 성장하였고, 직원 수 또한 두 배로 증가하였다. 회사의 성장은 임금, 복지에 대한 상승 등 긍정적인 영향을 주었으나 업무의 불균형 및 성과보상의 불평등 문제가 발생하였다. 또한 수시로 입사하는 신입직원과 경력직원, 퇴사하는 직원들까지 인원들의 잦은 변동으로 인해 평가해야 할 대상이 변경되어 현재의 성과평가제도로는 공정한 평가가 어려운 상황이다.

[생산부서 김상호]
우리 팀은 지난 1년 동안 생산량이 급증했기 때문에 수십 명의 신규인력이 급하게 채용되었습니다. 이 때문에 저희 팀장님은 신규 입사자들의 이름조차 기억 못할 때가 많이 있습니다. 성과평가를 제대로 하고 있는지 의문이 듭니다.

[마케팅 부서 김흥민]
개인의 성과평가의 취지는 충분히 이해합니다. 그러나 현재 평가는 실적기반이나 정성적인 평가가 많이 포함되어 있어 객관성과 공정성에는 의문이 드는 것이 사실입니다. 이러한 상황에서 평가제도를 재수립하지 않고, 인센티브에 계속 반영한다면, 평가제도에 대한 반감이 커질 것이 분명합니다.

[교육부서 홍경민]
현재 교육부서는 인사팀과 밀접하게 일하고 있습니다. 그럼에도 인사팀에서 실시하는 성과평가제도에 대한 이해가 부족한 것 같습니다.

[기획부서 김경호 차장]
저는 저의 평가자 중 하나가 연구부서의 팀장님인데, 일 년에 몇 번 같이 일하지 않는데 어떻게 저를 평가할 수 있을까요? 특히 연구팀은 저희가 예산을 배정하는데, 저에게는 좋지만….

4. 토론 면접

① 토론 면접의 특징
- 다수의 지원자가 조를 편성해 과제에 대한 토론(토의)을 통해 결론을 도출해가는 면접입니다.
- 의사소통능력, 팀워크, 종합인성 등의 평가에 용이합니다.

> - 주요 평가요소
>   - 설득적 말하기, 경청능력, 팀워크, 종합인성
> - 의견 대립이 명확한 주제 또는 채용분야의 직무 관련 주요 현안을 주제로 과제 구성
> - 제한된 시간 내 토론을 진행해야 하므로 적극적으로 자신 있게 토론에 임하고 본인의 의견을 개진할 수 있어야 함

토론 면접의 형태

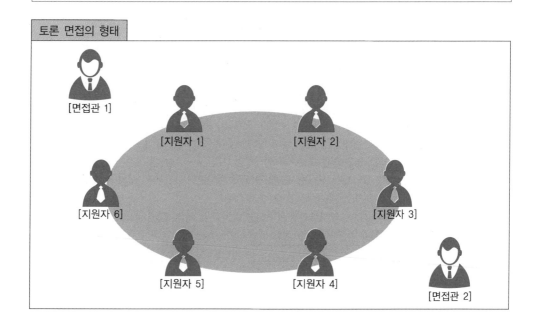

② 토론 면접 예시

고객 불만 고충처리

1. 들어가며

최근 우리 상품에 대한 고객 불만의 증가로 고객고충처리 TF가 만들어졌고 당신은 여기에 지원해 배치받았다. 당신의 업무는 불만을 가진 고객을 만나서 애로사항을 듣고 처리해 주는 일이다. 주된 업무로는 고객의 니즈를 파악해 방향성을 제시해 주고 그 해결책을 마련하는 일이다. 하지만 경우에 따라서 고객의 주관적인 의견으로 인해 제대로 된 방향으로 의사결정을 하지 못할 때가 있다. 이럴 경우 설득이나 논쟁을 해서라도 의견을 관철시키는 것이 좋을지 아니면 고객의 의견대로 진행하는 것이 좋을지 결정해야 할 때가 있다. 만약 당신이라면 이러한 상황에서 어떤 결정을 내릴 것인지 여부를 자유롭게 토론해 보시오.

2. 1분 자유 발언 시 준비사항

- 당신은 의견을 자유롭게 개진할 수 있으며 이에 따른 불이익은 없습니다.
- 토론의 방향성을 이해하고, 내용의 장점과 단점이 무엇인지 문제를 명확히 말해야 합니다.
- 합리적인 근거에 기초하여 개선방안을 명확히 제시해야 합니다.
- 제시한 방안을 실행 시 예상되는 긍정적·부정적 영향요인도 동시에 고려할 필요가 있습니다.

3. 토론 시 유의사항

- 토론 주제문과 제공해드린 메모지, 볼펜만 가지고 토론장에 입장할 수 있습니다.
- 사회자의 지정 또는 발표자가 손을 들어 발언권을 획득할 수 있으며, 사회자의 통제에 따릅니다.
- 토론회가 시작되면, 팀의 의견과 논거를 정리하여 1분간의 자유발언을 할 수 있습니다. 순서는 사회자가 지정합니다. 이후에는 자유롭게 상대방에게 질문하거나 답변을 하실 수 있습니다.
- 핸드폰, 서적 등 외부 매체는 사용하실 수 없습니다.
- 논제에 벗어나는 발언이나 지나치게 공격적인 발언을 할 경우, 위에서 제시한 유의사항을 지키지 않을 경우 불이익을 받을 수 있습니다.

1. 면접 Role Play 편성

- 교육생끼리 조를 편성하여 면접관과 지원자 역할을 교대로 진행합니다.
- 지원자 입장과 면접관 입장을 모두 경험해 보면서 면접에 대한 적응력을 높일 수 있습니다.

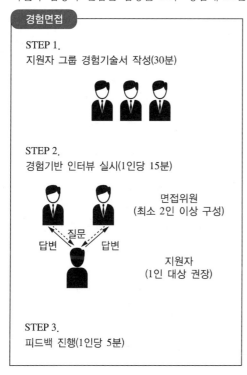

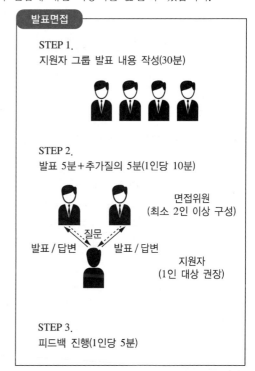

> **Tip**
>
> 면접 준비하기
> 1. 면접 유형 확인 필수
>   - 기업마다 면접 유형이 상이하기 때문에 해당 기업의 면접 유형을 확인하는 것이 좋음
>   - 일반적으로 실무진 면접, 임원면접 2차례에 거쳐 면접을 실시하는 기업이 많고 실무진 면접과 임원 면접에서 평가 요소가 다르기 때문에 유형에 맞는 준비방법이 필요
> 2. 후속 질문에 대한 사전 점검
>   - 블라인드 채용 면접에서는 주요 질문과 함께 후속 질문을 통해 지원자의 직무능력을 판단
>   → STAR 기법을 통한 후속 질문에 미리 대비하는 것이 필요

코레일 한국철도공사의 면접시험은 필기시험 합격자를 대상으로 인성검사를 포함하여 진행된다. 면접시험은 신입사원의 자세, 열정 및 마인드, 직무능력 등을 종합평가한다. 인성검사는 인성, 성격적 특성에 대한 검사로, 적부 판정의 방식으로 진행된다.

01 코레일 기출질문 예시답안

대표질문 ❶

노조에 대한 본인의 의견을 말해 보시오

예시답안　노조와 기업은 악어와 악어새처럼 서로 공생하는 관계라고 생각합니다. 노조는 근로자의 입장을 대변하고 더 나은 근로환경을 제공하게 해 주는 역할을 합니다. 하지만 무리한 요구로 기업의 생산성과 효율성을 저하시킨다면 그 필요성에 대해 다시 한 번 재고해 볼 필요가 있습니다. 각자의 순기능을 잘 이행해 준다면 서로를 보완해 주는 역할을 잘 해낼 것입니다.

✔ **전문가 조언**

노조에 대한 질문은 코레일 면접에서 꼭 나오는 빈출 유형입니다. 평소 코레일과 노조의 관계 흐름을 파악하고 노조의 장·단점을 잘 정리해 두어야 합니다. 면접관이 어느 입장에 서 있는지 파악하기 어려우므로 한쪽 입장에 치우치는 극단적인 의견 피력은 삼가야 합니다.

대표질문 ❷

회사에서 필요한 직무능력이 부족하다면 이를 어떻게 채워 나갈 것인가?

예시답안　개인시간을 이용해 직무능력을 채워 나가도록 하겠습니다. 매일 업무일지를 쓰며 부족한 부분을 파악한 후 업무 외 개인시간을 활용해 직무능력을 쌓도록 하겠습니다.

✔ **전문가 조언**

구체적인 상황을 제시한 게 아니라 포괄적인 직무능력에 대해 묻는 것이므로 공통적인 대답을 해야 합니다. 먼저 자신의 부족한 점을 파악한 후 업무 외 시간을 활용해 그 능력을 키우겠다고 대답해야 합니다. 또한, 주변 선배들에게 조언을 구하고 그 방향을 설정하겠다고 대답해야 합니다.

대표질문 ❸

업무 배치 시 원하지 않는 지역으로 배정받게 된다면 어떻게 하겠는가?

예시답안 다른 곳에 배정받게 되더라도 그 지역 사업 본부의 특색을 알 수 있는 좋은 기회라고 생각하고 가도록 하겠습니다.

✔ 전문가 조언

코레일에는 다양한 지역 본부가 있습니다. 각 본부에 대한 특징을 파악하고 다른 지역에 배정이 될 경우 그 경험이 본인의 성장에 어떤 도움이 될 것인지 언급해 주면 좋을 것입니다. 그 성장으로 코레일에 어떻게 기여할 수 있는지 마지막에 한 문장으로 정리해서 말한다면 금상첨화!

대표질문 ❹

코레일을 홍보해 보시오.

예시답안 사람·세상·미래를 잇는 대한민국 철도, '내일로, 미래로 대한민국 철도'. 앞으로 계속 기차를 이용할 젊은 친구들을 공략할 슬로건을 생각해 보았습니다. 가장 대중적으로 잘 알려진 내일로를 슬로건에 넣어 젊은 층에게 친근함으로 다가설 수 있을 것이라고 생각합니다.

✔ 전문가 조언

코레일의 현재 미션을 숙지하고 자신이 생각하는 코레일의 슬로건을 만들어 놓습니다. 이를 토대로 홍보방법을 생각해 볼 수 있고, 기존에 이뤄지고 있는 매체 홍보방법에서 보완점을 제안하거나 새로운 매체를 활용하는 대답도 신선한 아이디어로 느껴질 수 있습니다.

대표질문 ❺

개인역량이 중요한가, 팀워크가 중요한가?

예시답안 팀워크가 중요하다고 생각합니다. 한 개인이 모든 면에서 완벽할 순 없다고 생각합니다. 각자가 강점·약점을 가지고 있으므로 여러 사람이 모였을 때 서로의 부족한 점을 보완해 주며 시너지 효과를 낼 수 있을 것입니다. 한 사람이 뛰어난 것보다 여러 사람이 함께 머리를 맞댔을 때 나오는 협동력이 업무에 효율성을 높일 수 있다고 생각합니다.

✔ 전문가 조언

회사라는 조직은 한 사람의 힘으로 돌아갈 수 없는 곳입니다. 그러므로 기업 인사 담당자는 이 질문을 통해 얼마나 조직에 잘 융화될 수 있는지 판단할 것입니다. 논리정연하게 개인역량에 대한 질문의 답을 정리해 놓는다면 어느 방향으로 대답해도 무방합니다.

1. 2023년 기출질문

[경험면접]
- 추가로 어필하고 싶은 본인의 역량에 대해 말해 보시오.
- 자기개발을 어떻게 하는지 말해 보시오.
- 인생을 살면서 실패해 본 경험이 있다면 말해 보시오.
- 팀워크를 발휘한 경험이 있다면 본인의 역할과 성과에 대해 말해 보시오.
- 본인의 장점과 단점은 무엇인지 말해 보시오.
- 본인의 장단점을 업무와 연관지어 말해 보시오.
- 성공이나 실패의 경험으로 얻은 교훈이 있다면 이를 직무에 어떻게 적용할 것인지 말해 보시오.
- 본인이 중요하게 생각하는 가치관에 대해 말해 보시오.
- 공공기관의 직원으로서 중요시해야 하는 덕목이나 역량에 대해 말해 보시오.
- 인간관계에서 스트레스를 받은 경험이 있다면 말해 보시오.
- 코레일의 직무를 수행하기 위해 특별히 더 노력한 부분이 있다면 말해 보시오.
- 주변 사람이 부적절한 일을 했을 때 어떻게 해결했는지 말해 보시오.

[직무상황면접]
- 상사와 가치관이 대립한다면 어떻게 해결할 것인지 말해 보시오.
- 상사가 불법적인 일을 시킨다면 어떻게 행동할 것인지 말해 보시오.

2. 2022년 기출질문

[경험면접]
- 조직에 잘 융화되었던 경험이 있다면 말해 보시오.
- 상사와 잘 맞지 않았던 경험이 있다면 말해 보시오.
- 무언가에 열정을 갖고 도전한 경험이 있다면 말해 보시오.
- 동료와의 갈등을 해결한 경험이 있다면 말해 보시오.
- 원칙을 지켰던 경험이 있다면 말해 보시오.
- UPS와 같은 장치 내 반도체소자가 파괴되었다. 그 원인을 설명해 보시오.
- 전계와 자계의 차이점을 아는 대로 설명해 보시오.
- 페란티 현상이 무엇인지 아는 대로 설명해 보시오.
- 누군가와 협력해서 일해 본 경험이 있다면 말해 보시오.
- 본인만의 장점이 무엇인지 말해 보시오.
- 원칙을 지켜 목표를 달성한 경험이 있다면 말해 보시오.
- 직무를 수행하는 데 가장 중요한 것이 무엇이라고 생각하는지 말해 보시오.
- 낯선 환경에서 본인만의 대처법을 말해 보시오.
- 코레일에 입사하기 위해 준비한 것을 말해 보시오.
- 이미 형성된 조직에 나중에 합류하여 적응한 경험이 있다면 말해 보시오.
- 자기계발을 통해 얻은 성과가 무엇인지 말해 보시오.
- 물류 활성화 방안에 대한 본인의 생각을 말해 보시오.
- 규칙이나 원칙을 지키지 않은 경험이 있다면 말해 보시오.
- 평소 여가 시간에는 어떤 활동을 하는지 말해 보시오.
- 코레일에서 가장 중요하다고 생각하는 것이 무엇인지 말해 보시오.
- 의사소통에서 가장 중요하다고 생각하는 것이 무엇인지 말해 보시오.
- 까다로운 고객을 응대했던 경험이 있다면 말해 보시오.

[직무상황면접]
- 상사가 지적환인 환호응답을 하지 않을 경우 어떻게 할 것인지 말해 보시오.
- 현장 근무를 하면서 안전에 유의한 본인의 근무 방식과 상사가 지시하는 근무 방식이 다를 경우 어떻게 할 것인지 말해 보시오.

3. 2021년 기출질문

[경험면접]
- 소통을 통해 문제를 해결한 경험이 있다면 말해 보시오.
- 공공기관에서 가장 중요하다고 생각하는 윤리가 무엇인지 말해 보시오.
- IoT가 무엇인지 아는 대로 설명해 보시오.
- 코딩이 무엇인지 아는 대로 설명해 보시오.

[직무상황면접]
- 상사가 부당한 지시를 할 경우 어떻게 대처할 것인지 말해 보시오.
- 원하지 않는 업무를 맡게 될 경우 어떻게 할 것인지 말해 보시오.
- 상사가 다른 상사가 아닌 본인에게 일을 줄 경우 어떻게 대처할 것인지 말해 보시오.
- 동료가 업무 시 부당한 방법을 사용할 경우 어떻게 할 것인지 말해 보시오.

4. 2020년 기출질문

[경험면접]
- 코레일에 대해 아는 대로 설명해 보시오.
- 최근 관심 있게 본 사회 이슈를 말해 보시오.
- 철도 부품 장비에 대해 아는 대로 설명해 보시오.
- 철도 정비 경험이 있다면 말해 보시오.
- 창의성을 발휘해 본 경험이 있다면 말해 보시오.
- 본인의 안전 의식에 대해 말해 보시오.
- 본인의 단점은 무엇이라고 생각하며, 이를 해결하기 위해 어떠한 노력을 했는지 말해 보시오.
- 남들이 꺼려하는 일을 해 본 경험이 있다면 말해 보시오.

[직무상황면접]
- 직장생활을 하다 보면 세대 차이가 발생하게 된다. 이 경우 어떻게 극복할 것인지 말해 보시오.
- 업무를 진행하면서 타 회사와 거래를 하게 되었는데, 거래하러 온 사람이 지인이었다면 어떻게 할 것인지 말해 보시오.

5. 과년도 기출질문

[경험면접]

- 1분 동안 자신을 소개해 보시오.
- 코레일에 지원하게 된 동기를 말해 보시오.
- 교대근무에 대해서 어떻게 생각하는지 말해 보시오.
- 직접 나서서 팀을 이끌기 위해 노력한 경험이 있다면 말해 보시오.
- 코레일의 문제점 및 개선방안에 대해 말해 보시오.
- 인간관계에 있어서 무엇을 중요하게 생각하는지 말해 보시오.
- 살면서 끈기를 가지고 무엇을 했던 경험이 있다면 말해 보시오.
- 살면서 가장 후회되는 일은 무엇인지 말해 보시오.
- 본인의 장점을 말해 보시오.
- 주변의 어려운 상황의 친구를 미리 파악해 도와준 경험이 있다면 말해 보시오.
- 취업을 준비하면서 힘들 때마다 스스로 노력한 부분을 말해 보시오.
- 규율을 지켰던 경험이 있다면 말해 보시오.
- 같이 지내기 가장 힘든 사람은 어떤 사람인지 말해 보시오.
- 정보를 수집할 때 어떤 방법으로 수집하는지 말해 보시오.
- 협동한 경험이 있다면 말해 보시오.
- 가장 자부심을 가지고 했던 일은 무엇인지 말해 보시오.
- 본인만의 스트레스 해소법은 무엇인지 말해 보시오.
- 진입장벽이 높았던 집단이나 단체에 들어가 본 경험이 있다면 말해 보시오.
- 좋아하는 운동이 무엇인지 말해 보시오.
- 가치관이 다른 사람과 일해 본 경험이 있다면 말해 보시오.
- 본인이 취득한 자격증을 어디에 활용할 수 있을지 말해 보시오.
- 조직에 적응하기 위해 행동한 경험이 있다면 말해 보시오.
- 프로젝트를 하면서 문제를 해결했던 경험이 있다면 말해 보시오.
- 잘 모르는 사람과 단기간으로 일할 때 어떻게 성과를 이뤄낼 것인지 말해 보시오.
- 성과는 없지만 일을 잘 마무리한 경험이 있다면 말해 보시오.
- 코레일에 입사하여 본인이 기여할 수 있는 것에는 무엇이 있을지 말해 보시오.
- 최근에 좌절한 경험이 있다면 말해 보시오.
- 팀 과제나 프로젝트를 하면서 어려움이 있었던 경험이 있다면 말해 보시오.
- 학창시절 어떤 프로젝트를 수행했는지 말해 보시오.
- 본인의 직무 경험이 무엇이며, 그 경험이 가지는 강점에 대해 말해 보시오.
- 공모전에 참가한 경험이 있다면 말해 보시오.
- 코레일 사이트는 2가지가 있다. 그중 예매와 관련 있는 사이트는 무엇인가?
- 본인 전공과 철도와의 연관성에 대해 말해 보시오.
- 나이 차이가 나는 상사와의 근무환경을 어떻게 생각하는지 말해 보시오.
- 변압기가 무엇인지 아는 대로 설명해 보시오.
- 전동기 제동방법에 대해 아는 대로 설명해 보시오.
- 가치관이 다른 사람과의 대화를 해 본 경험이 있다면 말해 보시오.
- 철도 민영화에 대한 본인의 생각을 말해 보시오.

- 보안사고 발생 시 대처법에 대해 말해 보시오.
- 살면서 가장 기뻤던 일과 슬펐던 일에 대해 말해 보시오.
- 아르바이트나 동아리를 해 본 경험과 그 경험을 통해 팀워크를 증가시키기 위해 했던 노력을 말해 보시오.
- 최근 코레일에 대해 접한 뉴스를 말해 보시오.
- 카페열차의 이용 활성화 방안에 대해 말해 보시오.
- 명절에 갑자기 취소하는 표에 대한 손해액 대책 마련 방안을 말해 보시오.

[직무상황면접]
- 입사한다면 상사의 지시에 따를 것인지 본인의 방법대로 진행할 것인지 말해 보시오.
- 의견을 고집하는 사람이 조직 내에 있으면 어떻게 할 것인지 말해 보시오.
- 신입직원으로서 업무가 익숙하지 않은데 위험한 상황에 처한다면 어떻게 해결할 것인지 말해 보시오.
- 차량을 정비할 때 동료들끼리 혼선되지 않고 일하려면 어떻게 할 것인지 말해 보시오.
- 민원이 들어오거나 차량안전에 문제가 있을 시 어떻게 할 것인지 말해 보시오.
- 공익요원이 자꾸 스마트폰을 한다. 지나가는 고객이 조언을 해도 무시하는 상황이라면 어떻게 해결할 것인지 말해 보시오.
- 교육사항과 현장의 작업방식 간 차이가 발생했을 경우 어떻게 대처할 것인지 말해 보시오.
- 코레일 환경상 하청 없이 전기직 직원이 직접 유지보수를 해야 하는 상황에서 많은 사고가 발생한다. 사고를 줄일 수 있는 획기적인 방법을 말해 보시오.
- 무임승차를 한 고객을 발견했을 경우 어떻게 대응할 것인지 말해 보시오.

지식에 대한 투자가 가장 이윤이 많이 남는 법이다.

– 벤자민 프랭클린 –

작은 기회로부터 종종 위대한 업적이 시작된다.

– 데모스테네스 –

현재 나의 실력을 객관적으로 파악해 보자!

모바일 OMR
답안채점 / 성적분석 서비스

도서에 수록된 모의고사에 대한 객관적인 결과(정답률, 순위)를 종합적으로 분석하여 제공합니다.

OMR 입력

성적분석

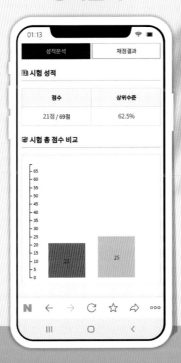

채점결과

※OMR 답안채점 / 성적분석 서비스는 등록 후 30일간 사용 가능합니다.

도서 내 모의고사 우측 상단에 위치한 QR코드 찍기 → 로그인 하기 → '시작하기' 클릭 → '응시하기' 클릭 → 나의 답안을 모바일 OMR 카드에 입력 → '성적분석 & 채점결과' 클릭 → 현재 내 실력 확인하기

SD에듀

공기업 취업을 위한 NCS 직업기초능력평가 시리즈

NCS부터 전공까지 완벽 학습 "통합서" 시리즈

공기업 취업의 기초부터 차근차근! 취업의 문을 여는 **Master Key!**

NCS 영역 및 유형별 체계적 학습 "집중학습" 시리즈

영역별 이론부터 유형별 모의고사까지! 단계별 학습을 통한 **Only Way!**

2024
전면개정판

누적 판매량
1위
기업별 NCS
시리즈

코레일
한국철도공사
고졸채용

정답 및 해설

코레일 3개년 기출＋NCS
＋최종점검 모의고사 5회

편저 | SDC(Sidae Data Center)

유형분석 및 모의고사로
최종합격까지

한 권으로
마무리!

SDC
SDC는 SD에듀 데이터 센터의 약자로
약 30만 개의 NCS·적성 문제 데이터를
바탕으로 최신 출제경향을 반영하여
문제를 출제합니다.

SD에듀
(주)시대고시기획

Add+

특별부록

끝까지 책임진다! SD에듀!

QR코드를 통해 도서 출간 이후 발견된 오류나 개정법령, 변경된 시험 정보, 최신기출문제, 도서 업데이트 자료 등이 있는지 확인해 보세요! **시대에듀 합격 스마트 앱**을 통해서도 알려 드리고 있으니 구글 플레이나 앱 스토어에서 다운받아 사용하세요. 또한, 파본 도서인 경우에는 구입하신 곳에서 교환해 드립니다.

01	02	03	04	05	06	07	08	09	10	11	12	13	14	15	16	17	18	19	20
②	④	④	①	④	③	③	③	②	②	①	④	①	③	②	③	④	①	④	④
21	22	23	24	25	26	27	28	29	30	31	32	33	34	35	36	37	38	39	40
⑤	②	④	①	①	④	②	④	④	②	②	④	⑤	④	④	②	⑤	③	①	③
41	42	43	44	45	46	47	48	49	50										
③	③	②	③	④	②	②	⑤	④	④										

01

정답 ②

허리디스크는 디스크의 수핵이 탈출하여 생긴 질환이므로 허리를 굽히거나 앉아 있을 때 디스크에 가해지는 압력이 높아져 통증이 더 심해진다. 반면 척추관협착증의 경우 서 있을 때 척추관이 더욱 좁아지게 되어 통증이 더욱 심해진다.

오답분석

① 허리디스크는 디스크의 탄력 손실이나 갑작스런 충격으로 인해 균열이 생겨 발생하고, 척추관협착증은 오랜 기간 동안 황색 인대가 두꺼워져 척추관에 변형이 일어나 발생하므로 허리디스크가 더 급작스럽게 증상이 나타난다.
③ 허리디스크는 자연치유가 가능하지만, 척추관협착증은 불가능하다. 따라서 허리디스크는 주로 통증을 줄이고 안정을 취하는 보존치료를 하지만, 척추관협착증은 변형된 부분을 제거하는 외과적 수술을 한다.
④ 허리디스크와 척추관협착증 모두 척추 중앙의 신경 다발(척수)이 압박받을 수 있으며, 심할 경우 하반신 마비 증세를 보일 수 있으므로 빠른 치료를 받는 것이 중요하다.

02

정답 ④

고령인 사람이 서 있을 때 통증이 나타난다면 퇴행성 척추질환인 척추관협착증(요추관협착증)일 가능성이 높다. 반면 허리디스크(추간판탈출증)는 젊은 나이에도 디스크에 급격한 충격이 가해지면 발생할 수 있고, 앉아 있을 때 통증이 심해진다. 따라서 ㉠에는 척추관협착증, ㉡에는 허리디스크가 들어가야 한다.

03

정답 ④

제시문은 장애인 건강주치의 시범사업을 소개하며 3단계 시범사업에서 기존과 달라지는 내용을 위주로 설명하고 있다. 따라서 가장 처음에 와야 할 문단은 3단계 장애인 건강주치의 시범사업을 소개하는 (마) 문단이다. 이어서 장애인 건강주치의 시범사업 세부 서비스를 소개하는 문단이 와야 하는데, 서비스 종류를 소개하는 문장이 있는 (다) 문단이 이어지는 것이 가장 적절하다. 그리고 2번째 서비스인 주장애관리를 소개하는 (가) 문단이 와야 하며, 그 다음으로 3번째 서비스인 통합관리 서비스와 추가적으로 방문 서비스를 소개하는 (라) 문단이 오는 것이 적절하다. 마지막으로 장애인 건강주치의 시범사업에 신청하는 방법을 소개하며 글을 끝내는 것이 적절하므로 (나) 문단이 이어져야 한다. 따라서 글의 순서를 바르게 나열하면 (마) - (다) - (가) - (라) - (나)이다.

04

정답 ①

- 2019년 직장가입자 및 지역가입자 건강보험금 징수율
  - 직장가입자 : $\frac{6,698,187}{6,706,712} \times 100 ≒ 99.87\%$
  - 지역가입자 : $\frac{886,396}{923,663} \times 100 ≒ 95.97\%$
- 2020년 직장가입자 및 지역가입자 건강보험금 징수율
  - 직장가입자 : $\frac{4,898,775}{5,087,163} \times 100 ≒ 96.3\%$
  - 지역가입자 : $\frac{973,681}{1,003,637} \times 100 ≒ 97.02\%$
- 2021년 직장가입자 및 지역가입자 건강보험금 징수율
  - 직장가입자 : $\frac{7,536,187}{7,763,135} \times 100 ≒ 97.08\%$
  - 지역가입자 : $\frac{1,138,763}{1,256,137} \times 100 ≒ 90.66\%$
- 2022년 직장가입자 및 지역가입자 건강보험금 징수율
  - 직장가입자 : $\frac{8,368,972}{8,376,138} \times 100 ≒ 99.91\%$
  - 지역가입자 : $\frac{1,058,943}{1,178,572} \times 100 ≒ 89.85\%$

따라서 직장가입자 건강보험금 징수율이 가장 높은 해는 2022년이고, 지역가입자 건강보험금 징수율이 가장 높은 해는 2020년이다.

05

정답 ④

이뇨제의 1인 투여량은 60mL/일이고 진통제의 1인 투여량은 60mg/일이므로 이뇨제를 투여한 환자 수와 진통제를 투여한 환자 수의 비는 이뇨제 사용량과 진통제 사용량의 비와 같다.
- 2018년 : 3,000×2 < 6,720
- 2019년 : 3,480×2＝6,960
- 2020년 : 3,360×2 < 6,840
- 2021년 : 4,200×2 > 7,200
- 2022년 : 3,720×2 > 7,080

따라서 2018년과 2020년에 진통제를 투여한 환자 수는 이뇨제를 투여한 환자 수의 2배보다 많다.

[오답분석]

① 2022년에 전년 대비 사용량이 감소한 의약품은 이뇨제와 진통제로, 이뇨제의 사용량 감소율은 $\frac{3,720-4,200}{4,200} \times 100 ≒ -11.43\%$이고, 진통제의 사용량 감소율은 $\frac{7,080-7,200}{7,200} \times 100 ≒ -1.67\%$이다. 따라서 전년 대비 2022년 사용량 감소율이 가장 큰 의약품은 이뇨제이다.

② 5년 동안 지사제 사용량의 평균은 $\frac{30+42+48+40+44}{5}＝40.8$정이고, 지사제의 1인 1일 투여량은 2정이다. 따라서 지사제를 투여한 환자 수의 평균은 $\frac{40.8}{2}＝20.4$이므로 18명이다.

③ 이뇨제 사용량은 매년 '증가 – 감소 – 증가 – 감소' 추세이다.

06

분기별 사회복지사 인력의 합은 다음과 같다.
• 2022년 3분기 : 391+670+1,887=2,948명
• 2022년 4분기 : 385+695+1,902=2,982명
• 2023년 1분기 : 370+700+1,864=2,934명
• 2023년 2분기 : 375+720+1,862=2,957명

분기별 전체 보건인력 중 사회복지사 인력의 비율은 다음과 같다.

• 2022년 3분기 : $\frac{2,948}{80,828} \times 100 ≒ 3.65\%$
• 2022년 4분기 : $\frac{2,982}{82,582} \times 100 ≒ 3.61\%$

• 2023년 1분기 : $\frac{2,934}{86,236} \times 100 ≒ 3.40\%$
• 2023년 2분기 : $\frac{2,957}{86,707} \times 100 ≒ 3.41\%$

따라서 옳지 않은 것은 ③이다.

07

건강생활실천지원금제 신청자 목록에 따라 신청자별로 확인하면 다음과 같다.
• A : 주민등록상 주소지가 시범지역에 속하지 않는다.
• B : 주민등록상 주소지는 관리형에 속하지만, 고혈압 또는 당뇨병 진단을 받지 않았다.
• C : 주민등록상 주소지는 예방형에 속하고, 체질량지수와 혈압이 건강관리가 필요한 사람이므로 예방형이다.
• D : 주민등록상 주소지는 관리형에 속하고, 고혈압 진단을 받았으므로 관리형이다.
• E : 주민등록상 주소지는 예방형에 속하고, 체질량지수와 공복혈당 건강관리가 필요한 사람이므로 예방형이다.
• F : 주민등록상 주소지가 시범지역에 속하지 않는다.
• G : 주민등록상 주소지는 관리형에 속하고, 당뇨병 진단을 받았으므로 관리형이다.
• H : 주민등록상 주소지가 시범지역에 속하지 않는다.
• I : 주민등록상 주소지는 예방형에 속하지만, 필수조건인 체질량지수가 정상이므로 건강관리가 필요한 사람에 해당하지 않는다.
따라서 예방형 신청이 가능한 사람은 C, E이고, 관리형 신청이 가능한 사람은 D, G이다.

08

출산장려금 지급 시기의 가장 우선순위인 임신일이 가장 긴 임산부는 B, D, E임산부이다. 이 중에서 만 19세 미만인 자녀 수가 많은 임산부는 D, E임산부이고, 소득 수준이 더 낮은 임산부는 D임산부이다. 따라서 D임산부가 가장 먼저 출산장려금을 받을 수 있다.

09

제시문은 행위별수가제에 대한 것으로 환자, 의사, 건강보험 재정 등 많은 곳에서 한계점이 있다고 설명하면서 건강보험 고갈을 막기 위해 다양한 지불방식을 도입하는 등 구조적인 개편이 필요함을 설명하고 있다. 따라서 글의 주제로 '행위별수가제의 한계점'이 가장 적절하다.

10

• 구상(求償) : 무역 거래에서 수량·품질·포장 따위에 계약 위반 사항이 있는 경우, 매주(賣主)에게 손해 배상을 청구하거나 이의를 제기하는 일
• 구제(救濟) : 자연적인 재해나 사회적인 피해를 당하여 어려운 처지에 있는 사람을 도와줌

11

정답 ①

- (운동에너지)$=\dfrac{1}{2}\times$(질량)$\times$(속력)$^2=\dfrac{1}{2}\times2\times4^2=16\text{J}$

- (위치에너지)$=$(질량)$\times$(중력가속도)$\times$(높이)$=2\times10\times0.5=10\text{J}$

- (역학적 에너지)$=$(운동에너지)$+$(위치에너지)$=16+10=26\text{J}$

공의 역학적 에너지는 26J이고, 튀어 오를 때 가장 높은 지점에서 운동에너지가 0이므로 역학적 에너지는 위치에너지와 같다.
따라서 공이 튀어 오를 때 가장 높은 지점에서의 위치에너지는 26J이다.

12

정답 ④

출장지까지 거리는 $200\times1.5=300\text{km}$이므로 시속 60km의 속력으로 달릴 때 걸리는 시간은 5시간이고, 약속시간보다 1시간 늦게 도착하므로 약속시간은 4시간 남았다. 300km를 시속 60km의 속력으로 달리다 도중에 시속 90km의 속력으로 달릴 때 약속시간보다 30분 일찍 도착했으므로, 이때 걸린 시간은 $4-\dfrac{1}{2}=\dfrac{7}{2}$시간이다.

시속 90km의 속력으로 달린 거리를 $x\text{km}$라 하면 다음 식이 성립한다.

$$\frac{300-x}{60}+\frac{x}{90}=\frac{7}{2}$$

$\rightarrow 900-3x+2x=630$

$\therefore x=270$

따라서 A부장이 시속 90km의 속력으로 달린 거리는 270km이다.

13

정답 ①

상품의 원가를 x원이라 하면 처음 판매가격은 $1.23x$원이다.
여기서 1,300원을 할인하여 판매했을 때 얻은 이익은 원가의 10%이므로 다음 식이 성립한다.

$(1.23x-1,300)-x=0.1x$

$\rightarrow 0.13x=1,300$

$\therefore x=10,000$

따라서 상품의 원가는 10,000원이다.

14

정답 ③

G와 B의 자리를 먼저 고정하고, 양 끝에 앉을 수 없는 A의 위치를 토대로 경우의 수를 계산하면 다음과 같다.

- G가 가운데에 앉고, B가 G의 바로 왼쪽에 앉는 경우의 수

	A	B	G		
		B	G	A	
		B	G		A

$3\times4!=72$가지

- G가 가운데에 앉고, B가 G의 바로 오른쪽에 앉는 경우의 수

	A		G	B	
		A	G	B	
			G	B	A

$3\times4!=72$가지

따라서 조건과 같이 앉을 때 가능한 경우의 수는 $72+72=144$가지이다.

15

유치원생이 11명일 때 평균 키는 113cm이므로 유치원생 11명의 키의 합은 113×11=1,243cm이다. 키가 107cm인 유치원생이 나갔으므로 남은 유치원생 10명의 키의 합은 1,243-107=1,136cm이다. 따라서 남은 유치원생 10명의 평균 키는 $\frac{1,136}{10}$= 113.6cm이다.

16

'우회수송'은 사고 등의 이유로 직통이 아닌 다른 경로로 우회하여 수송한다는 뜻이기 때문에 '우측 선로로 변경'은 순화로 적절하지 않다.

[오답분석]
① '열차시격'에서 '시격'이란 '사이에 뜬 시간'이라는 뜻의 한자어로, 열차와 열차 사이의 간격, 즉 '배차간격'으로 순화할 수 있다.
② '전차선'이란 선로를 의미하고, '단전'은 전기의 공급이 중단됨을 말한다. 따라서 바르게 순화되었다.
④ '핸드레일(Handrail)'은 난간을 뜻하는 영어 단어로, 우리말로는 '안전손잡이'로 순화할 수 있다.
⑤ '키스 앤 라이드(Kiss and Ride)'는 헤어질 때 키스를 하는 영미권 문화에서 비롯된 용어로, '환승정차구역'을 지칭한다.

17

세 번째 문단을 통해 정부가 철도 중심 교통체계 구축을 위해 노력하고 있음을 알 수는 있으나, 구체적으로 시행된 조치는 언급되지 않았다.

[오답분석]
① 첫 번째 문단을 통해 전 세계적으로 탄소중립이 주목받자 이에 대한 방안으로 등장한 것이 철도 수송임을 알 수 있다.
② 첫 번째 문단과 두 번째 문단을 통해 철도 수송의 확대가 온실가스 배출량의 획기적인 감축을 가져올 것임을 알 수 있다.
③ 네 번째 문단을 통해 '중앙선 안동 ~ 영천 간 궤도' 설계 시 탄소 감축 방안으로 저탄소 자재인 유리섬유 보강근이 철근 대신 사용되었음을 알 수 있다.
⑤ 네 번째 문단을 통해 S철도공단은 철도 중심 교통체계 구축을 위해 건설 단계에서부터 친환경·저탄소 자재를 적용하였고, 탄소 감축을 위해 2025년부터는 모든 철도건축물을 일정한 등급 이상으로 설계하기로 결정하였음을 알 수 있다.

18

제시문을 살펴보면 먼저 첫 번째 문단에서는 이산화탄소로 메탄올을 만드는 곳이 있다며 관심을 유도하고, 두 번째 문단에서 메탄올을 어떻게 만들고 어디에서 사용하는지 구체적으로 설명함으로써 탄소 재활용의 긍정적인 측면을 부각하고 있다. 하지만 세 번째 문단에서는 앞선 내용과 달리 이렇게 만들어진 메탄올의 부정적인 측면을 설명하고, 네 번째 문단에서는 이와 같은 이유로 탄소 재활용에 대한 결론이 나지 않았다며 글을 마무리하고 있다. 따라서 글의 주제로 적절한 것은 탄소 재활용의 이면을 모두 포함하는 내용인 ①이다.

[오답분석]
② 두 번째 문단에 한정된 내용이므로 제시문 전체를 다루는 주제로 보기에는 적절하지 않다.
③ 지열발전소의 부산물을 통해 메탄올이 만들어진 것은 맞지만, 새롭게 탄생된 연료로 보기는 어려우며, 글의 전체를 다루는 주제로 보기에도 적절하지 않다.
④·⑤ 제시문의 첫 번째 문단과 두 번째 문단에서는 버려진 이산화탄소 및 부산물의 재활용을 통해 '메탄올'을 제조함으로써 미래 원료를 해결할 수 있을 것처럼 보이지만, 이어지는 세 번째 문단과 네 번째 문단에서는 이렇게 만들어진 '메탄올'이 과연 미래 원료로 적합한지 의문점이 제시되고 있다. 따라서 글의 주제로 보기에는 적절하지 않다.

19

A ~ C철도사의 차량 1량당 연간 승차인원 수는 다음과 같다.

• 2020년

- A철도사 : $\frac{775,386}{2,751} ≒ 281.86$천 명/년/1량

- B철도사 : $\frac{26,350}{103} ≒ 255.83$천 명/년/1량

- C철도사 : $\frac{35,650}{185} ≒ 192.7$천 명/년/1량

• 2021년

- A철도사 : $\frac{768,776}{2,731} ≒ 281.5$천 명/년/1량

- B철도사 : $\frac{24,746}{111} ≒ 222.94$천 명/년/1량

- C철도사 : $\frac{33,130}{185} ≒ 179.08$천 명/년/1량

• 2022년

- A철도사 : $\frac{755,376}{2,710} ≒ 278.74$천 명/년/1량

- B철도사 : $\frac{23,686}{113} ≒ 209.61$천 명/년/1량

- C철도사 : $\frac{34,179}{185} ≒ 184.75$천 명/년/1량

따라서 3년간 차량 1량당 연간 평균 승차인원 수는 C철도사가 가장 적다.

오답분석

① 2020 ~ 2022년의 C철도사 차량 수는 185량으로 변동이 없다.

② 2020 ~ 2022년의 연간 승차인원 비율은 모두 A철도사가 가장 높다.

③ A ~ C철도사의 2020년의 전체 연간 승차인원 수는 775,386+26,350+35,650=837,386천 명, 2021년의 전체 연간 승차인원 수는 768,776+24,746+33,130=826,652천 명, 2022년의 전체 연간 승차인원 수는 755,376+23,686+34,179=813,241천 명으로 매년 감소하였다.

⑤ 2020 ~ 2022년의 C철도사 차량 1량당 연간 승차인원 수는 각각 192.7천 명, 179.08천 명, 184.75천 명이므로 모두 200천 명 미만이다.

20

• 볼펜을 30자루 구매하면 개당 200원씩 할인되므로 800×30=24,000원이다.

• 수정테이프를 8개 구매하면 2,500×8=20,000원이지만, 10개를 구매하면 개당 1,000원이 할인되어 1,500×10=15,000원이므로 10개를 구매하는 것이 더 저렴하다.

• 연필을 20자루 구매하면 연필 가격의 25%가 할인되므로 400×20×0.75=6,000원이다.

• 지우개를 5개 구매하면 300×5=1,500원이며 지우개에 대한 할인은 적용되지 않는다.

따라서 총금액은 24,000+15,000+6,000+1,500=46,500원이고 3만 원을 초과했으므로 10% 할인이 적용되어 46,500×0.9=41,850원이다. 또한 할인 적용 전 금액이 5만 원 이하이므로 배송료 5,000원이 추가로 부과되어 41,850+5,000=46,850원이 된다. 그런데 만약 비품을 3,600원어치 추가로 주문하면 46,500+3,600=50,100원이므로 할인 적용 전 금액이 5만 원을 초과하여 배송료가 무료가 되고, 총금액이 3만 원을 초과했으므로 지불할 금액은 10% 할인이 적용된 50,100×0.9=45,090원이 된다. 그러므로 지불 가능한 가장 저렴한 금액은 45,090원이다.

21

2018년 대비 2022년에 석유 생산량이 감소한 국가는 C, F이며, 석유 생산량 감소율은 다음과 같다.

- C : $\dfrac{4,025,936-4,102,396}{4,102,396} \times 100 ≒ -1.9\%$

- F : $\dfrac{2,480,221-2,874,632}{2,874,632} \times 100 ≒ -13.7\%$

따라서 석유 생산량 감소율이 가장 큰 국가는 F이다.

오답분석

① 석유 생산량이 매년 증가한 국가는 A, B, E, H로 총 4개이다.

② 2018년 대비 2022년에 석유 생산량이 증가한 국가의 석유 생산량 증가량은 다음과 같다.

- A : $10,556,259-10,356,185=200,074$bbl/day
- B : $8,567,173-8,251,052=316,121$bbl/day
- D : $5,422,103-5,321,753=100,350$bbl/day
- E : $335,371-258,963=76,408$bbl/day
- G : $1,336,597-1,312,561=24,036$bbl/day
- H : $104,902-100,731=4,171$bbl/day

따라서 석유 생산량 증가량이 가장 많은 국가는 B이다.

③ E국가의 연도별 석유 생산량을 H국가의 연도별 석유 생산량과 비교하면 다음과 같다.

- 2018년 : $\dfrac{258,963}{100,731} ≒ 2.6$
- 2019년 : $\dfrac{273,819}{101,586} ≒ 2.7$
- 2020년 : $\dfrac{298,351}{102,856} ≒ 2.9$
- 2021년 : $\dfrac{303,875}{103,756} ≒ 2.9$
- 2022년 : $\dfrac{335,371}{104,902} ≒ 3.2$

따라서 2022년 E국가의 석유 생산량은 H국가의 석유 생산량의 약 3.2배이므로 옳지 않다.

④ 석유 생산량 상위 2개국은 매년 A, B이며, 매년 석유 생산량의 차이는 다음과 같다.

- 2018년 : $10,356,185-8,251,052=2,105,133$bbl/day
- 2019년 : $10,387,665-8,297,702=2,089,963$bbl/day
- 2020년 : $10,430,235-8,310,856=2,119,379$bbl/day
- 2021년 : $10,487,336-8,356,337=2,130,999$bbl/day
- 2022년 : $10,556,259-8,567,173=1,989,086$bbl/day

따라서 A와 B국가의 석유 생산량의 차이는 '감소 – 증가 – 증가 – 감소' 추세를 보이므로 옳지 않다.

22

정답 ②

제시된 법률에 따라 공무원인 친구가 받을 수 있는 선물의 최대 금액은 1회에 100만 원이다.

$12x<100 \rightarrow x<\dfrac{100}{12}=\dfrac{25}{3}≒8.33$

따라서 A씨는 수석을 최대 8개 보낼 수 있다.

23

정답 ④

거래처로 가기 위해 C와 G를 거쳐야 하므로, C를 먼저 거치는 최소 이동거리와 G를 먼저 거치는 최소 이동거리를 비교해 본다.

- 본사 – C – D – G – 거래처

  6+3+3+4=16km
- 본사 – E – G – D – C – F – 거래처

  4+1+3+3+3+4=18km

따라서 최소 이동거리는 16km이다.

24

A ~ E가 받는 성과급을 구하면 다음과 같다.

직원	직책	매출 순이익	기여도	성과급 비율	성과급
A	팀장	4,000만 원	25%	매출 순이익의 5%	$1.2 \times 4,000 \times 0.05 = 240$만 원
B	팀장	2,500만 원	12%	매출 순이익의 2%	$1.2 \times 2,500 \times 0.02 = 60$만 원
C	팀원	1억 2,500만 원	3%	매출 순이익의 1%	$12,500 \times 0.01 = 125$만 원
D	팀원	7,500만 원	7%	매출 순이익의 3%	$7,500 \times 0.03 = 225$만 원
E	팀원	800만 원	6%	−	0원

따라서 가장 많은 성과급을 받는 사람은 A이다.

25

정답 ①

상대를 정면으로 마주하는 자세는 자신이 상대방과 함께 의논할 준비가 되어있다는 것을 알리는 자세이므로 경청을 하는 데 있어 올바른 자세이다.

26

정답 ④

틈틈히 → 틈틈이 : 한글맞춤법 제 51항에 따르면 "부사의 끝음절이 분명히 '이'로만 나는 것은 '−이'로 적고, '히'로만 나거나 '이'나 '히'로 나는 것은 '−히'로 적는다."라는 규정에 따라 '틈틈이'로 적는 것이 옳다.

27

정답 ②

제시문의 K사장은 예산절감이라는 측면만을 고려하여 환경에 대한 영향, 그리고 그것에 따른 부정적 여론 형성 등의 부정적 영향을 간과하는 선택적 지각(Selective Perception)의 오류를 범하고 있다.

[오답분석]
① 투사(Projection)의 오류에 대한 설명이다.
③ 대비 효과(Contrast Effect)에 대한 설명이다.
④ 상동적 태도(Stereotype)에 대한 설명이다.

28

정답 ④

- A4용지 묶음의 정가 : $2,000(1 + a\%)$원
- A4용지 묶음의 할인율 : $\dfrac{a}{2}\%$
- 할인된 A4용지 묶음의 가격 : $2,000(1 + a\%) \times \left(1 - \dfrac{a}{2}\%\right)$원
- A4용지 묶음 1개당 이익 : $2,000(1 + a\%) \times \left(1 - \dfrac{a}{2}\%\right) - 2,000 = 240$원

$2,000(1 + a\%) \times \left(1 - \dfrac{a}{2}\%\right) - 2,000 = 240$

$\rightarrow 2,000\left(1 + \dfrac{a}{100}\right)\left(1 - \dfrac{a}{200}\right) - 2,000 = 240$

$\rightarrow a^2 - 100a + 2,400 = 0$

$\rightarrow (a - 40)(a - 60) = 0$

$\rightarrow a = 40, \ a = 60$

따라서 40%나 60%를 할인한 경우에 240원의 이익이 발생한다.

CHAPER 01 2023년 주요 공기업 NCS 기출복원문제 • **9**

29

정답 ④

원통형 스탠드 식탁의 윗면과 옆면의 넓이를 구하면 다음과 같다.

- 윗면 : $\pi r^2 = 3 \times (60 \div 2)^2 = 3 \times 900 = 2,700 \text{cm}^2$
- 옆면 : $2\pi r \times l = 2 \times 3 \times (60 \div 2) \times 90 = 16,200 \text{cm}^2$

따라서 칠해야 할 면적은 $2,700 + 16,200 = 18,900 \text{cm}^2$이며, 넓이 $1\text{m}^2 (= 10,000 \text{cm}^2)$ 페인트칠 비용은 1만 원이므로 페인트칠을 하는 데 들어가는 총 비용은 18,900원이다.

30

정답 ②

우선 E는 목요일에 근무한다. F가 E보다 먼저 근무하므로 F는 화요일 혹은 수요일에 근무한다. 그런데 A는 월요일에 근무하고 G는 A 다음 날에 근무하므로 월, 화, 수, 목은 A, G, F, E가 근무한다. 다음으로 F가 근무하고 3일 뒤에 C가 근무하므로 C는 토요일에 근무한다. C가 B보다 먼저 근무하므로 B는 일요일에 근무한다. 따라서 남은 금요일에 D가 근무한다. 금요일의 전날인 목요일과 다음날인 토요일의 당직근무자는 E와 C이다.

월	화	수	목	금	토	일
A	G	F	E	D	C	B

31

정답 ②

마이클 포터(Michael E. Porter)의 본원적 경쟁전략

- 원가우위 전략 : 원가절감을 통해 해당 산업에서 우위를 점하는 전략으로, 이를 위해서는 대량생산을 통해 단위 원가를 낮추거나 새로운 생산기술을 개발할 필요가 있다. 1970년대 우리나라의 섬유업체나 신발업체, 가발업체 등이 미국시장에 진출할 때 취한 전략이 여기에 해당한다.
- 차별화 전략 : 조직이 생산품이나 서비스를 차별화하여 고객에게 가치가 있고 독특하게 인식되도록 하는 전략이다. 이를 위해서는 연구개발이나 광고를 통하여 기술, 품질, 서비스, 브랜드 이미지를 개선할 필요가 있다.
- 집중화 전략 : 특정 시장이나 고객에게 한정된 전략으로, 원가우위나 차별화 전략이 산업 전체를 대상으로 하는 데 비해 집중화 전략은 특정 산업을 대상으로 한다. 즉, 경쟁조직들이 소홀히 하고 있는 한정된 시장을 원가우위나 차별화 전략을 써서 집중적으로 공략하는 방법이다.

32

정답 ②

- 소프트웨어적 요소
  - 스타일(Style) : 조직구성원을 이끌어 나가는 관리자의 경영방식
  - 구성원(Staff) : 조직 내 인적 자원의 능력, 전문성, 동기 등
  - 스킬(Skills) : 조직구성원이 가지고 있는 핵심 역량
  - 공유가치(Shared Values) : 조직 이념, 비전 등 조직구성원이 함께 공유하는 가치관
- 하드웨어적 요소
  - 전략(Strategy) : 시장에서의 경쟁우위를 위해 회사가 개발한 계획
  - 구조(Structure) : 조직별 역할, 권한, 책임을 명시한 조직도
  - 시스템(Systems) : 조직의 관리체계, 운영절차, 제도 등 전략을 실행하기 위한 프로세스

33

정답 ⑤

2023년 6월의 학교폭력 신고 누계 건수는 $7,530 + 1,183 + 557 + 601 = 9,871$건으로, 10,000건 미만이다.

[오답분석]

① • 2023년 1월의 학교폭력 상담 건수 : $9,652 - 9,195 = 457$건
   • 2023년 2월의 학교폭력 상담 건수 : $10,109 - 9,652 = 457$건
   따라서 2023년 1월과 2023년 2월의 학교폭력 상담 건수는 같다.

② 학교폭력 상담 건수와 신고 건수 모두 2023년 3월에 가장 많다.

③ 전월 대비 학교폭력 상담 건수가 가장 크게 감소한 때는 2023년 5월이지만, 학교폭력 신고 건수가 가장 크게 감소한 때는 2023년 4월이다.

④ 전월 대비 학교폭력 상담 건수가 증가한 월은 2022년 9월과 2023년 3월이고, 이때 학교폭력 신고 건수 또한 전월 대비 증가하였다.

34

정답 ④

연도별 전체 발전량 대비 유류·양수 자원 발전량은 다음과 같다.

- 2018년 : $\frac{6,605}{553,256} \times 100 ≒ 1.2\%$
- 2019년 : $\frac{6,371}{537,300} \times 100 ≒ 1.2\%$
- 2020년 : $\frac{5,872}{550,826} \times 100 ≒ 1.1\%$
- 2021년 : $\frac{5,568}{553,900} \times 100 ≒ 1\%$
- 2022년 : $\frac{5,232}{593,958} \times 100 ≒ 0.9\%$

따라서 2022년의 유류·양수 자원 발전량은 전체 발전량의 1% 미만이다.

오답분석

① 원자력 자원 발전량과 신재생 자원 발전량은 매년 증가하였다.

② 연도별 석탄 자원 발전량의 전년 대비 감소폭은 다음과 같다.
- 2019년 : $226,571 - 247,670 = -21,099$GWh
- 2020년 : $221,730 - 226,571 = -4,841$GWh
- 2021년 : $200,165 - 221,730 = -21,565$GWh
- 2022년 : $198,367 - 200,165 = -1,798$GWh

따라서 석탄 자원 발전량의 전년 대비 감소폭이 가장 큰 해는 2021년이다.

③ 연도별 신재생 자원 발전량 대비 가스 자원 발전량은 다음과 같다.
- 2018년 : $\frac{135,072}{36,905} \times 100 ≒ 366\%$
- 2019년 : $\frac{126,789}{38,774} \times 100 ≒ 327\%$
- 2020년 : $\frac{138,387}{44,031} \times 100 ≒ 314\%$
- 2021년 : $\frac{144,976}{47,831} \times 100 ≒ 303\%$
- 2022년 : $\frac{160,787}{50,356} \times 100 ≒ 319\%$

따라서 연도별 신재생 자원 발전량 대비 가스 자원 발전량이 가장 큰 해는 2018년이다.

⑤ 전체 발전량이 증가한 해는 2020 ~ 2022년이며, 그 증가폭은 다음과 같다.
- 2020년 : $550,826 - 537,300 = 13,526$GWh
- 2021년 : $553,900 - 550,826 = 3,074$GWh
- 2022년 : $593,958 - 553,900 = 40,058$GWh

따라서 전체 발전량의 전년 대비 증가폭이 가장 큰 해는 2022년이다.

35

정답 ④

네 번째 조건을 제외한 모든 조건과 그 대우를 논리식으로 표현하면 다음과 같다.
- $\sim(D \lor G) \to F$ / $\sim F \to (D \land G)$
- $F \to \sim E$ / $E \to \sim F$
- $\sim(B \lor E) \to \sim A$ / $A \to (B \land E)$

네 번째 조건에 따라 A가 투표를 하였으므로, 세 번째 조건의 대우에 의해 B와 E 모두 투표를 하였다. 또한 E가 투표를 하였으므로, 두 번째 조건의 대우에 따라 F는 투표하지 않았으며, F가 투표하지 않았으므로 첫 번째 조건의 대우에 따라 D와 G는 모두 투표하였다. A, B, D, E, G 5명이 모두 투표하였으므로 네 번째 조건에 따라 C는 투표하지 않았다. 따라서 투표를 하지 않은 사람은 C와 F이다.

36

정답 ②

㉠ 퍼실리테이션(Facilitation)이란 '촉진'을 의미하며, 어떤 그룹이나 집단이 의사결정을 잘하도록 도와주는 일을 가리킨다. 최근 많은 조직에서는 보다 생산적인 결과를 가져올 수 있도록 그룹이 나아갈 방향을 알려 주고, 주제에 대한 공감을 이룰 수 있도록 능숙하게 도와주는 퍼실리테이터를 활용하고 있다. 퍼실리테이션에 의한 문제해결 방법은 깊이 있는 커뮤니케이션을 통해 서로의 문제점을 이해하고 공감함으로써 창조적인 문제해결을 도모한다. 소프트 어프로치나 하드 어프로치 방법은 타협점의 단순 조정에 그치지만, 퍼실리테이션에 의한 방법은 초기에 생각하지 못했던 창조적인 해결 방법을 도출한다. 동시에 구성원의 동기가 강화되고 팀워크도 한층 강화된다는 특징을 보인다. 이 방법을 이용한 문제해결은 구성원이 자율적으로 실행하는 것이며, 제3자가 합의점이나 줄거리를 준비해 놓고 예정대로 결론이 도출되어 가도록 해서는 안 된다.

㉡ 하드 어프로치에 의한 문제해결방법은 상이한 문화적 토양을 가지고 있는 구성원을 가정하여 서로의 생각을 직설적으로 주장하고 논쟁이나 협상을 통해 의견을 조정해 가는 방법이다. 이때 중심적 역할을 하는 것이 논리, 즉 사실과 원칙에 근거한 토론이다. 제3자는 이것을 기반으로 구성원에게 지도와 설득을 하고 전원이 합의하는 일치점을 찾아내려고 한다. 이러한 방법은 합리적이긴 하지만 잘못하면 단순한 이해관계의 조정에 그치고 말아서 그것만으로는 창조적인 아이디어나 높은 만족감을 이끌어내기 어렵다.

㉢ 소프트 어프로치에 의한 문제해결방법은 대부분의 기업에서 볼 수 있는 전형적인 스타일로 조직구성원들은 같은 문화적 토양을 가지고 이심전심으로 서로를 이해하는 상황을 가정한다. 코디네이터 역할을 하는 제3자는 결론으로 끌고 갈 지점을 미리 머릿속에 그려가면서 권위나 공감에 의지하여 의견을 중재하고, 타협과 조정을 통하여 해결을 도모한다. 결론이 애매하게 끝나는 경우가 적지 않으나, 그것은 그것대로 이심전심을 유도하여 파악하면 된다. 소프트 어프로치에서는 문제해결을 위해서 직접 표현하는 것이 바람직하지 않다고 여기며, 무언가를 시사하거나 암시를 통하여 의사를 전달하고 기분을 서로 통하게 함으로써 문제해결을 도모하려고 한다.

37

정답 ⑤

VLOOKUP 함수는 열의 첫 열에서 수직으로 검색하여 원하는 값을 출력하는 함수이다. 함수의 형식은 「=VLOOKUP(찾을 값, 범위, 열번호, 찾기 옵션)」이며 이 중 근삿값을 찾기 위해서는 찾기 옵션에 1을 입력해야 하고, 정확히 일치하는 값을 찾기 위해서는 0을 입력해야 한다. 상품코드 S3310897의 값을 일정한 범위에서 찾아야 하는 것이므로 범위는 절대참조로 지정해야 하며, 크기 '중'은 범위 중 3번째 열에 위치하고, 정확히 일치하는 값을 찾아야 하므로 입력해야 하는 함수식은 「=VLOOKUP("S3310897", $B$2:$E$8,3,0)」이다.

오답분석

①·② HLOOKUP 함수를 사용하려면 찾고자 하는 값은 '중'이고, [B2:E8] 범위에서 찾고자 하는 행 'S3310897'은 6번째 행이므로 「=HLOOKUP("중", $B$2:$E$8,6,0)」를 입력해야 한다.

③·④ '중'은 테이블 범위에서 3번째 열이다.

38

정답 ③

Windows Game Bar로 녹화한 영상의 저장 위치는 파일 탐색기를 사용하여 [내 PC] – [동영상] – [캡처] 폴더를 원하는 위치로 옮겨 변경할 수 있다.

39

정답 ①

RPS 제도 이행을 위해 공급의무자는 일정 비율 이상(의무공급비율)을 신재생에너지로 발전해야 한다. 하지만 의무공급비율은 매년 확대되고 있고, 여기에 맞춰 신재생에너지 발전설비를 계속 추가하는 것은 시간적, 물리적으로 어려우므로 공급의무자는 신재생에너지 공급자로부터 REC를 구매하여 의무공급비율을 달성한다.

오답분석

② 신재생에너지 공급자가 공급의무자에게 REC를 판매하기 위해서는 에너지관리공단 신재생에너지센터, 한국전력거래소 등 공급인증기관으로부터 공급 사실을 증명하는 공급인증서를 신청해 발급받아야 한다.

③ 2021년 8월 이후 에너지관리공단에서 운영하는 REC 거래시장을 통해 일반기업도 REC를 구매하여 온실가스 감축실적으로 인정받을 수 있게 되었다.

④ REC에 명시된 공급량은 발전방식에 따라 가중치를 곱해 표기하므로 실제 공급량과 다를 수 있다.

40

정답 ③

빈칸 ㉠의 앞 문장은 공급의무자가 신재생에너지 발전설비 확대를 통한 RPS 달성에는 한계점이 있음을 설명하고, 뒷 문장은 이에 대한 대안으로서 REC 거래를 설명하고 있다. 따라서 빈칸에 들어갈 접속부사는 '그러므로'가 가장 적절하다.

41

정답 ③

오답분석

① 인증서의 유효기간은 발급일로부터 3년이다. 2020년 10월 6일에 발급받은 REC의 만료일은 2023년 10월 6일이므로 이미 만료되어 거래할 수 없다.
② 천연가스는 화석연료이므로 REC를 발급받을 수 없다.
④ 기업에 판매하는 REC는 에너지관리공단에서 거래시장을 운영한다.

42

정답 ③

수소는 연소 시 탄소를 배출하지 않는 친환경에너지이지만, 수소혼소 발전은 수소와 함께 액화천연가스(LNG)를 혼합하여 발전하므로 기존 LNG 발전에 비해 탄소 배출량은 줄어들지만, 여전히 탄소를 배출한다.

오답분석

① 수소혼소 발전은 기존의 LNG 발전설비를 활용할 수 있기 때문에 화석연료 발전에서 친환경에너지 발전으로 전환하는 데 발생하는 사회적·경제적 충격을 완화할 수 있다.
② 높은 온도로 연소되는 수소는 공기 중의 질소와 반응하여 질소산화물(NOx)을 발생시키며, 이는 미세먼지와 함께 대기오염의 주요 원인으로 작용한다.
④ 수소혼소 발전에서 수소를 혼입하는 양이 많아질수록 발전에 사용하는 LNG를 많이 대체하므로 탄소 배출량은 줄어든다.

43

정답 ②

보기에 주어진 문장은 접속부사 '따라서'로 시작하므로 수소가 2050 탄소중립 실현을 위한 최적의 에너지원이 되는 이유 뒤에 와야 한다. 따라서 보기는 수소 에너지의 장점과 이어지는 (나)에 들어가는 것이 가장 적절하다.

44

정답 ③

• 총무팀 : 연필, 지우개, 볼펜, 수정액의 수량이 기준 수량보다 적다.
  - 최소 주문 수량 : 연필 15자루, 지우개 15개, 볼펜 40자루, 수정액 15개
  - 최대 주문 수량 : 연필 60자루, 지우개 90개, 볼펜 120자루, 수정액 60개
• 연구개발팀 : 볼펜, 수정액의 수량이 기준 수량보다 적다.
  - 최소 주문 수량 : 볼펜 10자루, 수정액 10개
  - 최대 주문 수량 : 볼펜 120자루, 수정액 60개
• 마케팅홍보팀 : 지우개, 볼펜, 수정액, 테이프의 수량이 기준 수량보다 적다.
  - 최소 주문 수량 : 지우개 5개, 볼펜 45자루, 수정액 25개, 테이프 10개
  - 최대 주문 수량 : 지우개 90개, 볼펜 120자루, 수정액 60개, 테이프 40개
• 인사팀 : 연필, 테이프의 수량이 기준 수량보다 적다.
  - 최소 주문 수량 : 연필 5자루, 테이프 15개
  - 최대 주문 수량 : 연필 60자루, 테이프 40개
따라서 비품 신청 수량이 바르지 않은 팀은 마케팅홍보팀이다.

45
정답 ④

- A지점 : $(900 \times 2) + (950 \times 5) = 6,550\text{m}$
- B지점 : $900 \times 8 = 7,200\text{m}$
- C지점 : $(900 \times 2) + (1,300 \times 4) = 7,000\text{m}$ 또는 $(900 \times 5) + 1,000 + 1,300 = 6,800\text{m}$
- D지점 : $(900 \times 5) + (1,000 \times 2) = 6,500\text{m}$ 또는 $(900 \times 2) + (1,300 \times 3) + 1,000 = 6,700\text{m}$

따라서 이동거리가 가장 짧은 지점은 D지점이다.

46
정답 ②

N사에서 A지점으로 가려면 1호선으로 역 2개를 지난 후 2호선으로 환승하여 역 5개를 더 가야 한다.
따라서 편도로 이동하는 데 걸리는 시간은 $(2 \times 2) + 3 + (2 \times 5) = 17$분이므로 왕복하는 데 걸리는 시간은 $17 \times 2 = 34$분이다.

47
정답 ②

- A지점 : 이동거리는 6,550m이고 기본요금 및 거리비례 추가비용은 2호선 기준이 적용되므로 $1,500 + 100 = 1,600$원이다.
- B지점 : 이동거리는 7,200m이고 기본요금 및 거리비례 추가비용은 1호선 기준이 적용되므로 $1,200 + 50 \times 4 = 1,400$원이다.
- C지점 : 이동거리는 7,000m이고 기본요금 및 거리비례 추가비용은 4호선 기준이 적용되므로 $2,000 + 150 = 2,150$원이다.
  또는 이동거리가 6,800m일 때, 기본요금 및 거리비례 추가비용은 4호선 기준이 적용되므로 $2,000 + 150 = 2,150$원이다.
- D지점 : 이동거리는 6,500m이고 기본요금 및 거리비례 추가비용은 3호선 기준이 적용되므로 $1,800 + 100 \times 3 = 2,100$원이다.
  또는 이동거리가 6,700m일 때, 기본요금 및 거리비례 추가비용은 4호선 기준이 적용되므로 $2,000 + 150 = 2,150$원이다.

따라서 이동하는 데 드는 비용이 가장 적은 지점은 B지점이다.

48
정답 ⑤

미국 컬럼비아 대학교에서 만들어낸 치즈케이크는 7겹으로, 7가지의 반죽형 식용 카트리지로 만들어졌다. 따라서 페이스트를 층층이 쌓아서 만드는 FDM 방식을 사용하여 제작하였음을 알 수 있다.

오답분석
① PBF / SLS 방식 3D 푸드 프린터는 설탕 같은 분말 형태의 재료를 접착제나 레이저로 굳혀 제작하는 것이므로 설탕케이크 장식을 제작하기에 적절한 방식이다.
② 3D 푸드 프린터는 질감을 조정하거나, 맛을 조정하여 음식을 제작할 수 있으므로 식감 등으로 발생하는 편식을 줄일 수 있다.
③ 3D 푸드 프린터는 음식을 제작할 때 개인별로 필요한 영양소를 첨가하는 등 사용자 맞춤 식단을 제공할 수 있다는 장점이 있다.
④ 네 번째 문단에서 현재 3D 푸드 프린터의 한계점을 보면 디자인적 · 심리적 요소로 인해 3D 푸드 프린터로 제작된 음식에 거부감이 들 수 있다고 하였다.

49
정답 ④

(라) 문장이 포함된 문단은 3D 푸드 프린터의 장점에 대해 설명하는 문단이며, 특히 대체육 프린팅의 장점에 대해 소개하고 있다. 그러나 (라) 문장은 대체육의 단점에 대해 서술하고 있으므로 네 번째 문단에 추가로 서술하거나 삭제하는 것이 적절하다.

오답분석
① (가) 문장은 컬럼비아 대학교에서 3D 푸드 프린터로 만들어 낸 치즈케이크의 특징을 설명하는 문장이므로 적절하다.
② (나) 문장은 현재 주로 사용되는 3D 푸드 프린터의 작동 방식을 설명하는 문장이므로 적절하다.
③ (다) 문장은 3D 푸드 프린터의 장점을 소개하는 세 번째 문단의 중심내용이므로 적절하다.
⑤ (마) 문장은 3D 푸드 프린터의 한계점인 '디자인으로 인한 심리적 거부감'을 서술하고 있으므로 적절하다.

50

네 번째 문단은 3D 푸드 프린터의 한계 및 개선점을 설명한 문단으로, 3D 푸드 프린터의 장점을 설명한 세 번째 문단과 역접관계에 있다. 따라서 ⓔ에는 '그러나'가 적절한 접속부사이다.

오답분석

① ㉠ 앞에서 서술된 치즈케이크의 특징이 대체육과 같은 다른 관련 산업에서 주목하게 된 이유가 되므로 '그래서'는 적절한 접속부사이다.

② ㉡ 앞의 문장은 3D 푸드 프린터의 장점을 소개하는 세 번째 문단의 중심내용이고 뒤의 문장은 이에 대한 예시를 설명하고 있으므로 '예를 들어'는 적절한 접속부사이다.

③ ㉢의 앞과 뒤는 다른 내용이지만 모두 3D 푸드 프린터의 장점을 나열한 것이므로 '또한'은 적절한 접속부사이다.

⑤ ㉤의 앞과 뒤는 다른 내용이지만 모두 3D 푸드 프린터의 단점을 나열한 것이므로 '게다가'는 적절한 접속부사이다.

01 2023년

01	02	03	04	05	06				
②	④	③	③	⑤	④				

01
정답 ②

개정된 윤리헌장으로 '윤리실천다짐' 결의를 갖는다고 하였고, 전문 강사의 특강은 기업윤리 실천 방안을 주제로 진행하므로 특강의 주제가 개정된 윤리헌장은 아니다.

[오답분석]

① 윤리실천주간은 5월 30일부터 6월 5일까지 1주일 동안 진행된다.

③ 세 번째 문단에서 한국철도공사 사장은 '이해충돌방지법 시행으로 공공기관의 사회적 책임과 공직자 윤리가 더욱 중요해졌다.'라고 강조하고 있으므로 적절한 내용이다.

④ 두 번째 문단에서 한국철도공사 윤리실천주간에 진행하는 7가지 프로그램을 상세히 설명하고 있다. 마지막 부분에 의하면 '공사 내 준법 · 윤리경영 체계를 세우고 인권경영 지원을 위한 정책 공유와 토론의 시간을 갖는 사내 워크숍도 진행한다.'라고 하였으므로 적절한 내용이다.

⑤ 세 번째 문단 마지막에서 한국철도공사가 지난해 12월에 ○○부 산하 공공기관 최초로 준법경영시스템 국제인증을 획득하였다고 밝히고 있다.

02
정답 ④

한국철도공사의 윤리실천주간 동안 진행되는 프로그램은 '직원 윤리의식 진단', '윤리 골든벨', 'CEO의 윤리편지', '윤리실천다짐', '윤리특강', '인권존중 대국민 캠페인', '윤리 · 인권경영 사내 워크숍' 총 7가지이다. ㉣의 반부패 청렴문화 확산을 위한 대국민 슬로건 공모전은 윤리실천주간에 진행되는 프로그램에 해당하지 않으므로 적절하지 않다.

[오답분석]

① 윤리실천주간의 목적을 밝히고 있으므로 적절한 내용이다.

② 윤리실천주간의 2번째 프로그램인 윤리 골든벨에 대한 상세 내용이므로 적절하다.

③ 윤리실천주간의 6번째 프로그램인 인권존중 대국민 캠페인에 대한 상세 내용이므로 적절하다.

⑤ 앞의 내용이 한국철도공사의 윤리적인 조직문화를 위해 노력하겠다는 다짐이고, 뒤이어 이를 위한 노력에 대해 소개하고 있으므로 적절하다.

03
정답 ③

폐수처리량이 가장 적었던 연도는 $204,000\text{m}^3$를 기록한 2021년이다. 그러나 오수처리량이 가장 적은 연도는 $27,000\text{m}^3$를 기록한 2022년이므로 적절하지 않다.

[오답분석]

① $2,900 \div 3,100 \times 100 = 94\%$

② 온실가스 배출량은 2020년 $1,604,000\text{tCO}_2\text{eq}$에서 2022년 $1,542,000\text{tCO}_2\text{eq}$까지 매년 감소하고 있다.

④ 3년동안 녹색제품 구매액의 평균은 (1,700백만+2,900백만+2,400백만)÷3≒2,333백만 원이므로 약 23억 3,300만 원이다.

⑤ 에너지 사용량의 전년 대비 증감률을 구하면 다음과 같다.

• 2021년 : $\dfrac{29,000-30,000}{30,000} \times 100 = -3.33\%$

• 2022년 : $\dfrac{30,000-29,000}{29,000} \times 100 = 3.45\%$

따라서 전년 대비 증감률의 절댓값은 2021년보다 2022년이 더 크다.

04
정답 ③

연도별 환경지표점수를 산출하면 다음과 같다.

(단위 : 점)

연도	녹색제품 구매액	에너지 사용량	폐수처리량	합계
2020년	5	5	5	15
2021년	10	10	10	30
2022년	10	5	5	20

따라서 환경지표점수가 가장 높은 연도는 2021년이고, 그 점수는 30점이다.

05

철도차량 운행상태를 수집하여 3차원 디지털 정보로 시각화하는 것은 디지털 트윈 기술이다.

[오답분석]
① 중정비 정의 및 개요의 4번째 항목에서 중정비 기간 중 차량 운행은 불가능하다고 되어 있으므로 적절하다.
② 시험 검사 및 측정에서 고저온 시험기와 열화상 카메라는 온도를 사용하는 기기이므로 적절하다.
③ 절차를 확인하면 중정비는 총 7단계로 구성되며, 기능시험 및 출장검사는 3단계이므로 적절하다.
④ 중정비 정의 및 개요의 1번째 항목에서 철도차량 전반의 주요 시스템과 부품을 차량으로부터 분리해 점검한다고 했으므로 적절하다.

> **RAMS**
> Reliability(신뢰성), Availability(가용성), Maintainability(보수성), Safety(안전성) 향상을 지원·입증하기 위한 기술로, 철도 차량의 부품 및 설비를 제작 – 유지보수 – 개량 – 폐기까지 각 지표에 대한 정보를 통합적으로 분석하여 철도차량의 안전관리 및 유지보수 등 전반적인 시스템 엔지니어링 방법론이다.

06

정답 ④

중정기 정기 점검 기준에 의하면 운행 연차가 3년 이상 5년 이하의 경우 (열차 등급별 정기 점검 산정 횟수)×3회의 점검을 받아야 한다. C등급의 열차 등급별 정기 점검 산정 횟수는 연간 3회이므로 4년째 운행 중인 C등급 열차의 정기 점검 산정 횟수는 $3 \times 3 = 9$회이다.

02 | 2022년 하반기

01	02	03	04	05	06				
③	⑤	③	②	②	③				

01

정답 ③

2020년 대구의 낮 시간대 소음도는 2019년 대비 2dB 감소하였으며, 2021년 대비 2dB 감소하였다.

[오답분석]
① 2017 ~ 2021년 광주와 대전의 낮 시간대 소음도는 모두 65dB 이하이므로 매해 소음환경기준을 만족했다.
② 2020년 밤 시간대 소음환경기준인 55dB 이하인 곳은 대전(54dB)뿐이다.
④ 2018년의 밤 시간대 주요 대도시 평균 소음도는 61dB로 가장 높으며, 밤 시간대 소음환경기준 55dB보다 6dB 더 높다.
⑤ 서울의 낮 시간대 평균 소음도는 68.2dB로 가장 높으며, 밤 시간대 평균 소음도는 65.8dB로, 낮 시간대 소음환경기준인 65dB 이상의 소음이 발생했다.

02

정답 ⑤

• 한 면의 유리창에 3종의 커튼을 다는 경우의 수 : 3가지
• 세 면의 콘크리트 벽에 7종의 그림을 거는 경우의 수
  : $_7P_3 = 7 \times 6 \times 5 = 210$가지
따라서 가능한 인테리어의 경우의 수는 $3 \times 210 = 630$가지이다.

03

정답 ③

빈칸의 뒤의 문장에서 '하지만'이라는 접속부사로 분위기가 반전되며, 일제강점기에 서울의 옛길이 사라졌다는 내용이 등장한다. 따라서 빈칸에는 '어떤 상태나 상황을 그대로 보존하거나 변함없이 계속하여 지탱하였음'을 뜻하는 '유지(維持)'가 들어가는 것이 가장 적절하다.

[오답분석]
① 유래(由來) : 사물이나 일이 생겨남. 또는 그 사물이나 일이 생겨난 바
② 전파(傳播) : 전하여 널리 퍼뜨림
④ 전래(傳來) : 예로부터 전하여 내려옴
⑤ 답지(遝至) : 한군데로 몰려들거나 몰려옴

04

정답 ②

첫 번째 문단에서 프레이와 오스본은 '인공 지능의 발전으로 대부분의 비정형화된 업무도 컴퓨터로 대체될 수 있다.'고 보았다. 그러나 모든 비정형화된 업무가 컴퓨터로 대체될 수 있다고 보았던 것은 아니므로 적절하지 않다.

오답분석

① 제시문의 첫 문장에서 확인할 수 있다.
③ 두 번째 문단에서 확인할 수 있다.
④ 세 번째 문단에서 확인할 수 있다.
⑤ 마지막 문단에서 확인할 수 있다.

05

정답 ②

• 첫 번째 조건에 의해 메디컬빌딩 5층 건물 중 1층에는 약국과 편의점만 있다.
• 여섯 번째 조건에 의해 산부인과는 약국 바로 위층인 2층에 있고, 내과는 바로 위층인 3층에 있다.
• 일곱 번째 조건에 의해 산부인과는 2층 1개의 층을 모두 사용하고 있다.
• 네 번째와 일곱 번째 조건에 의해 정형외과는 4층 또는 5층에 있게 되는데, 5층에 있을 경우 마지막 조건에 위배되므로 정형외과는 4층에 있으며, 1개의 층을 모두 사용하고 있다.
• 네 번째 조건에 의해 소아과와 피부과는 정형외과 바로 아래층인 3층에 있다.
• 마지막 조건에 의해 안과와 치과는 피부과보다 높은 층인 5층에 있다.
• 다섯 번째 조건에 의해 이비인후과가 있는 층에는 진료 과가 2개 더 있어야 하므로 이비인후과는 5층에 있다.

이를 표로 정리하면 다음과 같다.

구분	건물 내부		
5층	안과	치과	이비인후과
4층	정형외과		
3층	내과	소아과	피부과
2층	산부인과		
1층	약국	편의점	

따라서 안과와 이비인후과는 같은 층에 있음을 알 수 있다.

오답분석

① 산부인과는 2층에 있다.
③ 피부과가 있는 층은 진료 과가 3개이다.
④ 이비인후과는 정형외과 바로 위층에 있다.
⑤ K씨는 이비인후과와 치과를 가야 하므로 진료를 위해 찾아야 하는 곳은 5층이다.

06

정답 ③

제시된 조건을 표로 나타내면 다음과 같다.

구분	신도림점	영등포점	여의도점
ㄱ(A)	×		
ㄴ(B)	○	○	○
ㄷ(C)		×	×
ㄹ(D)	○		○

따라서 ㄴ, ㄷ의 경우만 고려한다면, 이날 수리할 수 있었던 지점은 신도림점뿐임을 알 수 있다.

오답분석

① ㄱ, ㄴ의 경우만 고려한다면, 이날 수리할 수 있었던 지점은 영등포점 또는 여의도점이다.
② ㄱ, ㄹ의 경우만 고려한다면, 이날 영등포점의 수리 가능 여부는 알 수 없다.
④ ㄴ, ㄹ의 경우만 고려한다면, 이날 영등포점의 수리 가능 여부는 알 수 없다.
⑤ ㄷ, ㄹ의 경우만 고려한다면, 이날 수리할 수 있었던 지점은 신도림점뿐이다.

03 2022년 상반기

01	02	03	04						
①	⑤	⑤	④						

01

정답 ①

제시문은 과학과 종교가 대립한다는 주장을 다양한 근거를 들어 반박하고 있다. 따라서 궁극적으로 전달하고자 하는 바는 '과학이 종교와 양립할 수 없다는 의견은 타당하지 않다.'이다.

오답분석
② 과학이 종교와 양립할 수 없다는 의견이 타당하지 않다는 주장에 대한 논거이다.
③ 네 번째 문단에서 리처드 그레고리의 말이 인용되어 과학이 모든 것에 질문을 던진다는 것이 언급되기는 하지만, 근본적인 주제라고 볼 수는 없다.
④ 신학은 신에 대한 증거들을 의심하는 것이 아니라, 지속적으로 회의하고 재해석하는 학문이다.
⑤ 신학 또한 신의 존재를 입증하기 위해 과학적 증거를 찾으려 할 수 있다.

02

정답 ⑤

'준용'은 '표준으로 삼아 적용함'이라는 뜻이기 때문에 맥락상 쓰임이 적절하지 않다. '허용해야 한다'라고 쓰는 것이 적절하다.

03

정답 ⑤

A씨는 60km/h의 버스로 15분간 이동하였으므로 버스로 이동한 거리는 $60 \times \frac{1}{4} = 15$km이다. 따라서 집에서 회사까지 거리는 30km이다. 이후 8시 20분에 75km/h의 택시를 타고 15km를 이동하였으므로 A씨가 집에 다시 도착하기까지 걸린 시간은 $\frac{15}{75} = \frac{1}{5}$ 시간(=12분)이며, 집에 도착한 시각은 8시 32분이다. 서류를 챙겨 승용차에 타기까지 3분이 걸렸으므로 A씨는 8시 35분에 회사로 다시 출발하였다. 따라서 회사에 9시까지 도착하기 위해서는 30km의 거리를 25분 만에 도착해야 하므로 최소 $\frac{30}{25} \times 60 = 72$km/h로 운전해야 한다.

04

정답 ④

직원 9명의 지원 가능한 경우는 다음과 같이 총 6가지가 나온다.

구분	1지망	2지망	3지망
경우 1	기획조정부	홍보부	인사부
경우 2	기획조정부	인사부	홍보부
경우 3	홍보부	기획조정부	인사부
경우 4	홍보부	인사부	기획조정부
경우 5	인사부	기획조정부	홍보부
경우 6	인사부	홍보부	기획조정부

첫 번째 조건에 의하면 인사부를 3지망으로 지원한 직원은 없으므로 경우 1과 경우 3은 0명이다. 두 번째 조건에 의하면 경우 4는 2명, 네 번째 조건에 의하면 경우 2는 3명이다. 세 번째 조건에 의하여 경우 6을 x명, 경우 5를 $(x+2)$명이라고 할 때, 총 직원은 9명이므로 $0+3+0+2+(x+2)+x=9$가 된다. 따라서 $x=1$이다.
이를 정리하면 다음과 같다.

구분	1지망	2지망	3지망	인원
경우 1	기획조정부	홍보부	인사부	0명
경우 2	기획조정부	인사부	홍보부	3명
경우 3	홍보부	기획조정부	인사부	0명
경우 4	홍보부	인사부	기획조정부	2명
경우 5	인사부	기획조정부	홍보부	3명
경우 6	인사부	홍보부	기획조정부	1명

이를 다시 표로 정리하면 다음과 같다.

구분	1지망	2지망	3지망
기획조정부	3명	3명	3명
홍보부	2명	1명	6명
인사부	4명	5명	0명

따라서 기획조정부를 3지망으로 지원한 직원은 3명이다.

우리 인생의 가장 큰 영광은
절대 넘어지지 않는 데 있는 것이 아니라
넘어질 때마다 일어서는 데 있다.

- 넬슨 만델라 -

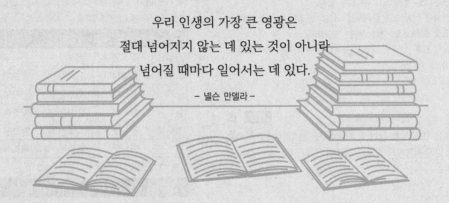

PART 1

코레일 최신기출문제

01	02	03	04	05	06	07	08	09	10
④	②	⑤	⑤	⑤	④	①	②	④	①

01 정답 ④

제시문의 두 번째 문단에 따르면 CCTV는 열차 종류에 따라 운전실에서 실시간으로 상황을 파악할 수 있는 네트워크 방식과 각 객실에서의 영상을 저장하는 개별 독립 방식으로 설치된다고 하였다. 따라서 개별 독립 방식으로 설치된 일부 열차에서는 각 객실의 상황을 실시간으로 파악하지 못할 수 있다.

오답분석

① 첫 번째 문단에 따르면 현재 운행하고 있는 열차의 모든 객실에 CCTV를 설치하겠다는 내용으로 보아, 현재 모든 열차의 모든 객실에 CCTV가 설치되지 않았음을 유추할 수 있다.
② 첫 번째 문단에 따르면 2023년까지 모든 열차 승무원에게 바디 캠을 지급하겠다고 하였다. 이에 따라 승객이 승무원을 폭행하는 등의 범죄 발생 시 해당 상황을 녹화한 바디 캠 영상이 있어 수사의 증거자료로 사용할 수 있게 되었다.
③ 두 번째 문단에 따르면 CCTV는 사각지대 없이 설치되며 일부는 휴대 물품 보관대 주변에도 설치된다고 하였다. 따라서 인적 피해와 물적 피해 모두 파악할 수 있게 되었다.
⑤ 세 번째 문단에 따르면 CCTV 품평회와 시험을 통해 제품의 형태와 색상, 재질, 진동과 충격 등에 대한 적합성을 고려한다고 하였다.

02 정답 ②

• (가)를 기준으로 앞의 문장과 뒤의 문장이 상반되는 내용을 담고 있으므로 가장 적절한 접속사는 '하지만'이다.
• (나)를 기준으로 앞의 문장은 기차의 냉난방시설을, 뒤의 문장은 지하철의 냉난방시설을 다루고 있으므로 가장 적절한 접속사는 '반면'이다.
• (다)의 앞뒤 내용을 살펴보면, 앞선 내용의 과정들이 끝나고 난 이후의 내용이 이어지므로, 이를 이어주는 접속사인 '마침내'가 들어가는 것이 가장 적절하다.

03 정답 ⑤

제시문의 세 번째 문단에 따르면 스마트글라스 내부 센서를 통해 충격과 기울기를 감지할 수 있어 작업자에게 위험한 상황이 발생할 경우 통보 시스템을 통해 바로 파악할 수 있게 되었음을 알 수 있다.

오답분석

① 첫 번째 문단에 따르면 스마트글라스를 통한 작업자의 음성인식만으로 철도시설물의 점검이 가능해졌음을 알 수 있지만, 다섯 번째 문단에 따르면 아직 유지보수 작업은 가능하지 않음을 알 수 있다.
② 첫 번째 문단에 따르면 스마트글라스의 도입 이후에도 사람의 작업이 필요함을 알 수 있다.
③ 세 번째 문단에 따르면 스마트글라스의 도입으로 추락 사고나 그 밖의 위험한 상황을 미리 예측할 수 있어 이를 방지할 수 있게 되었음을 알 수 있지만, 실제로 안전사고 발생 횟수가 감소하였는지는 알 수 없다.
④ 두 번째 문단에 따르면 여러 단계를 거치던 기존 작업 방식에서 스마트글라스의 도입으로 작업을 한 번에 처리할 수 있게 된 것을 통해 작업 시간이 단축되었음을 알 수 있지만, 필요한 작업 인력의 감소 여부는 알 수 없다.

04 정답 ⑤

네 번째 문단에 따르면 인공지능 등의 스마트 기술 도입으로 까치집 검출 정확도는 95%까지 상승하였으므로, 까치집 제거율 또한 상승할 것임을 예측할 수 있으나, 근본적인 문제인 까치집 생성의 감소를 기대할 수는 없다.

오답분석

① 두 번째와 세 번째 문단에 따르면 정확도가 65%에 불과했던 인공지능의 까치집 식별 능력이 딥러닝 방식의 도입으로 95%까지 상승했음을 알 수 있다.
② 세 번째 문단에서 시속 150km로 빠르게 달리는 열차에서의 까치집 식별 정확도는 65%에 불과하다는 내용으로 보아, 빠른 속도에서 인공지능의 사물 식별 정확도는 낮음을 알 수 있다.
③ 마지막 문단에 따르면 작업자의 접근이 어려운 곳에는 드론을 띄워 까치집을 발견 및 제거하는 기술도 시범 운영하고 있다고 하였다.

④ 실시간 까치집 자동 검출 시스템 개발로 실시간으로 위험 요인의 위치와 이미지를 작업자에게 전달할 수 있게 되었다.

05
정답 ⑤

K공사를 통한 예약 접수는 온라인 쇼핑몰 홈페이지를 통해 가능하며, 오프라인(방문) 접수는 우리·농협은행의 창구를 통해서만 이루어진다.

오답분석
① 구매자를 대한민국 국적자로 제한한다는 내용은 없다.
② 단품으로 구매 시 화종별 최대 3장으로 총 9장, 세트로 구매할 때도 최대 3세트로 총 9장까지 신청이 가능하며, 세트와 단품은 중복 신청이 가능하므로 구매 가능한 최대 개수는 18장이다.
③ 우리·농협은행의 계좌가 없다면, K공사 온라인 쇼핑몰을 이용하거나, 우리·농협은행에 직접 방문하여 구입할 수 있다.
④ 총 발행량은 예약 주문 이전부터 화종별 10,000장으로 미리 정해져 있다.

06
정답 ④

우리·농협은행 계좌 미보유자인 외국인 A씨가 예약 신청을 할 수 있는 경로는 두 가지이다. 하나는 신분증인 외국인등록증을 지참하고 우리·농협은행의 지점을 방문하여 신청하는 것이고, 다른 하나는 K공사 온라인 쇼핑몰에서 가상계좌 방식으로 신청하는 것이다.

오답분석
① A씨는 외국인이므로 창구 접수 시 지참해야 하는 신분증은 외국인등록증이다.
② K공사 온라인 쇼핑몰에서는 가상계좌 방식을 통해서만 예약 신청이 가능하다.
③ 홈페이지를 통한 신청이 가능한 은행은 우리은행과 농협은행뿐이다.
⑤ 우리·농협은행의 홈페이지를 통해 예약 접수를 하려면 해당 은행에 미리 계좌가 개설되어 있어야 한다.

07
정답 ①

3종 세트는 186,000원, 단품은 각각 63,000원이므로 5명의 구매 금액을 계산하면 다음과 같다.
• A : $(186,000 \times 2) + 63,000 = 435,000$원
• B : $63,000 \times 8 = 504,000$원
• C : $(186,000 \times 2) + (63,000 \times 2) = 498,000$원
• D : $186,000 \times 3 = 558,000$원
• E : $186,000 + (63,000 \times 4) = 438,000$원
따라서 가장 많은 금액을 지불한 사람은 D이며, 구매 금액은 558,000원이다.

08
정답 ②

마일리지 적립 규정에는 회원 등급에 관련된 내용이 없으며, 마일리지 적립은 지불한 운임의 액수, 더블적립 열차 탑승 여부, 선불형 교통카드 Rail+ 사용 여부에 따라서만 결정된다.

오답분석
① KTX 마일리지는 KTX 열차 이용 시에만 적립된다.
③ 비즈니스 등급은 기업회원 여부와 관계없이 최근 1년간의 활동내역을 기준으로 부여된다.
④ 추석 및 설 명절 특별수송 기간 탑승 건을 제외하고 4만 점을 적립하면 VIP 등급을 부여받는다.
⑤ VVIP 등급과 VIP 등급 고객은 한정된 횟수 내에서 무료 업그레이드 쿠폰으로 KTX 특실을 KTX 일반실 가격에 구매할 수 있다.

09
정답 ④

작년 K대학교의 재학생 수는 6,800명이고 남학생과 여학생의 비가 8 : 9이므로, 남학생은 $6,800 \times \dfrac{8}{8+9} = 3,200$명이고, 여학생은 $6,800 \times \dfrac{9}{8+9} = 3,600$명이다. 올해 줄어든 남학생과 여학생의 비가 12 : 13이므로 올해 K대학교에 재학 중인 남학생과 여학생의 비는 $(3,200-12k) : (3,600-13k) = 7 : 8$이다.
$7 \times (3,600-13k) = 8 \times (3,200-12k)$
$25,200-91k = 25,600-96k$
$5k = 400 \rightarrow k = 80$
따라서 올해 K대학교에 재학 중인 남학생은 $3,200-12 \times 80 = 2,240$명이고, 여학생은 $3,600-13 \times 80 = 2,560$명이므로 올해 K대학교의 전체 재학생 수를 구하면 $2,240+2,560 = 4,800$명이다.

10
정답 ①

A씨는 장애의 정도가 심하지 않으므로 KTX 이용 시 평일 이용에 대해서만 30% 할인을 받으며, 동반 보호자에 대한 할인은 적용되지 않는다. 그러므로 3월 11일(토) 서울 → 부산 구간의 이용 시에는 할인이 적용되지 않고, 3월 13일(월) 부산 → 서울 구간 이용 시에는 A씨만 운임의 30%를 할인받는다. 따라서 한 사람의 편도 운임을 x원이라 할 때, 두 사람의 왕복 운임($4x$)을 기준으로 $0.3x \div 4x = 0.075$, 즉 7.5% 할인받았음을 알 수 있다.

01	02	03	04	05	06	07	08	09	10
③	⑤	④	④	⑤	①	①	④	⑤	④
11	12								
⑤	②								

01
정답 ③

제시문의 중심 내용은 나이 계산법 방식이 세 가지로 혼재되어 있어 '나이 불일치'로 인한 행정서비스 및 계약상의 혼선과 법적 다툼이 발생해 이를 해소하고자 나이 방식을 하나로 통합하자는 것이다. 이에 덧붙여 나이 방식이 통합되어도 일상에는 변화가 없으며 일부 법에 대해서는 기존 방식이 유지될 수 있다고 하였다. 따라서 제시문의 주제로 가장 적절한 것은 ③이다.

오답분석

① 마지막 문단의 '연 나이를 채택해 또래 집단과 동일한 기준을 적용하는 것이 오히려 혼선을 막을 수 있고 법 집행의 효율성이 담보'라는 내용에서 일부 법령에 대해서는 연 나이 계산법을 유지한다는 것을 알 수 있으나, 해당 내용이 전체 글을 다루고 있다고 보기는 어렵다.
② 세 번째 문단에 따르면 나이 불일치가 야기한 혼선과 법적 다툼은 우리나라 나이 계산법으로 인한 문제가 아니라 나이 계산법 방식이 세 가지로 혼재되어 있어 발생하는 문제라고 하였다.
④ 제시문은 나이 계산법 혼용에 따른 분쟁 해결 방안을 다루기보다는 이러한 분쟁이 발생하지 않도록 나이 계산법을 하나로 통일하자는 내용을 다루고 있다.
⑤ 다섯 번째 문단의 '법적·사회적 분쟁이 크게 줄어들 것으로 기대하고 있지만, 국민 전체가 일상적으로 체감하는 변화는 크지 않을 것'이라는 내용으로 보아 나이 계산법의 변화로 달라지는 행정서비스는 크게 없을 것으로 보이며, 글의 전체적인 주제로 보기에도 적절하지 않다.

02
정답 ⑤

마지막 문단의 '정부도 규제와 의무보다는 사업자의 자율적인 부분을 인정해 주고 사업자 노력을 드라이브 걸 수 있는 지원책을 마련하여야 한다.'라는 내용을 통해 정부는 OTT 플랫폼에 장애인 편의 기능과 관련한 규제와 의무를 줬지만, 이에 대한 지원책은 부족했음을 유추할 수 있다.

오답분석

① 세 번째 문단의 '재생 버튼에 대한 설명이 제공되는 넷플릭스도 영상 재생 시점을 10초 앞으로 또는 뒤로 이동하는 버튼은 이용하기 어렵다.'라는 내용을 통해 국내 OTT 플랫폼보다는 장애인을 위한 서비스 기능이 더 제공되고 있지만, 여전히 충분히 제공되고 있지 않음을 알 수 있다.
② 세 번째 문단을 통해 장애인들의 국내 OTT 플랫폼의 이용이 어려움을 짐작할 수는 있지만, 서비스를 제공하는지의 유무는 확인하기 어렵다.
③ 외국 OTT 플랫폼은 국내 OTT 플랫폼보다 상대적으로 장애인 편의 기능을 더 제공하고 있는 것으로 보아 장애인을 수동적인 시혜자가 아닌 능동적인 소비자로 보고 있음을 알 수 있다.
④ 제시문에서는 우리나라 장애인이 외국 장애인보다 OTT 플랫폼의 이용이 어렵다기보다는 우리나라 OTT 플랫폼이 외국 OTT 플랫폼보다 장애인이 이용하기 어렵다고 말하고 있다.

03
정답 ④

빈칸 앞의 '기증 전 단계의 고민은 물론이고 막상 기증한 뒤에'라는 내용을 통해 이는 공여자의 고민에 해당함을 알 수 있다. 따라서 빈칸 ②은 공여자가 기증 후 공여를 받는 사람, 즉 수혜자와의 관계에 대한 우려를 다루고 있다.

오답분석

① ① : 생체 – 두 번째 문단에서 '신장이나 간을 기증한 공여자에게서 만성 신·간 부전의 위험이 확인됐다.'고 하였다. 따라서 제시문은 살아있는 상태에서 기증한 생체 기증자에 대해 다루고 있음을 알 수 있다.
② ② : 상한액 – 빈칸은 앞서 말한 '진료비를 지원하는 제도'을 이용하는 데 제한을 다루고 있음을 짐작할 수 있다. 따라서 하한액보다는 상한액이 들어가는 것이 문맥상 적절하다.

③ ⓒ : 불특정인 – 빈칸 앞의 '아무 조건 없이'라는 말로 볼 때, 문맥상 특정인보다는 불특정인이 들어가는 것이 적절하다.

⑤ ⓜ : 수요 – 빈칸 앞 문장의 '해마다 늘어가는 장기 이식 대기 문제'라는 내용을 통해 공급이 아닌 수요를 감당하기 어려운 상황임을 알 수 있다. 따라서 빈칸에 들어갈 내용으로 적절한 것은 공급이 아닌 수요이다.

04 　　정답 ④

다섯 번째 문단의 '특히 임신과 출산을 경험하는 경우 따가운 시선을 감수해야 한다.'라는 내용으로 볼 때, 임신으로 인한 공백 문제 등이 발생하지 않도록 법적으로 공백 기간을 규제하는 것이 아닌 적절한 공백 기간을 제공하는 것은 물론 임신과 출산으로 인해 퇴직하는 등 경력이 단절되지 않도록 규제하여야 한다.

오답분석

① 세 번째 문단의 '결혼과 출산, 임신을 한 여성 노동자는 조직 전체에 부정적인 영향을 준다고 인식하는 경향이 강한데'라는 내용으로 볼 때 결혼과 출산, 임신과 같은 가족 계획을 지지하는 환경으로 만들어 여성 노동자에 대한 인식을 개선하여야 한다.

② 네 번째 문단의 '여성 노동자가 많이 근무하는 서비스업 등의 직업군의 경우 임금 자체가 상당히 낮게 책정되어 있어 남성에 비하여 많은 임금을 받지 못하는 구조'라는 내용으로 볼 때, 여성 노동자가 주로 종사하는 직종의 임금 체계를 합리적으로 변화시켜야 한다.

③ 네 번째 문단의 '여성 노동자를 차별한 결과 여성들은 남성 노동자들보다 저임금을 받아야 하고 비교적 질이 좋지 않은 일자리에서 일해야 하며 고위직으로 올라가는 것 역시 힘들고 임금 차별이 나타나게 된다.'라는 내용으로 볼 때, 여성 또한 남성과 마찬가지의 권리를 가질 수 있도록 양질의 정규직 일자리를 만들어야 한다.

⑤ 다섯 번째 문단의 '여성 노동자들을 노동자 그 자체로 보기보다는 여성으로 바라보는 남성들의 잘못된 시선으로 인해 여성 노동자는 신성한 노동의 현장에서 성희롱을 당하고 있으며'라는 내용으로 볼 때, 남성이 여성을 대하는 인식을 개선해야 한다.

05 　　정답 ⑤

먼저 서두에는 흥미를 유도하거나 환기시킬 수 있는 내용이 오는 것이 적절하다. 따라서 영국의 보고서 내용인 (나) 또는 OECD 조사 내용인 (다)가 서두에 오는 것이 적절한데 (나)의 경우 첫 문장의 '또한'이라는 접속사를 통해 앞선 글이 있었음을 알 수 있어 서두에 오는 문단은 (다)이고 이어서는 (나)가 오는 것이 적절하다. 그리고 다음으로 앞선 문단에서 다룬 성별 간 임금 격차의 이유에 해당하는 (라)가 이어지고 이에 대한 구체적 내용인 (가)가 오는 것이 가장 적절하다.

06 　　정답 ①

첫 번째 문단의 '특히 해당 건물은 조립식 샌드위치 패널로 지어져 있어 이번 화재는 자칫 대형 산불로 이어져'라는 내용과 빈칸 앞뒤의 '빠르게 진화되었지만', '불이 삽시간에 번져'라는 내용을 미루어 볼 때, 해당 건물의 화재가 빠르게 진화되었음에도 사상자가 발생한 것은 조립식 샌드위치 패널로 이루어진 화재에 취약한 구조이기 때문으로 볼 수 있다. 따라서 빈칸에 들어갈 내용으로 가장 적절한 것은 ①이다.

오답분석

② 건조한 기후와 관련한 내용은 제시문에서 찾을 수 없다.

③ 해당 건물이 불법 가건물에 해당되지만, 해당 건물의 안정성과 관련한 내용은 제시문에서 찾을 수 없다.

④ 소방시설과 관련한 내용은 제시문에서 찾을 수 없으며, 두 번째 문단의 '화재는 30여 분 만에 빠르게 진화되었지만'이라는 내용으로 보아 소방 대처가 화재에 영향을 줬다고 보기는 어렵다.

⑤ 인적이 드문 지역에 있어 해당 건물의 존재를 파악하기는 어려웠지만, 화재로 인한 피해를 더 크게 했다고 보기에도 어렵다.

07 　　정답 ①

체지방량을 $x$kg, 근육량을 $y$kg이라 하자.

$x+y=65 \cdots \bigcirc$

$-0.2x+0.25y=-4 \cdots \bigcirc$

$\bigcirc \times 20$을 하면 $-4x+5y=-80 \cdots \bigcirc$

$(\bigcirc \times 4)+\bigcirc$을 풀면 $9y=180$, $y=20$이고, 이 값을 $\bigcirc$에 대입하면 $x=45$이다.

따라서 운동을 한 후 체지방량은 운동 전에 비해 20%인 9kg이 줄어 36kg이고, 근육량은 운동 전에 비해 25%인 5kg이 늘어 25kg이다.

08 　　정답 ④

둘레에 심는 꽃의 수가 최소가 되려면 꽃 사이의 간격이 최대가 되어야 하므로 꽃 사이의 간격은 $140=2^2 \times 5 \times 7$, $100=2^2 \times 5^2$의 최대공약수인 $2^2 \times 5=20$m가 된다. 따라서 이때 심어야 하는 꽃은 $2 \times [(140+100) \div 20]=24$송이다.

09 　　정답 ⑤

제품 50개 중 1개가 불량품일 확률은 $\dfrac{1}{50}$이다.

따라서 제품 2개를 고를 때 2개 모두 불량품일 확률은 $\dfrac{1}{50} \times \dfrac{1}{50} = \dfrac{1}{2,500}$이다.

10

정답 ④

처음 A비커에 들어 있는 소금의 양은 $\dfrac{6}{100} \times 300 = 18g$이고,

처음 B비커에 들어 있는 소금의 양은 $\dfrac{8}{100} \times 300 = 24g$이다.

A비커에서 소금물 100g을 퍼서 B비커에 옮겨 담았으므로 옮겨진 소금의 양은 $\dfrac{6}{100} \times 100 = 6g$이고, A비커에 남아 있는 소금의 양은 12g이다. 따라서 B비커에 들어 있는 소금물은 400g이고, 소금의 양은 $24+6=30g$이다.

다시 B비커에서 소금물 80g을 퍼서 A비커에 옮겨 담았으므로 옮겨진 소금의 양은 $30 \times \dfrac{1}{5} = 6g$이다. 따라서 A비커의 소금물은 280g이 되고, 소금의 양은 $12+6=18g$이 되므로 농도는 $\dfrac{18}{280} \times 100 ≒ 6.4\%$가 된다.

11

정답 ⑤

1, 2, 3, 4, 5가 각각 적힌 카드에서 3장을 뽑아 만들 수 있는 세 자리 정수는 $5 \times 4 \times 3 = 60$가지이다.

이 중에서 216 이하의 정수는 백의 자리가 1일 때 $4 \times 3 = 12$가지, 백의 자리가 2일 때 213, 214, 215로 3가지이다.

따라서 216보다 큰 정수는 $60 - (12+3) = 45$가지이다.

12

정답 ②

제품 20개 중 3개를 꺼낼 때 불량품이 1개도 나오지 않는 확률은 $\dfrac{_{18}C_3}{_{20}C_3} = \dfrac{816}{1,140} = \dfrac{68}{95}$이다. 따라서 제품 3개를 꺼낼 때 적어도 1개가 불량품일 확률은 $1 - \dfrac{68}{95} = \dfrac{27}{95}$이다.

01	02	03	04	05	06	07	08	09	10
③	③	③	②	③	⑤	④	④	③	④
11	12	13	14	15	16	17			
②	①	④	③	②	②	④			

01
정답 ③

문장의 형태소 중에서 조사나 선어말어미, 어말어미 등으로 쓰인 문법적 형태소의 개수를 파악해야 한다.
• 이, 니, 과, 에, 이, 었, 다 → 총 7개

오답분석

① 이, 을, 었, 다 → 총 4개
② 는, 가, 았, 다 → 총 4개
④ 는, 에서, 과, 를, 았, 다 → 총 6개
⑤ 에, 이, 었, 다 → 총 4개

02
정답 ③

'피상적(皮相的)'은 '사물의 판단이나 파악 등이 본질에 이르지 못하고 겉으로 나타나 보이는 현상에만 관계하는 것'을 의미한다. 제시된 문장에서는 '표면적(表面的)'과 반대되는 뜻의 단어를 써야 하므로 '본질적(本質的)'이 적절하다.

오답분석

① 정례화(定例化) : 어떤 일이 일정하게 정하여진 규칙이나 관례에 따르도록 하게 하는 것
② 중장기적(中長期的) : 길지도 짧지도 않은 중간쯤 되는 기간에 걸치거나 오랜 기간에 걸치는 긴 것
④ 친환경(親環境) : 자연환경을 오염하지 않고 자연 그대로의 환경과 잘 어울리는 일. 또는 그런 행위나 철학
⑤ 숙려(熟慮) : 곰곰이 잘 생각하는 것

03
정답 ③

'서슴다'는 '행동이 선뜻 결정되지 않고 머뭇대며 망설이다. 또는 선뜻 결정하지 못하고 머뭇대다.'는 뜻으로, '서슴치 않다'가 아닌 '서슴지 않다'가 어법상 옳다.

오답분석

① '잠거라'가 아닌 '잠가라'가 되어야 어법상 옳은 문장이다.
② '담궈'가 아니라 '담가'가 되어야 어법상 옳은 문장이다.
④ '염치 불구하고'가 아니라 '염치 불고하고'가 되어야 어법상 옳은 문장이다.
⑤ '뒷뜰'이 아니라 '뒤뜰'이 되어야 어법상 옳은 문장이다.

04
정답 ②

제시문의 시작은 '2022 K-농산어촌 한마당'에 대해 처음 언급하며 화두를 던지는 (가)가 적절하다. 이후 K-농산어촌 한마당 행사에 대해 자세히 설명하는 (다)가 오고, 행사에서 소개된 천일염과 관련 있는 음식인 김치에 대해 언급하는 (나)가 오는 것이 자연스럽다.

05
정답 ③

보기의 정부 관계자들은 향후 청년의 공급이 줄어들게 되는 인구구조의 변화가 문제해결에 유리한 조건을 형성한다고 말하였다. 그러나 기사에 따르면 이러한 인구구조의 변화가 곧 문제해결이나 완화로 이어지지 않는다고 설명하고 있으므로, 정부 관계자의 태도로 ③이 가장 적절하다.

오답분석

①・② 올해부터 3 ~ 4년간 인구 문제가 부정적으로 작용할 것이라고 말하였으나, 올해가 가장 좋지 않다거나 현재 문제가 해결 중에 있다는 언급은 없다.
④ 에코세대의 노동시장 진입으로 인한 청년 공급 증가에 대응해야 함을 인식하고 있다.
⑤ 일본의 상황을 참고하여 한국도 점차 좋아질 것이라고 예측하고 있을 뿐, 한국의 상황이 일본보다 낫다고 평가하는지는 알 수 없다.

06 정답 ⑤

제시문에서 지하철역 주변, 대학교, 공원 등을 이용한 현장 홍보와 방송, SNS 등을 이용한 온라인 홍보를 진행한다고 하였으며, 이러한 홍보 방식은 특정한 계층군이 아닌 일반인들을 대상으로 하는 홍보 방식이다.

오답분석
① 제시문에 등장하는 협의체에는 산업부가 포함되어 있지 않다. 포함된 기관은 국무조정실, 국토부, 행안부, 교육부, 경찰청이다.
② 전동킥보드인지 여부에 관계없이 안전기준을 충족한 개인형 이동장치여야 자전거도로 운행이 허용된다.
③ 개인형 이동장치로 인한 사망사고는 최근 3년간 지속적으로 증가하였다.
④ 13세 이상인 사람 중 원동기 면허 이상의 운전면허를 소지한 사람에 한해 개인형 이동장치 운전이 허가된다.

07 정답 ④

실험실의 수를 x개라 하면, 학생의 수는 $(20x+30)$명이다. 실험실 한 곳에 25명씩 입실시킬 경우 $(x-3)$개의 실험실은 모두 채워지고 2개의 실험실에는 아무도 들어가지 않는다. 그리고 나머지 실험실 한 곳에는 최소 1명에서 최대 25명이 들어간다. 이를 표현하면 다음과 같다.
$25(x-3)+1 \leq 20x+30 \leq 25(x-2) \rightarrow 16 \leq x \leq 20.8$
위의 식을 만족하는 범위 내에서 가장 작은 홀수는 17이므로 최소한의 실험실은 17개이다.

08 정답 ④

기존 사원증은 가로와 세로의 길이 비율이 $1:2$이므로 가로 길이를 $x$cm, 세로 길이를 $2x$cm라 하자. 기존 사원증 대비 새 사원증의 가로 길이 증가폭은 $(6-x)$cm, 세로 길이 증가폭은 $(9-2x)$cm이다. 주어진 디자인 변경 비용을 적용하여 식으로 정리하면 다음과 같다.
$2,800+(6-x)\times12\div0.1+(9-2x)\times22\div0.1=2,420$원
$\rightarrow 2,800+720-120x+1,980-440x=2,420$
$\rightarrow 560x=3,080$
$\therefore x=5.5$
따라서 기존 사원증의 가로 길이는 5.5cm이고 세로 길이는 11cm이며, 둘레는 $(5.5\times2)+(11\times2)=33$cm이다.

09 정답 ③

A공장에서 45시간 동안 생산된 제품은 총 45,000개이고, B공장에서 20시간 동안 생산된 제품은 총 30,000개로 두 공장에서 생산된 제품은 총 75,000개이다. 또한, 두 공장에서 생산된 불량품은 총 $(45+20)\times45=2,925$개이다. 따라서 생산된 제품 중 불량품의 비율은 $2,925\div75,000\times100=3.9\%$이다.

10 정답 ④

연속교육은 하루 안에 진행되어야 하므로 4시간 연속교육으로 진행되어야 하는 문제해결능력 수업은 하루 전체를 사용해야 한다. 따라서 5일 중 1일은 문제해결능력 수업만 진행되며, 나머지 4일에 걸쳐 나머지 3과목의 수업을 진행한다. 수리능력 수업은 3시간 연속교육, 자원관리능력 수업은 2시간 연속교육이며, 하루 수업은 총 4교시로 구성되므로 수리능력 수업과 자원관리능력 수업은 같은 날 진행되지 않는다. 수리능력 수업의 총 교육시간은 9시간으로, 최소 3일이 필요하므로 자원관리능력 수업은 하루에 몰아서 진행해야 한다. 그러므로 문제해결능력 수업과 수리능력 수업을 배정하는 경우의 수는 $5\times4=20$가지이다. 문제해결능력 수업과 자원관리능력 수업이 진행되는 이틀을 제외한 나머지 3일간은 매일 수리능력 수업 3시간과 의사소통능력 수업 1시간이 진행되며, 수리능력 수업 후에 의사소통능력 수업을 진행하는 경우와 의사소통능력 수업을 먼저 진행하고 수리능력 수업을 진행하는 경우로 나뉜다. 따라서 이에 대한 경우의 수는 $2^3=8$가지이다. 그러므로 주어진 규칙을 만족하는 경우의 수는 모두 $5\times4\times2^3=160$가지이다.

11 정답 ②

제시된 공연장의 주말 매표 가격은 평일 매표 가격의 1.5배로 책정되므로, 지난주 1층 평일 매표 가격은 $6\div1.5=4$만 원이 된다. 따라서 지난주 1층 매표 수익은 $(4\times200\times5)+(6\times200\times2)=6,400$만 원이고, 2층 매표 수익은 $8,800-6,400=2,400$만 원이다. 이때, 2층 평일 매표 가격을 x원이라고 한다면, 2층 주말 매표 가격은 $1.5x$원이 되므로 다음 식이 성립한다.
$(x\times5)+(1.5x\times2)=2,400$
위 식을 정리하면 $x=3$이므로, 이 공연장의 평일 매표 가격은 3만 원이 된다.

12 정답 ①

조건에 따르면 A팀의 남자 직원이 여자 직원의 두 배라고 했으므로, 남자 직원은 6명, 여자 직원은 3명이 된다. 이에 동일한 성별의 2명을 뽑는 경우의 수는 다음과 같다.
- 남자 직원 2명을 뽑을 경우 : $_6C_2=\dfrac{6\times5}{2\times1}=15$가지
- 여자 직원 2명을 뽑을 경우 : $_3C_2=\dfrac{3\times2}{2\times1}=3$가지
따라서 가능한 경우의 수는 18가지이다.

13

정답 ④

첫 번째 조건에서 전체 지원자 120명 중 신입직은 경력직의 2배이므로, 신입직 지원자는 80명, 경력직 지원자는 40명이다. 이에 두 번째 조건에서 신입직 중 기획부서에 지원한 사람이 30%라고 했으므로 $80 \times 0.3 = 24$명이 되고, 신입직 중 영업부서와 회계부서에 지원한 사람은 $80 - 24 = 56$명이 된다. 또한 세 번째 조건에서 신입직 중 영업부서와 회계부서에 지원한 사람의 비율이 3 : 1이므로, 영업부서에 지원한 신입직은 $56 \times \dfrac{3}{3+1} = 42$명, 회계부서에 지원한 신입직은 $56 \times \dfrac{1}{3+1} = 14$명이 된다. 다음 네 번째 조건에 따라 기획부서에 지원한 경력직 지원자는 $120 \times 0.05 = 6$명이다. 마지막으로 다섯 번째 조건에 따라 전체 지원자 120명 중 50%에 해당하는 60명이 영업부서에 지원했다고 했으므로, 영업부서 지원자 중 경력직 지원자는 세 번째 조건에서 구한 신입직 지원자 42명을 제외한 $60 - 42 = 18$명이 되고, 회계부서에 지원한 경력직 지원자는 전체 경력직 지원자 중 기획부서와 영업부서의 지원자를 제외한 $40 - (6 + 18) = 16$명이 된다. 따라서 전체 회계부서 지원자는 $14 + 16 = 30$명이다.

14

정답 ③

먼저 장마전선이 강원도에서 인천으로 이동하기까지 소요된 시간을 구하면 (시간)$= \dfrac{(거리)}{(속도)} = \dfrac{304}{32} = 9.5$시간, 즉 9시간 30분에 해당한다. 따라서 강원도에서 장마전선이 시작된 시간은 인천에 도달한 시간인 오후 9시 5분에서 9시간 30분을 거슬러 올라간 오전 11시 35분이다.

15

정답 ②

기계 A와 기계 B의 생산량 비율이 2:3이므로, 총 생산량인 1,000개 중 기계 A가 $1,000 \times \dfrac{2}{2+3} = 400$개, 기계 B가 $1,000 \times \dfrac{3}{2+3} = 600$개를 생산하였다. 이때 기계 A의 불량률이 3%이므로 기계 A로 인해 발생한 불량품의 개수는 $400 \times 0.03 = 12$개이다. 따라서 기계 B로 인해 발생한 불량품의 개수는 $39 - 12 = 27$개이므로, 기계 B의 불량률은 $\dfrac{27}{600} \times 100 = 4.5\%$이다.

16

정답 ②

의자의 개수를 x개, 10인용 의자에서 비어있는 의자 2개를 제외한 가장 적은 인원이 앉아있는 의자의 인원을 y명이라고 할 때, 다음의 등식이 성립한다(단, $0 < y < 10$).
$(7 \times x) + 4 = [10 \times (x-3)] + y$
위 식을 정리하면 다음과 같다.
$7x + 4 = 10x - 30 + y$
$3x + y = 34$
따라서 가능한 x, y의 값과 전체 인원은 다음과 같다.
1) $x = 9$, $y = 7 \rightarrow$ (전체 인원)$= 7x + 4 = 67$명
2) $x = 10$, $y = 4 \rightarrow$ (전체 인원)$= 74$명
3) $x = 11$, $y = 1 \rightarrow$ (전체 인원)$= 81$명
따라서 가능한 최대 인원과 최소 인원의 차이는 $81 - 67 = 14$명이다.

17

정답 ④

먼저 가장 많은 수업 시간을 할애하는 고등학생의 배치 가능한 경우는 다른 학생의 배치 시간과 첫 번째 조건 첫 수업의 시작시간을 고려하여 1 ~ 4시, 3 ~ 6시의 2가지 경우만 가능하다. 따라서 고등학생의 수업 배치 경우의 수를 구하면 다음과 같다.
$2 \times 2 \times {}_4\mathrm{P}_2 = 48$가지
다음으로 중학생의 배치 가능한 경우는 고등학생이 배치된 요일을 제외한 두 요일 중 첫 번째 조건 첫 수업의 시작시간과 네 번째 조건의 휴게시간을 고려하여 하루는 2명이 각각 1 ~ 3시와 4 ~ 6시, 다른 하루는 남은 한 명이 1 ~ 3시 또는 3 ~ 5시 중에 배치될 수 있다. 따라서 중학생의 수업 배치 경우의 수를 구하면 다음과 같다.
- 경우 1
  A요일에 1 ~ 3시, 4 ~ 6시, B요일에 1 ~ 3시 배치
  : $3! = 3 \times 2 \times 1 = 6$가지
- 경우 2
  A요일에 1 ~ 3시, 4 ~ 6시, B요일에 4 ~ 6시 배치
  : $3! = 3 \times 2 \times 1 = 6$가지
마지막으로 초등학생의 배치 가능한 경우는 고등학생이 배치된 요일인 이틀과 중학생이 한 명만 배치된 요일에 진행된다. 따라서 가능한 경우의 수를 구하면 다음과 같다.
$3! = 3 \times 2 \times 1 = 6$가지
그러므로 가능한 총 경우의 수는 모두 $48 \times 6 \times 6 \times 2 = 3,456$가지이다.

01	02	03	04	05	06	07	08	09	10
④	①	④	③	⑤	④	④	①	④	④
11	12	13	14	15	16	17	18	19	20
③	⑤	③	④	③	⑤	③	②	④	②
21	22								
④	③								

01 정답 ④

제시문의 두 번째 문단에서 전기자동차 산업이 확충되고 있음을 언급하면서 구리가 전기자동차의 배터리를 만드는 데 핵심 재료임을 언급하고 있기 때문에 전기자동차 확충에 따른 구리 수요의 증가 상황이 핵심 내용으로 적절하다.

오답분석
①·⑤ 제시문에서 언급하고 있는 내용이나 핵심 내용으로 보기는 어렵다.
② 제시문에서 '그린 열풍'을 언급하고 있으나 그 이유는 제시되어 있지 않다.
③ 제시문에서 산업금속 공급난이 우려된다고 언급하고 있으나, 그로 인한 문제가 제시되어 있지는 않다.

02 정답 ①

제시문에서는 천재가 선천적인 재능뿐만 아니라 후천적인 노력에 의해서 만들어지는 존재라는 주장을 하고 있기 때문에 ①은 적절하지 않다.

오답분석
②·③·④ 제시문에서 언급된 절충적 천재(선천적 재능과 후천적 노력이 결합한 천재)에 대한 내용이다.
⑤ 영감을 가져다주는 것은 신적인 힘보다도 연습이라는 논지이므로 제시문과 같은 입장이다.

03 정답 ④

(라)의 빈칸에는 글의 내용상 보편화된 언어 사용은 적절하지 않다.

오답분석
① 표준어를 사용하는 이유에 대한 상세한 설명이 들어가야 하므로 적절하다.
②·③ 제시문에서 개정안에 대한 부정적인 입장을 취하고 있으므로 적절하다.
⑤ '다만' 이후로 언론이 지양해야 할 방향을 제시하는 것이 자연스러우므로 적절하다.

04 정답 ③

치안 불안 해소를 위해 CCTV를 설치하는 것은 정부가 사회 간접자본인 치안 서비스를 제공하는 것이지, 공공재·공공자원 실패의 해결책이라고 보기는 어렵다.

오답분석
①·② 공공재·공공자원 실패의 해결책 중에서 사용 할당을 위한 정책이라고 볼 수 있다.
④·⑤ 공공재·공공자원 실패의 해결책 중에서 사용 제한을 위한 정책이라고 볼 수 있다.

05 정답 ⑤

(마) 문단에서 ASMR 콘텐츠들은 공감각적인 콘텐츠로 대체될 것이라는 내용을 담고 있다.

오답분석
① 자주 접하는 사람들에 대한 내용은 찾을 수 없다.
② 트리거로 작용하는 소리는 사람에 따라 다를 수 있다.
③ 청각적 혹은 인지적 자극에 반응한 뇌가 신체 뒷부분에 분포하는 자율 신경계에 신경 전달 물질을 촉진하며 심리적 안정감을 느끼게 된다.
④ 연예인이 일반인보다 ASMR을 많이 하는지는 제시문에서 알 수 없다.

06 정답 ④

장피에르 교수 외 고대 그리스 수학자들의 학문에 대한 공통적 입장은 새로운 진리를 찾는 기쁨이라는 것이다.

오답분석
①·③ 제시문과 반대되는 내용이므로 옳지 않다.
②·⑤ 제시문에 언급되어 있지 않아 알 수 없다.

07
정답 ④

박쥐가 많은 바이러스를 보유하고 있는 것은 밀도 높은 군집 생활을 하기 때문이다. 박쥐는 많은 바이러스를 보유하여 그에 대항하는 면역도 갖추었기 때문에 긴 수명을 가질 수 있었다.

오답분석
① 박쥐의 수명이 대다수의 포유동물보다 길다는 것은 맞지만, 평균적인 포유류 수명보다는 짧은지는 알 수 없다.
② 박쥐는 뛰어난 비행 능력으로 긴 거리를 비행해 다닐 수 있다.
③ 박쥐는 현재 강력한 바이러스 대항 능력을 갖추었다.
⑤ 박쥐의 면역력을 연구하여 치료제를 개발할 수 있다.

08
정답 ①

고대 그리스, 헬레니즘, 로마 시대를 순서대로 나열하여 역사적 순서대로 주제의 변천에 대해 서술하고 있다.

09
정답 ④

밑줄 친 '이런 미학'은 사진을 통해 인간의 눈으로는 확인할 수 없는 부분의 아름다움을 느끼는 것으로, 기존 예술의 틈으로 파고들어갈 것으로 주장하고 있다.

10
정답 ④

서양의 자연관은 인간이 자연보다 우월한 자연지배관이며, 동양의 자연관은 인간과 자연을 동일선상에 놓거나 조화를 중요시한다고 설명한다. 따라서 제시문의 중심 내용으로는 서양의 자연관과 동양의 자연관의 차이가 가장 적절하다.

11
정답 ③

PRT는 무인운전을 통해 운행되므로 인건비를 절감할 수 있지만, 무인 경량전철 역시 무인으로 운전되기 때문에 무인 경량전철 대비 PRT가 인건비를 절감할 수 있는지는 알 수 없다.

오답분석
① PRT는 원하는 장소까지 논스톱으로 주행한다.
② 설치비는 경량전철에 비하여 2분의 1에서 4분의 1가량으로 크게 낮은 수준이다.
④ PRT는 크기가 지하철 및 무인 경량전철보다 작으므로 복잡한 도심 속에서도 공간을 확보하기 쉽고, 저소음인 동시에 배기가스 배출이 없다.
⑤ PRT는 2층 높이이고, 경량전철은 3층 높이여서 탑승자의 접근성이 경량전철에 비해 용이하다.

12
정답 ⑤

민속문화는 특정 시기에 장소마다 다양하게 나타나는 경향이 있지만, 대중문화는 특정 장소에서 시기에 따라 달라지는 경향이 크다.

오답분석
① 민속문화는 고립된 촌락 지역에 거주하는 규모가 작고 동질적인 집단에 의해 전통적으로 공유된다.
② 대중문화는 대부분이 선진국, 특히 북아메리카, 서부 유럽, 일본의 산물이다.
③ 민속문화는 흔히 확인되지 않은 기원자를 통해서, 잘 알려지지 않은 시기에, 출처가 밝혀지지 않은 미상의 발상지로부터 발생한다.
④ 스포츠는 민속문화로 시작되었지만, 현대의 스포츠는 대중문화의 특징을 보여준다.

13
정답 ③

신입사원일 사건을 A, 남자일 사건을 B라고 하자.
$P(A)=0.8$, $P(A \cap B)=0.8 \times 0.4=0.32$이다.
$\therefore \ P(B|A)=\dfrac{P(A \cap B)}{P(A)}=\dfrac{0.32}{0.8}=0.4$
따라서 신입사원이면서 남자일 확률은 40%이다.

14
정답 ④

K씨는 400mg의 카페인 중 200mg의 카페인을 이미 섭취했으므로 200mg의 카페인을 추가적으로 섭취할 수 있다. 200mg를 넘지 않은 선에서 최소한 한 가지 종류의 커피만을 마시는 경우를 포함한 각각의 경우의 수를 계산하면 다음과 같다.

인스턴트 커피	핸드드립 커피	총 카페인
4회	0회	$(4 \times 50)+(0 \times 75)=200mg$
3회	0회	$(3 \times 50)+(0 \times 75)=150mg$
2회	1회	$(2 \times 50)+(1 \times 75)=175mg$
2회	0회	$(2 \times 50)+(0 \times 75)=100mg$
1회	2회	$(1 \times 50)+(2 \times 75)=200mg$
1회	1회	$(1 \times 50)+(1 \times 75)=125mg$
1회	0회	$(1 \times 50)+(0 \times 75)=50mg$
0회	2회	$(0 \times 50)+(2 \times 75)=150mg$
0회	1회	$(0 \times 50)+(1 \times 75)=75mg$

따라서 K씨가 마실 수 있는 커피의 경우의 수는 8가지이다.

15 정답 ③

총 6시간 30분 중 30분은 정상에서 휴식을 취했으므로 오르막길과 내리막길의 실제 이동시간은 6시간이다. 총 14km의 길이 중 a는 오르막길에서 걸린 시간, b는 내리막길에서 걸린 시간이라고 하면 다음과 같은 식으로 나타낼 수 있다.

$a+b=6 \cdots \bigcirc$

$1.5a+4b=14 \cdots \bigcirc\bigcirc$

$\bigcirc$, $\bigcirc\bigcirc$을 연립하면 a는 4시간, b는 2시간이다.

따라서 오르막길 A의 거리는 $1.5 \times 4 = 6$km이다.

16 정답 ⑤

기타를 제외한 통합시청점유율과 기존시청점유율의 차이는 C방송사가 20.5%p로 가장 크다. A방송사는 17%p이다.

오답분석

① B는 2위, J는 10위, K는 11위로 순위가 같다.
② 기존시청점유율은 D가 20%로 가장 높다.
③ F의 기존시청점유율은 10.5%로 다섯 번째로 높다.
④ G의 차이는 6%p로 기타를 제외하면 차이가 가장 작다.

17 정답 ③

N스크린 영향력은 다음과 같으므로 ③이 옳다.

방송사	A	B	C	D	E	F	G
N스크린 영향력	1.1	0.9	2.7	0.4	1.6	1.2	0.4
구분	다	나	마	가	라	다	가

방송사	H	I	J	K	L	기타
N스크린 영향력	0.8	0.7	1.7	1.6	4.3	1.8
구분	나	나	라	라	마	라

18 정답 ②

TV 화면 비율이 $4:3$일 때, 가로와 세로의 크기를 각각 a, b라고 하면 $a=4z$이고 $b=3z$이다(z는 비례상수). 대각선의 길이를 A라고 하면 피타고라스 정리에 의해 $A^2 = 4^2 z^2 + 3^2 z^2$이다. 이를 정리하면 $z^2 = \dfrac{A^2}{5^2} = \left(\dfrac{A}{5}\right)^2$, $z = \dfrac{A}{5}$이다. 이때 대각선의 길이가 $40 \times 2.5 = 100$cm이므로 $A=100$cm이다. 그러므로 $z = \dfrac{100}{5} = 20$cm이며, a는 80cm, b는 60cm이다. 따라서 가로와 세로 길이의 차이는 $80-60 = 20$cm이다.

19 정답 ④

ㄴ. A지역에 사는 차상위계층으로, 출장 진료와 진료비를 지원받을 수 있다.
ㄹ. A지역에 사는 기초생활 수급자로, 진료비를 지원받을 수 있다.

오답분석

ㄱ. 지원 사업은 A지역 대상자만 해당되므로 B지역으로 거주지를 옮겨 지원을 받을 수 없다.
ㄷ. 지원내역 중 입원비는 제외되므로 지원받을 수 없다.

20 정답 ②

호실에 있는 환자를 정리하면 다음과 같다.

101호 A · F환자	102호 C환자	103호 E환자	104호
105호	106호 D환자	107호 B환자	108호

방 이동 시 소요되는 행동 수치가 가장 적은 순서는 '101호 – 102호 – 103호 – 107호 – 106호' 순서이다.

이때 환자 회진 순서는 다음과 같다.

A(09:40 ~ 09:50) – F(09:50 ~ 10:00) – C(10:00 ~ 10:10) – E(10:30 ~ 10:40) – B(10:40 ~ 10:50) – D(11:00 ~ 11:10)

회진 규칙에 따라 101호부터 회진을 시작하고, 같은 방에 있는 환자는 연속으로 회진하기 때문에 A환자와 F환자를 회진한다.

따라서 의사가 세 번째로 회진하는 환자는 C환자이다.

21 정답 ④

회진 순서는 A – F – C – E – B – D이므로 E환자의 회진 순서는 B환자보다 먼저이다.

오답분석

① 마지막 회진환자는 D이다.
② 네 번째 회진환자는 E이다.
③ 회진은 11시 10분에 마칠 수 있다.
⑤ 10시부터 회진을 하여도 마지막에 회진 받는 환자는 바뀌지 않는다.

22 정답 ③

• (1일 평균임금)=(4 ~ 6월 임금총액)÷(근무일수) →

$$\dfrac{(160만+25만)+[(160만 \div 16) \times 6]+(160만+160만+25만)}{(22+6+22)}$$

$=118,000원$

• (총 근무일수)$=31+28+31+22+6+22=140$일

• (퇴직금)$=118,000 \times 30 \times \dfrac{140}{360} ≒ 1,376,667$

→ $1,376,000원(\because 1,000원 미만 절사)$

따라서 A의 퇴직금은 1,376,000원이다.

CHAPTER

05

기출문제

01	02	03	04	05	06	07	08	09	10
③	⑤	③	④	③	④	②	①	②	③
11	12	13	14	15	16	17	18	19	20
⑤	③	④	④	①	④	③	②	④	⑤
21	22	23	24	25	26	27	28	29	30
⑤	④	③	⑤	④	⑤	④	⑤	④	③
31	32	33							
②	②	⑤							

01 　　　　　정답 ③

올더스 헉슬리에 대한 내용이다. 올더스 헉슬리는 오히려 사람들이 너무 많은 정보를 접하는 상황에 대해 두려워했지만 조지 오웰은 정보가 통제당하는 상황을 두려워했다.

오답분석

① 조지 오웰은 서적이 금지당하고 정보가 통제당하는 등 자유를 억압받는 상황을 두려워했다.
② 올더스 헉슬리는 스스로가 압제를 받아들인다고 생각했다.
④ 올더스 헉슬리는 즐길 거리 등을 통해 사람들을 통제할 수 있다고 보았다.
⑤ 조지 오웰은 우리가 증오하는 것이, 올더스 헉슬리는 우리가 좋아하는 것이 자신을 파멸시킬 상황을 두려워했다.

02 　　　　　정답 ⑤

스마트 시티의 성공은 인공지능과의 접목을 통한 기술 향상이 아니라 시민이 행복을 느끼는 것이다.

오답분석

① 컨베이어 벨트 체계는 2차 산업혁명 시기부터 도입되었다.
② 과거에는 컴퓨터, 휴대전화만 연결 대상이었으나 현재 자동차, 세탁기로까지 확대되었다.
③ 정보 공유형은 3차 산업혁명 '유 시티'의 특성이다.
④ 빅데이터는 속도, 규모, 다양성으로 정의할 수 있다.

03 　　　　　정답 ③

경덕왕 시기 통일된 석탑 양식은 지방으로까지 파급되지 못하고 경주에 밀집된 모습을 보였다.

오답분석

① 문화가 부흥할 수 있었던 배경에는 안정된 왕권과 정치제도가 바탕이 되었기 때문이다.
② 장항리 오층석탑 역시 통일 신라 경덕왕 시기 유행했던 통일된 석탑 양식으로 주조되었다.
④ 통일된 양식 이전에는 시원 양식과 전형기가 유행했다.
⑤ 1층의 탑신에 비해 2층과 3층을 낮게 만들어 체감율에 있어 안정감을 추구하였다.

04 　　　　　정답 ④

면 같은 천연섬유는 운동량이 약할 때에는 적합하지만, 운동량이 클 때는 폴리에스테르나 나일론 같은 합성섬유가 더 좋은데, 합성섬유는 면보다 흡습성이 낮지만 오히려 모세관 현상으로 운동할 때 생기는 땀이 쉽게 제거되기 때문이다.

오답분석

① 능직법으로 짠 천은 물에 젖더라도 면섬유들이 횡축 방향으로 팽윤해 천의 세공 크기를 줄여 물이 쉽게 투과하지 못해 방수력이 늘어나며, 이에 해당하는 직물로는 벤타일이 있다.
② 수지 코팅 천을 코팅하는 막은 미세 동공막 모양을 가지고 있는 소수성 수지나 동공막을 지니지 않는 친수성 막을 사용하여 미세 동공의 크기는 수증기 분자는 통과할 수 있지만, 아주 작은 물방울은 통과할 수 없을 정도로 조절한다.
③ 마이크로 세공막의 세공 크기는 작은 물방울 크기의 20,000분의 1 정도로 작아 물방울은 통과하지 못하지만, 수증기 분자는 쉽게 통과하며, 대표적인 천으로 고어텍스가 있다.
⑤ 나일론을 기초 직물로 한 섬유는 폴리에스테르보다 수분에 더 빨리 젖지만, 극세사로 천을 짜면 공기 투과성이 낮아 체온보호 성능이 우수하다. 이런 이유 때문에 등산복보다는 수영복, 사이클링복에 많이 쓰인다.

05

정답 ③

선택에 따른 스트레스를 줄여주는 원산지 표시 제품의 경우 다른 제품들보다 10% 비싸지만 보통 판매량은 더 높은 것으로 집계된다.

[오답분석]

① 사람들마다 먹거리를 선택하는 기준도 다르고 같은 개인들이라도 처해있는 상황이 다르기 때문에 고려해야 될 요소가 복잡해진다.

② 최선의 선택을 할지라도 남아 있는 대안들에 대한 미련으로 후회감이 남게 된다.

④ 소비자들은 원산지 표시 제품을 구매함으로써 선택의 스트레스를 줄인다.

⑤ 원산지 표시제는 익명성을 탈피시켜 궁극적으로 사회적 태만을 줄일 수 있는 방안 중의 하나이다.

06

정답 ④

원콜 서비스를 이용하기 위해서는 사전등록된 신용카드가 있어야 결제가 가능하다.

[오답분석]

① 상이등급이 있는 국가유공자만 이용가능하다.

② 원콜 서비스를 이용하면 전화로 맞춤형 우대예약 서비스를 이용할 수 있다.

③ 신분증 외 유공자증을 대신 지참하여도 신청이 가능하다.

⑤ 휴대폰을 이용한 승차권 발권을 원하지 않는 경우, 전화 예약을 통해 역창구 발권을 받을 수 있으므로 선택권이 존재한다.

07

정답 ②

ㄱ. 전화를 통한 예약의 경우, 승차권 예약은 ARS가 아닌 상담원을 통해 이루어진다.

ㄷ. 예약된 승차권은 본인 외 사용은 무임승차로 간주되며, 양도가 가능한지는 자료에서 확인할 수 없다.

[오답분석]

ㄴ. 경우에 따라 승차권 대용문자 혹은 승차권 대용문자+스마트폰 티켓으로 복수의 방식으로 발급받을 수 있다.

ㄹ. 반기별 예약 부도 실적이 3회 이상인 경우 다음 산정일까지 우대서비스가 제한된다.

08

정답 ①

일반적인 의미와 다른 나라의 사례를 통해 대체의학의 정의를 설명하고, 또한 크게 세 가지 유형으로 대체의학의 종류를 설명하고 있기 때문에 대체의학의 의미와 종류가 제목으로 가장 적절하다.

[오답분석]

② 대체의학의 문제점은 언급되지 않았다.

③ 대체의학으로 인한 부작용 사례는 언급되지 않았다.

④ 대체의학이 무엇인지 설명하고 있으며 개선방향에 대해 언급하지 않았다.

⑤ 대체의학의 종류에 대해 설명하고 있지만 연구 현황과 미래를 언급하지 않았다.

09

정답 ②

플라톤 시기에는 이제 막 알파벳이 보급되고, 문자문화가 전래의 구술적 신화문화를 대체하기 시작한 시기였다.

[오답분석]

① 타무스왕은 문자를 죽었다고 표현하며, 생동감 있고 살아 있는 기억력을 퇴보시킬 것이라 보았다.

③ 문자와 글쓰기는 콘텍스트를 떠나 비현실적이고 비자연적인 세계 속에서 수동적으로 이뤄진다고 보았다.

④ 물리적인 강제의 억압에 의해 말살될 위기에 처한 진리의 소리는 기념비적인 언술행위의 문자화를 통해서 저장되어야 한다고 보는 입장이 있으므로 적절하지 않다.

⑤ 문화적 기억력에 대한 성찰과 가치 판단이 부재하다면 새로운 매체는 단지 댓글 파노라마에 불과할 것이다라고 보았다.

10

정답 ③

부모의 학력이 자녀의 소득에 영향을 미치는 것은 환경적 요인에 의한 결정이다. 이러한 현상이 심화될 경우 빈부격차의 대물림 현상이 심해질 것으로 바라보고 있다.

[오답분석]

① 개인의 학력과 능력은 노력뿐만 아니라 환경적 요인, 운 등 다양한 요소에 의해 결정된다.

② 분배정의론의 관점에서는 환경적 요인에 의해 나타난 불리함에 대해서 개인에게 책임을 묻는 것이 정당하지 않다고 주장하고 있다.

④ 사회민주주의 국가는 조세 정책을 통해 기회균등화 효과를 거두고 있다.

⑤ 세율을 보다 높이고 대신 이전지출의 크기를 늘리는 것이 세율을 낮추고 이전지출을 줄이는 것에 비해 재분배 효과가 더욱 있을 것으로 전망된다.

11

15일에는 준공식이 예정되어 있으나, 첫 운행이 언제부터인지에 대한 정보는 제시되고 있지 않다.

[오답분석]
① 코엑스 아셈볼룸에서 철도종합시험선로의 준공을 기념하는 국제 심포지엄이 열렸다.
② 시험용 철도선로가 아닌 영업선로를 사용했기 때문에 실제 운행 중인 열차와의 사고 위험성이 존재했다.
③ 세계 최초로 고속 · 일반철도 차량용 교류전력(AC)과 도시철도 전동차용 직류전력(DC)을 모두 공급할 수 있도록 설비했다.
④ 기존에는 해외 수출을 위해 성능시험을 현지에서 실시하곤 했다.

12

올해는 보조금 지급 기준을 낮춘다고 한 내용을 통해 알 수 있다.

[오답분석]
① 대상자 선정은 4월 중에 이루어진다.
② 우수물류기업의 경우 예산의 50% 내에서 이루어지며, 중소기업이 예산의 20% 내에서 우선 선정된다.
④ 전체가 아닌 증가 물량의 100%이다.
⑤ 2010년부터 시작된 사업으로 작년까지 감소한 탄소 배출량이 약 194만 톤이다.

13

외국인이 마스크를 구매할 경우 외국인등록증뿐만 아니라 건강보험증도 함께 보여줘야 한다.

[오답분석]
① 4월 27일부터 마스크를 3장까지 구매할 수 있게 된 건 맞지만, 지정된 날에만 구입이 가능하다.
② 만 10살 이하 동거인의 마스크를 구매하기 위해선 주민등록등본 혹은 가족관계증명서와 함께 대리 구매자의 신분증을 제시해야 한다.
③ 지정된 날에만 마스크 구매가 가능하며, 별도의 추가 구매는 불가능하다.
⑤ 대리 구매자의 신분증, 주민등록등본, 임신확인서 3개를 지참해야 대리 구매가 가능하다.

14

제시문에서 시골개, 떠돌이개 등이 지속적으로 유입되었다는 내용을 통해 짐작할 수 있는 사실이다.

[오답분석]
① 2018년 이후부터의 수치를 제시하고 있기 때문에 이전에도 그랬는지는 알 수가 없다.
② 지난해 경기 지역이 가장 많은 유기견 수를 기록했다는 내용만 알 수 있을 뿐, 항상 그랬는지는 알 수가 없다.
③ 2016년부터 2019년까지는 꾸준히 증가하는 추세였으나, 작년에는 12만 8,719마리로 감소했음을 알 수 있다.
⑤ 유기견 번식장에 대한 규제가 필요하다는 말을 미루어 봤을 때 적절한 규제가 이루어지지 않음을 짐작할 수 있다.

15

A, B, C팀이 사원 수를 각각 a명, b명, c명으로 가정한다. 이때 A, B, C의 총 근무 만족도 점수는 각각 $80a$, $90b$, $40c$이다. A팀과 B팀의 근무 만족도, B팀과 C팀의 근무 만족도에 대한 평균 점수가 제공되었고, 추가적으로 A팀과 B팀의 근무 만족도 평균은 88점인 것을 이용하면 다음의 식을 얻는다.

$$\frac{80a+90b}{a+b}=88 \rightarrow 80a+90b=88a+88b$$

$$\rightarrow 2b=8a \rightarrow b=4a$$

B팀과 C팀의 근무 만족도 평균은 70점인 것을 이용하면 다음의 식을 얻는다.

$$\frac{90b+40c}{b+c}=70 \rightarrow 90b+40c=70b+70c$$

$$\rightarrow 20b=30c \rightarrow 2b=3c$$

따라서 $2b=3c$이므로 식을 만족하기 위해서 c는 짝수여야 한다.

[오답분석]
② 근무 만족도 평균이 가장 낮은 팀은 C팀이다.
③ B팀의 사원 수는 A팀의 사원 수의 4배이다.
④ C팀은 A팀 사원 수의 $\frac{8}{3}$배이다.
⑤ A, B, C팀의 근무 만족도 점수는 $80a+90b+40c$이며, 총 사원 수는 $a+b+c$이다. 이때, b와 c를 a로 정리하여 표현하면 세 팀의 총 근무 만족도 점수 평균은

$$\frac{80a+90b+40c}{a+b+c}=\frac{80a+360a+\frac{320}{3}a}{a+4a+\frac{8}{3}a}$$

$$=\frac{240a+1,080a+320a}{3a+12a+8a}=\frac{1,640a}{23a} ≒ 71.30이다.$$

16
정답 ④

ㄴ. 2019년, 2020년 모두 30대 이상의 여성이 남성보다 비중이 더 높다.

ㄷ. 2020년 40대 남성의 비중은 22.1%로 다른 나이대보다 비중이 높다.

오답분석

ㄱ. 2019년에는 20대 남성이 30대 남성보다 1인 가구 비중이 더 높지만, 2020년에는 20대 남성이 30대 남성보다 1인 가구의 비중이 더 낮다. 따라서 20대 남성이 30대 남성보다 1인 가구의 비중이 더 높은지는 알 수 없다.

ㄹ. 2년 이내 1인 생활을 종료하는 1인 가구의 비중은 2019년에는 증가하였으나, 2020년에는 감소하였다.

17
정답 ③

ㄴ. 1대당 차의 가격은 $\dfrac{(\text{수출액})}{(\text{수출 대수})}$(단위 : 만 달러)로 계산할 수 있다.

- A사 : $\dfrac{1,630,000}{532} ≒ 3,064$만 달러

- B사 : $\dfrac{1,530,000}{904} ≒ 1,692$만 달러

- C사 : $\dfrac{3,220,000}{153} ≒ 21,046$만 달러

- D사 : $\dfrac{2,530,000}{963} ≒ 2,627$만 달러

- E사 : $\dfrac{2,620,000}{2,201} ≒ 1,190$만 달러

따라서 2020년 1분기에 가장 고가의 차를 수출한 회사는 C사이다.

ㄷ. C사의 자동차 수출 대수는 계속 감소하다가 2020년 3분기에 증가하였다.

오답분석

ㄱ. 2019년 3분기 전체 자동차 수출액은 1,200백만 달러로 2020년 3분기 전체 자동차 수출액인 1,335백만 달러보다 적다.

ㄹ. E사의 자동차 수출액은 2019년 3분기 이후 계속 증가하였다.

18
정답 ②

- ㉠ : 532+904+153+963+2,201=4,753
- ㉡ : 2×(342+452)=1,588
- ㉢ : 2,201+(2,365×2)+2,707=9,638
- ∴ ㉠+㉡+㉢=4,753+1,588+9,638=15,979

19
정답 ④

오전 8시에 좌회전 신호가 켜졌으므로 다음 좌회전 신호가 켜질 때까지 20초+100초+70초=190초가 걸린다. 1시간 후인 오전 9시 정각의 신호를 물었으므로 오전 8시부터 60×60=3,600초 후이다.

3,600초=(190×18)+180이므로 좌회전, 직진, 정지 신호가 순서대로 18번 반복되고 180초 후에는 정지 신호가 켜져 있을 것이다.

180초(남은 시간)−20초(좌회전 신호)−100(직진 신호)=60초(정지 신호 70초 켜져 있는 중)

20
정답 ⑤

모두 최소 1개 이상의 알파벳, 숫자, 특수문자로 구성이 되었기 때문에 다른 조건인 비밀번호로 사용된 숫자들이 소수인지를 확인하여야 한다. ①∼⑤의 숫자는 2, 3, 5, 7, 17, 31, 41, 59, 73, 91이 있으며, 이 중 91은 7과 13으로 약분이 되어 소수가 아니다. 따라서 91이 들어있는 ⑤는 비밀번호로 사용될 수 없다.

21
정답 ⑤

한국의 자동차 1대당 인구 수는 2.9로 러시아와 스페인 전체 인구에서의 자동차 1대당 인구 수인 2.8보다 많다.

오답분석

① 중국의 자동차 1대당 인구 수는 28.3으로 멕시코의 자동차 1대당 인구 수의 $\dfrac{28.3}{4.2} ≒ 6.7$배이다.

② 폴란드의 자동차 1대당 인구 수는 2명이다.

③ 러시아와 스페인 전체 인구에서의 자동차 1대당 인구 수는 $\dfrac{14,190+4,582}{3,835+2,864} = \dfrac{18,772}{6,699} ≒ 2.8$이므로 폴란드의 자동차 1대당 인구 수인 2명보다 많다.

④ 한국의 자동차 1대당 인구 수는 2.9로 미국과 일본의 자동차 1대당 인구 수의 합인 1.2+1.7=2.9와 같다.

22
정답 ④

기타수입은 방송사 매출액의 $\dfrac{10,568}{942,790}×100 ≒ 1.1\%$이다.

오답분석

① 방송사 매출액은 전체 매출액의 $\dfrac{942,790}{1,531,422}×100 ≒ 61.6\%$이다.

② 라이선스 수입은 전체 매출액의 $\dfrac{7,577}{1,531,422}×100 ≒ 0.5\%$이다.

③ 방송사 이외 매출액은 전체 매출액의 $\frac{588,632}{1,531,422} \times 100$

≒ 38.4%이다.

⑤ 연도별 매출액 추이를 보면 2016년이 가장 낮다.

23

정답 ③

(가) ~ (마) 중 계산이 가능한 매출을 주어진 정보를 이용하여 구한다. 먼저 (가)는 2018년 총매출액으로 방송사 매출액과 방송사 이외 매출액을 더한 값인 1,143,498십억 원이다. (다)는 방송사 매출액을 모두 더한 값으로 855,874십억 원임을 알 수 있으며, (나)는 2019년 총매출액으로 방송사 매출액과 방송사 이외 매출액을 더한 값인 1,428,813십억 원이 된다. (마)는 방송사 이외 매출액의 소계 정보에서 판매수입을 제한 값인 212,341십억 원이다. 이때, 주어진 정보만으로는 (라)의 매출액을 알 수 없다.

오답분석

① (가)는 1,143,498십억 원으로 (나) 1,428,813십억 원보다 작다.

② (다)는 855,874십억 원으로 2018년 방송사 매출액과의 차이는 100,000십억 원 이상이다.

④ (마)는 212,341십억 원으로 2020년 방송사 이외 판매수입보다 작다.

⑤ 2019년 방송사 매출액 판매수입은 819,351십억 원으로 212,341십억 원의 3배 이상이다.

24

정답 ⑤

ⅰ) 7명이 조건에 따라서 앉는 경우의 수

운전석에 앉을 수 있는 사람은 3명이고 조수석에는 부장님이 앉지 않으므로 $3 \times 5 \times 5! = 1,800$가지이다.

ⅱ) K씨가 부장님 옆에 앉지 않을 경우의 수

전체 경우의 수에서 부장님과 옆에 앉는 경우를 빼면 A씨가 부장님 옆에 앉지 않는 경우가 되므로 K씨가 부장님 옆에 앉는 경우의 수를 구하면 다음과 같다.

K씨가 운전석에 앉거나 조수석에 앉으면 부장님은 운전을 하지 못하고 조수석에 앉지 않으므로 부장님 옆에 앉지 않는다. 즉, K씨가 부장님 옆에 앉을 수 있는 경우는 가운데 줄에서의 2가지 경우와 마지막 줄에서 1가지 경우가 있다. K씨가 부장님 옆에 앉는 경우는 총 3가지이고, 서로 자리를 바꿔서 앉는 경우까지 2×3가지이다. 운전석에는 K를 제외한 2명이 앉을 수 있고, 조수석을 포함한 나머지 4자리에 4명이 앉는 경우의 수는 4!가지이다. 그러므로 K씨가 부장님 옆에 앉는 경우의 수는 $2 \times 3 \times 2 \times 4! = 288$가지이다.

따라서 K씨가 부장님 옆에 앉지 않을 경우의 수는 1,800 - 288 = 1,512가지이므로 K씨가 부장님의 옆자리에 앉지 않을

확률은 $\frac{1,512}{1,800} = 0.84$이다.

25

정답 ④

4×6 사이즈는 x개, 5×7 사이즈는 y개, 8×10 사이즈는 z개를 인화했다고 하면 $150x + 300y + 1,000z = 21,000$원이다. 모든 사이즈를 최소 1장씩은 인화하였으므로 $x+1 = x'$, $y+1 = y'$, $z+1 = z'$라고 하면 $150x' + 300y' + 1,000z' = 19,550$원이다. 십 원 단위는 300과 1,000원으로 나올 수 없는 금액이므로 4×6 사이즈 1장을 더 구매한 것으로 보고, 나머지 금액을 300과 1,000원으로 구매할 수 있는지 확인한다. 19,400원에서 백 원 단위는 1,000원으로 구매할 수 없으므로 300원으로 구매해야 한다. 5×7 사이즈인 300 ×8 = 2,400원을 제외하면 19,400 - 2,400 = 17,000원이 남는데 나머지는 1,000원으로 구매할 수 있으나, 5×7 사이즈를 최대로 구매해야 하므로 300의 배수인 300×50 = 15,000원을 추가로 구매한다. 나머지 2,000원은 8×10 사이즈로 구매한다. 따라서 5×7 사이즈는 최대 1+8+50 = 59장을 구매할 수 있다.

26

정답 ⑤

공적마스크를 구매할 수 있는 날은 7일마다 돌아온다. 이때, 36일은 $(7 \times 5) + 1$이므로 2차 마스크 구매 요일은 1차 마스크 구매 요일과 하루 차이임을 알 수 있다. 이때, 1차 마스크 구매는 평일에 이루어졌다고 하였으므로, A씨가 2차로 마스크를 구매한 요일은 토요일이 된다. 따라서 1차로 구매한 요일은 금요일이고, 출생 연도 끝자리는 5이거나 0이다. 또한, A씨의 1차 마스크 구매 날짜는 3월 13일이며, 36일 이후는 4월 18일이다. 따라서 주말을 제외하고 공적마스크를 구매할 수 있는 날짜는 3/13, 3/20, 3/27, 4/3, 4/10, 4/17, 4/24, 5/1, 5/8, 5/15, … 이다.

27

정답 ④

2번 이상 같은 지역을 신청할 수 없으므로, D는 1년 차와 2년 차 서울 지역에서 근무하였으므로 3년 차에는 지방으로 가야 한다. 따라서 신청지로 배정받지 못할 것이다.

오답분석

① B는 1년 차 근무를 마친 A가 신청한 종로를 제외한 어느 곳이나 갈 수 있으므로 신청지인 영등포로 이동하게 될 것이다.

② C보다 E가 전년도 평가가 높으므로 E는 여의도에, C는 지방으로 이동할 것이다.

③ 1년 차 신입은 전년도 평가 점수가 100점이므로 신청한 근무지에서 근무할 수 있다. 따라서 A는 입사 시 1년 차 근무지로 대구를 선택했음을 알 수 있다.

⑤ D는 규정에 부합하지 않게 신청했으므로 C가 제주로 이동한다면, 남은 지역인 광주나 대구로 이동하게 된다.

28

정답 ⑤

주어진 조건에 따라 시간대별 고객 수의 변화 및 함께 온 일행들이 앉은 테이블을 정리하면 다음과 같다.

시각	새로운 고객	기존 고객
09:20	2(2인용)	0
10:10	1(4인용)	2(2인용)
12:40	3(4인용)	0
13:30	5(6인용)	3(4인용)
14:20	4(4인용)	5(6인용)
15:10	5(6인용)	4(4인용)
16:45	2(2인용)	0
17:50	5(6인용)	0
18:40	6(입장×)	5(6인용)
19:50	1(2인용)	0

오후 3시 15분에는 오후 3시 10분에 입장하여 6인용 원탁에 앉은 5명의 고객과 오후 2시 20분에 입장하여 4인용 원탁에 앉은 4명의 고객까지 총 9명의 고객이 있을 것이다.

29

정답 ④

ㄴ. 오후 6시 40분에 입장한 일행은 6인용 원탁에만 앉을 수 있으나, 5시 50분에 입장한 일행이 사용 중이어서 입장이 불가하였다.
ㄹ. 오후 2시 정각에는 6인용 원탁에만 고객이 앉아 있었다.

오답분석

ㄱ. 오후 6시에는 오후 5시 50분에 입장한 고객 5명이 있다.
ㄷ. 오전 9시 20분에 2명, 오전 10시 10분에 1명, 총 3명이 방문하였다.

30

정답 ③

주어진 조건을 고려하면 1순위인 B를 하루 중 가장 이른 식후 시간대인 아침 식후에 복용해야 한다. 2순위이며 B와 혼용 불가능한 C는 점심 식전에 복용하며, 3순위인 A는 혼용 불가능 약을 피해 저녁 식후에 복용해야 한다. 4순위인 E는 남은 시간 중 가장 빠른 식후인 점심 식후에 복용을 시작하며, 5순위인 D는 가장 빠른 시간인 아침 식전에 복용한다.

식사	시간	1일 차	2일 차	3일 차	4일 차	5일 차
아침	식전	D	D	D	D	D
	식후	B	B	B	B	
점심	식전	C	C	C		
	식후	E	E	E	E	
저녁	식전					
	식후	A	A	A	A	

따라서 모든 약의 복용이 완료되는 시점은 5일 차 아침이다.

31

정답 ②

ㄱ. 혼용이 불가능한 약들을 서로 피해 복용하더라도 하루에 A~E를 모두 복용할 수 있다.
ㄷ. 최단 시일 내에 모든 약을 복용하기 위해서는 A는 혼용이 불가능한 약들을 피해 저녁에만 복용하여야 한다.

오답분석

ㄴ. D는 아침에만 복용한다.
ㄹ. A와 C를 동시에 복용하는 날은 총 3일이다.

32

정답 ②

ㄱ. 특수택배를 먼저 배송한 후에 보통택배 배송을 시작할 수 있으므로 2개까지 가능하다.
ㄴ. 특수택배 상품 배송 시, 가 창고에 있는 특01을 배송하고, 나 창고에 있는 물품 특02, 특03을 한 번에 배송하면, 최소 $10+10($휴식$)+(15+10-5)=40$분이 소요된다.

오답분석

ㄷ. 3개의 상품(보03, 보04, 보05)을 한 번에 배송하면, 총 시간에서 10분이 감소하므로 $20+10+25-10=45$분이 소요된다. 따라서 50분을 넘지 않아 가능하다.

33

정답 ⑤

주어진 조건에 따라 최소 배송 소요시간을 계산하면 특수택배 배송 완료까지 소요되는 최소 시간은 40분이다. 보통택배의 배송 소요시간을 최소화하기 위해서는 같은 창고에 있는 택배를 최대한 한 번에 배송하여야 한다. 가 창고의 보통택배 배송 소요시간은 $10+10-5=15$분이고, 휴식 시간은 10분이다. 나 창고의 보통택배 배송 소요시간은 15분이며, 휴식 시간은 10분이다. 다 창고의 보통택배 배송 소요시간은 $20+10+25-10=45$분이다. 이를 모두 합치면 배송 소요시간이 최소가 되는 총 소요시간은 $40+15+10+15+10+45=135$분이다. 따라서 9시에 근무를 시작하므로, 11시 15분에 모든 택배의 배송이 완료된다.

PART 2

직업기초능력평가

출제유형분석 01 | 실전예제

01
정답 ③

ㄱ. 응급처치 시 주의사항에 따르면 부상자에게 부상 정도에 대하여 이야기하지 않고 안심시켜야 한다.
ㄴ. 응급처치의 순서에 따르면 부상자를 먼저 안전한 장소로 이동시킨 후 응급처치를 하여야 한다.

[오답분석]
ㄷ. 응급처치 시 주의사항에 따르면 부상자의 신원 및 모든 부상 상태를 파악하기 위하여 노력하여야 한다.

02
정답 ②

고야가 이성의 존재를 부정했다는 내용은 제시되어 있지 않다. 다섯째 문장 '세상이 완전하게 이성에 의해서만 지배되지 않음을 표현하고 있을 뿐이다.'를 통해 ②의 내용이 적절하지 않음을 알 수 있다.

03
정답 ④

제시문에 따르면 스마트시티 전략은 정보통신기술을 적극적으로 활용하여 도시의 혁신을 이끌고 도시 문제를 해결하는 것으로 볼 수 있다. ④는 물리적 기반시설 확대의 경우로, 정보통신기술의 활용과는 거리가 멀다.

04
정답 ④

제시문에서 인플루엔자는 항원을 변화시키기 때문에 이전에 인플루엔자에 걸렸던 사람이라도 새로이 나타난 다른 균종으로부터 안전할 수 없다고 하였다.

[오답분석]
① 발열 증상은 아무런 기능도 없이 불가피하게 일어나는 수동적인 현상이 아니라, 체온을 높여 우리의 몸보다 열에 더 예민한 병원체들을 죽게 하는 능동적인 행위이므로 적절하지 않은 내용이다.
② 예방접종은 죽은 병원체를 접종함으로써 질병을 실제로 경험하지 않고 항체 생성을 자극하는 것이므로 적절하지 않은 내용이다.
③ 겸상 적혈구 유전자는 적혈구의 모양을 정상적인 도넛 모양에서 낫 모양으로 바꾸어 빈혈을 일으키므로 생존에 불리함을 주지만, 말라리아에 대해서는 저항력을 가지게 한다고 하였으므로 적절하지 않은 내용이다.
⑤ 역사적으로 특정 병원체에 자주 노출되었던 인구 집단에서는 그 병에 저항하는 유전자를 가진 개체의 비율이 높아질 수밖에 없다고 하였다. 이는 반대로 생각하면 특정 병원체에 노출된 빈도가 낮은 집단에는 그 병에 저항하는 유전자를 가진 개체의 비율이 낮다는 의미이므로 적절하지 않은 내용이다.

출제유형분석 02 실전예제

01
정답 ②

제시문은 유류세 상승으로 인해 발생하는 장점을 열거함으로써 유류세 인상을 정당화하고 있다.

02
정답 ④

제시문은 통계 수치의 의미를 정확하게 이해하고 도구와 방법을 올바르게 사용해야 하며, 특히 아웃라이어의 경우를 생각해야 한다고 주장하고 있다.

[오답분석]

①·② 집단을 대표하는 수치로서의 '평균' 자체가 숫자 놀음과 같이 부적당하다고는 언급하지 않았다.

③ 아웃라이어가 있는 경우에는 평균보다는 최빈값이나 중앙값이 대푯값으로 더 적당하다.

⑤ 통계의 유용성은 글의 도입부에 잠깐 인용되었을 뿐, 글의 중심내용으로 볼 수 없다.

03
정답 ④

제시문의 첫 번째 문단에서 위계화의 개념을 설명하고, 이어지는 문단에서 이러한 불평등의 원인과 구조에 대해 살펴보고 있다. 따라서 제시문의 제목으로 가장 적절한 것은 ④이다.

04
정답 ④

제시된 기사는 대기업과 중소기업 간의 상생경영의 중요성을 강조하는 글로, 기존에는 대기업이 시혜적 차원에서 중소기업에게 베푸는 느낌이 강했지만, 현재는 협력사의 경쟁력 향상이 곧 기업의 성장으로 이어질 것으로 보고 상생경영의 중요성을 높이고 있다고 하였다. 또한 대기업이 지원해 준 업체의 기술력 향상으로 더 큰 이득을 보상받는 등 상생 협력이 대기업과 중소기업 모두에게 효과적임을 알 수 있다. 따라서 '시혜적 차원에서의 대기업 지원의 중요성'은 기사 제목으로 적절하지 않다.

출제유형분석 03 실전예제

01
정답 ②

제시문은 음악을 쉽게 복제할 수 있는 환경이 되었으며 이를 비판하는 시각이 등장했음을 소개하고, 비판적 시각에 대한 반박을 하면서 미래에 대한 기대를 나타내는 내용의 글이다. 따라서 (다) 음악을 쉽게 변모시킬 수 있게 된 환경 → (가) 음악 복제에 대한 비판적인 시선의 등장 → (라) 이를 반박하는 복제품 음악의 의의 → (나) 복제품으로 새롭게 등장한 전통에 대한 기대 순서로 나열되어야 한다.

02
정답 ⑤

먼저 귀납에 대해 설명하고 있는 (나) 문단이 오는 것이 적절하며, 특성으로 인한 귀납의 논리적 한계가 나타난다는 (라) 문단이 그다음으로 오는 것이 적절하다. 이후 이러한 한계에 대한 흄의 의견인 (다) 문단과 구체적인 흄의 주장과 이에 따라 귀납의 정당화 문제에 대해 설명하는 (가) 문단이 차례로 오는 것이 적절하다.

01

제시문에 따르면 레일리 산란의 세기는 보랏빛이 가장 강하지만 우리 눈은 보랏빛보다 파란빛을 더 잘 감지하기 때문에 하늘이 파랗게 보이는 것이다.

오답분석

①・② 첫 번째 문단을 통해 추론할 수 있다.
④ 빛의 진동수는 파장과 반비례하고, 레일리 산란의 세기는 파장의 네제곱에 반비례한다. 즉, 빛의 진동수가 2배가 되면 파장은 1/2배가 되고, 레일리 산란의 세기는 $2^4=16$배가 된다.
⑤ 마지막 문단의 내용을 통해 추론할 수 있다.

02

오답분석

① 정상 과학의 시기에는 이미 이론의 핵심 부분들은 정립되어 있으며 이 시기에는 새로움을 좇아가기보다는 기존 연구의 세부 내용이 깊어진다. 따라서 다양한 학설과 이론의 등장은 적절하지 않다.
② 어떤 현상의 결과가 충분히 예측된다 할지라도 그 세세한 과정은 의문 속에 있기 마련이다. 정상 과학의 시기에 과학자들의 열정과 헌신성은 예측 결과와 실제의 현상을 일치시키기 위한 연구로 유지될 수 있다.
④ 과학적 사고방식과 관습, 기법 등이 하나의 기반으로 통일되어 있을 뿐이며 해결해야 할 과제가 없는 것은 아니다. 따라서 완성된 과학이라고 부를 수 없다.
⑤ 이론의 핵심 부분들은 정립된 상태이므로 과학자들은 심오한 작은 영역에 집중하게 되고 그에 따라 각종 실험 장치의 다양화, 정밀화와 더불어 문제를 해결해 가는 특정 기법과 규칙들이 만들어진다. 따라서 문제를 해결해 가는 과정이 주가 된다.

03

갑과 을의 수치가 같다면 양분비율이나 백분율의 비율이 같기 때문에 적절한 판단이다.

오답분석

㉠ 기존 믿음의 정도들이 달라졌다고 해도 변화된 수치를 양분해서 적용시키는 방법과 변화된 수치를 적용된 기존 수치의 백분율에 따라 배분하는 방법에 의해 수정되기 때문에 각 수치의 변동률은 같게 나오게 된다.
㉡ '갑이 범인'과 '을이 범인'에 대한 믿음의 정도의 차이는 방법 A를 이용한 결과와 방법 B를 이용한 결과의 최대치를 놓고 보아도 달라지지 않는다. 첫 번째 방법은 양분을 하는 것이므로 평균치에 가까워지는 반면, 두 번째 방법은 기존 비율에 비례하게 배분하는 것이므로 비율의 차이는 커지게 된다.

01

첫 번째 빈칸에는 문장의 서술어가 '때문이다'로 되어 있으므로 빈칸에는 이와 호응하는 '왜냐하면'이 와야 한다. 다음으로 두 번째 빈칸에는 문장의 내용이 앞 문장과 상반되는 내용이 아닌, 앞 문장을 부연하는 내용이므로 병렬 기능의 접속 부사 '그리고'가 들어가야 한다. 마지막으로 세 번째 빈칸은 내용상 결론에 해당하므로 '그러므로'가 적절하다.

02

• 첫 번째 빈칸 : 공간 정보가 정보 통신 기술의 발전으로 시간에 따른 변화를 반영할 수 있게 되었다는 빈칸 뒤의 내용을 통해 빈칸에는 시간에 따른 공간의 변화를 포함한 공간 정보를 이용할 수 있게 되면서 '최적의 경로 탐색'이 가능해졌다는 내용의 ⊙이 적절함을 알 수 있다.
• 두 번째 빈칸 : ⓒ은 빈칸 앞 문장의 '탑승할 버스 정류장의 위치, 다양한 버스 노선, 최단 시간 등을 분석하여 제공하는' 지리정보 시스템이 '더 나아가' 제공하는 정보에 관해 이야기한다. 따라서 빈칸에는 ⓒ이 적절하다.
• 세 번째 빈칸 : 빈칸 뒤의 내용에서는 공간 정보가 활용되고 있는 다양한 분야와 앞으로 활용될 수 있는 분야를 이야기하고 있으므로 빈칸에는 공간 정보의 활용 범위가 계속 확대되고 있다는 ⓒ이 적절함을 알 수 있다.

03

갑돌이의 성품이 탁월하다고 볼 수 있는 것은 그의 성품이 곧고 자신감이 충만하며, 다수의 옳지 않은 행동에 대하여 비판의 목소리를 낼 것이고 그렇게 하는 데 별 어려움을 느끼지 않을 것이기 때문이다. 또한, 세 번째 문단에 따르면 탁월한 성품은 올바른 훈련을 통해 올바른 일을 바르고 즐겁게 그리고 어려워하지 않으며 처리할 수 있는 능력을 뜻한다. 따라서 아리스토텔레스의 입장에서는 '엄청난 의지를 발휘'하고 자신과의 '힘든 싸움'을 해야 했던 병식이보다는 잘못된 일에 '별 어려움' 없이 '비판의 목소리'를 내는 갑돌이의 성품을 탁월하다고 여길 것이다.

PART 2

출제유형분석 01 실전예제

01
정답 ④

같은 시간 동안 혜영이와 지훈이의 이동거리의 비가 3 : 4이므로 속력의 비 또한 3 : 4이다.

따라서 혜영이의 속력을 x/min이라 하면 지훈이의 속력은 $\frac{4}{3}x$/min이다.

같은 지점에서 같은 방향으로 출발하여 다시 만날 때 두 사람의 이동거리의 차이는 1,800m이므로 식을 세우면 다음과 같다.

$\frac{4}{3}x \times 15 - x \times 15 = 1,800$

$\rightarrow 5x = 1,800$

$\therefore x = 360$

따라서 혜영이가 15분 동안 이동한 거리는 $360 \times 15 = 5,400$m이고, 지훈이가 15분 동안 이동한 거리는 $480 \times 15 = 7,200$m이므로 두 사람의 이동거리의 합은 12,600m이다.

02
정답 ④

증발한 물의 양을 xg이라 하면, 다음과 같은 식이 성립한다.

$\frac{3}{100} \times 400 = \frac{5}{100} \times (400 - x) \rightarrow 1,200 = 2,000 - 5x$

$\therefore x = 160$

따라서 증발한 물의 양이 160g이므로 남아있는 설탕물의 양은 $400 - 160 = 240$g이다.

03
정답 ④

수건을 4개, 7개, 8개씩 포장하면 각각 1개씩 남으므로 재고량은 4, 7, 8의 공배수보다 1이 클 것이다.

4, 7, 8의 공배수는 56이므로 다음과 같이 나누어 생각해볼 수 있다.

• 재고량이 $56 + 1 = 57$개일 때 : $57 = 5 \times 11 + 2$
• 재고량이 $56 \times 2 + 1 = 113$개일 때 : $113 = 5 \times 22 + 3$
• 재고량이 $56 \times 3 + 1 = 169$개일 때 : $169 = 5 \times 33 + 4$

따라서 가능한 재고량의 최솟값은 169개이다.

04
정답 ④

• 팀장 한 명을 뽑는 경우의 수 : $_{10}C_1 = 10$가지

• 회계 담당 2명을 뽑는 경우의 수 : $_9C_2 = \frac{9 \times 8}{2!} = 36$가지

따라서 구하고자 하는 경우의 수는 $10 \times 36 = 360$가지이다.

05

x의 최댓값과 최솟값은 A와 B가 각각 다리의 양쪽 경계에서 마주쳤을 때이다. 즉, 최솟값은 A로부터 7.6km 떨어진 지점, 최댓값은 A로부터 8km 떨어진 지점에서 마주쳤을 때이므로 식을 세우면 다음과 같다.

- 최솟값 : $\dfrac{7.6}{6}=\dfrac{x}{60}+\dfrac{20-7.6}{12}$ → $\dfrac{x}{60}=\dfrac{15.2-12.4}{12}=\dfrac{2.8}{12}$

  ∴ $x=14$

- 최댓값 : $\dfrac{8}{6}=\dfrac{x}{60}+\dfrac{20-8}{12}$ → $\dfrac{x}{60}=\dfrac{16-12}{12}=\dfrac{1}{3}$

  ∴ $x=20$

즉, A와 B가 다리 위에서 만날 때 x의 범위는 $14\leq x\leq20$이고, 최댓값과 최솟값의 차는 $20-14=6$이다.

06

전체 일의 양을 1이라고 하면 A, B가 1시간 동안 일할 수 있는 일의 양은 각각 $\dfrac{1}{2}$, $\dfrac{1}{3}$이다.

A가 혼자 일한 시간을 x시간, B가 혼자 일한 시간을 y시간이라고 하자.

$x+y=\dfrac{9}{4}$ ⋯ ㉠

$\dfrac{1}{2}x+\dfrac{1}{3}y=1$ ⋯ ㉡

㉠과 ㉡을 연립하면

$x=\dfrac{3}{2}$, $y=\dfrac{3}{4}$

따라서 A가 혼자 일한 시간은 1시간 30분이다.

07

새로 구입할 전체 모니터 개수를 a대라 가정하면 인사부는 $\dfrac{2}{5}a$대, 총무부는 $\dfrac{1}{3}a$대의 모니터를 교체한다.

연구부의 경우 인사부에서 교체할 모니터 개수의 $\dfrac{1}{3}$을 교체하므로 $\left(\dfrac{2}{5}a\times\dfrac{1}{3}\right)$대이고, 마케팅부는 400대를 교체한다.

이를 토대로 새로 구입할 전체 모니터 개수 a대에 대한 방정식을 세우면

$\dfrac{2}{5}a+\dfrac{1}{3}a+\left(\dfrac{2}{5}a\times\dfrac{1}{3}\right)+400=a$ → $a\left(\dfrac{2}{5}+\dfrac{1}{3}+\dfrac{2}{15}\right)+400=a$ → $400=a\left(1-\dfrac{13}{15}\right)$

∴ $a=400\times\dfrac{15}{2}=3,000$

따라서 K공사에서 새로 구입할 모니터 개수는 3,000대이다.

08

희경이가 본사에서 나온 시각은 오후 3시에서 본사에서 S지점까지 걸린 시간만큼을 빼면 된다. 본사에서 S지점까지 가는 데 걸린 시간은 $\dfrac{20}{60}+\dfrac{30}{90}=\dfrac{2}{3}$시간, 즉 40분 걸렸으므로 오후 2시 20분에 본사에서 나왔다는 것을 알 수 있다.

01

9월 11일 전체 라면 재고량을 x개라고 하면, A, B업체의 9월 11일 라면 재고량은 각각 $0.1x$개, $0.09x$개이다.

이때 A, B업체의 9월 15일 라면 재고량을 구하면 다음과 같다.

- A업체 : $0.1x+300+200-150-100=(0.1x+250)$개
- B업체 : $0.09x+250-200-150-50=(0.09x-150)$개

9월 15일에는 A업체의 라면 재고량이 B업체보다 500개가 더 많으므로

$0.1x+250=0.09x-150+500$

$\therefore x=10,000$

02

K통신회사의 기본요금을 x원이라 하면 8월과 9월의 요금 계산식은 각각 다음과 같다.

$x+60a+30\times2a=21,600 \rightarrow x+120a=21,600 \cdots \bigcirc$

$x+20a=13,600 \cdots \bigcirc$

$\bigcirc-\bigcirc$을 하면

$100a=8,000$

$\therefore a=80$

03

K씨는 휴일 오후 3시에 택시를 타고 서울에서 경기도 맛집으로 이동 중이다. 택시요금 계산표에 따라 경기도 진입 전까지 기본요금으로 2km까지 3,800원이며, $4.64-2=2.64$km는 주간 거리요금으로 계산하면 $\dfrac{2,640}{132}\times100=2,000$원이 나온다. 경기도에 진입한 후 맛집까지의 거리는 $12.56-4.64=7.92$km로 시계외 할증이 적용되어 심야 거리요금으로 계산하면 $\dfrac{7,920}{132}\times120=7,200$원이고, 경기도 진입 후 택시가 멈춰있었던 8분의 시간요금은 $\dfrac{8\times60}{30}\times120=1,920$원이다. 따라서 K씨가 가족과 맛집에 도착하여 지불하게 될 택시요금은 $3,800+2,000+7,200+1,920=14,920$원이다.

04

연령대를 기준으로 남성과 여성의 인구비율을 계산하면 다음과 같다.

구분	남성	여성
0 ~ 14세	$\dfrac{323}{627}\times100 \fallingdotseq 51.5\%$	$\dfrac{304}{627}\times100 \fallingdotseq 48.5\%$
15 ~ 29세	$\dfrac{453}{905}\times100 \fallingdotseq 50.1\%$	$\dfrac{452}{905}\times100 \fallingdotseq 49.9\%$
30 ~ 44세	$\dfrac{565}{1,110}\times100 \fallingdotseq 50.9\%$	$\dfrac{545}{1,110}\times100 \fallingdotseq 49.1\%$
45 ~ 59세	$\dfrac{630}{1,257}\times100 \fallingdotseq 50.1\%$	$\dfrac{627}{1,257}\times100 \fallingdotseq 49.9\%$
60 ~ 74세	$\dfrac{345}{720}\times100 \fallingdotseq 47.9\%$	$\dfrac{375}{720}\times100 \fallingdotseq 52.1\%$
75세 이상	$\dfrac{113}{309}\times100 \fallingdotseq 36.6\%$	$\dfrac{196}{309}\times100 \fallingdotseq 63.4\%$

남성 인구가 40% 이하인 연령대는 75세 이상(36.6%)이며, 여성 인구가 50% 초과 60% 이하인 연령대는 60 ~ 74세(52.1%)이다. 따라서 바르게 연결된 것은 ④이다.

출제유형분석 03 │ 실전예제

01

정답 ④

2021년 K시 전체 회계 예산액에서 특별회계 예산액의 비중을 구하면 $\dfrac{325,007}{1,410,393} \times 100 ≒ 23.0\%$이므로 25% 미만이다.

오답분석

① 두 도시의 전체 회계 예산액은 매년 증가하고 있으므로 S시의 전체 회계 예산액이 증가한 시기에는 K시의 전체 회계 예산액도 증가했다고 볼 수 있다.

② 2018 ~ 2022년 K시 일반회계 예산액의 1.5배는 다음과 같다.
 • 2018년 : $984,446 \times 1.5 = 1,476,669$
 • 2019년 : $1,094,510 \times 1.5 = 1,641,765$
 • 2020년 : $1,134,229 \times 1.5 = 1,701,343.5$
 • 2021년 : $1,085,386 \times 1.5 = 1,628,079$
 • 2022년 : $1,222,957 \times 1.5 = 1,834,435.5$
 따라서 S시의 일반회계 예산액은 항상 K시의 일반회계 예산액보다 1.5배 이상 더 많다.

③ 2020년 K시 특별회계 예산액의 S시 특별회계 예산액 대비 비중은 $\dfrac{264,336}{486,577} \times 100 ≒ 54.3\%$이므로 옳은 설명이다.

⑤ S시 일반회계의 연도별 증감추이는 계속 증가하고 있고, K시 일반회계의 연도별 증감추이는 '증가 – 증가 – 감소 – 증가'이므로 S시와 K시의 일반회계의 연도별 증감추이는 다르다.

02

정답 ③

A국과 F국을 비교해보면 참가선수는 A국이 더 많지만, 동메달 수는 F국이 더 많다.

오답분석

① 금메달은 F>A>E>B>D>C 순서로 많고, 은메달은 C>D>B>E>A>F 순서로 많다.
② C국은 금메달을 획득하지 못했지만, 획득한 전체 메달 수는 149개로 가장 많다.
④ 참가선수와 메달 합계의 순위는 동일하다.
⑤ 참가선수가 가장 적은 국가는 F로, 메달 합계는 6위이다.

03

정답 ②

L사의 가습기 B와 H의 경우 모두 표시지 정보와 시험 결과에서 아파트 적용 바닥면적이 주택 적용 바닥면적보다 넓다.

오답분석

① W사의 G가습기 소음은 33.5dB(A)로, C사의 C가습기와 E가습기보다 소음이 더 크다.
③ D가습기와 G가습기의 실제 가습능력은 표시지 정보보다 더 나음을 알 수 있다.
④ W사의 D가습기는 표시지 정보보다 시험 결과의 미생물 오염도가 덜함을 알 수 있다.
⑤ L사의 H가습기는 표시지 정보보다 시험 결과의 전력 소모가 덜함을 알 수 있다.

04

ㄱ. 자료를 보면 접촉신청 건수는 4월부터 7월까지 매월 증가한 것을 알 수 있다.

ㄷ. 6월 생사확인 건수는 11,795건으로, 접촉신청 건수 18,205건의 70%인 약 12,744건 이하이다. 따라서 옳은 설명이다.

[오답분석]

ㄴ. 6월부터 7월까지 생사확인 건수는 전월과 동일하였으나, 서신교환 건수는 증가하였으므로 옳지 않은 설명이다.

ㄹ. 5월과 8월의 상봉 건수는 동일하다. 따라서 서신교환 건수만 비교해보면, 8월은 5월보다 12,288−12,274=14건이 더 많으므로 상봉 건수 대비 서신교환 건수 비율은 증가하였음을 알 수 있다.

05

㉠ 자료에 따르면 생사확인 건수는 6월과 7월에 전월 대비 불변이므로 옳지 않은 설명이다.

㉢ 접촉신청 건수는 자료에서 7월을 포함하여 매월 증가하고 있으므로 옳지 않은 설명이다.

[오답분석]

㉡ 서신교환의 경우 3월 대비 8월 증가율은 $\dfrac{12,288-12,267}{12,267} \times 100 ≒ 0.2\%p$로 2%p 미만이지만, 매월 증가추세를 보이고 있으므로 옳은 설명이다.

㉣ 전체 이산가족 교류 건수는 항목별 매월 동일하거나 증가하므로 옳은 설명이다.

06

인구성장률 그래프의 경사가 완만할수록 인구수 변동이 적다.

[오답분석]

① 인구성장률은 1970년 이후 계속 감소하는 추세이다.

② 총인구가 감소하려면 인구성장률 그래프가 (−)값을 가져야 하는데, 2011년과 2015년에는 (+)값을 갖는다.

④ 그래프를 통해 1990년 총인구가 더 적다는 것을 알 수 있다.

⑤ 그래프를 통해 2020년부터 총인구가 감소하는 모습을 보이고 있음을 알 수 있다.

출제유형분석 01 실전예제

01

정답 ④

• 첫 번째 조건에 의해 A가 받는 상여금은 75만 원이다.
• 두 번째, 네 번째 조건에 의해 B<C, B<D<E이므로 B가 받는 상여금은 25만 원이다.
• 세 번째 조건에 의해 C가 받는 상여금은 50만 원 또는 100만 원이다.

이를 정리하여 가능한 경우를 표로 나타내면 다음과 같다.

구분	A	B	C	D	E
경우 1	75만 원	25만 원	50만 원	100만 원	125만 원
경우 2	75만 원	25만 원	100만 원	50만 원	125만 원

따라서 경우 2의 B의 상여금은 C의 25%이다.

02

정답 ③

주어진 조건에 따르면 가장 오랜 시간 동안 사업 교육을 진행하는 A와 부장보다 길게 교육을 진행하는 B는 부장이 될 수 없으므로 C가 부장임을 알 수 있다. 이때, 다섯 번째 조건에 따라 C부장은 교육 시간이 가장 짧은 인사 교육을 담당하는 것을 알 수 있다. 이를 표로 정리하면 다음과 같다.

구분	인사 교육	영업 교육	사업 교육
시간	1시간	1시간 30분	2시간
담당	C	B	A
직급	부장	과장	과장

따라서 바르게 연결된 것은 ③이다.

03

정답 ③

• 경우 1) 연구개발팀이 이어달리기에 참가하지 않았을 경우
연구개발팀과 디자인팀은 동시에 같은 종목에 참가하지 않았으므로 만약 연구개발팀이 이어달리기에 참가하지 않았다면 디자인팀이 족구에 참가하므로 연구개발팀은 족구에 참가하지 않고 남은 두 종목에 반드시 참가해야 한다. 이때, 총무팀이 모든 종목에 참가하더라도 고객지원팀과 법무팀은 항상 동시에 참가하므로 총무팀이 참가한 종목이 4팀인 종목은 존재할 수 없다.

구분	홍보팀	총무팀	연구개발팀	고객지원팀	법무팀	디자인팀
이어달리기	○	○	×	○	○	○
족구	○	–	×	–	–	○
X	○	○	○	–	–	×
Y	○	–	○	–	–	×

• 경우 2) 연구개발팀이 이어달리기에 참가한 경우
연구개발팀이 이어달리기에 참가하면 디자인팀이 족구팀에 참가하므로 족구에 참가하지 않고 남은 두 종목 중 한 종목에 참가한다. 남은 한 종목는 반드시 참가하지 않으며 이 때, 연구개발팀이 참가하지 않은 종목에서 디자인팀이 참가하지 않고 고객지원팀, 법무팀이 참가하면 총무팀이 참가하는 종목 중 참가하는 팀이 4팀인 종목이 나올 수 있다.

구분	홍보팀	총무팀	연구개발팀	고객지원팀	법무팀	디자인팀
이어달리기	○	○	○	○	○	×
족구	○	-	×	-	-	○
X	○	-	○	-	-	×
Y	○	○	×	○	○	×

구분	홍보팀	총무팀	연구개발팀	고객지원팀	법무팀	디자인팀
이어달리기	○	○	○	○	○	×
족구	○	-	×	-	-	○
X	○	○	×	○	○	×
Y	○	-	○	-	-	×

따라서 참가하는 종목이 가장 적은 팀은 족구만 참가하는 디자인팀이다.

[오답분석]
① 족구와 남은 두 종목에서 총무팀과 법무팀이 동시에 참가하지 않는 종목이 있을 수 있다.
② 고객지원팀은 족구에 참가하지 않을 수 있다.
④ 법무팀은 모든 종목에 참가할 수 있다.
⑤ 주어진 조건을 모두 만족하는 경우는 2가지이며 이 경우 모두 연구개발팀과 디자인팀이 동시에 참가하지 않는 경우이다.

04

정답 ③

주어진 조건을 토대로 다음과 같이 정리해 볼 수 있다. 원형테이블은 회전시켜도 좌석 배치는 동일하므로 좌석에 1 ~ 7번으로 번호를 붙이고, A가 1번 좌석에 앉았다고 가정하여 배치하면 다음과 같다.

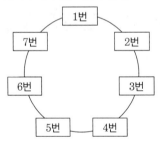

첫 번째 조건에 따라 2번에는 부장이, 7번에는 차장이 앉게 된다.
세 번째 조건에 따라 부장과 이웃한 자리 중 비어 있는 3번 자리에 B가 앉게 된다.
네 번째 조건에 따라 7번에 앉은 사람은 C가 된다.
다섯 번째 조건에 따라 5번에 과장이 앉게 되고, 과장과 차장 사이인 6번에 G가 앉게 된다.
여섯 번째 조건에 따라 A와 이웃한 자리 중 직원명이 정해지지 않은 2번 부장 자리에 D가 앉게 된다.
일곱 번째 조건에 따라 4번 자리에는 대리, 3번 자리에는 사원이 앉는 것을 알 수 있으며, 3번 자리에 앉은 B가 사원 직급임을 알 수 있다.
두 번째 조건에 따라 E는 사원과 이웃하지 않았고 직원명이 정해지지 않은 5번 과장 자리에 해당하는 것을 알 수 있다.
이를 정리하면 다음과 같은 좌석 배치가 되며, F는 이 중 유일하게 빈자리인 4번 대리 자리에 해당한다.

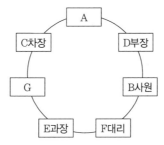

그러므로 사원 직급은 B, 대리 직급은 F가 해당하는 것을 도출할 수 있다.

05

정답 ⑤

주어진 조건을 바탕으로 다섯 명이 먹은 음식을 정리하면 다음과 같다.

구분	쫄면	라면	우동	김밥	어묵
민하	×	×	×	×	○
상식	×	○	×	×	×
은희	×	×	○	×	×
은주	×	×	×	○	×
지훈	○	×	×	×	×

따라서 바르게 연결된 것은 민하 – 어묵, 상식 – 라면의 ⑤이다.

06

정답 ③

을과 무의 진술이 모순되므로 둘 중 한 명은 참, 다른 한 명은 거짓이다. 여기서 을의 진술이 참일 경우 갑의 진술도 거짓이 되어 두 명이 거짓을 진술한 것이 되므로 문제의 조건에 위배된다. 따라서 을의 진술이 거짓, 무의 진술이 참이다. 그러므로 A강좌는 을이, B와 C강좌는 갑과 정이, D강좌는 무가 담당하고, 병은 강좌를 담당하지 않는다.

출제유형분석 02 실전예제

01

정답 ④

알파벳 순서에 따라 숫자로 변환하면 다음과 같다.

A	B	C	D	E	F	G	H	I	J	K	L	M
1	2	3	4	5	6	7	8	9	10	11	12	13

N	O	P	Q	R	S	T	U	V	W	X	Y	Z
14	15	16	17	18	19	20	21	22	23	24	25	26

'INTELLECTUAL'의 품번을 규칙에 따라 정리하면 다음과 같다.
• 1단계 : 9(I), 14(N), 20(T), 5(E), 12(L), 12(L), 5(E), 3(C), 20(T), 21(U), 1(A), 12(L)
• 2단계 : $9+14+20+5+12+12+5+3+20+21+1+12=134$
• 3단계 : $|(14+20+12+12+3+20+12)-(9+5+5+21+1)|=|93-41|=52$
• 4단계 : $(134+52) \div 4+134=46.5+134=180.5$
• 5단계 : 180.5를 소수점 첫째 자리에서 버림하면 180이다.
따라서 제품의 품번은 '180'이다.

02

정답 ⑤

발급방식 상 뒤 네 자리는 아이디가 아닌 개인정보와 관련이 있다. 따라서 아이디는 뒤 네 자리를 제외한 문자를 통해 구해야 한다.
- 'HW688'에서 방식 1의 역순을 적용하면 HW688 → hw688이다.
- 'hw688'에서 방식 2의 역순을 적용하면 hw688 → hwaii이다.

따라서 직원 A의 아이디는 'hwaii'이다.

출제유형분석 03   실전예제

01

정답 ④

지원계획을 보면 지원금을 받을 수 있는 모임의 구성원은 6명 이상 9명 미만이므로, A모임과 E모임은 제외한다. 나머지 B, C, D모임의 총지원금을 구하면 다음과 같다.
- B모임 : $1,500+(100\times6)=2,100$천 원
- C모임 : $1.3\times(1,500+120\times8)=3,198$천 원
- D모임 : $2,000+(100\times7)=2,700$천 원

따라서 D모임이 두 번째로 많은 지원금을 받는다.

02

정답 ②

A씨와 B씨의 일정에 따라 요금을 계산하면 다음과 같다.
- A씨
  - 이용요금 : $1,310$원$\times6\times3=23,580$원
  - 주행요금 : 92×170원$=15,640$원
  - 반납지연에 따른 패널티 요금 : $(1,310$원$\times9)\times2=23,580$원
  ∴ $23,580+15,640+23,580=62,800$원
- B씨
  - 이용요금
    목요일 : $39,020$원
    금요일 : 880원$\times6\times8=42,240$원 → $81,260$원
  - 주행요금 : 243×170원$=41,310$원
  ∴ $39,020+81,260+41,310=122,570$원

03

정답 ⑤

글피는 모레의 다음날로 15일이다. 15일은 비가 내리지 않고 최저기온은 영하이다.

[오답분석]
① 12 ~ 15일의 일교차를 구하면 다음과 같다.
- 12일 : $11-0=11$℃
- 13일 : $12-3=9$℃
- 14일 : $3-(-5)=8$℃
- 15일 : $8-(-4)=12$℃

따라서 일교차가 가장 큰 날은 15일이다.
② 제시된 자료에서 미세먼지에 관한 내용은 확인할 수 없다.
③ 14일의 경우 비가 예보되어 있지만 낙뢰에 관한 예보는 확인할 수 없다.
④ 14일의 최저기온은 영하이지만 최고기온은 영상이다.

04

③

T주임이 이동할 거리는 총 12km+18km=30km이다. T주임이 렌트한 H차량은 연비가 10km/L이며 1L 단위로 주유가 가능하므로 3L를 주유하여야 한다. H차량의 연료인 가솔린은 리터당 1.4달러이므로 총 유류비는 3L×1.4달러=4.2달러이다.

05

정답 ②

T주임이 시속 60km로 이동하는 구간은 18km+25km=43km이다. 또한 시속 40km로 이동하는 구간은 12km이다. 따라서 첫 구간의 소요시간은 $\frac{43\text{km}}{60\text{km/h}}$=43분이며, 두 번째 구간의 소요시간은 $\frac{12\text{km}}{40\text{km/h}}$=18분이다. 그러므로 총 이동시간은 43+18=61분, 1시간 1분이다.

06

정답 ③

구매하려는 소파의 특징에 맞는 제조사를 찾기 위해 제조사별 특징을 대우로 정리하면 다음과 같다.
• A사 : 이탈리아제 천을 사용하면 쿠션재에 스프링을 사용한다. 커버를 교환 가능하게 하면 국내산 천을 사용하지 않는다. → ×
• B사 : 국내산 천을 사용하지 않으면 쿠션재에 우레탄을 사용하지 않는다. 이탈리아제의 천을 사용하면 리클라이닝이 가능하다. → ○
• C사 : 국내산 천을 사용하지 않으면 쿠션재에 패더를 사용한다. 쿠션재에 패더를 사용하면 침대 겸용 소파가 아니다. → ○
• D사 : 이탈리아제 천을 사용하지 않으면 쿠션재에 패더를 사용하지 않는다. 쿠션재에 우레탄을 사용하지 않으면 조립이라고 표시된 소파가 아니다. → ×
따라서 B사 또는 C사의 소파를 구매할 것이다.

CHAPTER 03 문제해결능력 • 53

계속 갈망하라. 언제나 우직하게.

– 스티브 잡스 –

合格의 공식 SD에듀 www.sdedu.co.kr

PART 3

최종점검 모의고사

01	02	03	04	05	06	07	08	09	10	11	12	13	14	15	16	17	18	19	20
③	④	③	②	③	③	④	①	④	①	③	④	③	③	②	①	③	②	②	④
21	22	23	24	25	26	27	28	29	30	31	32	33	34	35	36	37	38	39	40
③	③	①	⑤	④	②	④	①	③	③	④	②	⑤	④	③	③	⑤	④	③	①
41	42	43	44	45	46	47	48	49	50										
①	⑤	⑤	①	①	③	④	⑤	②	③										

01
정답 ③

제시된 글은 또 다른 물의 재해인 '지진'의 피해에 대해 설명하는 글로, 두 번째 문단과 세 번째 문단은 '지진'의 피해에 대한 구체적인 사례를 제시하고 있다. 따라서 제목으로 가장 적절한 것은 ③의 강력한 물의 재해 '지진'이다.

02
정답 ④

오답분석
① 조성은 음악에서 화성이나 멜로디가 하나의 음 또는 하나의 화음을 중심으로 일정한 체계를 유지하는 것이다.
② 무조 음악은 조성에서 벗어나 자유롭게 표현하고자 한 것이므로, 발전한 형태라고 말할 수 없다.
③ 무조 음악은 한 옥타브 안의 음 각각에 동등한 가치를 두었다.
⑤ 쇤베르크의 12음 기법은 무조 음악이 지닌 자유로움에 조성의 체계성을 더하고자 탄생한 기법이다.

03
정답 ③

글쓴이는 우유의 효과에 대해 부정적인 견해가 존재하나 그래도 우유를 먹어야 한다고 말하고 있다. 따라서 빈칸에는 ③이 적절하다.

04
정답 ②

• 첫 번째 빈칸 : 빈칸 앞의 겸애는 사회적 위계질서를 철폐하자는 것이 아니라는 것과 정치적 질서나 위계적 구조를 긍정한다는 내용을 통해 빈칸에는 겸애는 불평등한 위계질서 속에서의 사랑이라는 내용의 ㉠이 적절함을 알 수 있다.
• 두 번째 빈칸 : 빈칸 앞 묵자의 '공리주의적 요소'를 통해 빈칸에는 겸애가 현실적으로 이롭게 하겠다는 의지를 함축한다는 공리주의적 의미가 담긴 ㉢이 적절함을 알 수 있다.
• 세 번째 빈칸 : 빈칸 앞의 군주의 겸애는 백성을 향한 사랑의 마음만으로 완성될 수 없다는 내용을 통해 빈칸에는 군주에게 추가로 요구되는 자세에 대한 내용이 나와야 한다. 따라서 빈칸에는 군주에게 요구되는 자세인 ㉡이 적절하다.

05
정답 ③

보에티우스의 건강을 회복할 수 있는 방법은 병의 원인이 되는 잘못된 생각을 바로 잡아 주는 것이다. 그것은 첫째, 만물의 궁극적인 목적이 선을 지향하는 데 있다는 것을 모르고 있다. 둘째, 세상은 결국에는 불의가 아닌 정의에 의해 다스려지게 된다는 것이다. 따라서 적절한 것은 ㄱ, ㄴ이다.

ㄷ. 두 번째 문단에서 보에티우스가 모든 소유물들을 박탈당했다고 생각하는 것은 운명의 본모습을 모르기 때문이라고 말하고 있다.

06

㉠은 기업들이 더 많은 이익을 내기 위해 '디자인의 향상'에 몰두하는 것이 바람직하다는 판단이다. 즉, '상품의 사회적 마모를 짧게 해서 소비를 계속 증가시키기 위한' 방안인데, 이것에 대한 반론이 되기 위해서는 ㉠의 주장이 지니고 있는 문제점을 비판하여야 한다. ㉠이 지니고 있는 가장 큰 문제점은 '과연 성능 향상 없는 디자인 변화가 소비를 촉진시킬 수 있는 것인가'가 되어야 한다. 디자인 변화는 분명히 상품의 소비를 촉진시킬 수 있는 효과적 방법 중의 하나이지만 '성능이나 기능, 내구성'의 향상이 전제되지 않았을 때는 효과를 내기 힘들기 때문이다.

07

㉡은 '자본주의 상품의 모순'을 설명하고 있는 부분인데, '상품의 기능이나 성능, 내구성이 향상되었는데도 상품의 생명이 짧아지는 것'을 의미한다. 이에 대한 사례로는 ④와 같이 상품을 아직 충분히 쓸 수 있는데도 불구하고 새로운 상품을 구매하는 행위이다.

08

제시된 연구보고서에 따르면 코레일멤버십의 효율적 운영방안을 모색하여 고객 이탈을 최소화하는 것이 목적이다. 따라서 마케팅 비용 절감효과는 이 연구의 목적과 일치하지 않으며, 기대효과에서 또한 공격적 마케팅을 시행한다고 하였으므로 마케팅 비용을 절감하는 것은 적절하지 않다.

② 국내외 회원운영 사례를 조사하여 효율적인 운영방법을 찾아 코레일멤버십에 적용할 수 있다.
③ 코레일멤버십이 고객지향적인 상품임을 고려하여 고객들의 설문 내용을 토대로 발전·개선방향을 제시할 수 있다.
④ 코레일멤버십의 운영현황과 문제점을 통해 현재 상황을 파악할 수 있다.
⑤ SRT 개통 후에도 코레일멤버십 매출을 유지·증가하는 것이 목적이므로 관리와 서비스 강화방안을 모색해야 한다.

09

과거에는 고장 난 차량을 최대한 빨리 정상화하는 것에 초점이 맞춰졌다. 때문에 고장 예방에 치중하여 과도한 유지보수를 시행하였다. 하지만 RCM은 불필요한 예방 유지보수를 지양하고, 과거의 경험과 현재의 상황을 과학적·객관적으로 분석한 뒤 비용적인 측면까지 고려하여 유지보수정책을 펼친다.

10

• PM(Prevent Maintenance : 예방유지보수)
  운행에 중대한 영향을 끼치면서 언제 고장이 날지 통계적인 분석이 가능한 부품에 대해서는 PM을 적용한다. 대표적으로 견인전동기가 있다.
• CM(Correct Maintenance : 사후유지보수)
  운행에 지장을 주지 않거나 고장을 예상할 수 없는 부품에 대해서는 CM을 적용한다. 대표적으로 창문이나 전자카드(PCB)가 있다.
• CBM(Condition Based Maintenance : 조건적 유지보수)
  사고와 직결되며 상태에 따라 즉시적인 교체가 필요한 것은 CBM을 적용한다. 대표적으로 차륜이 있다.

11

정답 ③

방사능 비상사태의 조치를 이야기하는 ⓒ, '이러한 조치'로 인한 부작용을 말하는 ⓛ, 부작용에 대한 예를 드는 ㉠, 따라서 보호 조치의 기본 원칙의 기준이 조치에 의한 '이로움'이 되어야 한다는 ㉣로, ⓒ - ⓛ - ㉠ - ㉣의 순서가 되어야 한다.

12

정답 ④

제시문은 철도와 도로 간 통합 연계교통 서비스 제공을 위한 업무협약(MOU)을 체결하였으며 국민이 체감할 수 있는 통합 교통서비스의 종류에 대해서 나열하고 있다. 보기의 문단은 통합 교통서비스와 더불어 추진할 부가적인 내용과 장기적인 강화안에 대해서 이야기하고 있으므로 통합 교통서비스 종류의 설명이 끝난 바로 다음인 (D)가 적절하다.

13

정답 ③

- 기차 : 「1」 여객차나 화차를 끌고 다니는 철도 차량. 증기 기관차, 디젤 기관차, 전기 기관차 따위가 있다.
  「2」 기관차에 여객차나 화물차를 연결하여 궤도 위를 운행하는 차량. 사람이나 화물을 실어 나른다.
- 전철 : 「1」 전기 철도 위를 달리는 전동차
  「2」 전기를 동력으로 하여 차량이 궤도 위를 달리도록 만든 철도
- 열차 : 여러 개의 찻간을 길게 이어 놓은 차량

14

정답 ③

제시문의 '유연하다(柔軟-)'는 '부드럽고 연하다.'는 뜻으로 쓰였으며, 보기의 '유연하다(悠然-)'는 '침착하고 여유가 있다.'는 뜻으로 쓰였다.

15

정답 ②

A기술의 특징은 전송된 하나의 신호가 다중 경로를 통해 안테나에 수신될 때, 전송된 신호들의 크기가 다르더라도 그중 신호의 크기가 큰 것을 선택하여 안정적인 송수신을 이루는 것이다. 따라서 한 종류의 액체는 전송된 하나의 신호가 되고, 빨리 나오는 배수관은 다중 경로 중 크기가 큰 신호가 전송되는 경로이다.

16

정답 ①

두 번째 문단에서 '핵력의 강도가 겨우 0.5% 다르거나 전기력의 강도가 4% 다를 경우에도 탄소나 산소는 우주에서 합성되지 않는다. 따라서 생명 탄생의 가능성도 사라진다.'라고 했으므로 탄소가 없어도 생명은 자연적으로 진화할 수 있다고 한 ①은 제시문의 내용을 지지하고 있지 않다.

17

정답 ③

- ㉠의 '사람은 섬유소를 분해하는 효소를 합성하지 못한다.'는 내용과 (나) 바로 뒤의 문장의 '반추 동물도 섬유소를 분해하는 효소를 합성하지 못하는 것은 마찬가지'로 보아 ㉠의 적절한 위치는 (나)임을 알 수 있다.
- ⓛ은 대표적인 섬유소 분해 미생물인 피브로박터 숙시노젠(F)을 소개하고 있으므로 계속해서 피브로박터 숙시노젠을 설명하는 (라) 뒤의 문장 앞에 위치해야 한다.

18

정답 ②

제3세계 환자들의 치료와 제약회사의 신약 개발 비용 보전이라는 두 문제를 해결하기 위한 제3의 대안을 모색해야 하지만, 빈칸을 채우는 문제는 빈칸 앞뒤의 진술에 유의할 필요가 있다. 빈칸 바로 뒤에 '자신의 주머니'와 이에 따른 대안의 한계를 지적하고 있으므로 정부나 기업 차원이 아닌 개인 차원의 대안이다. 따라서 ②가 가장 적절하다.

19

정답 ②

- A : 내일로 이용대상은 만 29세 이하 내국인이므로 외국인은 티켓을 구매할 수 없다.
- D : 내일로 티켓은 유효기간 중 일반(관광)열차 승차권 구입 시 50%가 할인이 되지만 KTX와 ITX-청춘은 제외한다.

20

정답 ④

K공사에서 출장지까지의 거리를 $x\,\text{km}$라 하자.

이때 K공사에서 휴게소까지의 거리는 $\frac{4}{10}x=\frac{2}{5}x\,\text{km}$, 휴게소에서 출장지까지의 거리는 $\left(1-\frac{2}{5}\right)x=\frac{3}{5}x\,\text{km}$이다.

$$\left(\frac{2}{5}x\times\frac{1}{75}\right)+\frac{30}{60}+\left(\frac{3}{5}x\times\frac{1}{75+25}\right)=\frac{200}{60}$$

$$\frac{2}{375}x+\frac{3}{500}x=\frac{17}{6}$$

$$8x+9x=4,250$$

$$\therefore x=250$$

21

정답 ③

사원 수와 임원 수를 각각 x명, y명이라고 하자(단, x, y는 자연수).

사원 x명을 발탁할 때 업무 효율과 비용은 각각 $3x\,\text{point}$, $4x\,\text{point}$이고, 임원 y명을 발탁할 때 업무 효율과 비용은 각각 $4y\,\text{point}$, $7y\,\text{point}$이므로

$$3x+4y=60 \rightarrow x=-\frac{4}{3}y+20 \cdots \text{㉠}$$

$$4x+7y\leq100 \cdots \text{㉡}$$

㉠을 ㉡에 대입하면 $4\left(-\frac{4}{3}y+20\right)+7y\leq100 \rightarrow 5y\leq60$

$$\therefore y\leq12$$

x와 y는 자연수이므로 가능한 x, y값을 순서쌍으로 나타내면 (3, 16), (6, 12), (9, 8), (12, 4)이다.

따라서 임원 수와 사원 수를 합한 최솟값은 $12+4=16$이다.

22

정답 ③

제품의 원가를 x원이라고 하자.

제품의 정가는 $(1+0.2)x=1.2x$원이고 판매가는 $1.2x(1-0.15)=1.02x$원이다.

50개를 판매한 금액이 127,500원이므로

$$1.02x\times50=127,500 \rightarrow 1.02x=2,550$$

$$\therefore x=2,500$$

따라서 제품의 원가는 2,500원이다.

23

할인되지 않은 KTX표의 가격을 x원이라 하자.

표를 40% 할인된 가격으로 구매하였으므로 구매 가격은 $(1-0.4)x=0.6x$원이다.

환불 규정에 따르면 하루 전에 표를 취소하는 경우 70%의 금액을 돌려받을 수 있으므로

$0.6x \times 0.7 = 16,800 \rightarrow 0.42x = 16,800$

$\therefore x = 40,000$

따라서 할인되지 않은 KTX표의 가격은 40,000원이다.

24

10잔 이상의 음료 또는 음식을 구입하면 음료 2잔을 무료로 제공받을 수 있다. 커피를 못 마시는 두 사람을 위해 NON-COFFEE 종류 중 4,500원 이하의 가격인 그린티라테 두 잔을 무료로 제공받고, 나머지 10명 중 4명은 가장 저렴한 아메리카노를 주문한다 (3,500×4=14,000원). 이때 2인에 1개씩 음료에 곁들일 음식을 주문한다고 했으므로 나머지 6명은 베이글과 아메리카노 세트를 시키고 10% 할인을 받으면 $7,000 \times 0.9 \times 6 = 37,800$원이다.

따라서 총 금액은 14,000+37,800=51,800원이므로, 남는 돈은 240,000−51,800=188,200원이다.

25

(적어도 1개는 하얀 공을 꺼낼 확률)=1−(모두 빨간 공을 꺼낼 확률)

• 전체 공의 개수 : 4+6=10

• 2개의 공 모두 빨간 공을 꺼낼 확률 : $\dfrac{_4\mathrm{C}_2}{_{10}\mathrm{C}_2} = \dfrac{2}{15}$

$\therefore$ 적어도 1개는 하얀 공을 꺼낼 확률 : $1 - \dfrac{2}{15} = \dfrac{13}{15}$

26

제시된 자료에 의하면 수도권은 서울과 인천·경기를 합한 지역을 의미한다. 따라서 전체 마약류 단속 건수 중 수도권의 마약류 단속 건수의 비중은 22.1+35.8=57.9%이다.

[오답분석]

① • 대마 단속 전체 건수 : 167건

　• 마약 단속 전체 건수 : 65건

　　65×3=195>167이므로 옳지 않은 설명이다.

③ 마약 단속 건수가 없는 지역은 강원, 충북, 제주로 3곳이다.

④ • 대구·경북 지역의 향정신성의약품 단속 건수 : 138건

　• 광주·전남 지역의 향정신성의약품 단속 건수 : 38건

　　38×4=152>138이므로 옳지 않은 설명이다.

⑤ • 강원 지역의 향정신성의약품 단속 건수 : 35건

　• 강원 지역의 대마 단속 건수 : 13건

　　13×3=39>35이므로 옳지 않은 설명이다.

27

까르보나라, 알리오올리오, 마르게리따피자, 아라비아따, 고르곤졸라피자의 할인 후 금액을 각각 a원, b원, c원, d원, e원이라 하자.

• $a+b=24,000 \cdots \bigcirc$

• $c+d=31,000 \cdots \bigcirc$

- $a+e=31,000 \cdots$ ㉢
- $c+b=28,000 \cdots$ ㉣
- $e+d=32,000 \cdots$ ㉤

㉠~㉤식의 좌변과 우변을 모두 더하면

$2(a+b+c+d+e)=146,000 \rightarrow a+b+c+d+e=73,000 \cdots$ ㉥

㉥식에 ㉢식과 ㉣식을 대입하면

$a+b+c+d+e=(a+e)+(c+b)+d=31,000+28,000+d=73,000$

즉, $d=73,000-59,000=14,000$

따라서 아라비아따의 할인 전 금액은 $14,000+500=14,500$원이다.

28

- S전자 : 8대 구매 시 2대를 무료로 증정하기 때문에 32대를 사면 8개를 무료로 증정 받아 32대 가격으로 총 40대를 살 수 있다. 3대의 가격은 $8,000 \times 32=2,560,000$원이다. 그리고 100만 원당 2만 원이 할인되므로 구매가격은 $2,560,000-40,000=2,520,000$원이다.
- B마트 : 40대 구매 금액인 $90,000 \times 40=3,600,000$원에서 40대 이상 구매 시 7% 할인혜택을 적용하면 $3,600,000 \times 0.93=3,348,000$원이다. 1,000원 단위 이하는 절사하므로 구매가격은 $3,340,000$원이다.

따라서 B마트에 비해 S전자가 82만 원 저렴하다.

29

정답 ③

OECD 주요 국가 중 삶의 만족도가 한국보다 낮은 국가는 에스토니아, 포르투갈, 헝가리이다. 세 국가의 장시간 근로자 비율 산술평균은 $\dfrac{3.6+9.3+2.7}{3}=5.2\%$이다. 이탈리아의 장시간 근로자 비율은 5.4%이므로 옳지 않은 설명이다.

[오답분석]

① 삶의 만족도가 가장 높은 국가는 덴마크이며, 덴마크의 장시간 근로자 비율이 가장 낮음을 자료에서 확인할 수 있다.
② 삶의 만족도가 가장 낮은 국가는 헝가리이며, 헝가리의 장시간 근로자 비율은 2.7%이다.
   $2.7 \times 10=27<28.1$이므로 한국의 장시간 근로자 비율은 헝가리의 장시간 근로자 비율의 10배 이상이다.
④ • 여가・개인 돌봄시간이 가장 긴 국가 : 덴마크
   • 여가・개인 돌봄시간이 가장 짧은 국가 : 멕시코
   ∴ 두 국가의 삶의 만족도 차이 : $7.6-7.4=0.2$점
⑤ 장시간 근로자 비율이 미국보다 낮은 국가는 덴마크, 프랑스, 이탈리아, 에스토니아, 포르투갈, 헝가리이며, 이들 국가의 여가・개인 돌봄시간은 모두 미국의 여가・개인 돌봄시간보다 길다.

30

정답 ③

바레니클린의 1정당 본인부담금은 $1,767-1,000=767$원으로, 하루에 2정씩 총 28일을 복용하여 본인부담금은 $767 \times 2 \times 28=42,952$원이다. 금연 패치는 하루에 1,500원이 지원되므로 본인부담금이 없다.

31

정답 ④

- A : 300억 원×0.01=3억 원
- B : $2,000\text{m}^3 \times 20,000$원$/\text{m}^3$=4천만 원
- C : 500톤×80,000원/톤=4천만 원

∴ 전체 지급금액 : 3억 원+4천만 원+4천만 원=3억 8천만 원

32

정답 ②

2021년도 전체 인구수를 100명으로 가정했을 때, 같은 해 문화예술을 관람한 비율은 60.8%이므로 100×60.8≒61명이다. 61명 중 그 해 미술관 관람률은 10.2%이므로 61×0.102≒6명이다.

오답분석

① 문화예술 관람률은 52.4 → 54.5 → 60.8 → 64.5로 꾸준히 증가하고 있다.
③ 문화예술 관람률이 접근성과 관련이 있다면 조사기간 동안 가장 접근성이 떨어지는 것은 관람률이 가장 낮은 무용이다.
④ 문화예술 관람률에서 남자보다는 여자가 관람률이 높으며, 고연령층에서 저연령층으로 갈수록 관람률이 높아진다.
⑤ 60세 이상 문화예술 관람률의 2017년 대비 2023년의 증가율은 $\frac{28.9-13.4}{13.4}\times100≒115.7\%$이므로 100% 이상 증가했다.

33

정답 ⑤

제시된 자료에 따르면 2020년 모든 품목의 가격지수는 100이다. 품목별로 2020년 가격지수 대비 2023년 3월 가격지수의 상승률을 구하면 다음과 같다.

- 육류 : $\frac{177.0-100}{100}\times100=77\%$
- 낙농품 : $\frac{184.9-100}{100}\times100=84.9\%$
- 곡물 : $\frac{169.8-100}{100}\times100=69.8\%$
- 유지류 : $\frac{151.7-100}{100}\times100=51.7\%$
- 설탕 : $\frac{187.9-100}{100}\times100=87.9\%$

따라서 상승률이 가장 낮은 품목은 유지류이다.

오답분석

① 2023년 3월의 식량 가격지수의 전년 동월 대비 하락률 : $\frac{213.8-173.8}{213.8}\times100≒18.71\%$
② 식량 가격지수 자료를 통해 확인할 수 있다.
③ 품목별 2023년 3월 식량 가격지수의 전년 동월 대비 하락 폭을 구하면 다음과 같다.
- 육류 : 185.5-177.0=8.5
- 낙농품 : 268.5-184.9=83.6
- 곡물 : 208.9-169.8=39.1
- 유지류 : 204.8-151.7=53.1
- 설탕 : 254.0-187.9=66.1
따라서 가장 큰 폭으로 하락한 품목은 낙농품이다.
④ 품목별 가격지수 자료를 통해 확인할 수 있다.

34

정답 ④

- (P공정을 거친 양품의 수의 기댓값)=1,000만×0.97=970만 개
- (Q공정을 거친 양품의 수의 기댓값)=970만×0.95=921만 5천 개

35

정답 ③

- 1인 1일 사용량에서 영업용 사용량이 차지하는 비중 : $\frac{80}{282}\times100≒28.37\%$
- 1인 1일 가정용 사용량 중 하위 두 항목이 차지하는 비중 : $\frac{20+13}{180}\times100≒18.33\%$

36

정답 ③

7월과 9월에는 COD가 DO보다 많았다.

① · ⑤ 자료를 통해 확인할 수 있다.
② DO는 4월에 가장 많았고, 9월에 가장 적었다. 이때의 차는 12.1−6.4＝5.7mg/L이다.
④ 7월의 BOD의 양은 2.2mg/L이고, 12월 BOD의 양은 1.4mg/L이다.

37
정답 ⑤

• 깔끔한 사람 → 정리정돈을 잘함
• 주변이 조용함 → 집중력이 좋음 → 성과 효율이 높음

① 3번째 명제와 1번째 명제로 추론할 수 있다.
② 2번째 명제와 4번째 명제로 추론할 수 있다.
③ 3번째 명제, 1번째 명제, 4번째 명제로 추론할 수 있다.
④ 4번째 명제의 대우와 2번째 명제의 대우로 추론할 수 있다.

38
정답 ④

주어진 조건에서 적어도 한 사람은 반대를 한다고 하였으므로, 한 명씩 반대한다고 가정하고 접근한다.
• A가 반대한다고 가정하는 경우
  첫 번째 조건에 의해 C는 찬성하고 E는 반대한다. 네 번째 조건에 의해 E가 반대하면 B도 반대한다. 이때 두 번째 조건에서 B가 반대하면 A가 찬성하므로 모순이 발생한다. 따라서 A는 찬성이다.
• B가 반대한다고 가정하는 경우
  두 번째 조건에 의해 A는 찬성하고 D는 반대한다. 세 번째 조건에 의해 D가 반대하면 C도 반대한다. 이때 첫 번째 조건의 대우에 의해 C가 반대하면 D가 찬성하므로 모순이 발생한다. 따라서 B는 찬성이다.
위의 두 경우에서 도출한 결론과 네 번째 조건의 대우를 함께 고려해보면 B가 찬성하면 E가 찬성하고 첫 번째 조건의 대우에 의해 D도 찬성이다. 따라서 A, B, D, E 모두 찬성이다. 그러므로 마지막 조건에 의해 적어도 한 사람은 반대하므로 나머지 C가 반대임을 알 수 있다.

39
정답 ③

공정 순서는 A → B · C → D → E → F로 전체 공정이 완료되기 위해서는 15분이 소요되며, B공정이 1분 더 지연되어도 C공정이 5분이 걸리기 때문에 전체 공정에는 변화가 없다. 또한 첫 제품 생산 후부터는 5분마다 제품이 생산되기 때문에 1시간 동안에 12개의 제품이 생산된다.

40
정답 ①

노선지수를 계산하기 위해선 총거리와 총시간, 총요금을 먼저 계산한 후 순위에 따라 다시 한 번 계산해야 한다.

경유지	합산거리	총거리 순위	합산시간	총시간 순위	합산요금	총요금 순위	노선지수
베이징	9,084km	1	10시간	1	150만 원	7	2.9
하노이	11,961km	4	15시간	6	120만 원	4	8.2
방콕	13,242km	7	16시간	7	105만 원	1	10.7
델리	11,384km	3	13시간	4	110만 원	2	5.6
두바이	12,248km	6	14시간	5	115만 원	3	8.9
카이로	11,993km	5	12시간	3	125만 원	5	7.1
상하이	10,051km	2	11시간	2	135만 원	6	4.2

베이징 노선은 잠정 폐쇄되었으므로 그다음으로 노선지수가 낮은 상하이를 경유하는 노선이 가장 적합한 노선이다.

41

각 상품의 비용(가격)과 편익(만족도)의 비율을 계산하면 상품 B를 구입하는 것이 가장 합리적이다.

42

완성품 납품 수량은 총 100개이다. 완성품 1개당 부품 A는 10개가 필요하므로 총 1,000개가 필요하고, B는 300개, C는 500개가 필요하다. 이때 각 부품의 재고 수량에서 A는 500개를 가지고 있으므로 필요한 1,000개에서 가지고 있는 500개를 빼면 500개의 부품을 주문해야 한다. 이와 같이 계산하면 부품 B는 180개, 부품 C는 250개를 주문해야 한다.

43

첫 번째 조건과 각 줄의 사물함에 든 총 금액을 이용해 사물함에 돈이 들어있는 경우를 나타내면 다음과 같다.

• 한 줄의 총액이 300원일 때 : 300원, 0원, 0원, 0원, 0원
• 한 줄의 총액이 400원일 때 : 200원, 200원, 0원, 0원, 0원
• 한 줄의 총액이 500원일 때 : 200원, 300원, 0원, 0원, 0원
• 한 줄의 총액이 600원일 때 : 200원, 200원, 200원, 0원, 0원 또는 300원, 300원, 0원, 0원, 0원
• 한 줄의 총액이 700원일 때 : 200원, 200원, 300원, 0원, 0원
• 한 줄의 총액이 900원일 때 : 300원, 300원, 300원, 0원, 0원

	1열	2열	3열	4열	5열	
1행	1	2	3	4	5	900
2행	6	7	8	9	10	700
3행	11 200원	12	13	14	15	500
4행	16	17	18	19	20	300
5행	21	22	23	24	25 300원	500
	500	400	900	600	500	

11번 사물함은 200원이 들어 있으므로 3행에 있는 사물함 중 하나는 300원이 들어 있고, 1열에 있는 사물함 중 하나는 300원이 들어 있다. 그리고 25번 사물함은 300원이 들어 있으므로 5열에 있는 사물함 중 하나는 200원이 들어 있고, 5행에 있는 사물함 중 하나는 200원이 들어 있다. 이때, 1열과 5행이 만나는 21번 칸의 경우 200원 또는 300원이 들어 있으면 모순이 발생하므로 돈이 들어 있지 않다는 결론을 얻을 수 있다. 이런 방법을 반복해 사물함에 있는 돈의 액수를 추론하면 다음과 같다.

	1열	2열	3열	4열	5열	
1행	1 300원	2 0원	3 300원	4 300원	5 0원	900
2행	6 0원	7 200원	8	9	10 200원	700
3행	11 200원	12 0원	13	14	15 0원	500
4행	16 0원	17 0원	18	19	20 0원	300
5행	21 0원	22 200원	23 0원	24 0원	25 300원	500
	500	400	900	600	500	

- 13번, 18번 사물함에 300원이 있을 경우

  9번 사물함에 300원이 들어 있게 되며 색칠한 사물함의 총액은 300+200+300+0+300=1,100원이다.
- 8번, 18번 사물함에 300원이 있을 경우

  14번 사물함에 300원이 들어 있게 되며 색칠한 사물함의 총액은 300+200+0+0+300=800원이다.
- 8번 13번 사물함에 300원이 있을 경우

  19번 사물함에 300원이 들어 있게 되며 색칠한 사물함의 총액은 300+200+300+300+300=1,400원이다.

따라서 가능한 돈의 총액은 1,400원이다.

44
정답 ①

ⅰ) A상자 첫 번째 안내문이 참, 두 번째 안내문이 거짓인 경우

  B, D상자 첫 번째 안내문, C상자 두 번째 안내문이 참이다. 따라서 ①·②가 참, ③·④·⑤가 거짓이다.

ⅱ) A상자 첫 번째 안내문이 거짓, 두 번째 안내문이 참인 경우

  B, C상자 첫 번째 안내문, D상자 두 번째 안내문이 참이다. 따라서 ①·③·⑤가 참, ②가 거짓, ④는 참인지 거짓인지 알 수 없다.

그러므로 항상 옳은 것은 ①이다.

45
정답 ①

주어진 조건에 따라 직원 A∼H가 앉을 수 있는 경우는 A-B-D-E-C-F-H-G이다. 여기서 D와 E의 자리를 서로 바꿔도 모든 조건이 성립하고, A-G-H와 D-E-C를 통째로 바꿔도 모든 조건이 성립한다. 따라서 총 경우의 수는 2×2=4가지이다.

46
정답 ③

- 철수 : C, D, F는 포인트 적립이 안 되므로 해당 사항이 없다.
- 영희 : A에는 해당 사항이 없다.
- 민수 : A, B, C에는 해당 사항이 없다.
- 철호 : 환불 및 송금수수료, 배송료가 포함되었으므로 A, D, E, F에는 해당 사항이 없다.

47
정답 ④

ㄱ. 유통 중인 농·수·축산물도 수거검사 대상임을 알 수 있다.

ㄴ. 수산물의 경우에도 총수은, 납 등과 함께 항생물질을 검사하고 있다.

ㄹ. 식품수거검사 결과 적발한 위해정보는 식품의약안전청 홈페이지에서 확인할 수 있다.

오답분석

ㄷ. 월별 정기 검사와 수시 수거검사가 있다.

48
정답 ⑤

- 갑이 화장품 세트를 구매하는 데 든 비용
  - 화장품 세트 : 29,900원
  - 배송비 : 3,000원(일반배송상품이지만 화장품 상품은 30,000원 미만 주문 시 배송비 3,000원 부담)
- 을이 책 3권을 구매하는 데 든 비용
  - 책 3권 : 30,000원(각각 10,000원)
  - 배송비 : 무료(일반배송상품+도서상품은 배송비 무료)

따라서 갑은 32,900원, 을은 30,000원이다.

49

- 사과 한 박스의 가격 : 32,000×0.75(25% 할인)=24,000원
- 배송비 : 무료(일반배송상품, 도서지역에 해당되지 않음)
- 최대 배송 날짜 : 일반배송상품은 결제완료 후 평균 2~4일 이내 배송되므로(공휴일 및 연휴 제외) 금요일 결제 완료 후 토요일, 일요일을 제외하고 늦어도 목요일까지 배송될 예정이다.

50

2월 8일의 날씨 예측 점수를 x점, 2월 16일의 날씨 예측 점수를 y점이라고 하자(단, $x \geq 0$, $y \geq 0$).
2월 1일부터 2월 19일까지의 날씨 예측점수를 달력에 나타내면 다음과 같다.

구분	월	화	수	목	금	토	일
날짜			1	2	3	4	5
점수			10점	6점	4점	6점	6점
날짜	6	7	8	9	10	11	12
점수	4점	10점	x점	10점	4점	2점	10점
날짜	13	14	15	16	17	18	19
점수	0점	0점	10점	y점	10점	10점	2점

두 번째 조건에 제시된 한 주의 주중 날씨 예측 점수의 평균을 이용해 x와 y의 범위를 구하면 다음과 같다.
- 2월 둘째 주 날씨 예측 점수의 평균

$$\frac{4+10+x+10+4}{5} \geq 5 \rightarrow x+28 \geq 25 \rightarrow x \geq -3$$

$$\therefore x \geq 0 (\because x \geq 0)$$

- 2월 셋째 주 날씨 예측 점수의 평균

$$\frac{0+0+10+y+10}{5} \geq 5 \rightarrow y+20 \geq 25$$

$$\therefore y \geq 5$$

세 번째 조건의 요일별 날씨 평균을 이용하여 x와 y의 범위를 구하면 다음과 같다.
- 수요일 날씨 예측 점수의 평균

$$\frac{10+x+10}{3} \leq 7 \rightarrow x+20 \leq 21$$

$$\therefore x \leq 1$$

- 목요일 날씨 예측 점수의 평균

$$\frac{6+10+y}{3} \geq 5 \rightarrow y+16 \geq 15$$

$$\therefore y \geq 0 (\because y \geq 0)$$

따라서 x의 범위는 $0 \leq x \leq 1$이고, y의 범위는 $y \geq 5$이다.
2월 8일의 예측날씨는 맑음이고, 예측 점수의 범위는 $0 \leq x \leq 1$이므로 2월 8일의 실제날씨는 눈·비이다. 그리고 2월 16일의 예측날씨는 눈·비이고 예측점수의 범위는 $y \geq 5$이므로 2월 16일의 실제 날씨는 흐림 또는 눈·비이다. 따라서 실제 날씨를 바르게 연결한 것은 ③이다.

제2회
최종점검 모의고사

01	02	03	04	05	06	07	08	09	10	11	12	13	14	15	16	17	18	19	20
⑤	④	③	④	④	③	②	③	③	⑤	④	④	①	④	③	④	④	④	⑤	①
21	22	23	24	25	26	27	28	29	30	31	32	33	34	35	36	37	38	39	40
②	⑤	③	③	④	①	②	③	④	①	①	③	④	①	①	⑤	③	④	④	⑤
41	42	43	44	45	46	47	48	49	50										
④	③	④	②	③	⑤	⑤	④	②	②										

01

정답 ⑤

우리말과 영어의 어순 차이에 대해 설명하면서, 우리말에서 주어 다음에 목적어가 오는 것은 '나의 의사보다 상대방에 대한 관심을 먼저 보이는 우리의 문화'에서 기인한 것이라고 언급하고 있다. 그리고 '나의 의사를 밝히는 것이 먼저인 영어를 사용하는 사람들의 문화'라는 내용으로 볼 때, 상대방에 대한 관심보다 나의 생각을 우선시하는 것은 영어의 문장 표현이다.

02

정답 ④

(A)와 (B)를 통해 공장이 서로 모여 입지하면 비용을 줄여 집적 이익을 얻을 수 있다는 사실과 벤다이어그램에서 색칠된 교차면이 그러한 이익을 얻을 수 있는 집적지라는 사실을 알 수 있다. 따라서 두 공장이 집적했을 때와 세 공장이 집적했을 때의 교차면의 크기에 따라 세 개의 공장이 집적하는 것이 두 공장이 집적하는 것보다 더 많은 집적 이익을 얻을 수 있음을 추론할 수 있다.

[오답분석]
① (A)를 통해 공장의 집적으로 이익을 얻을 수 있다는 사실은 알 수 있지만, 그러한 집적으로 인한 문제점은 제시문을 통해 추론할 수 없다.
② (A)를 통해 사회적 집적과 규모 집적의 의미 차이는 알 수 있지만, 이익의 효과 차이는 제시문을 통해 추론할 수 없다.
③ (B)를 통해 운송비 최소점에서의 집적 조건은 알 수 있지만, 공장의 업종이 동일해야 하는지는 추론할 수 없다.
⑤ 공장의 집적으로 인한 문제점과 해결방안은 제시문에 나타나 있지 않다.

03

정답 ③

A팀은 $\frac{150}{60}$ 시간으로 경기를 마쳤으며, B팀은 현재 70km를 평균 속도 40km/h로 통과해 $\frac{70}{40}$ 시간이 소요되었고, 남은 거리의 평균 속도를 x라 하면 $\frac{80}{x}$ 의 시간이 더 소요된다.

B팀은 A팀보다 더 빨리 경기를 마쳐야 하므로

$\frac{150}{60} > \frac{70}{40} + \frac{80}{x} \rightarrow x > \frac{320}{3}$ 이다.

04

정답 ④

1월과 6월의 전기요금을 각각 $5k$, $2k$라고 하자(단, $k>0$).

1월 전기요금에서 6만 원을 뺄 경우 비율이 3 : 2이므로

$(5k-60,000):2k=3:2$

$\rightarrow 10k-120,000=6k$

$\rightarrow 4k=120,000$

$\therefore k=30,000$

따라서 1월의 전기요금은 $5k=5\times30,000=150,000$원이다.

05

정답 ④

주어진 조건에 의하여 모델 S의 연비는 $\dfrac{a}{3}=\dfrac{b}{5}\cdots\bigcirc$, 모델 E의 연비는 $\dfrac{c}{3}=\dfrac{d}{5}\rightarrow d=\dfrac{5}{3}c\cdots\bigcirc$이다.

3L로 시험했을 때 두 자동차의 주행거리 합은 48km이므로 $a+c=48\cdots\bigcirc$

모델 E가 달린 주행거리의 합은 56km이므로 $c+d=56\cdots$ㄹ

ㄴ과 ㄹ을 연립하면 $c+\dfrac{5}{3}c=56\rightarrow c=21$

c를 ㄷ에 대입하면 $a+21=48\rightarrow a=27$

즉, 모델 S의 연비는 $\dfrac{27}{3}=9$이고, 모델 E의 연비는 $\dfrac{21}{3}=7$이다.

따라서 두 자동차 연비의 곱은 $9\times7=63$이다.

06

정답 ③

2021년 강사 E의 수강생 만족도는 3.2점이므로 2022년 강사 E의 시급은 2021년과 동결인 48,000원이다. 2022년 시급과 수강생 만족도를 참고하여 2023년 강사별 시급과 2022년과 2023년의 시급 차이를 구하면 다음과 같다.

강사	2023년 시급	(2023년 시급)−(2022년 시급)
A	$55,000(1+0.05)=57,750$원	$57,750-55,000=2,750$원
B	$45,000(1+0.05)=47,250$원	$47,250-45,000=2,250$원
C	$54,600(1+0.1)=60,060$원 → 60,000원(∵ 시급의 최대)	$60,000-54,600=5,400$원
D	$59,400(1+0.05)=62,370$원 → 60,000원(∵ 시급의 최대)	$60,000-59,400=600$원
E	48,000원	$48,000-48,000=0$원

따라서 2022년과 2023년 시급 차이가 가장 큰 강사는 C이다.

오답분석

① 강사 E의 2022년 시급은 48,000원이다.

② 2023년 강사 D의 시급과 강사 C의 시급은 60,000원으로 같다.

④ 2022년 강사 C의 시급 인상률을 α%라고 하자.

$52,000\left(1+\dfrac{\alpha}{100}\right)=54,600\rightarrow520\alpha=2,600$

$\therefore \alpha=5$

즉, 2022년 강사 C의 시급 인상률은 5%이므로, 수강생 만족도 점수는 4.0점 이상 4.5점 미만이다.

⑤ 2023년 강사 A와 강사 B의 시급 차이 : $57,750-47,250=10,500$원

07

정답 ②

여름은 겨울보다 비가 많이 내림 → 비가 많이 내리면 습도가 높음 → 습도가 높으면 먼지와 정전기가 잘 나지 않음

비가 많이 내리면 습도가 높고 습도가 높으면 먼지가 잘 나지 않으므로 비가 많이 오지 않는 겨울이 여름보다 먼지가 잘 난다.

④ 1번째 명제와 4번째 명제 대우로 추론할 수 있다.
⑤ 4번째 명제와 1번째 명제 대우로 추론할 수 있다.

08

Ａ : 탈수 현상이 발생하면 설사 등의 증세가 일어나고, 이는 생활에 나쁜 영향을 준다(대우는 성립한다).
Ｂ : 몸의 수분 비율이 일정 수치 이하로 떨어지면 탈수 현상이 발생하고, 그러면 설사 등의 증세가 일어난다.

09

각각의 조건을 고려하여 각 입지마다의 총 운송비를 산출한 후 이를 비교한다.
• A가 공장입지일 경우
  − 원재료 운송비 : 3톤×4km×20만 원/km・톤+2톤×8km×50만 원/km・톤=1,040만 원
  − 완제품 운송비 : 1톤×0km×20만 원/km・톤=0원
  ∴ 총 운송비 : 1,040만 원+0원=1,040만 원
• B가 공장입지일 경우
  − 원재료 운송비 : 3톤×0km×20만 원/km・톤+2톤×8km×50만 원/km・톤=800만 원
  − 완제품 운송비 : 1톤×4km×20만 원/km・톤=80만 원
  ∴ 총 운송비 : 800만 원+80만 원=880만 원
• C가 공장입지일 경우
  − 원재료 운송비 : 3톤×8km×20만 원/km・톤+2톤×0km×50만 원/km・톤=480만 원
  − 완제품 운송비 : 1톤×8km×20만 원/km・톤=160만 원
  ∴ 총 운송비 : 480만 원+160만 원=640만 원
• D가 공장입지일 경우
  − 원재료 운송비 : 3톤×4km×20만 원/km・톤+2톤×4km×50만 원/km・톤=640만 원
  − 완제품 운송비 : 1톤×6km×20만 원/km・톤=120만 원
  ∴ 총 운송비 : 640만 원+120만 원=760만 원
• E가 공장입지일 경우
  − 원재료 운송비 : 3톤×3km×20만 원/km・톤+2톤×6km×50만 원/km・톤=780만 원
  − 완제품 운송비 : 1톤×3km×20만 원/km・톤=60만 원
  ∴ 총 운송비 : 780만 원+60만 원=840만 원
따라서 총 운송비를 최소화할 수 있는 공장입지 부지는 C이다.

10

해외출장 일정을 고려해 이동수단별 비용을 구하면 다음과 같다.
• 렌터카 : (50+10)×3=$180
• 택시 : 1×(100+50+50)=$200
• 대중교통 : 40×4=$160
따라서 경제성에서 대중교통, 렌터카, 택시 순으로 상, 중, 하로 평가된다.
두 번째 조건에 따라 이동수단별 평가표를 점수로 환산한 후 최종점수를 구하면 다음과 같다.

이동수단	경제성	용이성	안전성	최종점수
렌터카	2	3	2	7
택시	1	2	4	7
대중교통	3	1	4	8

따라서 해외영업팀이 선택하게 될 이동수단은 대중교통이고, 비용은 $160이다.

11

정답 ④

세부 내용에 디자인에 관련하여 변경된 내용은 나와 있지 않다.

오답분석

1. 타임 세이빙 서비스(Time Saving Service)
2. 마일리지 특실 업그레이드 서비스
3. 간편한 예매 절차
4. 스마트 알림·선택, 맞춤형 기능

12

정답 ④

'완숙하다'는 '사람이나 동물이 완전히 성숙한 상태이다.'라는 뜻으로, 보기의 문장에는 '미숙'이 적절하다.

13

정답 ①

'황량한'은 황폐하여 거칠고 쓸쓸한 것을 의미한다.

14

정답 ④

제시된 문장의 '묘사(描寫)'는 '어떤 대상이나 현상 따위를 있는 그대로 언어로 서술하거나 그림으로 그려서 나타내는 것'이다. 보기의 앞에는 어떤 모습이나 장면이 나와야 하므로 (다) 다음의 '분주하고 정신없는 장면'이 와야 한다. 또한 보기에서 묘사는 '본 사람이 무엇을 중요하게 판단하고, 무엇에 흥미를 가졌느냐에 따라 크게 다르다.'고 했으므로 보기 뒤에는 (다) 다음의 장면 중 '어느 부분에 주목하고, 또 어떻게 그것을 해석했는지에 따라 즐겁기도 하고 무섭기도 하다.'의 구체적 내용인 (라) 다음 부분이 이어져야 한다.

15

정답 ③

2017년도, 2018년도, 2021년도는 금융부채가 비금융부채보다 각각 약 1.48배, 1.48배, 1.4배 많다.

오답분석

① 2020년도의 부채비율은 56.6÷41.6×100≒136.1로 약 136%이며, 부채비율이 가장 높다.
② 자산은 2014년도부터 2022년도까지 꾸준히 증가했다.
④ 부채는 2020년도 이후 줄어들고 있다.
⑤ 자본은 비금융부채보다 매년 약 1.9 ~ 6.3배 이상이다.

16

정답 ④

신입사원의 수를 x명이라고 하자.
1인당 지급하는 국문 명함은 150장이므로 1인 기준 국문 명함 제작비용은 10,000(100장)+3,000(추가 50장)=13,000원이다.
즉, $13,000x=195,000$
∴ $x=15$

17

정답 ④

1인당 지급하는 영문 명함은 200장이므로 1인 기준 영문 명함 제작비용(일반종이 기준)은 15,000(100장)+10,000(추가 100장)= 25,000원이다.

이때 고급종이로 영문 명함을 제작하므로 해외영업부 사원들의 1인 기준 영문 명함 제작비용은 $25,000\left(1+\dfrac{1}{10}\right)=27,500$원이다.

따라서 8명의 영문 명함 제작비용은 27,500×8=220,000원이다.

18

정답 ④

남성 인구 10만 명당 사망자 수가 가장 많은 해는 2014년이다.

전년 대비 2014년 남성 사망자 수 증가율은 $\frac{4,674-4,400}{4,400} \times 100 ≒ 6.23\%$이다.

오답분석

① • 2020년 전체 사망자 수 : 4,111+424=4,535명
  • 2022년 전체 사망자 수 : 4,075+474=4,549명
  따라서 2020년과 2022년의 전체 사망자 수는 같지 않다.
② 제시된 자료를 보면 2016년과 2022년 여성 사망자 수는 전년보다 감소했다.
③ 2021년, 2023년 남성 인구 10만 명당 사망자 수는 각각 15.9명, 15.6명이고 여성인구 10만 명당 사망자 수는 각각 2.0명, 2.1명이다. 15.9<2×8=16, 15.6<2.1×8=16.8이므로 옳지 않은 설명이다.
⑤ • 전년 대비 2011년 전체 사망자 수의 증가율 : $\frac{3,069-2,698}{2,698} \times 100 ≒ 13.75\%$

  • 전년 대비 2013년 전체 사망자 수의 증가율 : $\frac{4,740-4,106}{4,106} \times 100 ≒ 15.44\%$

19

정답 ⑤

제시문은 빛의 본질에 관한 뉴턴, 토마스 영, 아인슈타인의 가설을 서술한 글이다. 빛은 광량자라고 하는 작은 입자로 이루어졌다는 아인슈타인의 광량자설은 빛이 파동이면서 동시에 입자인 이중적인 본질을 가지고 있다는 것을 의미하는 것으로, 뉴턴의 입자설과 토마스 영의 파동설을 모두 포함한다.

오답분석

① 뉴턴의 가설은 그의 권위에 의해 오랫동안 정설로 여겨졌지만, 토마스 영의 겹실틈 실험에 의해 다른 가설이 생겨났다.
② 겹실틈 실험은 한 개의 실틈을 거쳐 생긴 빛이 다음 설치된 두 개의 겹실틈을 지나가게 해서 스크린에 나타나는 무늬를 관찰하는 것이다.
③ 일자 형태의 띠가 두 개 나타나면 빛은 입자임이 맞으나, 겹실틈 실험 결과 보강간섭이 일어난 곳은 밝아지고 상쇄간섭이 일어난 곳은 어두워지는 간섭무늬가 연속적으로 나타났다.
④ 토마스 영의 겹실틈 실험은 빛의 파동성을 증명하였고, 이는 명백한 사실이었으므로 아인슈타인은 빛이 파동이면서 동시에 입자인 이중적인 본질을 가지고 있다는 것을 증명하였다.

20

정답 ①

제시문은 인간의 질병 구조가 변화하고 있고 우리나라는 고령화 시대를 맞이함에 따라 만성질환이 증가하였으며 이에 따라 간호사가 많이 필요해진 상황에 대해 말하고 있다. 하지만 제도는 간호사를 많이 채용하지 않고 있으며 뒤처진 제도에 대한 아쉬움에 대해 설명하고 있는 글이다. 따라서 (나) 변화한 인간의 질병 구조 → (가) 고령화 시대를 맞아 증가한 만성질환 → (다) 간호사가 필요한 현실과는 맞지 않는 고용 상황 → (라) 간호사의 필요성과 뒤처진 의료 제도에 대한 안타까움으로 연결되어야 한다.

21

정답 ②

빈칸 뒷 문장에서 '후속열차에 의한 충돌이 발생할 수도 있기 때문이다.'라는 문장에서 열차가 갑작스런 고장이나 앞차와의 간격유지를 위한 서행운전과 같은 돌발상황에 대비해서 어떠한 경우에도 안전거리를 유지한다는 것을 유추할 수 있으므로 ②가 적절하다.

22

정답 ⑤

용산역에 시범 적용되었으며 5월 중에 15개 역사에 총 31대가 추가 확대 적용될 예정이므로 31개 역사에 추가 확대 적용된다는 말은 적절하지 않다.

23
정답 ③

고객들이 열차이용 시 출발·도착시간과 목적지를 가장 먼저 확인한다는 점을 고려해 시간과 목적지 순으로 정보배열을 변경하였고 열차종류와 타는 곳 순서로 배열해 승객들의 정보확인에 도움을 준다고 하였으므로 ③이 적절하지 않다.

24
정답 ③

두 번째 문단에서 1948년 대한민국 정부가 수립된 이후 애국가가 현재의 노랫말과 함께 공식 행사에 사용되었다고 하였으므로 『독립신문』에 현재의 노랫말이 게재되지 않았다.

오답분석

① 두 번째 문단에서 1935년 해외에서 활동 중이던 안익태가 오늘날 우리가 부르고 있는 국가를 작곡하였고 이 곡은 해외에서만 퍼져나갔다고 하였으므로, 1940년에 해외에서는 애국가 곡조를 들을 수 있었다.
② 네 번째 문단에서 국기강하식 방송, 극장에서의 애국가 상영 등은 1980년대 후반 중지되었다고 하였으므로 1990년대 초반까지 애국가 상영이 의무화되었다는 말은 적절하지 않다.
④ 마지막 문단에서 연주만 하는 의전행사나 시상식·공연 등에서는 전주곡을 연주해서는 안 된다고 하였으므로 적절하지 않다.
⑤ 두 번째 문단을 통해 안익태가 애국가를 작곡한 때는 1935년, 대한민국 정부 공식 행사에 사용된 해는 1948년이므로 13년이 걸렸다.

25
정답 ④

퍼낸 소금물의 양을 xg, 2% 소금물의 양을 yg이라고 하자.
$400-x+x+y=520 \rightarrow y=120$

$\dfrac{8}{100}(400-x)+\dfrac{2}{100}\times120=\dfrac{6}{100}\times520$

$\rightarrow 3,200-8x+240=3,120 \rightarrow 8x=320$

$\therefore x=40$

따라서 퍼낸 소금물의 양은 40g이다.

26
정답 ①

• 주말 입장료 : $11,000+15,000+20,000\times2+20,000\times\dfrac{1}{2}=76,000$원

• 주중 입장료 : $10,000+13,000+18,000\times2+18,000\times\dfrac{1}{2}=68,000$원

따라서 요금 차이는 $76,000-68,000=8,000$원이다.

27
정답 ②

제시된 그래프에서 선의 기울기가 가파른 구간은 2014 ~ 2015년, 2015 ~ 2016년, 2018 ~ 2019년이다. 2015년, 2016년, 2019년 물이용부담금 총액의 전년 대비 증가폭을 구하면 다음과 같다.
• 2015년 : $6,631-6,166=465$억 원
• 2016년 : $7,171-6,631=540$억 원
• 2019년 : $8,108-7,563=545$억 원
따라서 물이용부담금 총액이 전년 대비 가장 많이 증가한 해는 2019년이다.

㉠ 제시된 자료를 통해 확인할 수 있다.

㉢ 2023년 금강유역 물이용부담금 총액 : $8,661 \times 0.2 = 1,732.2$억 원

∴ 2023년 금강유역에서 사용한 물의 양 : 1,732.2억 원 $\div 160$원/$m^3 ≒ 10.83$억m^3

㉣ 2023년 물이용부담금 총액의 전년 대비 증가율 : $\dfrac{8,661-8,377}{8,377} \times 100 ≒ 3.39\%$

28

 정답 ③

- A : 제13조 2항에 의해 출발 3일 전 예약만 한 표 1장은 24시간 내에 구매하지 않았을 경우 자동적으로 취소된다. 제13조에 의해 출발 하루 전 예약한 표는 예약과 동시에 결제해야 하며, 출발시각까지 발권하지 못하면 15%에 해당하는 취소수수료를 수수한다. 즉, 7,000원의 15%인 1,050원이 수수료이다.
- B : 출발 2시간 전 인터넷으로 취소한 표 4장은 최소수수료인 1장에 400원씩의 수수료가 부과된다. 또 출발 5분 전 역에서 반환한 표 4장은 1장에 10%의 수수료가 부과된다. 즉, $(400 \times 4) + (6,000 \times 0.1 \times 4) = 4,000$원이다.
- C : 출발 3시간 전 역에서 반환한 표 2장은 5%의 수수료가 부과된다. 즉, $15,000 \times 0.05 \times 2 = 1,500$원이다.

따라서 수수료가 많은 순서는 B>C>A이다.

29

정답 ④

처음에 구매한 티켓 가격은 23,900원이고 열차 내에서 구매한 추가운임이 부과된 금액은 $23,900+11,950=35,850$원이다. 따라서 총 금액은 $23,900+35,850=59,750$원이다.

천안에 내려서 환불 받은 금액은 최저수수료 $400 \times 2 = 800$원과 이용운임 $59,750 \times 0.4 = 23,900$원을 제한 금액 $59,750-24,700 = 35,050$원이다. 즉, 천안까지 24,700원을 사용하였다.

천안부터 부산까지의 티켓가격은 $20,000 \times 0.95 \times 2 = 38,000$원이다.

따라서 총 사용한 금액은 $24,700+38,000=62,700$원이다.

30

정답 ①

'원콜(One-Call)' 전화 예매는 결제수단 정보 사전등록 시, ARS를 통해 자동으로 기차표 결제가 가능하다. 신용카드가 없는 고객을 위한 후불 자동 계좌결제는 이후 도입할 예정인 우대서비스로 아직 도입되지 않았다.

31

정답 ①

(라)의 '이러한 기술 발전'은 (나)의 내용에 해당하고, (가)의 '그러한 위험'은 (다)의 내용에 해당한다. 내용상 기술 혁신에 대해 먼저 설명하고 그 위험성에 대해 나와야 하므로, 가장 알맞은 순서는 (나) – (라) – (다) – (가)이다.

32

정답 ③

제시된 글은 테레민이라는 악기를 두 손을 이용해 어떻게 연주하는가에 대한 내용이다. 두 번째 문단에서 '오른손으로는 수직 안테나와의 거리에 따라 음고를 조절하고, 왼손으로는 수평 안테나와의 거리에 따라 음량을 조절한다.'고 하였고, 마지막 문단에서는 이에 따라 오른손으로 음고를 조절하는 방법에 대해 설명하고 있다. 따라서 뒤에 이어질 내용은 왼손으로 음량을 조절하는 방법이 나오는 것이 적절하다.

33

노선별 건설비용과 사회손실비용은 다음과 같이 구할 수 있다.

- (건설비용)=(각 구간 길이)×(1km당 건설비용)
  - A노선 : 1km×1,000억 원+0.5km×200억 원+8.5km×100억 원=1,950억 원
  - B노선 : 20km×100억 원=2,000억 원
  - C노선 : 0.5km×1,000억 원+1km×200억 원+13.5km×100억 원=2,050억 원

- (사회손실비용)=(노선 길이)×$\frac{1,000원}{10km}$×(연간 평균 차량 통행량)×15년

  - A노선 : 10km×$\frac{1,000원}{10km}$×2백만 대×15년=300억 원

  - B노선 : 20km×$\frac{1,000원}{10km}$×2백만 대×15년=600억 원

  - C노선 : 15km×$\frac{1,000원}{10km}$×2백만 대×15년=450억 원

- 건설비용과 사회손실비용을 고려한 각 노선별 비용 비교
  - A노선 : 1,950+300=2,250억 원
  - B노선 : 2,000+600=2,600억 원
  - C노선 : 2,050+450=2,500억 원

A노선이 가장 저렴한 비용이 들어가므로 C노선이 적합하다는 것은 적절하지 않다.

[오답분석]

① 건설비용만을 비교했을 때, A노선은 1,950억 원, B노선은 2,000억 원, C노선은 2,050억 원의 비용이 발생한다. 따라서 A노선이 최적의 대안이다.

② 사회손실비용은 노선의 길이를 제외한 나머지 조건들은 고정된 값이다. 따라서 노선의 길이가 가장 긴 B노선의 사회손실비용이 가장 크다.

③ 노선별 환경손실비용을 산출하면 다음과 같다.
- (A노선)=15×15=225억 원
- (B노선)=5×15=75억 원
- (C노선)=10×15=150억 원

따라서 A노선의 환경손실비용은 B노선의 225÷75=3배이다.

⑤ 노선별 건설비용과 환경·사회손실비용을 모두 고려한 비용은 다음과 같다.
- (A노선) : 1,950+225+300=2,475억 원
- (B노선) : 2,000+75+600=2,675억 원
- (C노선) : 2,050+150+450=2,650억 원

따라서 A노선과 B노선의 차이는 2,675-2,475=200억 원이다.

34

자료를 분석하면 다음과 같다.

생산량(개)	0	1	2	3	4	5
총 판매수입(만 원)	0	7	14	21	28	35
총 생산비용(만 원)	5	9	12	17	24	33
이윤(만 원)	-5	-2	+2	+4	+4	+2

[오답분석]

ㄷ. 생산량을 4개에서 5개로 늘리면 이윤은 2만 원으로 감소한다.

ㄹ. 1개를 생산하면 -2만 원이지만, 생산하지 않을 때는 -5만 원이다.

35

시설물 전체를 교체하는 경우, 최종 부과비용은 시설물 경과연수에 따른 감가상각률을 적용하여 산출한다.

[오답분석]
② 임차인에게 부과하는 수선비는 실제 소요되는 실비를 기준으로 산정한다.
③ 시설물의 일부분을 보수하는 경우 감가상각률을 적용하지 않고 수선비용 전체를 부과한다.
④ 빌트인 제품에 대해서도 임차인 부담 사유가 발생하는 경우가 있다.
⑤ 시설물경과연수는 해당 시설물의 최초 설치 시점부터 산정한 시설물의 전체 경과연수로서 임차인의 거주기간과 다를 수 있다.

36

침대는 빌트인 제품에 포함되는 항목이며, 신규 구입을 하였으므로 계산식을 세워 임차인 부과금액을 산정하면
$420,000원 - \frac{4}{8} \times 420,000원 = 210,000원$이다.

37

C씨는 지붕의 수선이 필요한 주택비용 지원 대상에 선정되었다. 지붕 수선은 대보수에 해당되며, 대보수의 주택당 보수비용 지원한도액은 950만 원이다. C씨는 중위소득 40%에 해당하므로 지원한도액의 80%를 차등지원 받게 된다. 따라서 C씨가 지원받을 수 있는 주택보수비용의 최대 액수는 950×0.8=760만 원이다.

38

현재기온이 가장 높은 수원은 이슬점 온도는 가장 높지만 습도는 65%로 다섯 번째로 높다.

[오답분석]
① 파주의 시정은 20km로 가장 좋다.
② 수원이 이슬점 온도와 불쾌지수 모두 가장 높다.
③ 불쾌지수 70을 초과한 지역은 수원, 동두천 2곳이다.
⑤ 시정이 0.4km로 가장 좋지 않은 백령도의 경우 풍속이 4.4m/s로 가장 강하다.

39

체증현상이 없어 고객과의 약속을 지킬 수 있는 것은 '안정성'에 해당한다.

40

• A : 평화생명벨트에 해당하며 평화열차를 통해 관광할 수 있다.
• B : 서해골드벨트에 해당하며 서해금빛열차를 통해 관광할 수 있다.
• C : 남도해양벨트에 해당하며 남도해양열차를 통해 관광할 수 있다.
• D : 강원청정벨트에 해당하며 정선아리랑열차를 통해 관광할 수 있다.
• E : 중부내륙벨트에 해당하며 백두대간협곡열차와 중부내륙순환열차를 통해 관광할 수 있다.

41

다음 번 서브는 점수가 4점, 즉 짝수 상황이므로 오른쪽에서 해야 하며 서브권을 가진 선수가 계속 해야 하고 상대편 선수의 위치 이동은 없으므로 A가 오른쪽 코트에서 D선수에게 서비스를 해야 한다.

42
정답 ③

A/S 접수 현황에 제품 시리얼 번호를 보면 네 번째 자리의 숫자가 분류1에는 '1', 분류2에는 '2', 분류3에는 '3', 분류4에는 '4'로 나눠져 있음을 알 수 있다. 따라서 네 번째 자리가 의미하는 메모리 용량이 시리얼 번호를 분류하는 기준이다.

43
정답 ④

제조 연도는 시리얼 번호 중 앞에서 다섯 번째 알파벳으로 알 수 있다. 2012년도는 'A', 2013년도는 'B'로 표기되어 있으며, A/S 접수 현황에서 찾아보면 총 9개이다.

44
정답 ②

A/S 접수 현황에서 잘못 기록된 일련번호는 총 7개이다.

분류1	• ABE1C6<u>100121</u> → 일련번호가 09999 이상인 것은 없음 • MBE1D<u>B</u>001403 → 제조월 표기기호 중 'B'는 없음
분류2	• MBP2C0<u>120202</u> → 일련번호가 09999 이상인 것은 없음 • ABE2D<u>0</u>001063 → 제조월 표기기호 중 '0'은 없음
분류3	• CBL3<u>S</u>8005402 → 제조 연도 표기기호 중 'S'는 없음
분류4	• SBE4D5<u>101483</u> → 일련번호가 09999 이상인 것은 없음 • CBP4D6<u>100023</u> → 일련번호가 09999 이상인 것은 없음

45
정답 ③

B안의 가중치는 전문성인데 자원봉사제도는 (-)이므로 부당한 판단이다.

46
정답 ⑤

제시된 문제에서 팀장의 요구조건은 1) 영유아 수가 많은 곳, 2) 향후 5년간 지속적인 수요 증가 두 가지이며, 두 조건을 모두 충족하는 지역을 선정해야 한다.
ⅰ) 주어진 자료에서 영유아 수를 구하면 다음과 같다.
 ※ (영유아 수)＝(총인구수)×(영유아 비중)
 • A지역 : 3,460,000×3%＝103,800명
 • B지역 : 2,470,000×5%＝123,500명
 • C지역 : 2,710,000×4%＝108,400명
 • D지역 : 1,090,000×11%＝119,900명
 따라서 B－D－C－A지역 순서로 영유아 수가 많은 것을 알 수 있다.
ⅱ) 향후 5년간 영유아 변동률을 보았을 때 A지역은 1년 차와 3년 차에 감소하였고, B지역은 3 ~ 5년 차 동안 감소하는 것을 확인할 수 있다. 그러므로 지속적으로 수요가 증가하는 지역은 C지역, D지역이다. 두 지역 중 D지역은 현재 영유아 수가 C지역보다 많고, 향후 5년간 전년 대비 영유아 수 증가율이 3년 차에는 같으나 다른 연도에는 D지역이 C지역보다 크므로, D지역을 우선적으로 선정할 수 있다.
따라서 위의 조건을 모두 고려하였을 때, D지역이 유아용품 판매직영점을 설치하는 데 가장 적절한 지역이 된다.

[오답분석]
① 총인구수로 판단하는 것은 주어진 조건과 무관하므로 적절하지 않다.
② 단순히 영유아 비율이 높다고 하여 영유아 수가 많은 것이 아니므로, 조건에 부합하지 않는다.
③ B지역에 영유아 수가 가장 많은 것은 맞으나, 향후 5년 동안 영유아 변동률이 감소하는 추세를 보이므로 적절하지 않다.
④ 향후 5년간 영유아 인구 증가율이 가장 높은 곳은 D지역이다.

47

ⓛ B국의 대미무역수지와 GDP 대비 경상수지 비중은 각각 742억 달러, 8.5%로 X요건과 Y요건을 충족한다.

ⓒ 세 가지 요건 중 두 가지 요건만 충족하면 관찰대상국으로 지정된다.
  • X요건과 Y요건을 충족하는 국가 : A, B, C, E
  • X요건과 Z요건을 충족하는 국가 : C
  • Y요건과 Z요건을 충족하는 국가 : C, J
  C국가는 X, Y, Z요건을 모두 충족한다.
  따라서 관찰대상국으로 지정되는 국가는 A, B, E, J로 4개다.

ⓔ X요건의 판단기준을 '대미무역수지 150억 달러 초과'로 변경할 때, 새로 X요건을 충족하는 국가는 H국이다. 그러나 H국은 Y요건과 Z요건을 모두 충족하지 않으므로 환율조작국이나 관찰대상국으로 지정될 수 없다. 따라서 옳은 설명이다.

[오답분석]

ⓐ X, Y, Z요건을 모두 충족하면 환율조작국으로 지정된다. 각 요건을 충족하는 국가를 나열하면 다음과 같다.
  • X요건을 충족하는 국가 : A, B, C, D, E, F, G
  • Y요건을 충족하는 국가 : A, B, C, E, J
  • Z요건을 충족하는 국가 : C, J
  따라서 환율조작국으로 지정되는 국가는 C국가이다.

48

라벨지와 받침대, 블루투스 마우스를 차례대로 계산하면 $18,000 \times 2 + 24,000 + 27,000 \times 5 = 195,000$원이다. 그리고 블루투스 마우스를 3개 이상 구매 시 건전지 3SET를 무료 증정하기 때문에 AAA건전지는 2개만 더 구매하면 된다.
따라서 $195,000 + 4,000 \times 2 = 203,000$원이다.

49

라벨지는 91mm로 변경 시 각 SET당 5%를 가산하기 때문에 $(18,000 \times 1.05) \times 4 = 75,600$원, 3단 받침대는 1단 받침대에 2,000원씩을 추가하므로 $26,000 \times 2 = 52,000$원이다. 그리고 블루투스 마우스는 $27,000 \times 3 = 81,000$원이고 마우스 3개 이상 구매 시 AAA건전지 3SET가 사은품으로 오기 때문에 따로 주문하지 않는다. 마지막으로 문서수동세단기 36,000원을 더하면 $75,600 + 52,000 + 81,000 + 36,000 = 244,600$원이다.

50

[오답분석]

① 숫자 0을 다른 숫자와 연속해서 나열했고(세 번째 조건 위반), 알파벳 대문자를 다른 알파벳 대문자와 연속해서 나열했다(네 번째 조건 위반).
③ 특수기호를 첫 번째로 사용했다(다섯 번째 조건 위반).
④ 알파벳 대문자를 사용하지 않았다(두 번째 조건 위반).
⑤ 알파벳 소문자를 사용하지 않았고(두 번째 조건 위반), 알파벳 대문자를 연속해서 나열했다(네 번째 조건 위반).

합격의 공식
SD에듀
S D E D U

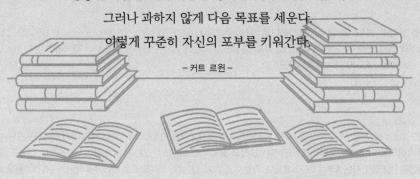

성공한 사람은 대개 지난번 성취한 것보다 다소 높게,
그러나 과하지 않게 다음 목표를 세운다.
이렇게 꾸준히 자신의 포부를 키워간다.

– 커트 르윈 –

코레일 한국철도공사 고졸채용 필기시험 답안카드

성 명

지원 분야

문제지 형별기재란

( )형   Ⓐ Ⓑ

수 험 번 호

⓪	⓪	⓪	⓪	⓪	⓪	⓪
①	①	①	①	①	①	①
②	②	②	②	②	②	②
③	③	③	③	③	③	③
④	④	④	④	④	④	④
⑤	⑤	⑤	⑤	⑤	⑤	⑤
⑥	⑥	⑥	⑥	⑥	⑥	⑥
⑦	⑦	⑦	⑦	⑦	⑦	⑦
⑧	⑧	⑧	⑧	⑧	⑧	⑧
⑨	⑨	⑨	⑨	⑨	⑨	⑨

감독위원 확인

㉘

문번	①	②	③	④	⑤		문번	①	②	③	④	⑤		문번	①	②	③	④	⑤
1	①	②	③	④	⑤		21	①	②	③	④	⑤		41	①	②	③	④	⑤
2	①	②	③	④	⑤		22	①	②	③	④	⑤		42	①	②	③	④	⑤
3	①	②	③	④	⑤		23	①	②	③	④	⑤		43	①	②	③	④	⑤
4	①	②	③	④	⑤		24	①	②	③	④	⑤		44	①	②	③	④	⑤
5	①	②	③	④	⑤		25	①	②	③	④	⑤		45	①	②	③	④	⑤
6	①	②	③	④	⑤		26	①	②	③	④	⑤		46	①	②	③	④	⑤
7	①	②	③	④	⑤		27	①	②	③	④	⑤		47	①	②	③	④	⑤
8	①	②	③	④	⑤		28	①	②	③	④	⑤		48	①	②	③	④	⑤
9	①	②	③	④	⑤		29	①	②	③	④	⑤		49	①	②	③	④	⑤
10	①	②	③	④	⑤		30	①	②	③	④	⑤		50	①	②	③	④	⑤
11	①	②	③	④	⑤		31	①	②	③	④	⑤							
12	①	②	③	④	⑤		32	①	②	③	④	⑤							
13	①	②	③	④	⑤		33	①	②	③	④	⑤							
14	①	②	③	④	⑤		34	①	②	③	④	⑤							
15	①	②	③	④	⑤		35	①	②	③	④	⑤							
16	①	②	③	④	⑤		36	①	②	③	④	⑤							
17	①	②	③	④	⑤		37	①	②	③	④	⑤							
18	①	②	③	④	⑤		38	①	②	③	④	⑤							
19	①	②	③	④	⑤		39	①	②	③	④	⑤							
20	①	②	③	④	⑤		40	①	②	③	④	⑤							

※ 본 답안지는 마킹연습용 모의 답안지입니다.

코레일 한국철도공사 고졸채용 필기시험 답안카드

성 명					
지원 분야					
문제지 형별기재란	( )형	Ⓐ Ⓑ			
수 험 번 호					
감독위원 확인	(인)				

번호						번호						번호					
1	① ② ③ ④ ⑤					21	① ② ③ ④ ⑤					41	① ② ③ ④ ⑤				
2	① ② ③ ④ ⑤					22	① ② ③ ④ ⑤					42	① ② ③ ④ ⑤				
3	① ② ③ ④ ⑤					23	① ② ③ ④ ⑤					43	① ② ③ ④ ⑤				
4	① ② ③ ④ ⑤					24	① ② ③ ④ ⑤					44	① ② ③ ④ ⑤				
5	① ② ③ ④ ⑤					25	① ② ③ ④ ⑤					45	① ② ③ ④ ⑤				
6	① ② ③ ④ ⑤					26	① ② ③ ④ ⑤					46	① ② ③ ④ ⑤				
7	① ② ③ ④ ⑤					27	① ② ③ ④ ⑤					47	① ② ③ ④ ⑤				
8	① ② ③ ④ ⑤					28	① ② ③ ④ ⑤					48	① ② ③ ④ ⑤				
9	① ② ③ ④ ⑤					29	① ② ③ ④ ⑤					49	① ② ③ ④ ⑤				
10	① ② ③ ④ ⑤					30	① ② ③ ④ ⑤					50	① ② ③ ④ ⑤				
11	① ② ③ ④ ⑤					31	① ② ③ ④ ⑤										
12	① ② ③ ④ ⑤					32	① ② ③ ④ ⑤										
13	① ② ③ ④ ⑤					33	① ② ③ ④ ⑤										
14	① ② ③ ④ ⑤					34	① ② ③ ④ ⑤										
15	① ② ③ ④ ⑤					35	① ② ③ ④ ⑤										
16	① ② ③ ④ ⑤					36	① ② ③ ④ ⑤										
17	① ② ③ ④ ⑤					37	① ② ③ ④ ⑤										
18	① ② ③ ④ ⑤					38	① ② ③ ④ ⑤										
19	① ② ③ ④ ⑤					39	① ② ③ ④ ⑤										
20	① ② ③ ④ ⑤					40	① ② ③ ④ ⑤										

코레일 한국철도공사 고졸채용 필기시험 답안카드

코레일 한국철도공사 고졸채용 필기시험 답안카드

성 명		
지원분야		

문제지 형별기재란	
( )형	Ⓐ Ⓑ

수험번호

| ⓪ | ⑴ | ② | ③ | ④ | ⑤ | ⑥ | ⑦ | ⑧ | ⑨ |

감독위원 확인

(인)

2024 최신판 SD에듀 All-New
코레일 한국철도공사 고졸채용
3개년 기출 + NCS + 모의고사 5회 + 무료코레일특강

개정8판1쇄 발행	2024년 05월 20일 (인쇄 2024년 04월 15일)
초 판 발 행	2016년 10월 10일 (인쇄 2016년 09월 22일)
발 행 인	박영일
책 임 편 집	이해욱
편 저	SDC(Sidae Data Center)
편 집 진 행	김재희 · 하진형
표지디자인	박수영
편집디자인	최미란 · 채현주
발 행 처	(주)시대고시기획
출 판 등 록	제10-1521호
주 소	서울시 마포구 큰우물로 75 [도화동 538 성지 B/D] 9F
전 화	1600-3600
팩 스	02-701-8823
홈 페 이 지	www.sdedu.co.kr
I S B N	979-11-383-7037-0 (13320)
정 가	24,000원

코레일
한국철도공사

고졸채용

코레일 3개년 기출＋NCS
＋최종점검 모의고사 5회

최신 출제경향 전면 반영

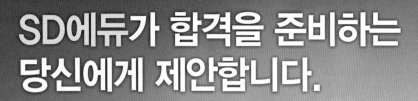

SD에듀가 합격을 준비하는 당신에게 제안합니다.

결심하셨다면 지금 당장 실행하십시오.
SD에듀와 함께라면 문제없습니다.

성공의 기회!
SD에듀를 잡으십시오.

NEXT STEP!

기회란 포착되어 활용되기 전에는 기회인지조차 알 수 없는 것이다. - 마크 트웨인 -